buch & media

Wiebke Lübbers studierte Pädagogik und Anglistik in Berlin und Flensburg. In der unterrichtsfreien Zeit arbeitete sie fast ein Jahrzehnt lang ehrenamtlich als Campleader in internationalen Workcamps in Deutschland und Israel des *Aufbauwerks der Jugend* (heute *prointernational e. V.*). Sie war 22 Jahre lang Schulrektorin und lebt heute in der Nähe von Hannover. Sie ist mit einem Rechtsanwalt verheiratet und hat drei erwachsene Kinder. Von ihr liegen bereits die historischen Romane *»Fra Moriale«* (2006), *»Carmagnola«* (2008), *»Gattamelata«* (2008), *»Colleoni«* (2010) und *»Colleoni II« (2014)* bei Buch&media vor.

Wiebke Lübbers

Colleoni

Teil 3:
Das Schiff

buch & media

Weitere Informationen über den Verlag und sein Programm unter
www.buchmedia.de

August 2017

Herstellung: Buch&media GmbH, München
Umschlaggestaltung und Herstellung: Johanna Conrad
Lektorat: Frauke Link
Printed in Europe
978-3-95780-092-3

Arundel Society, London 1891
Imp. Lemercier & Cie Paris

inhalt

Was bisher geschah: Colleoni Teil 1

Die Vettern

Durch seine junge deutsche Frau Julia wird der *dirigente* der Mordkommission in Padua, Roberto Bassner, in terroristische Aktivitäten in Studentenkreisen hineingezogen. Der amerikanische Student David Salzmann und die italienisch-palästinensische Studentin Gabrièlla verhalten sich äußerst verdächtig. Nach den Terroranschlägen des 11. September 2001 verstärken die italienischen, amerikanischen und israelischen Geheimdienste ihre Aktivitäten in Norditalien. Sie beunruhigen bewusst die Bevölkerung, um zwecks Terroristenfahndung Bürgerrechte einzuschränken, die *strategia della tensione.* Doch Roberto weist immer wieder nach, dass es sich um rein kriminelle Handlungen des Colleoni-Syndikats handelt und nicht um terroristische des sogenannten *XX. Gennaio.* Bald gerät Roberto in Lebensgefahr. Die beiden Studenten David und Gabrièlla sind nach dem Tod eines israelischen Dozenten und eines Journalisten die nächsten Opfer und Roberto gelingt es, das Netz um das Colleoni-Syndikat immer enger zu ziehen. Es drängt sich die Frage auf, welche Rollen sein faschistisch orientierter Vetter Bartolomeo Coglione und der israelische Agent Henry Salzmann, ein Vetter des getöteten David, in diesem Machtkampf spielen.

Die Lage spitzt sich zu, als die Geheimdienste seine Frau Julia mit manipulierten Fotos der vermeintlichen Untreue bezichtigen und Roberto kopflos reagiert. Doch dank loyaler Kollegen und Freunde findet er sein Gleichgewicht wieder, bittet seine Frau um Vergebung und entdeckt, dass es den terroristischen *XX. Gennaio* schon lange nicht mehr gibt, das Colleoni-Syndikat ein rein kriminelles ist und Gabrièlla und David weder Agenten noch kriminell waren. Sie wollten die gefährdeten Studenten an der paduanischen Universität vor Rauschgift schützen und kamen damit dem Colleoni-Syndikat in die Quere.

Nur eines kann Roberto nicht herausfinden: Wer ist der Syndikatsboss Colleoni?

colleoni teil 2

Der Triorchid oder Vetternwirtschaft

Roberto entgeht nur knapp einem Bombenanschlag in seinem Büro – und das ist nur der erste Versuch. Wer hat Interesse an seinem Tod, und wer versieht ihn mit anonymen, mit *Luzifer* unterzeichneten Botschaften? Der Verdacht fällt bald auf die zerschlagen geglaubte terroristische Organisation *XX. Gennaio* – oder steckt doch das wiederauferstandene Colleoni-Syndikat dahinter? Versponnen in einem Netz aus Lügen, Intrigen und hinterlistigen Machenschaften fragt Roberto sich immer mehr, wer Gegner oder wer Freund ist, und ob er es erkennt, bevor es zu spät ist. Einem erneuten Mordanschlag während einer internationalen Konferenz zur Terrorismusbekämpfung auf Zypern entgeht er nur äußerst knapp. Dabei enttarnt er den angeblichen amerikanischen Agenten Henry Salzmann, der seinen Vetter David Salzmann ermordet hat, als Luzifer. Doch Luzifer entkommt. Roberto wiederum versöhnt sich mit seinem Vetter Bartolomeo Coglione, wenn auch ein Rest von Misstrauen bleibt, und knüpft freundschaftliche Verbindungen zu dem israelischen Agenten Ari Hirschfeld, Davids Vater.

Eingeladen zur Bar-Mitzwa-Feier von Davids Sohn Daniel, treffen sich Julia und Roberto in Israel wieder, beschützt von Ari und gejagt vom israelischen Inlandsgeheimdienst, der das Vermächtnis von David Salzmann als vemeintlichem Staatsfeind bei den beiden Bassners vermutet. Im Heimatkibbuz von Ari und David findet die Bar-Mitzwa-Feier statt und das angeblich Staatsgeheimnisse enthaltende Vermächtnis wird öffentlich verlesen. Es ist nichts als das Friedensgebet des heiligen Franz von Assisi, verbunden mit der Bitte, danach zu leben.

Auch in der *questura* in Padua stehen die Zeichen auf Sturm. Angela Saccardo, die ehemalige Studienfreundin Robertos und Witwe des Drogenbosses *Carmagnola*[1], hat den neuen *questore* Cesare dall'Aria geheiratet. Da es ihr nicht gelungen ist, die alte Freundschaft mit Roberto zu erneuern, wandelt sich ihre Liebe

[1] siehe Band 2 der Condottieri-Trilogie »Carmagnola«

in tiefen Hass. Sie schwört, ihn zu vernichten und versichert sich der Unterstützung des Syndikatsbosses *Colleoni*, der sein Synikat reorganisiert hat.

Und eines ist Roberto wieder nicht gelungen: herauszufinden, wer sich hinter dem Syndikatsboss *Colleoni* verbirgt.

Prolog

Der leichte Kreuzer Bartolomeo Colleoni

Stapellauf: 1932 in Ansaldo / Genua

Der Bug der *Bartolomeo Colleoni* durchpflügte das Wasser des Mittelmeeres nordwestlich von Kreta. Der 19. Juli 1940 versprach ein ausnehmend schöner Sommertag zu werden. Leichter Dunst hing über dem Wasser und verhüllte die Nordwestspitze Kretas mit weißen Schleiern: Kap Spada, das einer Seeschlacht den Namen geben sollte.

Auf der Brücke des *incrociatore Bartolomeo Colleoni* stand seit Sonnenaufgang Kapitän zur See Umberto Novaro und sog die kühle Morgenluft ein. Sie hatten ihren Stützpunkt auf der griechischen Insel Leros verlassen und zusammen mit neunzehn Offizieren und 488 Mannschaften und Unteroffizieren waren sie unter seinem Kommando bereit, ihre Aufgabe gemeinsam mit dem Schwesternschiff *Giovanni della Bande Nere* zu erfüllen – beide gehörten sie zur im Volksmund *Codottieri*-Klasse genannten Serie der Leichten Kreuzer –, die Aufgabe nämlich, die italienischen Geleitzüge nach Rhodos und den anderen Inseln der Dodekanes zu schützen oder die nach Bengazi, um die Versorgung der italienischen Truppen dort zu gewährleisten.

Stolz erfüllte Umberto Novaro, *capitano di vascello* auf einem der schnellsten Kreuzer der Welt zu sein. Siebenunddreißig Knoten konnte sein Schiff laufen und diese Schnelligkeit war sein größtes Kapital, seit Italien vor gut einem Monat, am 10. Juni 1940, in den Krieg eingetreten war.

Die *Giovanni della Bande Nere*, auf der Umberto Novaro vorher als Erster Offizier gefahren war, 1931 in den Dienst gestellt, ein Jahr vor der *Colleoni*, befand sich in Sichtweite. Mit ihren knapp 170 Metern Länge sah sie elegant und gleichzeitig, durch ihre verschiedenen Geschütztürme, gefährlich aus.

Novaros Gedanken wanderten zurück in die Zeit, als sie im Canale di Giudecca in Venedig ankerten und in ihren Paradeuniformen die Venezianerinnen beeindruckten, und noch weiter zurück in den Heimathafen Ansaldo bei Genua, wo auch die beiden anderen Schwesternschiffe, die *Alberico da Barbiano* und die *di Giussano*, lagen. Nicht weit davon war er vor achtundvierig Jahren in Diano Marina geboren und hatte schon 1917 seinen ersten Tapferkeitsorden als *tenente di vascello* erhalten.

Die *Bartolomeo Colleoni* blickte auf eine achtjährige turbulente Vergangenheit zurück. Nach ihrer Indienststellung am 10. Februar 1932 unterstand sie der zweiten Marine Squadra und lag in La Spezia.

Während des Spanischen Bürgerkriegs unterstützte Italien die spanischen Nationalisten, ohne aktiv in den Konflikt einzugreifen. Zwischen dem 5. September und dem 3. Oktober 1936 führte die *Bartolomeo Colleoni* eine Mission in Barcelona aus, um ihre italienischen Bürger zu beschützen. Zwischen Januar und Mai 1937 eskortierte sie in vier Missionen Handelsschiffe mit Truppen und Ausrüstung im Spanischen Bürgerkrieg. Von Dezember 1938 bis Oktober 1939 war sie im chinesisch-japanischen Konflikt eingesetzt, um italienische Bürger und ihre Interessen zu schützen. 1939 hatte in Europa der Zweite Weltkrieg begonnen, und die Japaner, die Shanghai besetzt hatten, verlangten von den europäischen Mächten, ihre Schiffe zurückzubeordern.

Als Italien am 10. Juni 1940 in den Krieg eintrat, gehörte der Leichte Kreuzer *Bartolomeo Colleoni* zur zweiten Division der zweiten Squadra, zusammen mit der *Giovanni della Bande Nere*, die als Flaggschiff diente.

Nur neun Tage nach Kriegsbeginn fand die für die *Bartolomeo Colleoni* alles entscheidende Schlacht bei Kap Spada, Kreta, statt.

kapitel 1

veneto/emilia

Colli Euganei, Mittwoch, 5. Juni 2002

Julia überblickte noch einmal die Tafel, die auf der Terrasse vor dem Portikus des Ca'Vecchia Brandolin gedeckt war. Der windstille Abend würde lau und schön in eine sammetweiche Nacht übergehen und Julia freute sich auf ihre erste größere Gesellschaft, von der sie erst seit Montag wussten, dass sie sie geben würden.

»So etwas ist mir überhaupt noch nie passiert!« Roberto schüttelte über sich und die Zumutung dall'Arias den Kopf. Der hatte am Sonntag mit seiner Frau nach ihrer Hochzeitsreise in Venedig angelegt und war pünktlich zur Montagsbesprechung erschienen, erholt – braun gebrannt, jovial und wie verwandelt.

Alle in der *questura* wunderten sich. »Die Macht der Liebe«, flüsterten die einen, und die anderen meinten, dall'Arias spätes Eheglück mit *La Leonessa* sei ein Glücksfall für sie alle.

Am Ende der Besprechung hatte er Roberto beiseite genommen. »Alles klar, *marchese*? Ari Hirschfeld hat mir von dem erneuten Mordanschlag auf Sie berichtet. Dafür sehen Sie relativ gut aus.«

»Ich habe hilfreiche Freunde gehabt. Beinahe hätten Sie tatsächlich eine Rede zu meinem Begräbnis halten müssen, aber Unkraut vergeht nicht.« Roberto gab sich unbeschwerter als er war. Die Folterspuren waren äußerlich fast verschwunden, aber er hatte eine Spermaprobe im Hospital der Barmherzigen Schwestern abgegeben; doch vor dem Wochenende war mit keinem Ergebnis zu rechnen.

»Sie meinen mit hilfreichen Freunden sicher Ari Hirschfeld und den *colonnello*?«, hatte dall'Aria nicht aufgegeben.

»Direkte Hilfe von Ari und einem deutschen BND-Beamten, von meinem Vetter weiß ich nur andeutungsweise.«

»Ari sagte mir, der anonyme Anrufer, der ihm von Ihrer Entführung berichtet habe, sei zweifelsfrei der *colonnello* gewesen! Aber der streitet das ab.«

»Ich werde ihn fragen.«

»Ganz etwas anderes, *marchese*. Sie haben einen überaus sehenswerten Renaissancegarten, wurde mir berichtet.«

»Ein Hobby meiner Frau.«

»Ich würde ihn mir gern mit meiner Frau ansehen.«

Roberto fand sein Ansinnen unverfroren, es fehlte nur, dass er sich auch noch einlud, deswegen antwortete er hinhaltend. »Er ist noch nicht ganz fertig.«

»Das stört uns überhaupt nicht. Wie wär's mit nächstem Mittwoch bei Ihnen draußen in den euganeischen Hügeln?«

Selten war Roberto sprachlos vor Überraschung, aber dass jemand sich so unverfroren selbst einlud, war ihm wirklich noch nie passiert.

»Also gut«, dall'Aria holte seinen Kalender heraus und notierte sich den Termin, »wäre Ihnen fünf Uhr recht? Wir könnten dann vor dem Essen ganz in Ruhe Ihren Garten ansehen! Und außerdem wäre es an der Zeit, dass Sie Frieden mit meiner Frau schließen.«

Dall'Aria hatte sich umgedreht und war gegangen und Roberto überlegte, wie er es Julia beibringen sollte. Die hatte gelassen reagiert und gemeint, wenn man denn schon nicht willkommene Gäste habe, solle man ruhig noch andere dazu laden, vielleicht den *conte* Berini und seine Nichte Elena, und als erwünschte Gäste ihre Schwiegermutter Francesca mit Carlo und den Vetter Omeo. Und die Tramontans und deren Nachbarn, *maestro* Bertoloni, hätten auch schon nach dem Garten gefragt.

»Es spricht nichts dagegen, wenn du dir das antun willst, Giuli!«

Trotz der spontanen, kurzfristigen Einladung sagten alle zu. Julia und Bianca planten die Speisenfolge, *mamma* Zanella würde die Küchenmannschaft selbstverständlich anführen.

Endlich konnte sie ihre diversen Hochzeitsgeschenke und Erbstücke nutzen, und als Roberto am frühen Nachmittag nach Hause kam, staunte er nicht schlecht, als er die für zwölf Personen gedeckte Tafel sah: eine hellgrüne Damasttischdecke mit gleichfarbenen Servietten, in der Mitte ein schneeweißer Tischläufer mit filigraner Hohlsaumstickerei, das Art-déco-Silber aus der Erbschaft ihrer Großmutter und sehr dekorative dazu passende mehrarmige Kerzenleuchter.

Auf silbernen Platztellern vervollständigte zauberhaftes weißes Sevrès-Porzellan mit einem feinen Rosenmuster und Blättern in der Farbe der Tischwäsche die Tafel. Eben stellte Julia noch pastellfarbene Rosengestecke darauf, richtete die Efeuranken und befestigte Tischschleifen.

»*L'anima mia*! Woher hast du denn all diese Kostbarkeiten? Etwa geliehen?«

»Nur die Möbel. Und die Dekoration zwischen den Säulen hat Clemente besorgt.« Sie deutete auf vier fünfarmige, einen Meter hohe Silberleuchter zwischen den Säulen des Portikus. »Sonst haben wir alles zur Hochzeit bekommen oder geerbt.« Julia fühlte Stolz und freute sich über Robertos offensichtliche Bewunderung. »Kannst du dich um die Gläser und die Getränke kümmern?«

Windlichter für den Abend waren im ganzen Garten zwischen den Blumen aufgestellt, das Ambiente war perfekt. Julia trug wieder ihren schlichten schwarzen Hosenanzug, diesmal mit einem silbernen Top und dem Nike-Collier von Paul Wunderlich, und Roberto hatte das allererste Mal im Ca'Vecchia Brandolin einen schwarzen Anzug angezogen.

»Ihr seht gut aus zusammen«, sagte Vetter Omeo Coglione, der zusammen mit Francesca und Carlo erschien, »nicht nur durch eure Größe gehört ihr zusammen, man merkt sofort eure innere Harmonie.«

Er wirkte irgendwie zufriedener, nicht mehr so rastlos, und so, als habe er eine endgültige Entscheidung getroffen. Für Vilma, dachte Julia hoffnungsvoll, als er ihre Hand nach einem formvollendeten Handkuss ein kleines bisschen zu lange in der seinen hielt. Für die Demokratie? Robertos Gedanken blieben nur einen Moment bei seinem Vetter, denn *conte* Berini und seine Nichte Elena erschienen.

Elena Berini und Julia umarmten sich herzlich, sie hatten sich zuletzt bei Clemente Zanellas Hochzeit in Este getroffen. Der *conte* hatte mit dem ersten Aperitif nicht warten und schon zu Mittag mit dem Trinken beginnen müssen, seine Stimme klang rauchig und nicht immer klar akzentuiert und er hing seiner um einen ganzen Kopf größeren Nichte am Arm.

Der fünfundneunzigjährige Tramontan in seinem Rollstuhl hielt Hof und flirtete mit den Damen. Man nahm einen leichten Serprino aus den euganeischen Hügeln als Aperitif am Springbrunnen zwischen den Blumenparterres, auf einem zierlichen Tischchen stand eine Silberschale mit frischen Parmesanbröckchen bereit und alle zeigten sich auf die unterschiedlichste Art von der lebendigen Gartenarchitektur begeistert.

Die dall'Arias erschienen als Letzte. Angela, in einem dunkelroten, halblangen Kleid und für ihre Verhältnisse dezentem Schmuck, begrüßte die Gastgeber, als habe es nie irgendwelche Querelen gegeben, und ihrem Mann merkte man die Erleichterung darüber deutlich an.

Wie zur Zeit der Renaissance, als Garten und Haus eine Einheit bildeten, nutzte die Gesellschaft die Anlage jetzt wie einen grünen Salon, in dem man herumwandelte und sich unterhielt. Die Gesprächspaare blieben eine Zeitlang zusammen, wandten sich neuen Partnern zu, blieben zu viert oder zu dritt stehen, um dann erneut in anderen Verbindungen herumzuspazieren.

»Eine zauberhafte Kulisse, euer Ca'Vecchia Brandolin.« Berini zeigte sich begeistert und hob sein Glas Julia entgegen. »Und mit Clemente aus der Zanella-Dynastie hast du einen ausgezeichneten Partner.«

»Ohne ihn sähe dies hier nur halb so gepflegt aus, diesen Garten hütet er wie seinen Augapfel.« Julia lächelte Omeo aufmunternd zu, der mit Angela an ihnen vorbeischritt. Julia hatte ihn gefragt, ob er mit Angela zusammenzutreffen wünsche, und er hatte es nicht abgelehnt. An diesem Morgen hatte er seine Frau besuchen dürfen, seit gestern war die Schlaftherapie ausgesetzt. Die beiden hatten lange miteinander gesprochen. Vilma wollte eine Therapie in den Bergen beginnen, in einem anderen, von Fra Ioannis empfohlenen Kloster der Barmherzigen Schwestern, und Bartolomeo durfte die Wochenenden zu ihr fahren.

Roberto und sein Vetter trafen sich am Rande des Gartens zwischen zwei mit Geranien bepflanzten Amphoren.

»Diesmal hast du nicht nur meinen Kopf aus der Schlinge gezogen, Omeo, sondern mir vom Totenbett wieder heruntergeholfen. Ich danke dir sehr für deine Hilfe. Ich hoffe, ich kann mich revanchieren.«

»Wer sagt so etwas? Aber wenn du meinst, hat das deine Frau schon für dich getan«, wich er einer direkten Antwort aus, »sie hat den Mord an Vilma verhindert …! Und du den an meiner Tochter. Ich stehe tief in eurer Schuld.«

»*Niente, cugino*!« Roberto gebrauchte diese Anrede erstmals und Omeo sah ihn erfreut an. »Hast du Scherereien in deinem

Betrieb wegen deines Engagements für mich?«, wollte Roberto wissen.

»Lass uns nicht heute Abend darüber sprechen. – Nur eins würde ich gern richtigstellen: Das Gerücht stimmt nicht. Und es stammt ganz bestimmt nicht von mir.«

»Du meinst, dass Ari und ich etwas mit dem Tod dieses früheren Terroristen in Israel zu tun hatten?« Roberto lächelte leicht. »Hab ich keine Sekunde. Das Gerücht trägt die Handschrift der Geheim … Du hast recht. Nicht heute Abend. Lass uns tun, als lebten wir in einer anderen Zeit. Giulia hat das perfekte Händchen für so etwas. Ich kann mir ein Leben ohne sie nicht mehr vorstellen, und auch nicht ohne meine Töchter! Ah, da kommen sie ja!«

Bianca brachte die beiden herausgeputzten Mädchen in den Garten. Roberto nahm seine Jette, Julia die kleine Jana auf den Arm und alle Gäste bewunderten das Familienidyll, bevor Bianca sich der beiden wieder annahm.

Julia und *La Leonessa* trafen an einem der Rosenrondelle zusammen.

»Ah, *La Tedesca*«, Angela musterte sie freundlich, »ich muss Ihnen wirklich Abbitte tun! Ich habe Sie immer als kleine, unbedeutende Kunstgeschichtsstudentin betrachtet. Verzeihen Sie mir? Dass Sie sowohl eine geniale Hand für die Gartengestaltung haben als auch eine *dottoressa* der Medizin sind, haben Sie mir verheimlicht.«

Julia gab sich friedfertig. »Ich freue mich für Sie und gratuliere Ihnen noch einmal nachträglich, dass Sie mit Ihrer Heirat ein Stück Lebensglück wiedergefunden haben!«

»Danke, mein Kind, Sie haben Stil!« *La Leonessa* blickte zur Terrasse hinüber, umfing mit einem Blick die Gartenanlage und nippte an ihrem Glas. »Die Eifersucht hatte mir ein wenig den Blick vernebelt. Roberto ist sehr anspruchsvoll, aber mit Ihnen hat er die Richtige gefunden. Jetzt wo ich auch den richtigen Mann gefunden habe, gönne ich ihm sein Glück uneingeschränkt. *Salute*!«

»*Salute!*« Julia dankte freundlich für die Worte, aber innerlich blieb sie weiterhin auf der Hut vor dieser Frau, alle Lippenbekenntnisse konnten ihr Misstrauen nicht einschläfern.

»Sie wundern sich über mich, *La Tedesca?*« Es war, als lese sie Julias Gedanken. »Ich bin Ihnen etwas schuldig. Der Tod meiner Tochter ist mir nähergegangen, als ich zeigen konnte. Und mich belastet sehr, dass ich keine Versöhnung mit ihr zustande gebracht habe. Ich habe eine große Bitte an Sie: Erzählen Sie mir von Gabrièlla, Ihrer Freundschaft zu ihr und was Sie aus ihrem Leben wissen. Und nicht nur, wie neulich, am Telefon. Ich war sehr abweisend, *mi dispiace*.«

Trotz allen Misstrauens tat *La Leonessa* Julia irgendwie leid. »Rufen Sie mich an; wir treffen uns und ich erzähle Ihnen von Ihrer Tochter.«

»Danke, *La Tedesca*, danke!«

Und sie trennten sich.

»Da hat der *conte* Berini ja nicht übertrieben.« Dall'Aria sprach dem Alkohol reichlich zu, als er mit Roberto am Ende der Terrasse an der Mauer lehnte und seinen Blick auf die im Abendrot warm aufleuchtende Fassade des Ca'Vecchia Brandolin richtete. »Ein prächtiger Garten. Aber ganz schön aufwändig, diese alten Bauten, nicht wahr? Da müssen Sie ja ein Vermögen hineinstecken! Doch bei alten Familien wie der Ihren ist Geld ja kein Thema.«

»Ja, wir haben noch viel vor uns mit der Renovierung.« Roberto umging das Thema Geld und die unpassende Anspielung und untertrieb mit seinen folgenden Worten maßlos: »Im Haus hätten wir Sie heute noch nicht empfangen können, da laufen noch Umbauten.«

Nichts lief zurzeit, weil ihre Konten total leer waren.

Und dann trafen auch noch Angela und Roberto allein aufeinander, er ging am elisabethanischen Knotenparterre entlang auf den Springbrunnen zu und sie kam von der anderen Seite. Roberto schenkte ihr Serprino nach und sie bedankte sich artig.

»Mein Mann bat mich um einen Waffenstillstand mit dir, er schätzt dich sehr«, sagte sie und blickte zu ihm auf, »aber ich möchte dir noch mehr anbieten.«

Roberto hob fragend eine Augenbraue. Er befand sich in einer ausgesprochen friedfertigen Stimmung. Noch nie war ihm das Ca'Vecchia Brandolin so schön vorgekommen, das Lob aller Gäste tat ihm gut und während er auf Angelas Erläuterung wartete, suchten seine Augen nach seiner Frau, die er bei aller Schönheit des Gartens, aller Perfektion als Gastgeberin auch noch unglaublich begehrenswert fand.

»Du hörst mir gar nicht zu«, beschwerte sich Angela.

»Oh, doch. Ich warte auf dein Angebot!«

»Du klingst zynisch.«

»Du verwechselst Zynismus mit Vorsicht, meine Liebe.«

»Die bin ich nicht, der hast du eben hinterhergeschaut!«

»Klug beobachtet. Also?«

»Ich biete dir Frieden an, Roberto, Frieden und Freundschaft.«

Roberto tat, als überlege er einen Augenblick. Sie konnte sein Misstrauen nicht einschläfern, auch wenn *La Leonessa* noch so freundlich schnurrte, sie blieb eine Raubkatze. Aber Frieden und Freundschaft waren ein Angebot, das er nicht mutwillig zurückweisen konnte, er musste die Form wahren, auch wenn er Zweifel hegte.

»Angenommen, *La Leonessa*. Du liebst dall'Aria wirklich?«

»Du klingst doch zynisch. Zugegeben, zuerst fand ich dall'Aria perfekt, um dich zu bekämpfen. Aber ob du es glaubst oder nicht, er ist ein wunderbarer Mann, ein ungeschliffener Diamant. Und was alle an ihm als Machtstreben oder Arroganz sehen, ist eine ganz liebenswerte Unsicherheit, die er hinter übertriebener Dynamik zu verstecken versucht. Er ist süß, Roberto, wirklich süß, und ich habe mich nach vielen Jahren wieder einmal verliebt.«

»Das freut mich für dich, wirklich, Angela.«

Sie schlug die Augen nieder. »Du warst ein Schatten aus meiner Vergangenheit, Roberto, ihm bin ich wie blind hinterhergelaufen.«

»Dann lass uns in alter Freundschaft zum Essen gehen, *La Leonessa*.« Er reichte ihr seinen Arm und geleitete sie zur Tafel auf der Terrasse, aber ein Rest von Misstrauen blieb. So friedfertig war Angela in ihren besten Zeiten nicht gewesen.

»Der *marchese* hat aber einen wirklichen Glücksgriff mit Ihnen gemacht, *La Tedesca!« D*all'Aria hatte Julia auf eine Bank genötigt, weil er sonst zu ihr hätte aufschauen müssen.

Julia wusste nicht, was sie darauf erwidern sollte. »Ihre Stimme klingt angestrengt«, lenkte sie ab, »Sie sollten etwas für sie tun.«

»Da spricht die *dottoressa* aus Ihnen, möchte ich meinen, und sie hat recht. Ich habe mir in der letzten Nacht auf unserer Yacht eine Stimmbandentzündung geholt. Der Mond, die Weite der Adria! Und man ist ja nicht mehr der Jüngste«, kokettierte er mit seinem Alter.

»Wie geht es Vilma?«, fragte Julia leise und schritt an Omeos Arm zu der festlich gedeckten Tafel. Das Essen sollte in Kürze beginnen.

»Ich war gestern Abend bei ihr, als sie aus ihrem Tiefschlaf, oder wie die Ärzte heute sagen, ihrem künstlichem Koma, geweckt wurde.

»Und?«

»Du meinst, ob sie mir verziehen hat?« Er blickte über die festlich gedeckte Tafel, nahm eine weiße Rosenknospe in die Hand und bog vorsichtig die äußeren Blütenblätter auseinander. Dann strich er von außen über die samtige Blüte und schloss sie überaus zart, bis sie ihre Knospenform wieder angenommen hatte.

»Als sie die Augen aufschlug, blickte sie direkt in meine, lächelte und berührte meine Lippen. »Ich bin froh, noch am Leben zu sein und bei dir!«, waren ihre ersten Worte. »Ich glaube, wir schaffen es.«

Ob es nur das Kerzenlicht war, das seine Augen feucht glänzen ließ, wollte Julia nicht weiter ergründen. Sie streichelte kurz über Omeos Jackettärmel, lächelte ihn aufmunternd an und wandte sich ihren Pflichten als Gastgeberin zu.

Francesca und Carlo sonnten sich als Familienmitglieder in dem allgemeinen Lob der anderen Gäste, *mamma* Zanellas *antipasti* erfüllten höchste Ansprüche, die hausgemachte *pasta* schmeckte unübertroffen gut und auch die gefüllte Kalbsbrust fand einhellige Bewundereung.

Langsam versank der Garten in eine von flackernden Windlichtern romantisch erhellte Dunkelheit und von Weitem sah es aus, als sei die *villeggiatura* des 16. Jahrhunderts hier am Rande der Colli Euganei auferstanden.

Polèsine, Mittwoch, 12. Juni 2002

Colleoni stieg von seinem Pferd und kam auf sie zu, das Gesicht unter seinem Helm sah böse aus und ein grausamer Zug um den Mund ließ Julia erschauern. Sie wich zurück, aber er hypnotisierte sie mit seinem Blick und sie vermochte nicht, sich zu bewegen. Schritt um Schritt drängte er sie in eine der dunklen venezianischen Gassen, die vom Campo San Polo abzweigten. Der drohende Schatten seines Pferdes hinter ihm wuchs ins Unermessliche. Julia hörte Wasser gegen eine Mauer schwappen, nach einem Blick über ihre Schulter sah sie, dass sie nur noch einen Meter von einem

Kanal entfernt stand, die Gasse endete hier. Das Klappern von Hufen hallte in ihren Ohren. Colleoni griff nach seinem Schwert, aber urplötzlich stand Roberto zwischen ihr und dem condottiero. »Spring!«, befahl er und sie sah, wie er von Colleonis Schwert durchbohrt zu Boden sank. Das schwarze Wasser des Kanals schlug über ihr zusammen.

Schweißgebadet wachte Julia auf. Der Albtraum, wenn auch in abgeschwächter Form, hatte sie wie nach Gabrièllas Tod wieder heimgesucht. Was für ein Beginn ihrer Hochzeitsreise!

Julia schlief ausgesprochen unruhig, immer wieder horchte sie nach dem Geräusch von Robertos Auto oder dem Geknatter der Motorradeskorte, und morgens ab fünf Uhr konnte sie überhaupt nicht mehr schlafen.

Es war vorbei, auch der italienische *XX. Gennaio* existierte nicht mehr. Roberto hatte ihr erzählt, dass sie im Gewölbe unter der Kanzlei Saccardos die letzten drei Mitglieder der Terroristen gefangen hatten, anhand ihrer Strickmützen hatte man sie als *Il Secondo, Il Terzo* und *Il Quattro* identifiziert. Sie selbst schwiegen beharrlich. Und *Il Primo*? Da der nach Julias Aussage identisch mit dem Boss des *Colleoni*-Sydikats war, musste man jetzt nur im kriminellen Milieu ermitteln, Umberto bliebe am Ball. Und Henry Salzmann wurde mit internationalem Haftbefehl gesucht, der verhaftete *Il Terzo* war nicht der ursprüngliche gewesen.

Roberto drohte keine Gefahr mehr. Manchmal in den letzten Wochen hatte sie das Gefühl gehabt, die Bedrohung zöge sich immer dichter um das Ca'Vecchia Brandolin zusammen, aber nun waren ihr ihre Sorgen nicht nur wie ein Stein, sondern wie der gesamte Apennin vom Herzen gefallen und sie freute sich unbändig auf ihre zwar späten, aber nicht vergessenen Flitterwochen. Roberto blieb fast die ganze Zeit in der Stadt, die Verhöre und die Arbeit an dem Abschlusskommuniqué der *CICG* nahmen viel Zeit in Anspruch.

Julia war nicht allzu böse deswegen, konnte sie doch nun all ihre ihrem Mann bisher verheimlichten Aktivitäten zu einem Ende bringen; während der um ein Jahr verschobenen Flitterwochen bot sich bestimmt die Gelegenheit, mit Roberto über ihre berufliche Zukunft zu sprechen.

Mit *La Leonessa* und ihrem Mann sowie Robertos Vetter Coglione wussten schon drei aus ihrer näheren Umgebung von ihrem

Geheimnis und sie war sich nicht sicher, ob Roberto nichts doch eine Ahnung hatte, dass sie ihr Medizinstudium quasi abgeschlossen hatte.

Nach der glänzenden Abendgesellschaft verbrachte Julia täglich vier Stunden im Labor von Fra Ioannis bei den Barmherzigen Schwestern, nachmittags zeichnete sie am laufenden Band Gartenentwürfe für Clemente, Jana und Jette immer um sich herum. Abends saß sie entweder über ihren medizinischen Fachbüchern oder tauschte per E-Mail Pläne für die Renovierung der Einliegerwohnung im Westflügel und der Halle mit Onkel Jochim, dem Bruder ihres Vaters in Hannover, aus. Auch der Bau der Heizungsanlage in dem mit Schutt verfüllten Keller musste in die Wege geleitet werden, eine Überraschung für Roberto trotz Ebbe in der Kasse.

Julia wälzte sich schlaflos im Bett herum. Irgendwie hatte sie es geahnt: Ihr *luna di miele* würde nicht stattfinden. Sie hatten vereinbart, am heutigen Mittwoch gegen acht Uhr am Morgen loszufahren. Der Abschlussbericht der *CICG* hatte am gestrigen Abend dem *questore* und einem Staatssekretär des Inneren überreicht werden sollen, und damit wäre ein Schlusspunkt gesetzt für Terror und organisierte Kriminalität, zumindest für Roberto.

Es würde spät werden, hatte er gegen elf gestern Abend am Telefon gesagt, sie solle nicht auf ihn warten. Ich werde ihm keine Vorwürfe machen, sicher ist etwas Wichtiges dazwischengekommen, tröstete Julia sich selbst, aber tief in ihrem Inneren packte sie eine große Enttäuschung.

Dabei war alles so perfekt organisiert: Bianca mit den Kindern bei Robertos Bruder (verheiratet mit Biancas großer Schwester) auf dem Hof in Alto Adige, die Reisetaschen gepackt, der Picknickkorb bis auf frisches Brot gefüllt. Nur Roberto fehlte noch.

Als sie endlich gegen sieben Uhr morgens Motorengeräusche hörte, atmete sie erleichtert auf. Er hatte es nicht vergessen.

Robertos Gesicht spiegelte Müdigkeit wider, Bartstoppeln verstärkten diesen Eindruck und Julia merkte, dass er die Augen vor Erschöpfung kaum offen halten konnte. Er verabschiedete seine Eskorte, die ihn heute zum letzten Male begleitet hatte und wandte sich seiner Frau zu. »Pünktlich, nicht wahr? Lass mich duschen und dann fahren wir los, acht Uhr, wie abgemacht!«

»Du solltest lieber ordentlich ausschlafen, wir können auch noch morgen losfahren.«

»Auf keinen Fall! Dall'Aria könnte mich unentbehrlich finden, der *XX. Gennaio* wieder auferstehen oder das *Colleoni*-Syndikat mir einen Mord aufbürden! Nein, wir fahren jetzt! Ich kann auch im Auto schlafen. Und du fährst erst einmal nach Fratta Polèsine zur *Badoera.*«

Und so verließen sie das Ca'Vecchia Brandolin pünktlich. Roberto schlief auf dem Liegesitz ein, als noch nicht einmal die Autotüren geschlossen waren, und Julia orientierte sich auf der Karte und gab das Ziel ins Navi ein, bevor sie den Volvo startete. Über das Ziel der Hochzeitsreise hatten sie sich so geeinigt, dass Roberto die erste Woche als Überraschung gestaltete, während Julia die zweite übernehmen wollte und ihm auch nicht verraten hatte, was sie plante.

Das Navi entschied sich für kleine Nebenstraßen über Villa Estense nach Lendinara, denn Julia hatte Autobahnen ausgeklammert. Eine geöffnete Bäckerei fand sie hier nicht, und so fuhr sie weiter durch die schon erwachten Dörfer nach Fratta in der westlichen Polèsine, der *terre vecchie*, in der Wein, Obst und Getreide gediehen. Die Polèsine war das Land zwischen Etsch und Po di Volano. Der östliche Teil, erst nach dem Ersten Weltkrieg gänzlich trockengelegt und bis zu vier Meter unter dem Meeresspiegel liegend, war bei den gefürchteten und manchmal verheerenden Herbsthochwassern immer noch ein gefährdetes Gebiet. Fruchtbar war es auch hier, wenn auch Zuckerrüben, Luzerne und Weizen der Landschaft einen anderen Charakter gaben. Irgendwie erinnerte Julia alles ein wenig an Holland: Ebenen, so weit das Auge reichte, zahlreiche geradlinige Pappelanpflanzungen und unzählige Wasserläufe, Deiche und Kanäle.

Natürlich war *La Badoera*, eine der schönsten Villen Palladios, noch nicht geöffnet, ja, veränderte Öffnungszeiten verschoben ihren Besuch sogar auf den Nachmittag. Die Bar gegenüber allerdings war offen und Julia holte sich einen Cappuccino, während Roberto unbeirrt im Auto weiter schlief.

Sie studierte die Karte. Alle Angst der letzten Wochen und Monate war von ihr abgefallen und sie konzentrierte sich auf das Kommende. Der Canale Bianco, ein Entwässerungskanal zwischen Etsch und Po, schien ihr ein gutes Ziel zu sein, auf einem seiner Deiche konnte sie das Picknick vorbereiten. Ihr Magen knurrte schon heftig.

Hier in Fratta kaufte sie frisches Weißbrot, setzte sich wieder hinter das Steuer, legte eine Kassette mit einem Fagottkonzert von Vivaldi ein, aber Roberto ließ sich nicht stören und schlief weiter.

Die Colli Euganei hatten bei ihrer Abfahrt noch im Morgennebel gelegen, aber jetzt versprach es ein Bilderbuch-Junitag zu werden, strahlende Sonne, ein paar weiße Lämmerwölkchen am azurblauen Himmel und bald fand sich ein Weg über den Deich an den Canale Bianco.

Julia zog ihre Sandalen aus und genoss das noch vom Tau feuchte Gras. Sie öffnete alle Autofenster und Türen, packte Tisch und Stühle aus und hängte eine Flasche Pinot Bianco aus den Euganeischen Hügeln zum Kühlen an einem Band in das träge dahinfließende Wasser.

Sie mochte ihren Mann noch immer nicht wecken. Sein Gesicht spiegelte die Anspannung der letzten Wochen wider. Nicht nur, dass er mehrere Mordversuche überlebt hatte – die Vertretung dall'Arias, die nun endlich aufgelöste *CICG* und die übrige, normale Verantwortung, die er auf sich zog, dies alles hatte seinen Tribut an Kraft gefordert. Er wunderte Julia nicht, dass sich tiefe Linien rechts und links seiner Nase eingegraben hatten.

So setzte sie sich mit den *Quattro libri d'architettura* von Palladio in die Sonne und vertiefte sich in die Beschreibung von *La Badoera.*

Kein Mensch weit und breit, nur ein Angler etwas weiter entfernt am jenseitigen Ufer, eine Lerche laut jubilierend am Himmel, in der Ferne ein verspäteter Hahn, der immer wieder ein Krähen versuchte, ab und an Traktorengeräusche, hier und da Hundegebell in der Ferne; ein durch und durch friedlicher Junimorgen wurde langsam älter und älter.

Kurz vor ein Uhr ließ Julias Hunger sie das Aufwachen ihres Mannes etwas beschleunigen. Sie legte die Pastorale von Beethoven ein, eine Lieblingssymphonie Robertos, und drehte den Ton ganz langsam lauter, bis der Schläfer aus den Tiefen seiner Träume emportauchte. Er reckte und rekelte sich wohlig, schaute auf die Uhr und meinte, der Schlaf habe ihm ungemein gut getan, nun aber wüte eine Hungerchimäre in seinen Eingeweiden.

»Es ist angerichtet!« Julia machte eine einladende Handbewegung zum gedeckten Campingtisch hin.

Sie trug ein türkisfarbenes Baumwolltop mit Spaghettiträgern und einen bequemen Jeanshosenrock, die Bluse hatte sie der Wärme wegen schon ausgezogen. Nun saß sie am Tisch und schnitt Brot.

»Du siehst auch sehr appetitlich aus!«

Wie Roberto so am Heck des Autos lehnte, sich eine Sonnenbrille aufsetzte und in seinem kurzärmeligen Hemd und schwarzen Jeans, in deren Taschen er nun seine Hände versenkte, ungemein entspannt wirkte, fing Julias Herz ein wenig an zu klopfen, aber seine Worte dann trafen sie wie ein Blitz aus heiterem Himmel.

»Du weißt, Julia, mir fällt es schwer, so etwas zu sagen, aber ich muss es loswerden, ich muss es dir gestehen: Ich habe mich wieder verliebt!«

Nur langsam sickerten seine Worte in ihr Bewusstsein, aber dann schien sich die Sonne zu verfinstern, Eiskristalle legten sich um ihr Herz, mehr und immer mehr, und schließlich fühlte sie einen großen Eisklumpen in ihrer Brust. Das also war es gewesen, warum er die letzten Monate immer wieder Ausflüchte gesucht und gefunden hatte, um nicht mehr mit ihr schlafen zu müssen!

Die Vögel zwitscherten, ein Hund bellte, eine Ente quakte nicht weitab von ihnen, aber Julia nahm nichts mehr wahr, nur die Stille zwischen ihnen. Sie musste irgendetwas sagen.

»Das habe ich schon lange befürchtet!« Gehörte diese tonlose Stimme zu ihr? Resignierte sie so schnell? Aber wenn Roberto sich in eine andere Frau verliebt hatte, würde kein Kämpfen um ihn Sinn haben. »Kenne ich sie?«

»Ich denke schon! Sie ist die Frau eines Polizisten und er vernachlässigt sie sträflich!«

Konnte es Angela sein? Bei ihrer Abendgesellschaft hatten Roberto und sie so harmonisch gewirkt. Die Sonnenbrille verdeckte seine Augen, seine Miene schien undurchdringlich.

»Hast du mit ihr … geschlafen?« Ihre Frage klang dünn und sie erhob sich ungelenk. Warum verdunkelte sich der Himmel nicht, warum tat sich kein Loch im Boden auf, um sie zu verschlingen?

Wie eine Schlafwandlerin ging sie hinunter zum Canale Bianco, um den gekühlten Wein zu holen, rein mechanisch bückte sie sich, entfernte das Band, drückte die kalte Flasche an ihr ebenso kaltes Herz und erhob sich wieder; dass Roberto hinter ihr herkam, merkte sie nicht einmal.

Als sie sich aufrichtete, stand er dicht vor ihr.

»Weißt du eigentlich, von wem ich die ganze Zeit spreche?«

Sie schüttelte den Kopf, unfähig zu sprechen.

»Das dachte ich mir!« Er schob die Sonnenbrille hoch. »Um deine Frage von vorhin zu beantworten: Seit ich erneut verliebt in sie bin, habe ich noch nicht wieder mit ihr geschlafen. Aber vielleicht, in nicht allzu weiter Ferne ...«

Er ließ den Satz unvollendet und sah fast träumerisch über den Canale in die Weite der Poebene.

»Wieder? Du meinst Angela?«

Roberto starrte sie an, dann erschien ein mutwilliges Flimmern in seinen dunkelgrauen Augen. »Du hast wirklich keine Ahnung, von wem ich die ganze Zeit rede?«

Die äußeren Haare seine Schnurrbarts zitterten vor unterdrückter Heiterkeit. Er legte seine Arme um sie. Julia hielt die Flasche Pinot Bianco krampfhaft an ihre Brust gepresst und endlich ging ihr ein Licht auf. Und als er sie nun leidenschaftlich küsste, flogen all ihre Zweifel wie Schattenvögel davon.

»Dein Herz klopft ja zum Zerspringen, *l'anima mia*«, er fuhr mit seiner rechten Hand unter ihr Baumwolltop und legte sie dahin, wo er ihr Herz vermutete, »aber mit deinem Vertrauen zu mir ist es nicht besonders weit her, *vero*?«

Sie wurde rot und ärgerte sich darüber.

»Ich bin wie süchtig nach dir, meine *nereide*!« Er küsste sie erneut. »Ich könnte ... ich möchte ... auch wenn das Gras noch so nass ist!«

»Das lass lieber!« Sie konnte schon wieder lachen, obwohl ihr der Schreck noch in den Gliedern saß, und wand sich aus seinen Armen. »Schau, der Angler dort drüben! Er hat schon sein *telefonino* am Ohr, er würde garantiert die Polizei rufen wegen Erregung öffentlichen Ärgernisses! Und die steckt uns sicherlich in getrennte Zellen. Willst du das Risiko eingehen?«

Das Picknick verlief harmonisch und Roberto zeigte sich angetan von dem Luxus.

»Stoffservietten, Kristallgläser, Silberbesteck und feines Porzellan? Ist das für ein Picknick nicht übertrieben?«

»Hättest du lieber Plastikbecher und Wegwerfbesteck?«

»*Niente*! Wie Angela schon bemerkte, du hast Stil, meine Liebe! Ja, das bist du?«

»Was?«

»Meine Liebe!«
»Seit wann flirtest du mit verheirateten Frauen?«
»Lass uns zur *Badoera* aufbrechen!«, lenkte er ab.
»Und danach?«
»Wird nicht verraten, Engeline!«
Ihr war der Wein ein wenig in den Kopf gestiegen. »Wird es ein Bett dort geben, Ro?«
»Bist du müde oder frivol?«
»Was hättest du lieber?«
»Letzteres!«
»Aber *La Badoera* muss sein?«
»Muss!«
Wann waren sie das letzte Mal so unbeschwert miteinander umgegangen? Im vergangenen Sommer in Deutschland, und das lag schon Ewigkeiten zurück. Sie packten die Picknickreste und Campingmöbel ein, und Roberto vertraute ihr an, dass er für sein Leben gern in schönen Landschaften an einsamen Stellen picknickte, eine weitere ihrer Gemeinsamkeiten.
Er nahm die Deichstraße in Richtung Fratta Polèsine. Julia legte eine Hand auf seinen Oberschenkel, nahm sie aber erschrocken wieder zurück, als er sie anfuhr: »Lass das!«
Ihr Selbstvertrauen ihm gegenüber war noch sehr zerbrechlich. Roberto merkte den Schaden sofort, den er angerichtet hatte.
»Entschuldige, Giuli! Aber sonst müsste ich rechts ranfahren und würde über dich herfallen«, er lächelte etwas gequält, »und das, habe ich mir geschworen, kommt nie wieder vor!«
Da waren sie unvermutet an ein heikles Thema gestoßen.
»Das kann nicht wieder passieren, Ro«, Julia atmete tief durch und fuhr bestimmt fort, »denn ich habe mir geschworen, dabei immer ein Wörtchen mitzureden!«
»Das beruhigt mich.«

Die von Palladio entworfene Villa *La Badoera* lag in der warm schimmernden Nachmittagssonne, ein klassisch schöner Bau mit einem überaus harmonisch gestalteten Säulenportikus. Die Barkessen, die Wirtschaftsgebäude, schlossen sich in Kolonnadenform halbkreisförmig an beiden Seiten an, ein Vorbild in Miniaturgröße für den Petersplatz in Rom, wie Roberto erklärte.
»Sie hat mit Bergamo zu tun, diese Villa.« Roberto kannte sich

in der palladianischen Villengeschichte gut aus. »Palladio hat sie für den Capitano von Bergamo, Francesco Badoer, entworfen und gebaut.«

Sie schritten die durch ihre Höhe äußerst repräsentativ wirkende Treppe zum Portikus empor.

»Francesco Badoer muss viel Geld gehabt haben, um sich so eine Freitreppe leisten zu können«, meinte Julia, aber Roberto erläuterte, dass Palladio ein Pragmatiker gewesen sei. Hier in der Polèsine seien zu der damaligen Zeit die vielen Flüsse und Nebenflüsse und der Po selbst nicht alle eingedeicht gewesen, und wegen der gefürchteten Frühjahrs- und Herbsthochwässer sei das *piano nobile* so hoch gebaut worden. Innen umfing sie die Atmosphäre der Antike und Julia fühlte sich an die Eingangshallen pompejianischer Häuser erinnert, die sie mit ihrer Großmutter besichtigt hatte, und auch die Bemalung einiger Wände und Türstürze mit Grotesken erinnerten sie an das Haus des Nero.

»Du kennst ja schon einiges aus meiner Heimat«, meinte Roberto, »was kann ich dir denn überhaupt noch Neues bieten?«

»Meine Großmutter und ich waren in Rom, Neapel, der Toskana und in der Lombardei. Das Veneto hat sie gemieden, für die Emilia und für Umbrien fehlte uns die Zeit. L'Aquila soll zauberhaft sein, *Gattamelatas* und *Colleonis* Vergangenheit verknüpfte sich da.«

»Du meinst die historischen *condottieri.*«

»Natürlich!«

Sie verließen die Villa, verfolgt von den heiseren Rufen des Wachmannes, der einen privaten und hoffnungslosen Kampf gegen die Tauben in dem zum Teil fensterlosen Haus führte.

»*La Badoera* ist sehr schön, und wenn man die Augen halb schließt, erkennt man tatsächlich unser Ca'Vecchia Brandolin in ihr wieder!«

»Ja, einige Elemente stimmen überein, meine Vorfahren haben sie wohl abgekupfert.« Roberto lachte. »An deinem Gesicht sehe ich allerdings, dass die wenigen Gartenanlagen vor deinen Augen nicht bestehen können.«

»Rasen, Springbrunnen und ein paar Bäume, und hinter dem Haus setzen sich die bescheidenen Ansätze von Gartenarchitektur überhaupt nicht fort.«

Julia ließ sich auf einem Steinpodest am Eingangsgitter nieder und skizzierte die Villa. Roberto stand hinter ihr und wies sie auf den Wachposten hin, der immer noch verzweifelt versuchte, die Tauben am Nisten zu hindern, als seien sie seine persönlichen Feinde.

»Wir können gleich fahren, Ro.« Julia steckte ihre Stifte ein und sah auf ihr gelungenes Werk: Mit wenigen Strichen hatte sie das Wesentliche der Villa eingefangen. Sie lehnte sich zurück gegen ihren Mann, der sich räusperte und meinte, im Augenblick sei das etwas schwierig.

»Wenn du jetzt aufstehst, sieht jedermann, was ich von dir möchte!«

»Nimm meinen Zeichenblock und bedecke dich damit.« Julia kicherte und reichte ihn nach hinten.

»Nicht nur Palladio war ein Pragmatiker«, murmelte Roberto und gemeinsam gingen sie zum Auto.

Sie fuhren der untergehenden Sonne hinterher nach Westen, die das Land und das Wasser in weiche und sonnengoldene Farben tauchte – wieder auf einer Deichstraße, Julia liebte diese einsamen Verkehrsverbindungen –, bogen irgendwann nach Norden ab und hielten bald darauf vor einem kleinen, einsamen, von Fischteichen umgebenen Hotel hinter dem Deich zur Etsch. *Il Storione* machte einen sie willkommen heißenden Eindruck, wie auch Terèsa und Teodòro, er ein gewichtiger, einarmiger Mann Ende vierzig, der Zufriedenheit mit sich und der Welt ausstrahlte, sie eine sympatische, rundliche, von Roberto als exzellente Köchin beschriebene Frau gleichen Alters.

»*Marchese*, Sie wissen gar nicht, was Sie uns für eine Freude machen!«

Roberto stellte ihnen seine Frau vor. Julia wurde erst etwas vorsichtig begutachtet, aber ihre auf Menschen zugehende Art stieß auf Gegenliebe, und Teodòro nahm ihr die Reisetasche aus der Hand, während Terèsa sie in ihr großes Herz schloss.

»Sie sind heute die einzigen Gäste«, erklärte sie und zeigte Julia die Räumlichkeiten, während die beiden Männer das Gepäck nach oben brachten. »Morgen kommen die Wochenendangler, da sind wir wieder ausgebucht.« Stolz klang durch und Vertrauen in Julia – in die Frau des *marchese* konnte man es uneingeschränkt haben. »Wenn der *marchese* bei der Reso … Rezo … Wiedereingliederung meines Mannes nicht so aktiv geholfen hätte, gäbe es heute kein *Il Storione* mit einer glücklichen Familie.«

Julia hatte keine Ahnung, wovon die Frau redete, nickte aber freundlich und würde Ro nachher nach Einzelheiten fragen.

»Ihr habt weiter investiert?«, erkundigte Roberto sich und Teodòro platzte fast vor Stolz.

»In einen Swimmingpool. Sie müssen ihn unbedingt ausprobieren! In einundeinhalb Stunden gibt es Abendessen. Die *signora* mag Fisch?«

Roberto bestätigte es und bald erschien auch seine Frau. Aus dem Fenster blickte man über den Fluss – es war eine schöne Aussicht und ein komfortables Zimmer. Julia freute sich auf ein Bad, der Tag war lang, staubig und heiß gewesen.

Roberto ging als Erster unter die Dusche, aber kurz darauf wurde der Duschvorhang ein wenig zur Seite geschoben.

»Was hast du eigentlich gemeint mit: *Aber vielleicht, in nicht allzu weiter Ferne …*?«

Er zog Julia in die Dusche, das lauwarme Wasser prasselte auf sie nieder und sie merkten beide, dass sie es ohne einander nicht mehr aushielten. Nicht einmal das Wasser stellten sie mehr ab.

»Und ich dachte, wir hätten so viel Zeit miteinander.« Julias Herz und dessen Stakkato beruhigte sich langsam.

»Haben wir auch! Das war die Pflicht, die Kür kommt nach dem Essen!« Körper und Seele waren wieder eins und Roberto von einem großen Frieden erfüllt.

»Lass uns schwimmen gehen, Ro. Das Wasser sah so einladend aus!«

»Geh nur ruhig, ich bleibe hier.« Immer noch mochte er sich mit seinen Narben am linken Knie nicht in der Öffentlichkeit blicken lassen, und so reagierte er abweisend.

»Wir sind die einzigen Gäste«, probierte sie es noch einmal, »und ich habe dir extra einen neuen Bademantel und eine dazu passende Badehose gekauft.«

Vorsichtig streichelte sie über sein linkes Bein. Oberhalb des Knies zog sich eine breite Narbe fast ganz ums Bein herum. Sie merkte, wie er erstarrte. Hatte sie sich zu weit vorgewagt? Das Thema war bisher tabu gewesen. Eine Weile herrschte Stille zwischen ihnen, eine Fliege surrte am Fenster, Julia hielt den Atem an.

»Du hast recht, Giuli«, sagte er plötzlich und entspannte sich,

»wie fast immer! Ich muss meine Behinderung akzeptieren und nicht immer mimosenhaft reagieren. – Zeig her, hoffentlich sind die Farben altersadäquat!«

Im Pool war es herrlich. Roberto kam mit dem Kraulen am besten zurecht, er schlug Julia, die zwar eine ausdauernde, aber keine schnelle Schwimmerin war. Sie alberten im Schwimmbad herum wie jung Verliebte, verfolgten sich, tauchten sich gegenseitig unter und küssten sich. Schließlich hielten sie sich völlig außer Atem am Rand fest. So gelöst und ohne innere Spannung, fast übermütig, hatte Julia ihn noch nie erlebt, seine Lebensfreude war zumindest am heutigen Tag ihrer ebenbürtig.

»Warum hast du während der vergangenen Monate nicht mit mir schlafen wollen?«, erkundigte sie sich, nachdem sie wieder zu Atem gekommen war.

Er küsste sie auf die Nase. »Und warum du nicht mit mir?«

»Ich wollte mich nicht aufdrängen! Also, warum?«

»Das war eine über mich selbst verhängte Strafe. Du solltest bestimmen, wann du mich wieder ganz zurückhaben wolltest, Engeline.«

»Das darf doch nicht wahr sein, Roberto Alessandro Massimiliano! Ist das die italienische Justiz, die das Opfer mit bestraft?«

»Das tut mir leid, aber so weit habe ich nicht gedacht. Ich gelobe Wiedergutmachung, gleich nach dem *cena*!«

Erst kurz vor dem Abendessen gingen sie hinauf.

»Ich habe dir auch etwas mitgebracht.« Roberto überreichte ihr ein ziemlich großes, hübsch verpacktes Paket. »Biancas Werk, sie hat es auch gebügelt. Mach mir das Vergnügen und ziehe es heute Abend an!«

Julia ahnte schon, was sich in dem Paket verbarg. Er lächelte auf sie nieder, als er ihre Freude sah.

»Schau dir die Quittung an!«

Das Kleid, das sie sich vor ein paar Monaten gekauft hatte und das dann zum Streitfall zwischen ihnen geworden war, lag vor ihr, der Durchschlag einer Rücküberweisung auf ihr Konto mit einer Perlenbrosche angeheftet.

»Ich finde, Perlen passen gut zu dir, sie sind wie Stein gewordene Tränen, und die hast du genug um mich vergossen, *cara mia*«, sagte er weich.

Als Julia ihm um den Hals fallen wollte, hielt er sie von sich ab.

»Erst essen, *nereide*, wir können nicht zwei Wochen im Bett verbringen!«

»Schade!«

Sie zog das seegrüne Wickelkleid aus Seide an, das in der Taille nur durch eine Schleife gehalten wurde. An einigen Stellen waren sparsame Motive von exotischen Vögeln aufgemalt, alle in Blau- oder Türkistönen. Roberto musterte sie beifällig und reichte ihr den Arm.

Terèsa hatte den Tisch für sie beide vor dem Kamin gedeckt, ein Feuer flackerte, vertrieb die Abendfeuchtigkeit und verbreitete Gemütlichkeit. Während Roberto und Teodòro sich in ein intensives Gespräch über Wein vertieften, folgte Julia wissbegierig Terèsa in die Küche.

»Ich hoffe, dem *marchese* schmeckt mein Fischrisotto noch so gut wie früher.« Terèsa sprach das Wort *marchese* mit großer Hochachtung aus, Julia musste ihn dringend fragen, warum. Aber das erübrigte sich, denn Terèsa begann sein Loblied zu singen. Sie erzählte, wie er Teodòro als jungen Mann mehrmals verhaftet hatte, wegen Autodiebstahl, Überfall auf eine *tabaccheria* und Ähnlichem mehr; aber seit fast zehn Jahren bewirtschaftete er nun mit ihr dieses Anwesen.

»Wenn der *marchese* damals nicht für ihn gebürgt hätte, wären wir hier bei dem Vorbesitzer nicht untergekommen. Wer weiß, was dann aus mir und den Kindern geworden wäre!« Während Terèsa erzählte, schnitt sie noch schnell zwei winzige Peperonischoten in den köchelnden Reis und stellte zwei Tassen mit geriebenem Parmigiano und Pecorino bereit. »Sie bekommen das geheime Rezept von mir, *signora*, dann können Sie es ihm zu Hause kochen. Er hat noch nie so glücklich ausgesehen wie mit Ihnen!«

Julia freute sich über den Vertrauensbeweis und fragte neugierig nach dem Hauptgang.

»Knusprig ausgebackener zweijähriger Aal, der ist leichter bekömmlich als der schwere geräucherte. Aber nun gehen Sie zu Ihrem Aperitif.«

Vor dem Risotto gab es noch eine Bohnensuppe mit jungen Artischocken und vielen Kräutern. Zum cremigen Risotto hatten sich Teodòro und Roberto auf einen weißen Wein aus der Garganega- und der Trebbiano-di-Soave-Traube geeinigt, ein DOC-Wein aus dem Soavegebiet.

Zum Aal mit einer leckeren Kräuterpolenta wurde Roberto überstimmt, Teodòro bestand auf einem Bosco Eliceo aus der d'Oro-Traube, von dessen Existenz Julia noch nie gehört hatte.

»Überzeugt, *commissario*?« Teodòro blickte ihn fragend an.

»Überzeugt, Teodòro! Ein trockener und tanninreicher Roter, ideal zu fetten Speisen!«

Teodòro strahlte und Julia verweigerte jede Nachspeise, nur einen *caffè* wollte sie noch. Roberto bat die Wirtsleute, bei ihnen Platz zu nehmen. Er verlangte einen Grappa, und als eine ganze Flasche auf den Tisch gestellt wurde, setzte sich auch der Wirt zu ihnen und Roberto stopfte sich eine Pfeife.

Wie lange hat er das nicht mehr getan, dachte Julia zufrieden. Jetzt ist alles wieder im Lot.

Sie plauderten mit den Wirtsleuten bis weit nach Mitternacht, und Julia erfuhr nicht nur, dass Teodòro seinen Arm bei einem Verkehrsunfall verloren, sondern auch, was Roberto für die Familie alles getan, geregelt und veranlasst hatte.

Ihm war dieser Lobgesang äußerst peinlich, er beendete ihn, indem er nach den Söhnen fragte, und nun lief Terèsas Herz über. Benedetto sei zwanzig und bei der *caramba* und Gianni sei achtzehn und wolle Jura studieren. Er komme morgen, er helfe immer an den Wochenenden, und er freue sich auf seinen Paten, den *marchese*, den Terèsa anhimmelte.

»Es ist spät«, lenkte Roberto ab, um nicht erneut seine guten Taten vorgehalten zu bekommen, »lass uns noch ein paar Schritte auf dem Deich tun, Giuli.«

Auf der Deichkrone spazierten sie ein Stückchen nach Westen.

»Bleiben wir morgen noch hier, Ro?«

»Wenn du willst.«

»Gern! Teo und Terèsa gefallen mir und Gianni muss doch seinen *marchese* noch treffen.«

»Ja, bei Teo hat die Resozialisierung gegriffen, hauptsächlich durch Terèsas Einsatz und Standhaftigkeit und seinen Willen zur Änderung. Ich hab nur ein wenig bei den Rahmenbedingungen geholfen. Ich wünschte, die Resozialisierung würde häufiger gelingen.«

Da war es wieder, dieses immer gegenwärtige Verantwortungsgefühl! Der Sternenhimmel erstrahlte hier draußen auf dem Lande klar und ungetrübt durch Großstadtdunst. Der Mond war aufgegangen und überzog den träge dahinströmenden Fluss mit einem Schleier aus Silber. Julia fand die Atmosphäre romantisch schön, merkte aber, dass ihr Mann wieder angespannt wirkte.

Seine Gedanken wanderten um zwei Wochen zurück, als er auf Zypern auch so einen romantischen Nachthimmel beobachtet hatte und anschließend in die Hände des Bösen gefallen war. Er blieb stehen und blickte über den Fluss.

Julia sah an der Linie seines Profils, wie verschlossen er war, und lehnte sich an ihn, Rücken an Rücken. »Dich bedrückt etwas?«

Er verlagerte sein Gewicht und lehnte sich fest gegen ihren Rücken. »Ich kann es dir einfach nicht sagen.«

»Dann erzähl es dem Fluss oder den Sternen und vergiss mich, aber vergrabe es nicht in dir, Ro!«

Er räusperte sich. »Damals auf Zypern …«, alles krampfte sich in ihm zusammen, aber seine Frau hatte recht, er sollte es aussprechen, »hat man erneut versucht, mich auszuschalten.«

Julia fühlte seine Anspannung, lehnte sich fester gegen ihn und schwieg.

»Ich würde so gern noch ein Kind von dir haben, *l'anima mia.*« Das klang zusammenhangslos, er wusste es, doch über die Stunde in der Hölle des *Hauses am Berg* konnte und wollte er Julia nichts erzählen. »Aber nach dem, was dort passiert ist, weiß ich nicht, ob ich noch in der Lage bin, ein Kind zu zeugen.«

Endlich war es ausgesprochen! Er merkte, wie ihm das Atmen plötzlich leichter fiel, ein Kloß sich in seinem Hals auflöste. Dieses Wissen würde Julias Liebe zu ihm keinen Abbruch tun, dessen war er sich sicher.

Julia schwieg. Sollte sie ihm sagen was sie wusste oder würde ihn das belasten und er es ihr übelnehmen? Nein, keine Geheimnisse ihm gegenüber, befahl sie sich.

»Sie sind noch etwas taumelig, aber die Wahrscheinlichkeit, dass sie sich bald wieder zielgerichtet bewegen, ist groß!«

»Wovon sprichst du?«

»Von deinen Spermien!«

Abrupt drehte er sich um und sie verlor fast das Gleichgewicht. »Was weißt du denn darüber?«

Hörte sie Ärger heraus? Unverständnis? Nein, nur Erstaunen. »Ich arbeite manchmal in Fra Ioannis Labor. Die Laborleiterin hat mir ausgerechnet deine Spermienprobe zur Analyse gegeben, für sie bin ich *Giulia*, meinen Nachnamen kannte sie nicht. Fra Ioannis hat sie ganz schön zur Schnecke gemacht.«

»So.«

»Er hat dann bei der Besprechung des Ergebnisses über die Wirkung von Elektroschocks auf die Spermaproduktion referiert; er hat einschlägige Erfahrungen aus seiner Zeit in Afrika, wo er wohl oft Folteropfer behandelt hat.«

»Und wie komme ich ins Bild?«

»Bei deiner Spermaprobe hat er typische Symptome gefunden.«

»Wofür?«

»Für die Auswirkung von Folter.« Ihre Stimme wurde immer leiser, seine klang inquisitorisch. »Es tut mir leid, aber deinen angeblichen Hexenschuss habe ich nicht geglaubt, irgendwann hätte ich dich schon danach gefragt.«

Er schwieg einen Moment, sah wieder über den Fluss und dachte daran, was für ein Glück er mit dieser Frau hatte, die selbst solche Geheimnisse bewahren konnte, um sie dann an der richtigen Stelle anzusprechen.

Der Zauber des Mondscheinspaziergangs war dahin, und an ihm lag es, die Stimmung wieder herzustellen. Er nahm Julias Hand, verflocht seine mit ihren Fingern und sagte leichthin und befreit, da er vor seiner Frau nichts mehr verbergen musste: »Dann gebe ich die Hoffnung einfach nicht auf, dass eine irgendwann die richtige Richtung findet, das heißt, wenn du es auch willst?«

»Was?«

»Einen Sohn! Und wenn der Wunsch nach einem Sohn der Grund für die Geburt vieler Töchter ist, finde ich das auch in Ordnung.«

Sie antwortete mit dem Druck ihrer Finger und atmete tief durch. Die Stimmung vom Beginn ihres Spaziergangs baute sich wieder auf.

»Na, dann auf zur Kür, Roberto!«

»*Subito*!«

Polèsine, Donnerstag, 13. Juni 2002

Irgendwann gegen Morgen wurde Roberto wach. Julia lag nicht mehr neben ihm, sie stand am Fenster und blickte hinaus. Er verschränkte die Arme hinter dem Kopf und betrachtete sie. Er sah nicht mehr das schlanke, biegsame junge Mädchen vom vergangenen Jahr, sondern eine überaus wohlproportionierte, an den richtigen Stellen gerundete junge Frau.

»Deine Silhouette ist schön.« Sie schrak etwas zusammen. »Ich würde dich gern als lebensgroßen Scherenschnitt haben.« Er stand auf und trat neben sie. »Warum hast du mich und das Bett verlassen?« Sie lehnte sich an ihn. »Ich bin zu glücklich, um zu schlafen!«

Sie blickten auf den Fluss, der Mond war von hier aus nicht mehr zu sehen, dafür hing Morgennebel über dem Wasser. Plötzlich spannte sich alles in Roberto an. Er ging zum Telefon und rief den Wirt an.

»Teo? In deinem Garten huschen fremde Gestalten herum!« Pause. »Okay, ich komme aus dem Haupteingang, du von hinten!«

Der Frieden des gestrigen Tages und das Glück der noch nicht ganz vergangenen Nacht lösten sich auf, wieder kam die Angst, die Ungewissheit in Julia hoch. Sie fröstelte.

»Schließ hinter mir ab und geh ins Bett!«, sagte Roberto, der eben im Dunkeln seine Jeans zumachte und einen Pullover überstreifte.

»Muss das denn sein? Sind wir denn nirgendwo sicher?«

»Wahrscheinlich nur ein paar Einbrecher«, tröstete er sie, aber es half nichts, die Furcht in ihr war wieder da.

Als Roberto leise verschwunden war, schloss Julia hinter ihm ab und kroch unglücklich unter das Laken. Die Ungewissheit, die sie jedes Mal krank machte, wenn sie ihn bei einem Einsatz wusste, zerrte an ihren Nerven. Dann klangen auch noch Schüsse an ihr Ohr, weiter entfernt zwar, aber trotzdem beängstigend, auch Lucianos Lehrstunden hatten da nicht geholfen.

Irgendwann einmal, das war Julias schlimmste Befürchtung, würden sie ihr Roberto kalt und starr für immer ins Haus tragen.

Eine halbe Stunde mochte verstrichen sein, da hörte sie seine und Teos Stimme auf der Treppe. Sie entriegelte die Tür und klammerte sich wie eine Ertrinkende an ihren Mann.

»Dio sia laudato!«

»Es ist gar nichts passiert, *ragazza*!«

»Aber die Schüsse?«

»Teo und ich haben ein paarmal in die Luft geschossen, um die Eindringlinge zu vertreiben. Sie hatten ihre Motorräder weit hinten am Deich gelassen und sind schnellstens verschwunden.«

»Ich weiß, ich dürfte dir meine Angst nicht zeigen, meine Angst um dich«, sagte sie und kehrte ins Bett zurück.

»Die musst du überwinden lernen, sie macht dich sonst fertig. Hab Vertrauen in mich und meine Vorsicht!« Er nahm sie in die Arme. »Und heute hatte das nicht das Geringste mit uns zu tun. Teo hat Probleme mit jugendlichen Schutzgelderpressern, die er sich bisher hat vom Leibe halten können. Wärme mich, meine *nereide*.«

Erfolgreich lenkte er sie von ihrer Angst ab.

Erst gegen Mittag wachten sie von den Stimmen ankommender Gäste auf. Die Sonne schien von einem strahlend blauen Himmel und sie schwammen ausgiebig. Terèsa brachte ihnen je einen Cappuccino und Brioche zu ihren Liegestühlen.

Aber lange hielt es Roberto nicht untätig in der Sonne, während Julia faul den ganzen Tag hier hätte zubringen können. Doch eine innere Unruhe trieb ihn. Sie würde vermutlich nach zwei, drei Tagen vergehen, mutmaßte Julia.

»Auf, auf! Eine Villa von Scarmozzi wartet auf uns!«

»Sicherlich schon seit mehreren hundert Jahren«, Julia rekelte sich, »da kann sie doch auch noch einen Tag warten!«

»Nichts da!« Er zog sie hoch. »Vielleicht ist sie morgen schon eingestürzt! Wir können auf Deichstraßen dahin fahren!«

»Überredet!«

In diesem Augenblick erschien ein neuer Gast, Professor da Santes, und alle drei zeigten sich gleich erstaunt: der Professor, dass Julia mit dem *commissario* verheiratet war, Roberto darüber, dass seine Frau da Santes kannte, und Julia, dass sie sich hier zufällig trafen.

»Ich komme schon seit Jahren ins *Il Storione* zum Angeln, meine große Leidenschaft«, erklärte da Santes und lud sie zu einem Cocktail an die Bar ein, wo man sich dann zum gemeinsamen Abendessen verabredete.

Eine gewisse Spannung meinte Julia an ihrem Mann zu spüren, seine Lockerheit schien vorbei.

»Ich kenne ihn länger als dich.« Julia erzählte von ihrem ersten Treffen am Denkmal des *Gattamelata* in Padova und wie sie ihn immer wieder im *Orto Botanico* getroffen hatte.

»Entweder ist er ein Wolf im Schafspelz oder ein resignierter alter Mann«, bemerkte er, als sie im Auto saßen.

»Du meinst wegen seiner politischen Vergangenheit?«

»Woher weißt du von der?«

»Professor Serpente und ich trafen da Santes im Park der Villa Nazionale, kurz vor dem Attentat auf dich, und er sprach von der unglücklichen Vergangenheit des Politikprofessors. Aber seine zweite Karriere hat er mit unpolitischer Kunstgeschichte gemacht, wir haben nie über etwas anderes gesprochen.«

»Und Angeln gehört auch nicht zu den aggressiven Sportarten«, schloss Roberto das Thema.

An der südlichen Grenze der *terra ferma*, direkt am Po, hatte der berühmte Nachfolger Palladios das Ca'Morosini für den Dogen Francesco Morosini gebaut, der aus einem der sagenhaften zwölf ältesten Geschlechter Venedigs stammte. Als *Peleponnesiaco* hatte er Siege für die Serenissima gegen die Türken errungen, und die Hauptzerstörungen auf der Akropolis in Athen waren bei der Belagerung durch ihn und seine Truppen erfolgt.

Ursprünglich hatte die Villa auf gleicher Höhe mit dem Fluss gelegen, aber durch die jahrhundertelang anhaltende Sedimentierung des Po war das Flussniveau immer höher gestiegen, die Deiche waren angepasst worden und jetzt sah man von der Deichkrone aus der Vogelperspektive auf das ehemals prächtige, nun verlassene und verwahrloste Ca' hinunter, unter dessen riesiger Freitreppe einstmals ganze Fuhrwerke hindurchfahren und das Haus versorgen konnten.

»Der *Peleponnesiaco* ist der Nachfolger jener venezianischen Feldherren, die im Osten gegen die Türken kämpften, während der Westen zum Beispiel von den Landheeren der *condottieri* geschützt wurde. *Colleoni* war der erfolgreichste *condottiero* für die Serenissima, Bergamo und Brescia fielen nie wieder an die Mailänder. Er schützte die Westflanke der *terra ferma* perfekt und bescherte der *Serenissima* eine ungewöhnlich lange Friedenszeit an dieser Front. Die Städte blieben bis zur Eroberung durch Napoleon venezianisch«, erklärte Roberto seiner Frau einige geschichtliche Zusammenhänge, denen sie zwar aufmerksam folgte, aber ihr eigentliches Interesse an italienischen Gärten fand keine Nahrung an diesem Tag.

»Warum wolltest du mir unbedingt diese Villa zeigen?«, wollte sie wissen.

»Mit *La Badoera* und dem Ca'Morosini hast du die beiden südlichsten venezianischen Villen aus der Renaissance gesehen.«

Auf den Deichstraßen des Po, später denen des Canale Bianco und dann der Etsch fuhren sie in die untergehende Sonne hinein, deren Glutball den Horizont berührte, als sie den Parkplatz des *Il Storione* erreichten.

Das Abendessen schmeckte wieder köstlich, ihm fehlte nur die familiäre Atmosphäre des Vorabends, denn außer ihnen saßen noch elf andere Gäste im Gastraum.

Der alte *professore* und Julia fachsimpelten während des ganzen Essens über alte Gärten und Gartenanlagen. Roberto fühlte sich ausgeschlossen, war aber nicht böse darüber. Er beobachtete genau und kam zu dem Schluss, dass er Julias Wissen und Können gründlich unterschätzt hatte, und er kam außerdem zu dem Schluss, dass, wenn sie denn ihr Studium der Medizin nicht fortsetzen wollte, sie sich auch als Gartengestalterin einen Namen machen könnte. Ihre gelegentlichen morgendlichen Aushilfen im Hospital der Barmherzigen Schwestern, so vermutete er, tat sie wohl nur ihm zuliebe, weil er sich wünschte, dass sie ihr Medizinstudium irgendwann einmal weiterführen würde.

»So wie manche Menschen das absolute Gehör haben«, wandte sich da Santes beim *dolce* an Roberto, »so hat Ihre Frau das absolute Gefühl für die Einheit von Baustil und Gartenarchitektur des *Cinquecento*. Manchmal denke ich, sie hat in ihrem vorigen Leben während dieses Jahrhunderts gelebt und ist nur wiedergeboren.«

»Sie sollten einmal den Renaissancegarten an unserem Haus in den euganeischen Hügeln sehen«, antwortete Roberto und Stolz auf seine Frau erfüllte ihn. »Ich stimme Ihnen völlig zu, sie ist eine Wiedergeborene!«

»Wenn das eine Einladung ist, komme ich gerne.«

Sie stießen mit einem zehn Jahre alten *Amarone* aus dem Valpolicella an, von dem die beiden Herren behaupteten, erst jetzt kämen seine hervorragenden Charaktereigenschaften voll zur Geltung.

Julia freute sich einerseits über das Lob ihres Mannes, doch ihr Bekenntnis zu ihrer Medizinerkarriere wurde immer schwerer.

Wie sollte sie Roberto klar machen, dass sie heimlich weiter studiert hatte, sogar ihre Doktorarbeit schon abgeliefert und quasi einen festen Arbeitsplatz bei Fra Ioannis hatte?

Das Gespräch der beiden Männer klammerte nun Julia aus, die aber voller Interesse Zeugin einer Zeit wurde, die begonnen hatte, bevor sie das Licht der Welt erblickt hatte.

Roberto kannte da Santes von seinem Studium in Bologna, aber nur vom Hörensagen. Als er als engagierter Student sich dort immatrikuliert hatte, war der leidenschaftliche Politologe da Santes bereits seines Amtes enthoben gewesen. Dann, 1977, hatte er ihn persönlich getroffen bei einem Radikalenkongress, auf dem der gemäßigte *marchese rosso* mit faulen Tomaten und Eiern beworfen worden war. Auch der *professore* erinnerte sich mit einem gewissen Schmunzeln daran.

»Aber das Jahr 1969 war für mich das entscheidende.« Da Santes sah nachdenklich in sein Weinglas. »Sie und ich, *commissario*, haben uns erst später kennen gelernt, als meine Hoch-Zeit schon vorbei war, was ich nur damals noch nicht wusste. In dem Jahr solidarisierten sich Arbeiter und Studenten in Italien. Und das war für mich der Höhepunkt meines Lebens. Es endete allerdings mit meinem tiefen Sturz. Ich konnte mich nicht wie meine geistigen Ziehväter – Habermas und Adorno – von den revolutionären marxistischen Studenten zurückziehen, ich unterstützte sie weiter.«

»Habermas und Adorno sahen klar, dass diese Studentengruppen, die aus dem Ruder liefen, die Universitäten zerstören würden, statt sie zu reformieren.« Roberto stopfte sich seine Pfeife. »Bei dem unrealistischen Versuch, eine Revolution anzuzetteln, als Machtlose gegen Mächtige zu rebellieren, die Gesellschaft gegen ihren Willen umzuformen, mussten diese Studenten und die sie unterstützenden Professoren scheitern, hier in Europa genauso wie drüben in den USA.«

Er strahlte so viel Ruhe aus und wirkte, obwohl er mindestens zwanzig Jahre jünger als da Santes war, wie der Weisere, Erfahrenere. Fast schien es, als wolle der alte Mann nach dem reichlichen Weingenuss noch einmal anknüpfen an längst vergangene Zeiten, noch einmal aufbegehren, aber dann lächelte er friedfertig. »Heute sehe ich das auch so, *commissario*. Für Sie ist es ein Leichtes, jetzt dieses Fazit zu ziehen.«

»Ich habe 1977 nicht anders argumentiert«, widersprach Roberto.

Hier im Gastraum des *Il Storione* saßen drei Generationen am Tisch. Julia war völlig unbelastet von den Achtundsechzigern, sie hatte die Namen der damaligen Studentenführer im Geschichtsunterricht gelernt. Die Diskussion hörte sich für sie an wie ein eigentlich längst bewältigter Generationenkonflikt, der letztlich auf der ganzen Welt zu den berüchtigten Studentenunruhen geführt und im Extremfall in die deutsche Rote-Armee-Fraktion mit den Baader-Meinhof-Terroristen und in Italien in die *Brigate Rosse* gemündet hatte. Hier brach der alte Konflikt zwischen Roberto und da Santes noch einmal auf, allerdings nur im intelektuellen Bereich und durch ihre Erinnerungen.

Es war der alte Mann, der die Diskussion schließlich abbrach. Roberto klopfte gelassen seine Pfeife aus, während in den Augen des alten Mannes so etwas wie ein Aufflackern eines längst erloschen geglaubten Feuers zu beobachten gewesen war, nun endgültig niedergebrannt.

Bald darauf verabschiedete er sich und Roberto meinte, vielleicht sähe man sich im Ca'Vecchia Brandolin einmal.

»Wir fahren morgen früh vor Sonnenaufgang ab, *professore*. Meine Frau hat ihn sich an der Adria gewünscht. So werden wir noch in der Dunkelheit aufbrechen müssen. Petri Heil!«

Da Santes musterte Julia amüsiert.

»Das passt zu Ihnen, *La Tedesca*! Bewahren Sie sich Ihre romantischen Träume. Ich wünsche Ihnen beiden viel Glück.«

Die letzten beiden Sätze sagte er auf Deutsch.

Polèsine, Freitag, 14. Juni 2002

Sie verließen *Il Storione* bei tiefer Dunkelheit. Roberto suchte im Autoradio Musik, sie waren beide noch nicht ganz wach. Pavarottis strahlender Tenor ertönte mit Giordanis berühmtem Liebeslied. Was Julia aber sehr überraschte, war Robertos volle Baritonstimme, mit der er einfiel:

»Caro mio ben, credimi almen,
senza di te languisce Il cor …«

Nie hatte sie ihn vorher singen hören. Was gab es wohl noch an Überraschungen mit ihm?

»Du hast eine schöne Stimme, Ro!«

»Ich bin doch Italiener!«

Sie erreichten die Mündung der Etsch, als das erste Morgenlicht am östlichen Horizont erschien. Ein paar Wölkchen färbten sich rosa und bald tauchte die Sonnenscheibe tief dunkelrot aus dem Meer, ein eindrucksvolles Schauspiel, immer wieder. Eng aneinander gelehnt standen sie am Strand und erlebten die Geburt eines neuen Tages.

Sie badeten ausgiebig, das Wasser der Adria wirkte erfrischend kühl, keine Algenteppiche schwammen bisher vor der Küste und die Menschen beteten, dass es so bliebe. Nach dem milden Winter und dem sonnigen Frühjahr herrschte die Angst vor Unmengen von Algen in denen, die von den sonnenhungrigen Touristen lebten. Alle erinnerten noch die Katastrophe von vor ein paar Jahren.

Hier am Ende des Strandes von Rosapineta befand sich zu dieser frühen Morgenstunde kein Mensch weit und breit, Vogelgezwitscher, der Schrei einiger früher Möwen, ein leichter Vivaldi aus dem Autoradio war alles. Sie rubbelten sich gegenseitig trocken und stellten den Campingtisch so nahe ans Wasser, dass einige der sanften Wellen noch an ihren Füßen leckten. Terèsas Thermoskanne mit frischem Kaffee und ein paar belegte Brote für Roberto fanden sich im Picknickkorb, für ihren *marchese* stand sie sogar kurz nach Mitternacht auf.

Julia und Roberto ließen die Wellen um ihre Beine und die der Campingstühle spielen, freuten sich an dem langsam älter werdenden Morgen und sprachen wenig. Das absolute Gefühl der Zusammengehörigkeit und der Gleichklang ihrer Seelen bedurfte keines Kommentars.

Sie wanderten am Strand entlang. Julia sammelte Muscheln, eine Leidenschaft, der sie schon als kleines Mädchen in den Sommern an der Ostsee nie widerstehen konnte. Roberto fotografierte, hauptsächlich Julia, und erst als mehrere Menschen aus den Appartements und Ferienwohnungen an den Strand kamen, machten sie Pläne für den Tag und das Danach.

»Und ich dachte, du hättest ein minutiös ausgearbeitetes Bildungsprogramm in der Tasche«, zog Julia ihren Mann auf, von dem sie nicht erwartet hatte, dass er sich so treiben lassen konnte.

»Da du für die letzte Woche unseres Urlaubs sicher so etwas hast, wollte ich nach dem Motto *carpe diem* leben.«

Aber sie ließ sich nicht locken und verriet nichts von ihren Plänen. »Und?«

»Was hältst du von Ravenna, Giuli? Und dann irgendwann L'Aquila?«

»Schaffen wir das?«

»Gemeinsam schaffen wir alles, was wir wollen, *nereide*!«

Es klang wie Optimismus pur. Sie erreichten Ravenna am Mittag, kauften eben noch etwas zum Mittagspicknick ein, bevor die lange Mittagspause sowohl in den Geschäften als auch für Sehenswürdigkeiten begann.

Julia, die morgens nie viel essen konnte, meldete jetzt einen ganz gepflegten Hunger an.

»Ganz in der Nähe von Sant'Apollinare in Classe gibt es einen netten kleinen Strand«, schlug Roberto vor. »Ich könnte dauernd picknicken, besonders mit dir.«

Diesmal nahmen sie nur den Picknickkorb mit und setzten sich an der Mündung eines kleinen Flusses auf einen Bootsanleger. Der Anblick von Schinken, frischem Brot, Käse und einer Flasche Rotwein ließ bei beiden das Wasser im Munde zusammenlaufen. Erdbeeren vervollständigten das Mahl und Julia streckte sich müde am Strand aus. Auch Roberto döste zufrieden vor sich hin, bis Julia wieder ihrer Muschelsammelleidenschaft frönte und die verschiedenen Arten auf dem Anleger sortierte.

Roberto wachte auf und blickte aus halb geöffneten Augen auf seine Frau. Das Glück schnürte ihm die Brust zu.

»Du bist schrecklich emsig!«

»Wenigstens einer in der Familie!«

»Warte! Ich verarbeite deine Muscheln.«

Während Julia weiter sammelte, formte Roberto aus schwarzen Miesmuschelschalen ein großes Herz, schrieb mit rosa Herzmuscheln *ti amo* hinein und legte dann alles mit weißen Muscheln aus. Julia begutachtete sein Werk und schrieb darunter mit den eben gesammelten Muscheln: Ich dich auch.

Hand in Hand wanderten sie zum Auto zurück und fuhren am späten Nachmittag weiter. Der runde Glockenturm von Sant'Apollinare in Classe erschien bald. Von dem von Kaiser Augustus gegründeten Hafen Classe gab es kaum noch Spuren, die Sanddünen und die Flüsse, die mehrfach freiwillig und unfreiwillig ihr Bett gewechselt hatten, hatten eine totale Verlandung herbeigeführt.

»Das ist der schönste der ravennatischen Glockentürme«, Roberto gab sich ein wenig oberlehrerhaft, »und wir können dankbar sein, dass die alliierten Kampfflugzeuge den tausendjährigen Turm im Zweiten Weltkrieg nicht getroffen haben. Versucht haben sie es, denn die Deutschen nutzten ihn als militärischen Ausguck.«

Sie betraten die größte frühchristliche Basilika, die von einem reichen griechischen Bankier gestiftet und im Mai 549 eingeweiht worden war.

»Ich dachte, bei deiner Garten- und Naturliebe würden dir diese Mosaiken besonders gefallen.« Roberto senkte seine Stimme und Julia stand staunend vor der Apsis, in deren oberen Halbkugel der heilige Apollinarus zwischen mannigfaltigen Bäumen, Büschen, Blumen und weißen Schäfchen auf einer hellgrünen Mosaikwiese stand. Deutlich konnte Julia Ölbäume, Zypressen und Kiefern erkennen, Lilien, Gänseblümchen und Margeriten als Blumen, dazu Vögel und Felsen, und die ganze Apsis strahlte so viel Lebenslust und Freude an der Schöpfung aus, dass sie die Verse des protestantischen Liedschöpfers Paul Gerhardt in sich fühlte.

»Geh aus, mein Herz und suche Freud,
in dieser schönen Sommerzeit,
an deines Gottes Gaben.
Sieh an der schönen Gärten Zier
und siehe, wie sie mir und dir
sich ausgeschmücket haben«, murmelte sie leise.

»Ich wusste, dass sie dir gefallen würde, Giuli!«

»So viel Fröhlichkeit und Helligkeit habe ich noch in keiner alten Kirche gesehen, und noch nie so fröhliche Mosaikfarben. Oh, schau mal da, der Erzengel Gabriel, wachsam mit seinem Speer das Paradies beschützend!«

Roberto schaute sich den Erzengel an und wurde sofort an Gabriel El-Atasoy erinnert. Aber er mochte Julias gelöste Stimmung nicht mit düsteren Nachrichten von seinem Tod verderben, und so hielt er sein Wissen um den gewaltsamen Tod des Gabriels zurück, der alles andere als ein Erzengel gewesen war. Außerdem bedrückte ihn zunehmend, dass er für den Abend die Zusage zu einer Einladung gegeben hatte, die ihn nun reute. Keine Minute mochte er das Zusammensein mit seiner Frau mit anderen teilen, und schon gar nicht mit so jemandem wie seiner Cousine. Bei seiner Mutter im Ca'Rosso hatte er sie vor ein paar Tagen getroffen und ihre Einladung nach Ravenna wenn auch widerwillig angenommen. Nun musste er sie Julia irgendwie plausibel verkaufen.

Sie fuhren die fünf Kilometer bis Ravenna und Roberto führte sie noch ein wenig weiter in die Geschichte zurück, zum Mausoleum des Ostgotenkönigs Theoderich, das dieser sich wohl 520 hatte errichten lassen – ein Bauwerk, das auf der Welt nicht seinesgleichen fand.

»Wie ein Westwallbunker«, meinte Roberto, und auf Julias entsetzten Gesichtsausdruck verteidigte er sich: »Das stammt nicht von mir. Der österreichische Geschichtspopulist Hermann Schreiber hat das so formuliert. Und ich kann dich beruhigen, für die Bunker haben sie bestimmt keinen weißen istrischen Hippurit-Kalkstein verwendet.«

»Ich finde, die Kuppel sieht wie ein riesiger gotischer Kriegshelm aus«, versuchte Julia das Bild vom Westwallbunker zu verdrängen und sie gingen in die obere Grabkammer, in der ein Porphyrsarkophag stand.

Roberto fühlte sich immer unwohler, er sah auf die Uhr, in einer Stunde war er mit seiner Cousine verabredet. Wie nur brachte er Julia das bei?

»Bist du mir böse, wenn ich meine Wünsche noch einmal ändere?« Ihre Stimme holte ihn aus seinen Gedanken. »Ich würde Sant'Appollinare in Classe gern noch einmal im Morgenlicht sehen, die Mosaiken wirken dann bestimmt ganz anders.«

»Kein Problem«, Roberto freute sich, dass sich manches wie von selbst erledigte, »aber dann müssen wir L'Aquila ausfallen lassen.«

»Nun ja, dann tun wir das eben! Und wo schlafen wir heute Nacht?«

»Bei Verwandten.«

»Und die nehmen uns so spontan auf?«, fragte Julia ein wenig misstrauisch und er musste zugeben, dass seine Cousine sie richtiggehend eingeladen hatte.

»Also hast du doch alles geplant und manipulierst mich.«

»Nur heute.«

»Pah! Wer's glaubt!« Aber Julia spielte ihren Ärger nur, Neugier überwog. »Und welche Cousine?«

»Bei einer Cousine ersten Grades, Poli.«

»Das kann dann nur die Tochter von Tante Alessandra sein?«

»*Giusto*!«

»Ich denke, die liegt dir nicht so?«
»Aber sie gehört zur Familie und hat uns dringend eingeladen.«
»Na dann! Und wofür steht Poli?«
»Für Polissena, aber nenne sie nie so. Sie hasst den Namen. Sie ist mit einem …«, er räusperte sich, »Künstler verheiratet, Salvatore Mondiale, und sie nennt sich als Künstlerin Polimondi.«
»Bildende Künstler?«
»Er künstlert Skulpturen und sie malt.«
»Das klingt abwertend.«
»Sie haben genug Geld und lassen arbeiten. Aber Francesca sagt, ihr Haus sei sehenswert und ihre Kunstsammlung auch. Neugierig?«
»Ja, natürlich.«
Diesmal empfing sie keine alte Villa, sondern ein hypermodernes Haus in der Nähe von Ravenna Marina, ein voll klimatisierter Glaspalast, der wie ein Museum mit moderner Kunst ausgestattet war.

Geschichtssplitter

Colleoni, der »erste Italiener«, 1447 bis 1454

Bartolomeo Coglione verstaute seinen Pilotenkoffer im Handgepäckfach, nur den ziemlich umfangreichen Ordner über seinen Namensvetter, mit dem er zwar nicht verwandt war, dessen Leben ihn aber kolossal interessierte, legte er auf seinen Sitz am Fenster und er hoffte, ungestört lesen zu können. Das Abtauchen in das Leben des *condottiero* schien für ihn wie eine Verheißung, und er freute sich, dass der Mittelplatz in der Businessclass leer blieb.

Der *Betrieb* hatte ihn nicht gehen lassen, im Gegenteil, man hatte ihn befördert und aus der *questura* in Padua abgezogen. Großzügigst hatte man ihn nach Südamerika beordert, er sollte die Sicherheit der italienischen Botschaften in Argentinien, Chile und Uruguay begutachten und als Sicherheitschef sich eine dieser Botschaften aussuchen. Der *Betrieb* hatte ihn hochgelobt und ganz elegant abgeschoben, und aus Europa verbannt. Natürlich, wenn er sich für einen Ort entschieden hatte, würde seine ganze Familie übersiedeln können.

Und wer passte nun auf seinen Vetter Roberto auf? Der *Betrieb* hätte Coglione zu gern wieder in seinen Diensten gehabt, war ihm beschieden worden. Seufzend öffnete er seinen Ordner.

Die Venezianer hätten Colleoni zu gern wieder in ihren Diensten gehabt! Er stand zusammen mit dem condottiero Francesco Sforza in Mailänder Sold, auch wenn aus dem Herzogtum Mailand vorübergehend die Ambrosianische Republik geworden war, eine beunruhigende Konstellation für die Venezianer! Die beiden berühmtesten Condottieri dieses Jahrzehnts so dicht an der mailändisch-venezianischen Grenze zu wissen, und zwar als Gegner, war überaus beängstigend.

Aber Colleoni wollte nicht zurück in venezianische Dienste, obwohl seine Heimatstadt Bergamo ein Bollwerk gegen Mailand war. Seine Güter in Romano, Antegnate und Covo, seine Familie und sein Vermögen bekam er zurück, und so sah er keinen Grund in venezianische Dienste zurückzukehren, zu sehr hatten sie seinen Stolz verletzt. Obwohl: Auf lange Sicht lag ihm Venedig mehr, in Mailand passierten die unvorhersehbarsten Dinge.

Also noch nicht so schnell zurück nach Venezia, denn Francesco Sforza brauchte ihn erst einmal. Die Erbauseinandersetzungen spitzten sich zu, die Viscontiwitwe rief ihren Bruder und damit die Franzosen zu Hilfe, um die Ambrosianische Republik zu besiegen.

Francesco Sforza war anderweitig gebunden und beauftragte Colleoni, dem französischen Heer entgegenzureiten.

Zwar war Colleoni nach der beinahe zweijährigen Haft in den Öfen von Monza noch nicht im Vollbesitz seiner Kräfte und seine zwei Jahre tatenlos herumsitzenden Soldaten waren noch nicht wieder so diszipliniert geschult wie früher, aber Pflicht war Pflicht.

So ritten die Italiener den Franzosen entgegen und bei Borgomanero kam es zur Schlacht.

Auf Seiten der Ambrosianischen Republik bekam Colleoni Unterstützung von einigen mehr oder minder unbekannten Condottieri und ihren Lanzen, wie Astorre Manfredi, Giacomo Bono Totti, Angelo da Lavello und anderen, mit insgesamt 2.500 Pferden und 1.500 Mann Fußvolk, die Franzosen unter dem Oberbefehl von Rinaldo di Dresay kamen mit ebenso viel Pferden und Fußvolk.

Aber entgegen aller Condottieri-Tradition kämpften die Franzosen äußest brutal und machten keine Gefangenen. Als Erstes eliminierten sie die Squadra von Giacomo Bono Totti (400 Tote) und die Reihen der Italiener brachen auseinander. Die Schlacht wäre hier mit dem Sieg der Franzosen zu Ende gewesen, wäre nicht Bartolomeo Colleonis persönlicher Einsatz zum Tragen gekommen.

Mit dem Schrei: »Ihr seid doch Italiener! Also kämpft!«, brachte er die schon fliehenden Truppen hinter sich, entledigte sich seines Kommandostabs und zog sein Schwert. Mit ungeheurer Wucht traf er auf die schon siegesgewissen Franzosen und mit seiner legendären persönlichen Tapferkeit schlug er eine breite Schneise des Todes in die gegnerischen Truppen. Nachdem er auch noch Rinaldo di Dresnay gefangen genommen hatte, ergab sich das französische Heer und der gesamte Tross fiel in italienische Hände. Dresnay musste sich mit 14.000 Kronen freikaufen. Der Tag wurde zum ersten nationalen italienischen Sieg, Colleoni der »erste Italiener«!

Noch zweimal, am 1. April 1449 an der Sesia und am 23. dessel-

ben Monats bei Borgo Manero gelang Colleoni ein Sieg über die Truppen Karls VII. von Frankreich.

Bis zur Eroberung durch Napoleon konnte Italien sich französischer Überfälle erwehren und lange Zeit galt Colleonis Sieg als beispielhaft. Sein Ruhm mehrte sich und nach vielem Durcheinander – Sforza hier, Sforza für Venedig, gegen die Ambrosianische Republik und dann wieder auch nicht – und als Francesco Sforza sich als Herzog von Mailand inthronisiert hatte, gab Colleoni dem Werben Venedigs nach.

Colleonis Kaufpreis war gestiegen und er wurde mit seinen erprobten 1.500 Reitern in venezianische Dienste übernommen. Noch nicht als Generalkapitän, sondern neben dem Condottiero Michele Attendolo.

1451, nachdem Sforza mal mit, mal gegen Colleoni kämpfte, Venedig mal mit, mal gegen Sforza war, wurde der Bergamaske von Venedig abberufen und dem moralisch liederlichen Sigismondo Malatesta an die Seite gestellt, der noch im gleichen Jahr wegen der Entführung einer vornehmen deutschen Pilgerin entlassen wurde.

Die Familie, nun wieder vereint, brachte Colleoni Freude, denn seine älteste Tochter Orsina heiratete 1451 den in venezianischen Diensten stehenden Conte Gherardo da Martinengo, den Sohn eines alten Waffenbruders Colleonis. Die Serenissima zeigte sich äußerst spendabel und gab als Mitgift 2.500 Dukaten.

Colleoni schien das politische Hin und Her gelassen hingenommen zu haben, aber die nun von der Serenissima begangene Kränkung nicht: Statt ihn, den sieg- und ruhmbedeckten Colleoni als Generalkapitän einzusetzen, wie alle Welt und auch er das erwarteten, ernannte Venedig den zweitrangigen Gentile da Leonessa, einen Todfeind Colleonis, und Jacopo Piccinino, den Sohn seines Erzfeindes, des verstorbenen Condottieros Piccinino, ein Metzgerssohn, zu seinen Vorgesetzten. Colleoni weigerte sich, diesen beiden zu gehorchen, und rettete das venezianische Heer aus einer prekären Situation, in die die beiden Oberbefehlshaber es gebracht hatten. Der wohlvorbereitete Überfall auf Colleoni wegen Befehlsverweigerung war dann aber doch mehr, als dieser ertragen konnte.

Wahrscheinlich stand die Republik kurz vor der Insolvenz. Sie hatte große Soldrückstände bei Colleoni auflaufen lassen und versuchte mit dieser unschönen Tat, ihre Verbindlichkeiten loszuwer-

den. Nur: War das klug, wenn sie den gefürchteten Condottiero ihren eigenen Feinden in die Arme trieb?

Colleoni war wie jeden Morgen sehr früh auf, inspizierte das Lager und genoss den Morgen, gestört allerdings durch Marschiergeräusche, die nicht von seinen Soldaten herrührten. Ohne jeden Zeitverlust, vielleicht kurz an Carmagnola denkend, den die Serenissima übertölpelt und dann enthauptet hatte, sprang er auf ein ungesatteltes Pferd und floh. Als das Pferd zusammenbrach, wechselte er auf ein Bauernpferd und erreichte Ludovico Gonzaga in Mantua, bei dem er schon Unsummen für Pferde aus dessen Paradezucht ausgegeben hatte.

Francesco Sforza nahm seinen Kampfgefährten freudig wieder auf und verpflichtete seinen Freund auf 2.000 Reiter und 500 Mann Fußtruppen, die Fanti. Sforza verpflichtete sich auch dahingehend, die Besitzungen seines Freundes mit zurückzuerobern und Colleonis Frau Tisbe und die Töchter Orsina und Caterina, die sich nun in der Hand der Venezianer befanden, zu befreien.

Orsina hielt zu ihrem Mann, der bei den Venezianern im Sold blieb. Allerdings forderte schon im Mai 1451 die »großzügige« Serenissima von Gherardo da Martinengo die 2.500 Dukaten der Mitgift zurück. Um die Finanzen Venedigs schien es wirklich nicht zum Besten zu stehen.

Die Kämpfe der Jahre 1452 bis 1454 zwischen Mailand und Venedig fanden hauptsächlich am Oglio und an der Adda statt. Gegen Ende dieser Zeit waren alle alten Besitzungen Colleonis, einschließlich Martinengos, der Heimat Tisbes, wieder in Colleonis Besitz. Der für ihn peinlichen Belagerung seiner Heimatstadt Bergamo blieb er fern, aber sie fiel in Mailänder Hände.

Es sah nicht gut aus für Venedig. Man behandelte Colleonis Ehefrau Tisbe mit großer Achtung, nur gehen ließ man sie nicht.

Der Tod Gentile da Leonessas 1453, des Schwagers von Gattamelata, änderte einiges, fiel er doch zusammen mit dem Fall Konstantinopels. Im folgenden Jahr 1454 schlossen die beiden Parteien Mailand und Venedig den Frieden von Lodi, ein sehr detaillierter Vertrag, an dem Colleoni mitwirkte und der eine vierzigjährige Friedenszeit nach sich zog. Und für Colleoni wurde sein Traum Wirklichkeit:

Am 12. April 1454 ernannte die Serenissima Bartolomeo Colleoni zum Generalkapitän der Republik mit einem jährlichen Gehalt von 100.000 Goldgulden und den Lehen Martinengo, Urgnano und Cologno. Somit herrschte er über das gesamte Grenzgebiet zwischen Mailand und Venedig. Das Colleonesco war geboren. Wenn auch das alte Spiel fortgesetzt wurde: Schon ab Oktober 1454 wurde sein Gehalt – allerdings mit seiner Zustimmung – auf 60.000 Goldgulden reduziert. Arme Serenissima!

Bartolomeo Coglione legte seine Aufzeichnungen zur Seite. Für Colleoni begann damals ein neuer Lebensabschnitt. Für ihn, *colonnello* Bartolomeo Coglione, war der Kampf auch zu Ende. Der *Betrieb* schob ihn nach Südamerika ab.

Kapitel 2

Emilia

Marina di Ravenna, Freitag, 14. Juni 2002

»Und du meinst, er kommt?« Angela nippte an ihrem Campari, ein altmodisches Getränk, sicher, aber sie hatte es während ihrer Studentenzeit mit Roberto geliebt; Nostalgie eben.

»Ich dachte, du freust dich? Ich sehe es an deinen Augen, du hast ihn noch nicht aufgegeben.« Poli blieb bei Eiswasser, sie brauchte einen klaren Kopf, das Zusammensein mit Angela bedurfte extremer Konzentration. Das letzte Mal hatte sie zu viel Champagner getrunken, mit der Folge, das *La Leonessa* sie über den Tisch gezogen hatte. Sie hatte ihnen das *Condottieri*-Syndikat für erledigt verkauft, die *Serenissima*, die sie drei verkörperten, ebenfalls, und Polissena und Ludovica mit einer lächerlichen Summe abgefunden. Und dann hatten die beiden betrogenen Frauen erfahren – Angela hatte nicht nur Freunde –, dass Angela mit *Colleoni* paktierte und den Syndikatskuchen nunmehr mit ihm teilte.

»Nein, aufgegeben habe ich ihn noch nicht«, Angelas Augen glitzerten, »aber anders, als du meinst. Er wird sterben und ich werde meine Rache genießen.«

»Dann fange es diesmal klüger an! Besonders der letzte Versuch in Zypern war äußerst stümperhaft.« Poli konnte sich diese Bemerkung nicht verkneifen, sie lächelte süffisant und freute sich über die Wirkung ihrer Worte, wenn *La Leonessa* auch tat, als sei sie kein bisschen überrascht.

»Du weißt also noch, was im Syndikat geschieht?« Angela setzte ihre Sonnenbrille auf und blickte auf den in der Ferne gut sichtbaren Apennin. Wenn man sich ein wenig herumdrehte auf dieser Eckterrasse, sah man über die Küste bis aufs Meer. »Dabei dachte ich, du und Salvatore, ihr macht nur noch in Kunst?«

»Damit kann man auch legal reich werden, so wie du mit deiner Maklerfirma.« Poli folgte den Blicken Angelas auf die jetzt zur Mittagszeit mit Jalousien verschlossenen Fensterfronten, hinter denen sich Millionenobjekte verbargen. »Aber dieser Kitzel fehlt.«

»Ich habe gehört, eure Galerie in Milano steckt in Schwierigkeiten?« Angela hatte das Objekt seinerzeit zu völlig überhöhten Preisen an die Mondiales verkauft.

Wie konnte ich nur jemals glauben, sie sei meine Freundin, dachte Polissena verbittert. Seit der Affäre, die ich mit ihrem ermordeten Mann hatte, sucht sie mir zu schaden.

»Wie es im Geschäftsleben so geht. Dafür läuft unsere Kunstgalerie hier in Ravenna blendend, noch besser allerdings die in Firenze. Und wir versprechen uns viel von der Neueröffnung in Roma nächsten Monat. Aber um noch einmal auf den *marchese* zurückzukommen: Hast du schon konkrete Pläne?«

»Ja. Fünfmal hat er Anschläge überlebt, er muss einen besonderen Schutzengel haben. In der Beziehung bin ich abergläubisch und wir versuchen es andersherum. Morgen schlägt die Stunde der Rache, aber sie wird nicht ihn treffen, sondern seine Frau. Und damit vernichte ich ihn gleich mit. Er ist diesem Flittchen geradezu abartig hörig.« Hass klang aus ihrer Stimme.

»La Tedesca?«

»Si, mia amica!«

»Ich verbiete es dir, *La Leonessa*!«

»Du verbietest mir etwas? Das ist allerdings neu. Blutsbande und Sentimentalität gegenüber einer unbedeutenden kleinen Deutschen? Du wirst alt, Polissena!«

»Ich habe mich noch nicht liften lassen, meine Liebe.«

»Ein paar Sticheleien seien dir gegönnt. Nennst du mir deine Gründe? Magst du *La Tedesca* etwa?«

»Ich kenne sie überhaupt nicht! Aber Roberto und sie sind heute Abend meine Gäste und sie übernachten hier. Du wirst deine Rache verschieben, denn ich möchte zeitlich und räumlich nicht mit ihr in Verbindung gebracht werden. Morgen ist zu früh!«

»Schade! Aber ja, wenn du mich darum bittest, verschiebe ich meine Rache. Aber befiehl mir nie wieder etwas!« Angelas Stimme wechselte von Bedauern über schneidende Schärfe zu sanftem Schnurren. »Also?«

»Ich bitte dich darum!« Im Stillen dachte Polissena: Warte, dein Bankier auf den Kaiman-Inseln steht seit kurzem auf meiner Gehaltsliste, die Guardia di Finanza ist mein stiller Trumpf.

»Es kommt mir nicht ungelegen.« Angela hatte Freude daran, die andere zu demütigen, aber allzu weit wollte sie es nicht treiben, vielleicht brauchte sie bald wieder Verbündete. Die Geschäftsverbindung lief mit *Colleoni* nicht so, wie sie es sich vorgestellt hatte, er wurde zu dominierend und zunehmend selbstherrlich. »Meine Geheimwaffe ist noch nicht wieder voll einsetzbar.«

»Du meinst deinen jungen Mann? Deinen Luzifer?«

»Ich habe ihn zum selben Gesichtschirurgen geschickt wie du deinen.«

»Ein hervorragender Arzt, nicht nur fürs Liften. Mein junger Mann ist nicht wiederzuerkennen. Schau!« Polissena wies auf einen als Leibwächter am Ende der Terrasse stehenden Mann in dunkelblauem Anzug, weißem Hemd und gestreifter Krawatte. »Erkennst du ihn wieder?«

»Nein, ist das etwa Andrea? Sind sie nicht herrlich, diese jungen Männer Ende zwanzig?« Angela dehnte sich wohlig und ihr nicht allzu umfangreicher Busen wölbte sich vor. »Wie nennst du ihn jetzt?«

»*Cucciolo*, Schoßhündchen. Aber seit wann findest du junge Männer attraktiv? Du hast doch gerade einen angejahrten geheiratet? Und damals, als ich mit deinem Mann eine kurze Affäre hatte, interessierten Männer dich doch überhaupt nicht. *Cuccioli* befriedigten dich doch weitaus mehr, ich meine vierbeinige!«

La Leonessa wurde blass, trotz ihrer Sonnenbräune, die sie seit der Hochzeitsreise intensiv gepflegt hatte.

»Ja, meine Liebe, ich könnte so einiges über dich an die Öffentlichkeit bringen, aber keine Angst, ich werde schweigen.«

»Weil ich weiß, wie eure Kunstwerke entstehen? Immer wenn Polimondi ihren Stil ändert, hat ein junger Maler das Handtuch geworfen. Und dein Salvatore hat sich mit einem seiner Liebhaber und Steinmetze überworfen?« *La Leonessa* bürstete ein nicht vorhandenes Stäubchen von ihren Fingernägeln.

»Touché! Wir wissen eben zu viel voneinander, meine Liebe! Vielleicht sollten wir uns wieder zusammentun?«

»Eine gute Idee, wir sollten morgen darüber sprechen.«

»Wenn mein Vetter wieder fort ist, ja.«

»Und du willst deinen Vetter nicht vor mir retten?«

»Bestimmt nicht. Diese mittelmäßigen Beamtenseelen sind ersetzbar.«

»Du hast nur Angst, er könnte hinter den Ursprung deines Reichtums kommen, stimmt's, Poli?«

»Er ist nie auf die Idee gekommen, ich könnte das Geld *Gattamelatas* aus den Drogengeschäften verwaltet und in Kunst angelegt haben. Das soll auch so bleiben, deshalb ist mir sein Untergang lieb, nur nicht morgen und nicht hier.«

»Die Party heute Abend wird also seine Abschiedsparty sein. Er hat eine ganze Batterie von Schutzengeln, wie himmlische Heerscharen haben sie ihn bisher beschützt.«

»Klingt da so etwas wie Aberglaube aus deinen Worten, Angela, mein Engel?«

»Ich glaube unbedingt an sie. Und sie sind alle darauf ausgerichtet, ihn zu beschützen. Da werden sie keine Zeit mehr für *La Tedesca* haben! Indem ich sie vernichte, zerstöre ich ihn!«

»Du bist doch eine Frau, die mit beiden Beinen auf der Erde steht.« Polissena wusste um den Engelsaberglauben *La Leonessas*, aber verstehen konnte sie ihn nicht. »Ich begreife nicht, wieso du so an sie glaubst.«

»Ich war kurz mit einem verheiratet.« *La Leonessa* zündete sich eine Zigarette an und inhalierte tief. »Leider viel zu kurz. Und es war meine Schuld. Ich habe damals nicht erkannt, dass Gabriel mir als Bote Gottes erschien, wie er vorher schon Zacharias, Joachim, Josef, Maria, den Hirten und Königen erschienen war. Seine Energie war hoffnungsgebend, freudig, leuchtend, erhellend. Seine Bereiche waren die Schwingung, die Bewegung, die Veränderung; er begleitete jeden Neubeginn, damit ich in göttlichem Einklang lebte.«

Polissena setzte ihre Sonnenbrille jetzt ebenfalls auf, damit *La Leonessa* nicht den Unglauben und den Spott in ihren Augen lesen konnte. »So, und du glaubst, dass dein Vetter ihren Schutz gepachtet hat?«

»Seine himmlischen Bodyguards nenne ich sie. Ja, sogar vor Bomben haben sie ihn beschützt. Aber auch wenn sie mit doppeltem Flügelschlag unterwegs sein werden, diesmal sind sie nutzlos.«

»Ja«, meinte Polissena mit ernster Stimme, »Schutzengel sind praktisch. Und preiswert: Sie laufen sich nämlich keine Sohlen ab!«

»Mach dich nur lustig«, Angela zeigte sich unbeeindruckt, »ich weiß, was ich weiß.«

Marina di Ravenna, Samstag, 15. Juni 2002

»Du hast gelogen!« Julia saß im Schneidersitz auf dem riesig breiten Bett, ohne Nachthemd und vom Mondlicht beschienen, das durch die großen Atelierfenster über ihnen hereinfiel.

»Keineswegs!«, verteidigte Roberto sich. Er betrachtete seine Frau verlangend und sich innerlich verfluchend, dass er so viel Champagner getrunken hatte und nun im wahrsten Sinne des Wortes durchhing, aber ohne ihn wäre der Abend unerträglich gewesen. »Ich habe nur gesagt, wir hätten den Plan, nach L'Aquila zu fahren. Und den … hicks … hatten wir auch.«

»Also eine Halblüge!«

»Nein, eine Halbwahrheit!«

»Und warum?«

»Angela verfolgt uns! Hicks. Soll sie uns doch in L'Aquila suchen!«

»So ein Unsinn! Deine Cousine und *La Leonessa* sind Freundinnen, ich fand es ganz selbstverständlich, dass sie bei der Vernissage heute dabei war!«

»Ha, hicks, ha! Hast du nicht ein Patentrezept gegen Schluckauf?«

»Nicht lügen!« Sie kicherte, ebenso angeschwipst wie ihr Mann, und gab den Versuch, ihn zu verführen, noch nicht auf. »Und du meinst wirklich, Angela sucht uns in L'Aquila?«

»Deshalb verstecken wir uns vor ihr und Poli…hicks…ssena in Ravenna, direkt vor ihrer Nase.« Sie lachten beide und wussten eigentlich nicht, warum.

»*Mi dispiace*«, sagte Roberto, als sie sich wieder beruhigt hatten, »diese Party hätte ich dir ersparen müssen!«

»Warum denn? Ich habe mich köstlich amüsiert! So viel Verlogenheit, so viele boshafte Bemerkungen! Weißt du, dass deine Cousine sich alle halbe Jahre einen neuen Lover aus der Kunstszene besorgt, seine Werke unter ihrem Namen verkauft und eine neue Schaffensperiode daraus macht?«

»Wusstest du, dass *La Leonessa* dich ganz reizend findet, *anima mia*? Genauso … hicks … wie ich.«

»Wusstest du, dass Polissenas vergreister Gatte vor Kraftlosigkeit nicht mal einen Hammer halten kann und trotzdem dauernd neue Skulpturen ausstellt?«

»Das hat dir bestimmt die kleine Angela verraten, dieser *angelo sterminatore*, das Würgeengelchen! Erspar sie mir!«

Julia gab ihre Verführungsversuche für heute als sinnlos auf, Roberto war kurz vor dem Einschlafen.

»Den reichlichen Champagnergenuss hättest du dir ersparen müssen, Ro...hicks...berto. Jetzt hab ich den Schluckauf. Bei mir hat er nämlich die gegenteilige Wirkung.«

»Der Schluckauf?«

»Der Champagner!«

»*Mi dispiace, nereide*! Du musst bis morgen früh warten!«

»Ich werde bis Mittag schlafen! Hey, was machst du denn da?«

Er zog sie zu sich und eng umschlungen setzten sie ihr Nonsensgespräch fort, aber nur noch kurzzeitig, denn fast schlagartig schliefen sie gemeinsam ein.

Das Glashaus war so gebaut, dass man von jedem Zimmer aus irgendeinem Blickwinkel durch einen durchsichtigen Spiegel einen Einblick in ein darunter, daneben, sogar darüber liegendes hatte, es sei denn, man zog alle Gardinen und Jalousien zu.

Julia und Roberto hatten das nicht getan, mit der Folge, dass *La Leonessa* über ihnen direkt auf ihr breites Bett schauen konnte, während sie nur den Spiegel in der Glasfront nach oben wahrnahmen. Auch das Lachen von unten hörte Angela durch die geöffnete Terrassentür.

»Es wird euch vergehen«, flüsterte sie leise vor sich hin und umklammerte die Umrandung der Dachterrasse, die zu ihrem Gästezimmer gehörte, »ihr werdet in ein Tal der Tränen fallen, aus dem es kein Entrinnen gibt.«

Ein besonders helles Lachen von *La Tedesca* perlte durch die Nachtluft und verklang, eine Gänsehaut überzog Angela.

»Brauchen Sie mich noch heute Nacht?« Die Männerstimme kam aus dem Dunkel des Schlafzimmers, selbst nachts saß dort ein Wachposten.

»*Niente*! Verschwinde!« Es klang wie das Fauchen einer Katze, und sie dachte: Hoffentlich ist mein Luzifer bald wieder einsatzbereit, wenn die Fäden diese Woche gezogen werden.

La Leonessa schlief nie mehr als vier Stunden hintereinander, heute wurden es nicht einmal zwei. Wie magisch angezogen stand sie wieder und wieder auf und starrte gebannt auf die beiden eng umschlungenen Gestalten unter ihr. Das Mondlicht malte Kringel auf ihre Haut und die blonden Locken *La Tedescas* bedeckten die Schultern des Mannes, den es zu vernichten galt.

Die Sonne ging rotgolden über dem Meer auf. Die beiden Schlafenden rührten sich nicht und *La Leonessa* blickte wie hypnotisiert auf die Sonnenstrahlen, die sich durch die hohen Glastüren stahlen und langsam die beiden Körper erfassten und sie von Minute zu Minute in hellerem Licht erstrahlen ließen.

Erneut versuchte sie Schlaf zu finden, aber nach weiteren zwei Stunden hielt sie es in ihrem Bett nicht mehr aus und schlich auf die Terrasse. Die beiden Schlafenden hatten ihre Position kaum verändert und eben wollte *La Leonessa* sich wieder abwenden, als sie gewahr wurde, wie die beiden Körper sich leicht bewegten und dann in den ewigen Rhythmus aller Liebenden einmündeten.

Wie zur Salzsäule erstarrt blickte sie auf die beiden, konnte den Blick nicht von den Bewegungen des Mannes lösen, den zu vergessen sie sich vorgenommen hatte, und sie meinte, Wellen von blutrotem Hass durch ihre Adern pulsieren zu fühlen. Der Hass mündete in ihren Gedanken.

»Das wirst du mir büßen!« Ihre geflüsterten Worte schienen in den jungen Morgen hinaus zu schallen und erschrocken blickte sie nach unten, aber die beiden Liebenden hörten in dieser Sekunde der Vereinigung nichts und nahmen von dem, was um sie herum geschah, ebenfalls nichts wahr.

Ravenna città, Samstag, 15. Juni 2002

»Ich brauche ein paar neue Sandaletten, ein Riemen ist angerissen.« Julia stützte sich auf Robertos Arm und begutachtete den Schaden. Sie standen vor der Basilika Sant'Appollinare in Classe und Julia hatte sich wieder nicht sattsehen können an dem von Osten her in einem noch helleren Licht erstrahlenden Wiesenmosaik mit dem milde lächelnden Heiligen in der Mitte.

»Erstaunlich, dass man in einem so großzügigen und lichtdurchfluteten Bau vor Bedrängung nicht atmen kann.«

»Bedrängt fühlst du dich? Ich empfinde nur Weite, Lieblichkeit und Trost.« Julia schüttelte verwundert den Kopf.

»Ich glaube, wir sprechen von zwei unterschiedlichen Bauten, *l'anima mia*. Ich redete vom Haus meiner Cousine.«

»Da hast du allerdings recht. Sag mal, was ist eigentlich aus Henry Salzmann geworden?« Julia merkte, wie sich jede Muskelfaser an Roberto spannte und sie fügte hinzu: »T'schuldigung, hätte ich jetzt nicht erwähnen müssen.«

»Hast du aber. Wie kommst du jetzt, im Angesicht von christlicher Schönheit, auf Luzifer?«

»Ich glaubte, seine Stimme gehört zu haben heute Morgen. Als wir beide getrennt nach der Hausherrin zwecks Verabschiedung suchten, hörte ich in einem der Zimmer zwei Männerstimmen und ich glaubte, Henrys erkannt zu haben. Aber dann fand ich deine Cousine und habe nicht weiter an ihn gedacht.«

»Ari meint, er ist Luzifer persönlich! Bist du ganz sicher?«

Sie nickte beklommen.

»Er ist der typische gefallene Engel.« Roberto merkte, wie sich die kleinen Härchen auf seinem Arm aufstellten. So leichthin, wie er sprach, war ihm weiß Gott nicht zumute. »Und Davids und Gabriellas Mörder.«

Julia wurde kreidebleich unter ihrer Sonnenbräune und umklammerte Robertos Arm, wie um Schutz zu suchen. Sie brachte kein Wort hervor.

»Keine Angst, Giuli! Leih mir mal dein *telefonino*.«

Mit zitternden Fingern gab sie den PIN-Code ein und reichte es ihrem Mann. Sie hatten es eigentlich nur mitgenommen, um abends mit Bianca über die Kinder plaudern zu können. Er ging ein paar Schritte zur Seite und kam nach einigen Minuten nachdenklich zurück.

»Nun müssen wir zurück nach Padova!« Julias Stimme klang enttäuscht, aber sich der Realität stellend und gefasst.

»Keineswegs! Henry Salzmann wird mit internationalem Haftbefehl gesucht, dafür hat Ari schon gesorgt. Ich habe die *Firma*, das *Institut* und den *Betrieb* über deine Beobachtung informiert. Wir ändern an unserer Hochzeitsreise nichts und meiden ab sofort jede Verwandtschaft und Ähnliches, *chiaro*? Polissena wird mich sowieso ewig schneiden, weil ich ihr eben die *carabinieri* ins Haus geschickt habe.« Und ich muss ihre Vergangeheit und ihre Finanzen überprüfen lassen, schließlich ist sie die Tochter *Gattamelatas*. Wieso haben wir sie bei der *CIGC* übersehen, fragte er sich.

Erleichtert hängte Julia sich bei ihm ein. »Hast du eigentlich mit ihm in Zypern zu tun gehabt?«

»Warum fragst du nicht direkt, ob dieser Luzifer an dem Anschlag auf mich beteiligt war?«

»Du kennst doch meine indirekte Art, neugierig zu sein, Roberto!«

»Wohl wahr. Das macht die Verständigung manchmal kompliziert zwischen uns.« Roberto merkte, dass er sie nicht vom Thema abbringen konnte. »Ja, er war beteiligt. Aber nun lass uns die Vergangenheit vergessen, ebenso die Verwandtschaft und alles Lästige. Der Tag gehört Ravenna und uns.«

Doch ihre gute Absicht wurde zumindest zunächst zunichte gemacht. In Ravenna trafen sie bei der Suche nach Sandaletten in der Nähe der *via* Galla Placidia auf Professor da Santes, der aus einem Anglergeschäft kam.

»Sie sind ja gerade rechtzeitig aus *Il Storione* abgereist«, begrüßte er sie. »Am anderen Morgen wurde der Hotelier von einer Bande Halbstarker überfallen und ausgeraubt.«

»Ist nicht wahr! Und da sind Sie abgereist?«

»*Ma no*! Ich habe hier in der Nähe schon seit zwanzig Jahren ein Wochenendhäuschen an einem Fluss. Da werde ich die nächste Woche in Ruhe zubringen, bevor ich wieder drei Monate nach USA fahre. Und Sie?«

»Wie planen, nach L'Aquila zu fahren!«

»Höchst interessant, geschichtlich gesehen. Gute Erholung!«

»Ebenfalls!«

Als der Professor sich entfernte, bezichtigte Julia ihren Mann wieder der Lüge, und der, äußerlich alle schwarzen Gedanken verdrängend, bestritt es erneut.

»Absichtserklärungen sind keine Lügen. Aber ganz etwas anderes«, lenkte er ab und wies auf den Namen der Straße, »kennst du die Geschichte der Geisel Galla Placidia?«

Er wunderte sich über sich selbst, wie er die Nähe des gesuchten Henry Salzmann einfach wegsteckte und alles Weitere den Kollegen überließ. Es musste an der Frau liegen, mit der er jetzt schon den vierten Tag rund um die Uhr verbrachte und die ihm ein solches Glücksgefühl bescherte.

Sie standen vor dem Grabmal der überaus interessanten Frau, die entführt, verheiratet, als Sklavin und spätere Kaisermutter einen Teil der Geschichte dieses Landstrichs geschrieben hatte. Da sich gerade eine laute Touristengruppe die Kapelle zeigen ließ, setzten sich Roberto und Julia auf eine niedrige Steinmauer.

»Raub und Entführungen haben eine lange Tradition bei uns in Italien«, führte er aus, »die der Galla Placidia war nicht die erste. Sie war die Tochter Theodosius des Großen, von der Kirche so benannt, weil er die katholische Religion als Staatsreligion einführte. Er war der letzte Gesamtkaiser des Römischen Reiches. Nach seinem Tode 395 übernahmen seine Söhne die Macht, sein Sohn Honorius wurde Kaiser des Westens, Arkadius Theodosius der des Ostens. 402 war Milano als Hauptstadt nicht mehr zu halten und Honorius verlegte sie nach Ravenna. 409 besetzte der Westgote Alarich Rom, plünderte es und führte die Schwester des Kaisers, die junge Galla Placidia, als Geisel im gotischen Tross mit. Das alles spielte sich noch fern von Ravenna ab. Honorius, von Eunuchen und einem feigen, korrupten Hofstaat umgeben, sah aus der Ferne ziemlich tatenlos zu.«

»Die Arme!« Julia stellte sich die junge römische Prinzessin in einem zügellosen gotischen Heer vor.

»Du machst dir unnötige Gedanken, Giuli! Geiseln haben nur so lange ihren Wert, so lange man sie nicht allzu hart anfasst. Ich zitiere Professor Schreiber, den Österreicher, der ein sehr pfiffiges Buch über die Goten schrieb: *Die gute Behandlung von Geiseln ist eine jener Grundweisheiten, deren Kenntnis man Alarich ebenso zutrauen darf wie den Geiselnehmern heute. Galla wurde also keineswegs, wie einige französische Historiker annehmen, an jedem Rasttag vergewaltigt oder in der entwürdigenden Halb-Nacktheit von Sklavinnen gehalten, dafür gab es Beutemädchen genug.*

Ob Galla Placidia mit dem plötzlichen Tod Alarichs etwas zu tun hat, bleibt Spekulation. Jedenfalls ehelichte sie seinen Nachfolger Athaulf. Wenn es ein Glück war, dauerte es nur kurz. Im Jahr nach der Hochzeit wurde er im Stall bei seinen Pferden hinterrücks erdolcht. Ein Barbar namens Singerich machte Galla wieder zur Kriegsbeute. *Barfüßig, den Rock geschürzt, so musste die Kaisertochter, die Athaulf inzwischen einen Sohn geboren hatte, vor dem Pferd des Singerich herlaufen, zwölf Meilen weit,* so erzählt Schreiber.«

»Die Arme!« Julia zerfloss vor Mitgefühl, sie dachte sich in die damalige Zeit zurück und sah die gequälte Frau vor sich. »Und was wurde aus ihrem Sohn?«

»Er starb. Sie wurde gegen 52.400 Hektoliter Getreide an ihren Bruder zurückgegeben, der sie 416 dem verdienten, aber greisen Haudegen Konstantinus gegen ihren Willen ins Bett legte, verheiratet natürlich. Sie bekam zwei Söhne und 421 hatte sie es endlich geschafft: Er war unter der Erde und sie die Mutter des zukünftigen Kaisers. Dachte sie. Aber erst einmal musste sie vor ihrem Bruder Honorius und dessen inzestuösen Anträgen zu ihrem Onkel nach Byzanz fliehen.«

»Gibt es ein Happy End?«

»Ja! Kaiseronkel Theodosius bereitete ihren triumphalen Einzug in Ravenna vor, Honorius sollte abgelöst und Galla Placidia mit ihren Söhnen als Herrscherin eingesetzt werden. Das geschah auch ohne Probleme, denn Honorius zog es vor, rechtzeitig zu sterben, und eine fünfundzwanzigjährige Blütezeit unter Gallas Regentschaft begann, zumindest für Ravenna.«

»Du klingst ironisch!«

»Keineswegs. Wie könnte ich das bei diesem herrlichen Sommertag, der wunderbaren Frau an meiner Seite und einer Horde von Barbaren vor mir im Mausoleum der Galla Placidia! Sie wusste schon, warum sie darin nicht bestattet werden wollte. Aber nun komm, die Barbaren fallen in San Vitale ein und wir haben einen kurzen Moment für das Mausoleum. Da hinten erscheint eine Regenschirm geführte weitere Horde!«

Für einen Moment waren sie allein in dem Tonnengewölbe der Eingangshalle, das sie gefangen nahm – das und der Blick auf den jugendlichen Christus als guten Hirten mit einem heiteren Gesichtsausdruck inmitten seiner Schäfchenherde. Der Sternenhimmel in der Kuppel erinnerte Julia an die Scrovegni-Kapelle in Padova und Roberto bestätigte ihr, dass Giotto auf seinem Weg von Florenz ins Veneto über Ravenna gereist war und die Vision dieser um ein goldenes Kreuz kreisenden goldenen Sterne auf indigoblauem Grund mitgenommen hatte.

Die Mosaiken in San Vitale überwältigten Julia, und auch Roberto gab sich dem Reiz dieser aus Theoderichs Zeiten stammenden Wunderwelt wieder hin, und ob es die prunkvolle Darstellung des Kaiserpaares war oder die so menschlich anmutende Geste des Mose, der die Riemen seiner Sandalen neu schnürte: Der Zauber dieser Basilika würde noch lange in ihnen nachwirken.

Als sie wieder in der Sonne standen und Roberto die weiteren Sehenswürdigkeiten auflistete, verweigerte ihm Julia die Gefolgschaft.

»Ich brauche eine Besichtigungs- und Denkpause!«

Sie kauften Lebensmittel für die Kühltasche, fanden ein paar passende Sandaletten für Julia und tranken einen Cappucino auf der Piazza del Popolo im Angesicht des venezianischen Palastes. Dann warfen sie noch einen Blick in das Baptisterium der Orthodoxen mit Johannes dem Täufer und Jesus in der Kuppel und den anderen prächtigen Mosaiken, das älteste erhaltene ravennatische Denkmal, und Roberto erzählte seiner Frau voller Genugtuung, dass Venezia erst aus dem Dunkel der Geschichte aufgestiegen sei, als alle diese Bauwerke Ravennas schon gestanden hatten und es die Hauptstadt und das religiöse Zentrum Italiens gewesen war. Er wollte nicht vergessen, dass Venezia seine Heimatstadt Padova 1405 unterworfen hatte, und jede Bemerkung zum Nachteil Venezias bereitete ihm Freude.

Sie fuhren zu dem kleinen Strand, an dem sie schon die gestrige Mittagszeit verbracht hatten. Diesmal wanderten sie von der trichterförmigen Mündung des kleinen Flusses ein wenig auf dem Deich nach Norden ins Binnenland.

An beiden Ufern des Flüsschens standen zwischen Deich und Fluss mehr oder minder komfortable Fischerhütten, meist auf Pfählen, einige mit Stromanschluss und Fernsehantennen, einige nur aus Strandgut zusammengeschustert.

Ihre terrassenartigen Plattformen und Anleger waren dem Fluss zugewandt, an über dem Wasser verspannten Drahtseilen hingen viereckige Fangkäscher, die in den Fluss abgesenkt und mit Hilfe von Winden wieder hochgezogen werden konnten.

Auf einem kleinen Fahrweg gingen die beiden ins Landesinnere, bis sie nach einem halben Kilometer an ein Wehr gelangten, von dessen Mitte sie diese bunt zusammengewürfelte Fischersiedlung überblicken konnten.

Auf der rechten Seite lag ein mit Holzzinnen liebevoll gestaltetes Häuschen, daneben ein bonbonrosa angestrichener Bau. Kein Mensch war um die Mittagszeit zu sehen.

»So sehen viele Flüsschen in Italien aus«, erläuterte Roberto, »eine italienische Leidenschaft, das Angeln und das Fischen.«

Er fotografierte seine Frau wieder in allen möglichen Positionen, auch beim Picknick neben dem immer noch intakten schwarzen Muschelherz vom Vortag.

»Ich habe ein nettes kleines Familienhotel direkt in Ravenna für heute Nacht gefunden. Ist es dir recht?«

Ihr war alles recht, wenn sie nur mit Roberto in dieser glücklichen Zweisamkeit bleiben konnte, und so bezogen sie nach der Besichtigung des Baptisteriums der Arianer, dessen berühmtester Vertreter Theoderich gewesen war, ein einfaches, ruhiges Zimmer, zu einem lauschigen Innenhof gelegen, und aßen am Abend in einem der Restaurants an der Piazza Popolo.

Pomposa, Montag, 17. Juni 2002

Die von Julia gewünschte Messe in Sant'Apollinare in Classe und ein weiterer Tag in Ravenna waren wieder so voll mit neuen Eindrücken gewesen, dass sie am Abend ziemlich früh ins Bett gegangen waren.

Nach einem spartanischen, sprich italienischen Frühstück am anderen Morgen brachen sie nach Norden auf. Bevor Robertos Besichtigungsprogramm aber begann, bat sich Julia ausgiebiges Schwimmen in der Adria aus. Das erfrischende Baden am Lido di Volano, weit im Norden an der Mündung des Po di Volano, nahm den größten Teil des Montagmorgens in Anspruch. Auch heute wehte wieder der angenehm aus Nordwest blasende Schönwetterwind *maestral*, der wie gewöhnlich in den frühen Morgenstunden eingesetzt hatte und im Laufe des Tages immer stärker wurde, bei ziemlich starker Wellenentwicklung.

Wie von Roberto vorhergesagt, würde er in den Nachmittagsstunden abnehmen und bei Sonnenuntergang in eine voraussichtlich totale Flaute münden.

»Ein Zeichen für gutes Wetter auch weiterhin«, erklärte Roberto den von Touristen und Einheimischen gern gesehenen *maestral*, als sie beim Mittagessen saßen.

»Und was für andere Winde könnten hier blasen?« Julia aß mit Hingabe kleine Schnecken, *lumaca di mare* hatte der Wirt sie genannt, in einer leckeren Tomatensoße. Sie saßen in einem der vielen guten Fischlokale, die diese Region auszeichneten.

»Der antizyklische *Scirocco*, wir nennen ihn hier auch *yugo*, er kommt aus Südost bei fast wolkenlosem Himmel mit mäßiger Stärke feuchtwarm aus der Sahara. Wenn er länger bläst, gibt es ziemlich hohen Wellengang.« Roberto widmete sich seiner Seezunge und fand die Neugier seiner Frau nicht auffällig.

»Und sonst?«

»Der *libeccio.* Regnerisch, feuchtwarm und von Gewittern begleitet, aus Südwest kommend.«

»Noch mehr üble Winde? Was ist mit der *bora*?« Julia ließ den Ober abräumen und wartete auf ihre Dorade.

»Wieso interessierst du dich so für Wind?«

»Ach, nur so. Also?«

»Ach, die *bora.* Ein sturmartiger, kalter Fallwind, der von dem dalmatinischen Kalkgebirge herunter an der Adriaküste auftrifft. Besonders arg ist die schwarze *bora.* Bläst meist drei Tage stark. Beeinflusst aber eher die nördliche Adriaküste.«

»Und sonst?«

»Du führst irgendetwas im Schilde. Noch nie hast du mich nach italienischen Winden befragt.«

»Ich war ja auch mit dir noch nie an der Adriaküste!«

»Vielleicht noch der *levantara,* er entsteht aus einem Tiefdruckgebiet und bringt Regenwetter aus dem Osten.«

»Das ist alles?«

»Die *nevera* wäre noch zu nennen. Ein Gewittertief aus Südwest bis Nordwest, jetzt ab Juni und bis August vorkommend, also ein ausgesprochener Sommer-Schlechtwetterwind. Dauert bis zu drei Stunden und wird von einer totalen Windstille angekündigt.«

»Also alles schlecht, außer dem *maestral*?«

»Und der bläst zurzeit.«

»Na gut.« Julia freute sich auf ihre Überraschung für ihn. Ab Mittwoch hatte sie ein Boot in Alberoni gechartert und wollte mit Roberto segeln, wovon er offensichtlich nicht die geringste Ahnung hatte. Und nun lenkte sie ab: »Wo bleiben wir heute Nacht?«

»Ich schlage Pomposa vor. Neben der Abtei gibt es zwar keine Luxushotels, aber gute Unterkunftsmöglichkeiten. Und morgen früh können wir sofort im Licht der Morgensonne das Innere der Abtei besichtigen.«

»Du wirst ja richtig fromm!« Julia wusste um seine Abneigung gegen die katholische Kirche.

»Ich wäre ein guter Arianer gewesen! Unsere wahrscheinlichen Vorfahren, die Langobarden, gehörten auch zu ihnen.«

»Du meinst die Vorfahren der Visian?«

»*Esatto.* Erst die langobardische Königin Theodolinde – sie stammte aus dem bayrisch katholischen Adel – hat ihre Untertanen vom Katholizismus überzeugt.«

»Theodolinde, ist das die, die die Burg Trezzo an der Adda hat bauen lassen? Trezzo, die Burg der *Colleonis*, wo Bartolomeos Vater ermordet wurde?«

»Genau die, aber …«, Roberto wollte alle Gedanken an *Colleoni* und damit verbunden an das gleichnamige Syndikat zumindest für diese Woche aus seinen Gedanken verbannen, »… die Abtei von Pomposa hat mit den alten Germanen zum Glück nichts zu tun. Die Benediktiner kamen erst im achten Jahrhundert und sie erlebte ihren absoluten Höhepunkt um 1000.«

»Warum findest du ausgerechnet Pomposa so bemerkenswert?« Julia trank ihren *caffè* aus, Roberto verlangte nach der Rechnung und sie machten sich auf den kurzen Weg zur Abtei.

»Ohne Pomposa und Guido d'Arezzo hätten es Vivaldi und Bach und all die anderen Musiker schwer gehabt. Guido hat«, Roberto nahm den Faden wieder auf, »das System der Musikschrift geschaffen, das bis heute gilt, mit fünf Notenlinien und Noten mit regelmäßigen Intervallen. Er hat das weltweite Kommunikationsmittel der Musik erfunden.«

Sie standen inmitten der imposanten Klosteranlage und der Glockenturm, den sie schon von Weitem hatten sehen können, ein romanisch klar gegliedertes Bauwerk mit Einzelbogenfenstern und zunehmenden Öffnungen bis in die siebte Bauebene, erhob sich gewaltig über ihnen.

In der Basilika von 1026 faszinierten Julia die Fresken des Jüngsten Gerichts gegenüber der Apsis. In zwei Bildern rechts unten, gerade in ihrer Augenhöhe, verschlang ein grauenvoller brauner Teufel einen Mann und eine Frau. Sie erkannte ihn sofort wieder. Angstvoll fasste sie nach Robertos Hand.

»Genauso hat der *XX. Gennaio* in meinen Albträumen ausgesehen, Ro. Hoffentlich sind wir nicht der Mann und die Frau!«

»Hirngespinste«, flüsterte er zurück, »es gibt ihn nicht mehr, den *XX. Gennaio*! Und so einen Teufel auch nicht, *cara*! Die Menschen machen sich heute ihre Hölle selbst.«

Sie fröstelte und ließ seine Hand nicht los, auch als er sie zu den unvergleichlich schönen Marmormosaikarbeiten des Fußbodens führte und sie abzulenken suchte. Ein leichtes Gefühl von Unbehagen blieb und beim Abendessen in einem Lokal neben der Abtei fehlte ihr der Appetit.

Besorgt sah Roberto sie an. Eine ganze Reihe von einheimischen

Gästen und Touristen verbreiteten eine recht fröhliche Stimmung, die aber auf Julia nicht übergriff.

»Was ist, Giuli? Hast du heute zu viel Sonne abbekommen? Hast du vielleicht deswegen keinen Appetit? Es könnte ein leichter Sonnenstich sein!« Robertos Stimme klang besorgt.

»Nein, sicher nicht. Dieses Fresko«, sie schüttelte sich, »es will nicht aus meinem Kopf verschwinden.«

Sie ließ sich zu einem Salat überreden, aber er schmeckte ihr nicht wirklich. Sie entschuldigte sich und ging zur Toilette, die durch mehrere verwinkelte Räume ganz hinten im Gebäude zu erreichen war. Auf dem Rückweg versperrten ihr drei junge Männer den Weg. Sie wich seitwärts aus und merkte zu spät, dass sie in dieser Ecke gefangen war. Sie machten einen ziemlich primitiven Eindruck, hochgepuscht durch Alkohol oder Drogen, und Julia begann sich zu fürchten. Sie drückte sich in die Ecke, als einer ein Springmesser aufschnappen ließ, und sah sich vergebens nach einem Ausweg um.

Es war noch kein Wort gefallen. Gefahr lastete im Raum, aus dem Esssaal klang weiterhin fröhliches Stimmengewirr. Der mit dem Messer winkte sie in Richtung Hinterausgang. Irgendwie kamen ihr seine Bewegungen bekannt vor, aber sie hatte sein Gesicht noch nie gesehen. Kein Ton kam aus ihrer Kehle. Möglichst langsam bewegte sie sich in die angegebene Richtung.

Und dann erschien Roberto in letzter Minute als Retter in der Not. Erleichtert sah Julia seine große Gestalt an der Tür zum Gastraum lehnen. Er würde schon alles richten.

»Komm her, Giulia!«, sagte er. »Die Herren müssen allein gehen!«

Sie traten umgehend den Rückzug an, verschwanden wie die geölten Blitze, und Julia hing ihrem Mann erleichtert am Hals.

»Komm, ein *amaro* wird deine Nerven beruhigen«, tröstete er sie, »Als du gingst, folgten die drei dir so auffällig, dass der Polizist in mir augenblicklich misstrauisch wurde. Und beim nächten Mal schrei nur ruhig anständig, ja?«

Sie nickte und stürzte den Fernet hinunter. In ihrem Zimmer angekommen, meinte Julia, ob Frauen allein in Italien wohl als Freiwild angesehen würden.

»Nicht unbedingt«, nahm Roberto seine Landsleute in Schutz, »aber an touristischen Knotenpunkten, wie diesem hier, passiert so etwas schon einmal, das ist nicht unbedingt typisch italienisch.«

»Was machen wir morgen?« Julia lenkte sich selbst mit der Planung für den kommenden Tag ab. »Wieder ein Picknick?«

»Gern. Wir könnten in Chioggia einkaufen. Die alte Rivalin von Venezia würde ich gern mit dir erforschen.«

Chioggia, Dienstag, 18. Juni 2002

»Wir haben sie wieder!« Stolz, aber noch mehr Erleichterung klang aus seiner Stimme. »Und weder *La Tedesca* noch der *marchese* haben mich wiedererkannt. Der *chirurgo* hat ganze Arbeit geleistet.«

Die vergangene Woche war eine der schwärzesten im Leben von Andrea Longhi gewesen. Nichts, aber auch gar nichts konnte er *La Leonessa* recht machen, und er hatte mit Wehmut an die Zeit gedacht, als sein Bruder, er und *Carmagnola* ein so gut harmonierendes Team gewesen waren.

Aber nun saß Angelo schon seit über acht Monaten im Gefängnis und der Prozess gegen ihn würde bald stattfinden. Schuld an der ganzen Misere gab er dem *marchese* und seiner Frau. Ihretwegen hatte er diese blöde Operation über sich ergehen lassen müssen, dabei hatte ihm sein Gesicht vorher viel besser gefallen. Aber *La Leonessa* hatte darauf bestanden. Sonst wäre ihr Arbeitsverhältnis beendet, hatte sie gesagt, und Andrea hatte gelernt, ihr nicht zu widersprechen.

Dabei hatte er die beiden so gut unter Beobachtung gehabt. Zuerst hatte er den Angler gespielt, als der *marchese* und seine Frau dieses Picknick am Canale Bianco machten. Die beiden hatten seiner Meinung nach eine Macke, Picknick und Kunst am laufenden Band, und das mehrmals am Tag.

Blöd gelaufen war es, als sie im *Il Storione* nachts einen Peilsender am Auto des *marchese* hatten anbringen wollen. Schlief dieser Bulle denn nie? Warum hatte er ausgerechnet aus dem Fenster sehen müssen, als er und seine Freunde durch den Garten schlichen? Henry war das erste Mal nach seiner Gesichtsoperation dabei gewesen, beinahe wäre er geschnappt worden.

Ebenso blöd war es am anderen Tag gelaufen, als sie die Aktion wiederholen wollten, denn da war das Auto des *marchese* einfach verschwunden gewesen.

»Je nun«, hatte der alte Prof gesagt, den er nicht mochte und der ihn nicht mochte, »dumm gelaufen, nicht? Aber der *marchese* ist schon lange vor Sonnenaufgang abgefahren.«

Was für ein Glück, als *La Leonessa* ihn informierte, dass sie ihren Sender in Ravenna anbringen könnten! Da endlich war es ihnen gelungen, Henry war ein Spezialist für so etwas. Aber dann war es wieder superdumm gelaufen, als sie der falschen Information folgten, die sie nach L'Aquila schickte. Dabei hatten sie es sich so schön ausgemalt und waren vorgefahren. Das Ding in L'Aquila hätte so schön laufen können, weitab vom Veneto und weitab von diesem Glaspalast in Ravenna Marina, ganz so, wie *La Leonessa* es wollte.

Aber der *marchese* war in L'Aquila überhaupt nicht aufgetaucht und es war mehr ein Glücksfall gewesen, dass sie auf der *strada Romea* zurückgefahren waren und in der Höhe von Codigoro plötzlich diesen Ton im Peilgerät hörten.

Klar, dass dieser improvisierte Überfall in der Albergo bei Pomposa nicht auf Anhieb klappte, aber jetzt konnte er sicher sein, dass seine neue Identität hielt, und nun folgte er dem Peilsender in gehörigem Abstand. Der Ton kam so klar und schön aus dem Gerät, dass es eine Freude war.

In Porto Viro fuhr Andrea kurz von der Hauptstraße ab und nahm an dem verabredeten Punkt Henry Salzmann auf, den *La Leonessa* ihren Luzifer nannte. Die Fäden waren gezogen, ein paar Tage sollte er noch vorsichtig sein. Das passte gut, denn die Chefin hatte befohlen, ganz in Ruhe zu planen; spätestens am nächsten Sonntag musste die Sache mit dem *marchese* über die Bühne gegangen sein. Aber bis dahin war ja auch noch mächtig viel Zeit.

Roberto und Julia standen direkt vor dem *mercato di pesce al minuto*, hinter ihnen lag der moderne Palazzo Communale, auf den Grundmauern des Palastes erbaut, in dem sich Kaiser Barbarossa und Papst Alexander III. zu Friedensverhandlungen getroffen hatten; Roberto kramte wieder einmal mit Erfolg in seinen Geschichtserinnerungen und seine Frau zeigte sich beeindruckt. Sie hatte die trüben Gedanken und Ereignisse des vergangenen Abends abgestreift, ihre Unbeschwertheit und ihre Fröhlichkeit wirkten wieder ansteckend.

Begeistert sah sie sich im Inneren des Fischmarktes um, diesem ehemaligen Kornspeicher von 1332, der dann 1864 restauriert und willkürlich verändert worden war.

»Du scheinst Chioggia zu kennen und zu mögen.« Julia zeigte ihr Erstaunen, denn schließlich lag diese kleine Inselstadt am Südende der *Laguna Veneta*, in Sichtweite der *Serenissima*, direkt an der dritten Durchfahrt aus der Lagune in die Adria, und es gehörte zu Venezia, was Roberto jedoch verneinte.

»Beherrscht und geknechtet haben sie es, aber die Menschen hier haben sich nicht nur ihren eigenen Dialekt bewahrt, die Farbe ihrer Boote ist bunter und fröhlicher und das seeräuberhafte Abzocken der Touristen findet hier auch nicht statt, und einen wesentlich bedeutenderen Fischmarkt als die *Serenissima* haben sie auch. Der *mercato ittico all'ingrosso di Chioggia*, der Fischgroßmarkt, ist der größte des Landes und beliefert ganz Norditalien mit Fischen und Meeresfrüchten. Ha!«

Julia ging von Fischstand zu Fischstand und bedauerte, dass sie hier keine Ferienwohnung mit Küche hatten, sie würde zu gern …

»Dein Wunsch ist mir Befehl, *nereide*! Ich such uns eine Ferienwohnung und du kaufst Fisch!«

Besonders die Krebse hatten es Julia angetan und sie verlor sich mit einem Fischer in einer endlosen Diskussion.

»So, *granchio* heißen diese Krebse?«

»No, signora, granzo!«

»Ist jetzt, Mitte Juni, eine gute Zeit für Krebse?«

»No, signora! Im Herbst, da gibt's weiche Männchen und die *manzanete*, die Weibchen. Und im Frühjahr, da gibt's noch einmal weiche Männchen.«

»Wie das?«

»Na, sie müssen sich häuten, die *granzi*, wenn sie wachsen wollen. Und wenn sie ihre Panzer abwerfen, sind sie weich und man kann sie einfach zubereiten und essen.«

»Sie verraten mir bestimmt, wie man das macht?«

Nun mischte sich die Frau des Fischhändlers ein. Es war nicht viel Betrieb im Augenblick und wie alle Italiener sprachen auch diese beiden nur zu gern vom Essen.

»Sie nehmen zwei Eier, *signora*, schlagen sie mit Salz ordentlich auf und geben die gut in Salzwasser gewaschenen lebendigen Krebse hinein.«

»Lebendig?«

»Si, *signora*, die Krebse müssen sich mit den Eiern vollfressen, zwei Stunden lang. Das sind dann die *moleche ripiene*, die gefüllten Krebse.«

»Und dann?«

»Dann werden sie wie alle Krebse in kochendes Salzwasser geworfen, nicht lange, ein bis zwei Minuten. Dann brechen Sie die Beine ab, wenden die *granzi* in Mehl und frittieren sie in Olivenöl. Fertig! Aber Sie müssen sie gleich heiß und knusprig essen!«

»Schade, dass jetzt kein Frühjahr ist!«

»Wie wäre es mit dieser *grancevola*? Die Seespinne ist immer köstlich. Und vielleicht ein paar *cannocchie* dazu? Diese länglichen Heuschreckenkrebse sollten Sie auch einfach kochen und frisch mit Petersilie, Zitronensaft und Knoblauch essen!«

Unschlüssig sah Julia sich um und da kam auch schon Roberto zurück und sie hatte sich noch zu nichts entschlossen.

»Nehmen Sie ein paar *datteri di mare*.« Die Fischhändlersfrau hielt ihr ein paar tatsächlich wie Datteln aussehende Muscheln hin. »Besser als Austern, *signora*, und Sie und ihr Mann, Sie sehen aus wie auf Hochzeitsreise. Da kann er so etwas gebrauchen.«

Die Umstehenden lachten laut und Julia wurde rot.

»Eine Wohnung haben wir, aber wie ich sehe, hast du noch keinen Fisch, Giuli.« Roberto begutachtete das Angebot.

»Was magst du am liebsten?«

Er sah sich um.

»Die *marmora* dort ist, glaub ich, gut für den Backofen, oder magst du Marmorbrasse nicht? Doch? Gut. Und wie wäre es mit *vongole gialla* für ein *risotto*?«

»Gern, und rohe Meerdatteln als *antipasti*?«

»Was hast du mit mir vor, *nereide*?«

»Das Übliche!«

»So, so, dann sollten wir vielleicht noch ein wenig *bottarga di muggine* mitnehmen. Die Sizilianer schwören auf den Rogen der Meeräsche!«

Er fand ihre Verlegenheit wieder bezaubernd und merkte, dass er potenzsteigernde Lebensmittel überhaupt nicht nötig hatte.

Die Ferienwohnung für zwei Nächte, Roberto hatte ziemlich verhandeln müssen, lag in Sottomarina, und nachdem sie noch einige weitere Einkäufe getätigt hatten, fuhren sie hinüber und verbrachten den Nachmittag am Strand.

Am Abend, nach den von Julia köstlich zubereiteten Fischen und Muscheln, machten sie einen langen Spaziergang auf der Mole und sahen in der Ferne die Lichter Venezias, das fünfundvierzig Kilometer nördlich lag. Die gute Sicht verdankten sie der stabilen Großwetterlage.

»Merkst du, dass nach der Windstille des *maestral* nun eine leichte Brise einsetzt, Giuli?« Sie hielten sich an den Händen und Glückseligkeit umfing sie. »Das ist der *burin*. Er bläst von Sonnenuntergang bis kurz nach Sonnenaufgang.«

»Seltsam, dass ihr euren Winden so verschiedene Namen gebt. Bei uns in Norddeutschland spricht man von Ostwind oder Nordwestwind, benennt ihn nach der Himmelsrichtung.«

»Ja, wir personifizieren sie, der *greco* oder der *yugo*. Aber ihr habt doch auch den *blanken Hans*, oder?«

»Nicht ganz, damit meint man an der Nordsee die Sturmflut, also das Wasser. Segelst du eigentlich gern, Roberto? Oder hast du das im letzten Jahr am Steinhuder Meer nur Jochim zuliebe getan?«

»Mitnichten! Ich kenne alle Häfen der nördlichen Adria. Bis vor acht Jahren bin ich mit Umberto gesegelt. Aber nach seiner Heirat ging es nicht mehr, Gina wollte nicht mitkommen, sie war überzeugt, dass jedes schräg liegende Schiff automatisch kentern müsse. Und als die Kinder kamen, fehlte es ihm auch an Zeit.«

Julia freute sich innerlich, am anderen Tag begann der von ihr geplante zweite Teil der Hochzeitsreise und sie hatte nichts verraten bisher.

»Weiß du, Giuli, wenn unsere Töchter größer sind, könnten wir ein Boot chartern und mit ihnen rüber an die kroatische Küste segeln, die ist atemberaubend schön.«

»Mir reicht die Schönheit hier!«

»Dann bist du dem Segeln nicht abgeneigt? Klasse! Und weißt du, was das Beste am Segeln ist?«

»Nein.«

»Du musst dem Skipper gehorchen!«

»Muss ein Skipper immer männlich sein?«

Er sah sie verblüfft an.

»Du kannst auch segeln?« »*Si, capitano!* Aber ich bin auch gern Fockaffe.«

»Fock … was?«

»Fockaffe. So nennt man bei uns die Person an der Fock. Aber die Küchenarbeit teilen wir!«

»Na, dann bin ich der Skipper und ein *capitano in gonnella.*«

Sie kehrten um und gingen in Richtung ihrer Ferienwohnung, als Julia plötzlich stehen blieb. »Das hört sich an wie ein Jahrmarkt!«

»Soll ich dir eine Rose schießen? Dann komm!«

Misstrauisch beäugte er die Qualität des Luftgewehres, aber nach nur einem Fehlschuss bekam Julia ihre Rose aus Plastik.

»Und nun das Messingherz dort!«

Er holte die kitschige Scheußlichkeit herunter.

»Und nun einen Teddybären!«

»Zwei, einen für Jana und einen für Jette.«

Ausgelassen und verliebt telefonierten sie mit Bianca, die die Kinder schon lange zu Bett gebracht hatte.

»Jetzt möchte ich Kettenkarussell fahren! Kommst du mit, Ro?«

»Einer muss auf die Teddys aufpassen.« Für das Karussell fühlte er sich dann doch zu gesetzt. Julia winkte ihm von hoch oben zu, aber er sprach mit zwei Männern und blickte nicht hoch.

Als sie wieder ausstieg, war Roberto auf der anderen Seite des Karussells und sofort wurde sie von zwei Verehrern bedrängt. Hilfesuchend sah sie zu ihrem Mann hinüber, der in diesem Moment erschien und seine Frau rettete.

»Das ist vielleicht ein kriminelles Pflaster hier«, schimpfte er. »Ich als Polizist hätte gewettet, immun gegen Taschendiebe zu sein. Eben versuchten zwei Männer, mir meine Brieftasche abzunehmen, und während ich die Teddys festhielt und das abwehrte, haben sie mir meine Armbanduhr geklaut!«

»Und ich hatte sofort zwei *paparazzi* am Hals. Lass uns in die Geborgenheit unserer Ferienwohnung zurückkehren!«

Venezia, Mittwoch, 19. Juni 2002

Das Obergeschoss des Palazzos, den *Colleoni* gemietet hatte, selbstverständlich unter seinem bürgerlichen Namen, sah vornehm und äußerst repräsentativ aus, aber seine Auseinandersetzung mit *La Leonessa* verlief alles andere als vornehm.

»Ich hatte dir die beiden jugendlichen Helden zu deinem Schutz mitgegeben!«, giftete der Syndikatsboss. »Einzig und allein zu deinem Schutz! Und nicht um deinen persönlichen Rachefeldzug gegen den *marchese* zu organisieren!«

»Ich muss mich von dir nicht anschreien lassen!«, *La Leonessa* sah betont ruhig auf ihre karmesinrot lackierten Fingernägel und blies ein nicht vorhandenes Stäubchen fort. »Vergiss nicht, mein Lieber, wir sind gleichberechtigte Partner.«

»Ich verabscheue Dilettanten!«, *Colleoni* lief, wie seinerzeit Napoleon, mit einer Hand im Aufschlag seines Anzuges herum, hin und her, von der Sitzgarnitur aus cremefarbenem Leder bis zum Mahagonischreibtisch und zurück. »Ich verbiete dir, *La Leonessa*, hörst du, ich verbiete dir, weiterhin solche unausgegorenen, hilflosen, dilettantischen Versuche zu unternehmen, um an den *marchese* und seine Frau heranzukommen!«

»Du scheinst sie schützen zu wollen?«

»Hirnverbrannter Blödsinn! Sie ist mir völlig egal. Okay, ich schätze junge, große Frauen, und ihre Beine sind sehenswert, zugegeben! Aber wenn wir den *marchese* mit ihr vernichten wollen, sind mir ihre Beine und sie selbst wirklich ganz egal.«

»Was schlägst du dann vor, *Colleoni*?«

»Die *Firma* möchte, dass der *XX. Gennaio* in einer Nachfolgeorganisation angeblich wiederaufersteht, und der *Betrieb* tut alles für die Amerikaner. Hunter möchte den Kopf des *marchese*, er soll ihn haben! Also, überlass mir die Planung und die Durchführung und schick mir diese beiden schönheitsoperierten Dummköpfe herauf. Du kommst ja wohl ohne Bodyguards aus, wenn du immer schön in der Nähe deines Mannes bleibst, *d'accordo*?«

Angelegentlich verfolgte Angela, wie sich ein Stäubchen auf ihrem rechten Daumennagel niederließ, und betrachtete nach dessen Eliminierung die gestärkten Manschetten *Colleonis* und die beiden Manschettenknöpfe, ein Goldsolidus mit dem Bildnis Kaiser Michaels von Byzanz und eine Goldmünze mit dem Konterfei von Alexios. Endlich kamen sie zu ihrer eigentlichen Wirkung. Solange er sie trug, würde sie immer wissen, was er plante.

»Ihr zwei wart mir als Spezialisten angepriesen!«, herrschte *Colleoni* die beiden jungen Männer kurze Zeit später an. »Aber bisher habt ihr nur Mist gebaut! Ihr fahrt jetzt zurück nach Sottomarina und lasst den *marchese* und seine Frau nicht mehr aus den Augen, Tag und Nacht, bis ihr andere Anweisungen bekommt. Meint ihr, ihr schafft das?«

Beide versicherten, er könne sich völlig auf sie verlassen, Beschattungen seinen ihre absolute Stärke, und mit einem zweifelnden Gesichtsausdruck ihres Chefs versehen konnten sie nicht schnell genug den Palazzo verlassen. Sie wussten beide, dass der Zweifel in *Colleonis* Zügen bei einer erneuten Panne den Tod für sie bedeuten konnte. Die Tage, an denen sie alle zur großen Syndikatsfamilie gehört hatten, waren längst vorbei.

Venezia, Donnerstag, 20. Juni 2002

In aller Herrgottfrühe brachen sie auf. Julia war ganz zappelig vor Aufregung, ob alles so verlaufen würde, wie sie es geplant hatte.

»Nimm die 309 nach Venezia«, wies sie ihren gähnenden Mann an, und kurz vor Maghera dirigierte sie ihn zu einem großen Supermarkt.

Julia kaufte reichlich ein. Roberto schüttelte ein ums andere Mal den Kopf und meinte, sie kaufe wohl den Jahresbedarf für eine Großfamilie ein.

»Warte es ab! Und jetzt auf die SS 11!«

»Das kann nicht dein Ernst sein!« Doch er befolgte ihre Anweisungen und fuhr über die *ponte della libertà* und zum Tronchetto. »Du willst aber nicht allen Ernstes unsere zweite Flitterwoche in dieser Stadt verbringen, oder?«

Sie schwieg weiter.

»Hör mal, Julia!« Wenn er ernst oder ärgerlich war, sprach er ihren Namen deutsch aus, und Zweifel erfüllten sie, ob ihre Überraschung eine gute für ihn sein würde. »Dir zuliebe eine Nacht in Venezia, aber keine Stunde mehr.«

»Zur Autofähre auf den Lido«, wies sie ihn an und er gehorchte.

Während der Überfahrt durch den Canale di Giudecca standen sie auf dem Oberdeck und er erläuterte ihr die Kirchenbauten Palladios in Venezia, die sie von hier aus gut sehen konnten.

Auf dem Lido dirigierte sie ihn in Richtung Alberoni und dann zu der Baustelle, die Gina Tamassias Elternhaus war. Es wurde zu Ferienappartements umgebaut. Die Eltern waren vergangenen Winter kurz hintereinander gestorben, und die Erbengemeinschaft hatte sich zu dieser neuen Nutzung entschlossen. Eines der Parterreappartements war bereits bewohnbar, aber weil der Baulärm ringsum eine Vermietung zurzeit nicht zuließ, hatte Gina es ihr kostenfrei angeboten.

Roberto grummelte vor sich hin, als er das Gepäck ins Haus brachte, und erst, als Julia ihn zum Nachbargrundstück führte, an dem eine alte, aber gut gepflegte Dufour 24 festlag, und ihm dieses Schiff als Feriendomizil für die nächste Woche vorstellte, hellte sich sein Miene auf.

»Ah, jetzt verstehe ich all deine vielen Anspielungen und dein Interesse an den Adriawinden! Superidee, meine *nereide*!«

Sie atmete erleichtert auf und stellte ihm das Schiff vor, das sie im Internet angeboten gefunden und erst gemietet hatte, nachdem ihr alter Freund Vittorio es unter die Lupe genommen und für gut befunden hatte.

»7,35 Meter lang, 2,50 Meter breit, 0,80 bis 1,20 Meter Tiefgang, ideal für die Lagune, aber bei mäßigem Wind auch adriatüchtig, hat Vittorio gesagt.« Julia verstaute die Segelkleidung und -schuhe in den Backkisten, während Roberto Wanten und Beschläge begutachtete.

»Topzustand«, sagte er anerkennend, »und du hast meine geheimsten Wünsche erahnt.«

Sie strahlte ihn an und begann, die Vorräte aus dem Supermarkt auf das Schiff zu bringen.

»Und wohin wollen wir als Erstes?« Roberto prüfte die Kojen und war zufrieden.

»Du bist der Skipper!«

»Tatsächlich? Dann würde ich vorschlagen, die Segeleigenschaften dieses Schiffes auszuprobieren, heute Nacht hier und morgen Abend in der Marina von Campalto zu bleiben.«

»Was immer du möchtest!«

»Vielleicht sollten wir Vittorio einladen, mit uns im *Al Passo* zu Abend zu essen?«

»*Volontieri*!«

Der *maestral* wehte leicht und gleichmäßig, so dass sie die über zwanzig Quadratmeter Segelfläche gut nutzen konnten. Roberto kam recht schnell mit den Segeleigenschaften des Bootes zurecht und so kreuzten sie den Nachmittag vor dem Litorale di Lido.

Am Abend saßen sie an dem kleinen Grillplatz im Garten von Ginas Elternhaus, sahen der untergehenden Sonne über den klar erkennbaren Colli Euganei zu und Roberto legte dicke Steaks auf die Glut. Dazu tranken sie einen leichten Valpolicella und verbrachten dann ihre erste Nacht auf dem Schiff. An das leichte Schaukeln mussten sie sich erst gewöhnen, besonders, wenn ein anderes Fahrzeug im Canale di Malamocca vorbeifuhr; einiges an Schaukelei produzierten sie allerdings selbst.

Dass um Mitternacht zwei vermummte Gestalten durch den Garten schlichen und ihnen den Peilsender vom Auto unterhalb der Scheuerleiste an den Schiffsrumpf kleben wollten, bekamen sie nicht mit. Auch nicht, dass er abfiel und im schlammigen Untergrund des Kanals versank, denn der Rumpf des Schiffes bestand aus Kunststoff.

Gegen Morgen kamen die vermummten Gestalten wieder und klebten einen anderen Sender erfolgreich mit einem Spezialkleber in der Backkiste an.

Laguna Veneta, Freitag, 21. Juni 2002

Am nächsten Morgen holte Roberto frische Brötchen, während Julia im Cockpit den Tisch einsetzte, ihn deckte und Kaffee kochte. Auf den über zwei Meter langen Bänken konnte sie sich bequem ausstrecken und auf ihren Mann warten.

Der nächtliche *burin* war schon lange eingeschlafen und der *maestral* noch nicht aufgewacht, und so konnten sie ihr Frühstück bei Windstille genießen. Julia brachte die gelüfteten Betten wieder unter Deck, Roberto wusch ab und dann machten sie Pläne für den Tag.

»Die nördliche Lagune«, wünschte sich Julia. »Torcello soll sehr schön sein.«

»Ja, da könnten wir zu Mittag ankern und das wunderbare Jüngste Gericht als Mosaik in Santa Maria di Angeli besichtigen.«

Bis zum Canale di Nicolo konnten die beiden nächtlichen Schatten ihnen problemlos mit dem Auto folgen. »Nicht aus den Augen lassen!«, hatte ihnen *Colleoni* noch einmal eingeschärft, als sie den Ersatzsender in Padova geholt hatten. Kein Auge hatten sie in dieser Nacht zugetan. Aber als die Dufour 24 mit dem einfallsreichen Namen *Bella* zwischen San Erasmo und dem Litorale del Cavallino entschwand, fluchten sie beide.

Der *maestral* hatte ziemlich aufgefrischt und Roberto fand das

Geschwindigkeitspotential der *Bella* beeindruckend. »Trotz des etwas behäbigen Aussehens ist sie ganz schön schnell«, lobte er. »Kannst du die Fock noch etwas anziehen?«

Julia bediente die Winsch und Roberto nickte zufrieden.

»Wir sind ein gutes Team, nicht nur beim Segeln, *bella*!«

»Können wir nicht noch einmal wenden und hinter San Erasmo auf Murano zusegeln?«

»*Chiaro*! Klar zum Wenden?«

»Alles klar!«

Er legte die Pinne und sie fanden ihre Wendemanöver zunehmend gelungener. Roberto konnte auf Julias Übersicht bauen, dass sie nicht in die Hauptwasserstraßen mit den hin und her sausenden vaporetti und Taxibooten gerieten.

»Che cavolo!«, fluchte Andrea und sie wendeten und fuhren zur Autofähre zurück. Sehen konnten sie die *Bella* nicht mehr, nur auf ihrem Peilsender verfolgen, dass sie sich nach Nordosten entfernte.

»Verfluchter Mist!« Jetzt verlor auch Henry die Fassung.

»Mit der Autofähre zum Tronchetto? Und dann auf die SS 14, da können wir sie besser verfolgen.«

»Superidee! Hast du noch Geld, Andrea?«

Natürlich hatte er keines mehr und sie verloren wieder Zeit, um einen Bankomaten zu finden.

Die fast verlassene Insel Torcello mit ihren Kirchen aus der Zeit, als die Veneter aus Grado und Aquileia in die *Laguna Veneta* vor den Hunnen und den Langobarden geflohen waren, beeindruckte Julia sehr, und das Jüngste Gericht in einer mit herrlichen Fußbodenmosaiken geschmückten Basilika aus jener Zeit ebenfalls, obwohl es ihr wieder Schauer über den Rücken jagte und sie an den braunen Teufel von Pomposa erinnert wurde.

Aber als sie bei totaler Windstille kurz vor Sonnenuntergang geruhsam durch den mit *mede* abgegrenzten Canale Tortolo schipperten, der sie automatisch in den Canale di Campalto leitete, hatte Julia die dargestellten Höllenbilder bereits wieder vergessen. Zu romantisch leuchtete die Lagunenstadt hinter ihnen im Dunst der untergehenden Sonne und die filigranen Netze der Fischer zwischen den *briccole* zauberte eine ganz eigene Stimmung.

In dem Hafenbecken von Campalto, das zu der Werft der F.lli

Marchi gehörte, fanden sie einen Liegeplatz, aber auf das Schwimmen mussten sie hier, wie überall in der Lagune, verzichten. Als *fangoso* und *melmoso*, schlammig und matschig, beschrieb Roberto ihr den Untergrund, gut für Aale, schlecht für *nereiden*.

Das Wiedersehen mit Vittorio und seiner Lebensgefährtin Maddalena verlief äußerst herzlich und wie vor einem Jahr aßen sie die köstlichen Spezialitäten der Lagune im *Al Passo* und verabredeten sich für den Samstag zu einem gemeinsamen Segeltörn.

Nördliche Adria, Samstag, 22. Juni 2002

Diesen Samstag würden Andrea und Henry so schnell nicht vergessen. Noch einmal hatte *Colleoni* ihnen dringend ans Herz gelegt, die Spur des *marchese* nicht zu verlieren. Da sie beide des Segelns und auch des Motorbootfahrens nicht kundig waren, blieb ihnen nur das Auto und ihr Peilsender.

Sie hatten die Nacht im Auto verbracht, direkt oberhalb der *Bella* fanden sie einen Parkplatz. Ab und zu hatten sie sich vergewissert, dass der *marchese* mit einem Freund von den *caramba* bis fast zur Mitternacht im *Al Passo* blieb. Henry hatte *panini* und Cola besorgt, ihre erste Mahlzeit seit dem Morgen.

Am Samstagmorgen war dann der *carabiniere* mit seiner Frau wiedergekommen und an Bord der *Bella* gegangen, und nach einem opulenten Frühstück im Cockpit, von dem die beiden Schatten nur träumen konnten, tuckerte die *Bella* mit vier Personen an Bord gegen zehn Uhr in Richtung Venezia.

Sie kurbelten ein Fenster herunter und hörten, dass man durch den Porto di Lido die Lagune verlassen wollte, aber wohin weiter blieb unbekannt, und so entschlossen sich die beiden, auf die SS 14 zu fahren und abzuwarten.

Der Peilsender half ihnen, die *Bella* fuhr nach Süden und so durchfuhren sie Mestre, nahmen die SS 309 nach Chioggia – um gegen elf wieder umzukehren, denn die Yacht fuhr jetzt nach Norden. Gegen 11:30 Uhr passierten sie wieder Campalto auf der SS 14 und fuhren am Flughafen vorbei auf der Küstenstraße bis Camposile, um dann fluchend umzukehren, die Yacht hatte ihre Richtung wieder verändert.

Wenn sie nur ein ganz kleines bisschen Ahnung vom Segeln

gehabt hätten, wären sie nicht jedem Wendemanöver gefolgt, aber so fuhren sie wieder durch Mestre auf die SS 309 bis Codevigo, bevor sie die Strecke erneut zurückfuhren, diesmal aber in einem Stau in Mestre hängen blieben und *Colleoni*, den *marchese* und die übrige Welt verfluchten.

Gegen vier Uhr ankerte die *Bella* erst vor dem Litorale di Pellestrina, aber der Wind wehte wohl zu stark und so liefen die Segler durch den Porto di Chioggia in die Abdeckung von Sottomarina im Darsena Mosella, gingen zum Schwimmen und beschlossen zurückzukreuzen, solange der Wind noch von der See her wehte.

So kam es, dass Henry und Andrea eben vom Hotel Mosella noch das Ablegemanöver der *Bella* sehen konnten, bevor sie in Richtung Norden durch den Porto di Chioggia hinausfuhr, um dann am Litorale di Pellestrina hochzusegeln, wobei sie mit fast achterlichem Wind rasch vorankam.

Nicht so Henry und Andrea, die auf die *autostrada* geraten waren, dort in einem kilometerlangen Strau steckten, bevor sie die ihnen sattsam bekannte Strecke in Richtung Osten fuhren, diesmal über Jesolo hinaus bis an die Mündung des Fiume Sile, an dem sie die Yachthäfen von Darsena Beach, den Porto turistico von Jesolo, die Marina di Faro und die Marina di Cavallino abklapperten, bevor sie im Yachthafen von Piave Vecchia die *Bella* festgemacht fanden, allerdings von der Besatzung verlassen, die es sich in einem Fischlokal am Lido di Lombardi gemütlich gemacht hatte.

Während Henry ein Zimmer anmietete und duschte, beobachtete Andrea das Boot, dann tauschten sie und warteten bis weit nach Mitternacht.

Vittorio und Maddalena hatten das letzte Schiff von Punta Sabbioni zum Fondamente Nuove genommen. Roberto und Julia wanderten danach noch lange an dem ausgedehnten Strand von Jesolo entlang, entschlossen sich kurz vor Sonnenaufgang ein Bad zu nehmen, bevor sie todmüde, aber in Einklang mit sich und der Welt in die Kojen der *Bella* fielen.

Nördliche Adria, Sonntag, 23. Juni 2002

Henry und Andrea wechselten sich ab. Dieser verrückte *marchese* brachte es fertig und segelte früh weiter, und so nutzten die beiden

Schatten ihr Bett nur kurzzeitig, denn um 9:30 Uhr warf die Wirtin sie hinaus.

Völlig übernächtigt hielten sie Wacht. Der *marchese* aber und seine Frau schliefen bis fast zum Mittag und so planten die beiden Schatten eine neue Form der Bewachung. Andrea brachte sein Motorrad auf den Litorale di Lido, das Auto blieb bei Punta Sabbioni und so konnten sie die Yacht nun auf den drei *litorale* verfolgen: dem von Cavallino, dem von Venezia, und da der mit dem Litorale di Pellestrina durch eine Autofähre verbunden war, auch auf ihm, was sie auch den ganzen Sonntagnachmittag taten.

Allerdings segelte die *Bella* so weit nach Süden, dass Henry und Andrea schließlich am Ende des Litorale di Pellestrina auf dem *Diga di Cà Romanan* am Leuchtfeuer standen und auf ihrem Peilsender hilflos verfolgen mussten, wie die Yacht sich in Richtung der Grenze seiner Reichweite bewegte.

Ziemlich kleinlaut erschienen sie am Sonntagabend bei *Colleoni* und mussten bekennen, dass sie ihre Aufgabe nicht hatten erfüllen können. Der Chef wies sie an, ein Appartement in der Nähe der Marina von Alberoni zu übernehmen, dort würde der *marchese* die Yacht am Abend des Mittwochs abgeben, und dann käme ihre Zeit. Er wirkte irgendwie schadenfroh.

Vorher, am Montagabend, würden sie jedoch auf der *terra ferma* gebraucht. Er setzte ihnen auseinander, wie *Il Secondo* mit ihrer Hilfe einen neuen Mitarbeiter aus der *questura* anzuwerben gedachte.

Henry verbarg seine Wut auf den Syndikatsboss. Erst als sie wieder auf der Autofähre vom Tronchetto zum Lido waren, ließ er sie an Andrea aus, dessen Geistesgaben nicht besonders waren, seine Gewaltbereitschaft aber umso größer. Nur um sie zu schikanieren hatte *Colleoni* sie so herumgeschickt, obwohl er von Anfang an gewusst hatte, wie lange die *Bella* unterwegs sein würde.

»Du kennst dich doch angeblich so gut hier aus! Dein Bruder Angelo hätte sich nicht so sinnlos herumkommandieren lassen«, ärgerte er den anderen.

»Und du hast behauptet, alles zu können!« Andrea war verbal nicht der Schnellste und nach einigem Nachdenken fügte er hinzu: »Und wie war das beim Segeln?«

»Ich kann alles, außer was mit Wasser zu tun hat, das habe ich nie verheimlicht!«

»Kannst du etwa auch nicht schwimmen?«, erkundigte Andrea sich. Endlich hatten sie eine gemeinsame Schwäche.

»Ebenso wenig wie du.«

»Wie hast du dann den Sprung in den Po di Goro überlebt?«

»Ein abgerissener Ast kreuzte meine Bahn.«

Padova, Montag, 24. Juni 2002

Caro und Eleni packten ihre Hockeyschläger ein, das Training war abgeschlossen und ihre Trainerin hatte sie beide für das Vergleichsspiel am kommenden Freitagnachmittag aufgestellt. Auf dem Weg zum Bus schwatzten die beiden Dreizehnjährigen ununterbrochen, vom kommenden Spiel, von den Jungs und dem *piquenique* am kommenden Sonntag, Caros großer Bruder hatte ihnen hoch und heilig versprochen, einen Familienausflug ans Meer zu organisieren.

Wenn man Eleni so betrachtete, konnte man ihr ihre bis vor zwei Jahren so schlimm verlaufene Kindheit nicht ansehen. Am 1. Mai 1989 hatte man sie am Tage ihrer Geburt ausgesetzt gefunden und bald, als man die Mutter nicht ermitteln konnte, in eine Pflegefamilie gegeben. Derer hatte es viele gegeben, bis Eleni zehn war. Manche hatten sie des Geldes wegen aufgenommen, mehrmals war sie fortgelaufen und danach in wieder einer anderen Familie gelandet.

Sie sprach kaum, konnte keine zusammenhängenden Sätze zustande bringen und sah mit ihren strähnigen schwarzen Haaren, den tief liegenden, funkelnden Augen und den hohen Backenknochen wie eine halb verhungerte, streunende Katze aus. Sie stahl wie ein Rabe und man nannte sie *La Zingara.* Keiner wollte sie haben und in der Schule stand sie von vornherein abseits. In ihrer vorletzten Pflegefamilie war sie von dem ältesten Sohn der Familie als Neunjährige missbraucht worden. Danach hatte sie die Sprache verloren und sah mehr denn je aus wie *La Zingara.*

Und dann war dieses Wunder passiert. Man hatte eine neue Pflegefamilie gefunden und das erste Mal in ihrem Leben fühlte sie sich angenommen, umsorgt und respektiert, obwohl diese Wörter in ihrem damaligen Sprachschatz nicht vorkamen.

In der neuen Schule saß sie neben Carolina. Sie waren am gleichen Tag geboren, vom ersten Augenblick an fühlten sie Freundschaft füreinander und Eleni fand bei ihrer neuen Freundin die Sprache wieder. Wenn sie nicht in ihrer neuen Familie lebte, fand man sie mit Sicherheit bei Caro, deren Vater noch vor ihrer Geburt verstorben war und den ihr großer Bruder zu ersetzen versuchte. Eleni himmelte ihn an, er schenkte ihr ihren ersten Hockeyschläger und Eleni schwamm im Glück.

An diesem Montag hatte er sie eigentlich von der Schule abholen wollen, dann aber eine SMS an seine Schwester geschickt, dass sie den Bus nehmen müssten, er käme nicht rechtzeitig, sein Chef habe noch Arbeit für ihn.

Eleni stieg zwei Stationen vor Caro aus, sie winkte noch einmal und ihre dunklen Augen funkelten die Freundin lustig an. Das war das Letzte, was Caro von ihrer Freundin sah – nicht wie sie in ein Auto gezerrt wurde, nicht wie *Il Terzo* und *Il Quarto* sie in eine alte Fabrikhalle brachten.

Drei Tage später fand man die Leiche der Dreizehnjährigen, missbraucht und mit durchschnittener Kehle, fünfhundert Meter Luftlinie entfernt vom Wohnort ihrer neuen Familie. Die *squadra omicidi*, deren Chef sich im Urlaub befand, begann ihre Ermittlungen; aber sie sollten im Sande verlaufen, der Fall von *La Zingara* erst Monate später auf dem Schreibtisch des *marchese* landen.

Nördliche Adria, Dienstag, 25. Juni 2002

Im Hafen von Caorle hatten sie eine unruhige Nacht verbracht, der *tramontan* pfiff von den Bergen und im Gegensatz zur Marina Piave Vecchia, die einen Schutz gegen diesen unangenehmen Nordwind bot, traf er sie hier voll.

Zusätzlich kam bei Julia die gleiche Wehmut auf wie bei Roberto. Es war ihr letzter Abend auf der Yacht, die während der vergangenen fünf Tage ihre kleine heile Welt und Heimat gewesen war. Nur die Aussicht, am übernächsten Tag wieder mit den Kindern zusammen zu sein, stimmte sie dann doch fröhlich.

Am Nachbarschiff hatte die Mannschaft die Wanten nicht befestigt und sie schlugen gegen den Alumast. Dazu heulte der Wind und Julia machte sich Sorgen, ob sie rechtzeitig zurück in die Lagune kämen.

»Wird der Wind noch zunehmen?« Sie merkte, dass auch Roberto aufgewacht war.

»Der Hafenmeister meinte, entweder er schläft ein oder er wird stärker oder …«, er schwieg und wollte ihr keine Angst machen.

»Wandelt sich plötzlich zur *schwarzen bora*?«

»Unwahrscheinlich.«

»Aber möglich.«

»Möglich ist beim Wetter fast alles.«

»Roberto?«

»Hm?«

»Wir verkaufen das Ca'Vecchia Brandolin, kaufen eine Yacht und segeln um die Welt.«

»Mit den Kindern?«

»*Chiaro*!«

»Träum weiter, *nereide*!«

Am anderen Morgen strahlte die Sonne wieder und der *maestral* setzte zögerlich gegen Mittag ein.

»Ein langer Schlag nach Südwest bei halbem Wind«, schlug Roberto vor, nachdem sie ihre Sachen gepackt und das Schiff klar gemacht hatten, »und dann kreuzen wir gegen den Wind zum Litorale di Pellestrina.«

Das Wetter hielt, obwohl sich ab und zu ein paar Wolkenformationen zeigten, die auf eine Wetteränderung hindeuteten. Als sie kurz vor der Durchfahrt in die Lagune waren, schlief der Wind ein, sie bargen die Segel und fuhren mit Motorkraft durch den Canale di Malamocco zur Marina von Alberoni, wo sie das Gepäck von Bord schafften und das Schiff abgaben.

Julia saß auf dem Seesack mit der Segelkleidung, während Roberto ihren Volvo holte, müde, glücklich und überlegend, wo sie zu Abend essen sollten. Ein Fischer stand beim Hafenmeister und übergab ihm einen Teil seines frischen Nachmittagsfangs. Julia gesellte sich dazu und erstand frische Meeräschen, die konnten sie heute Abend im Garten von Ginas Elternhaus grillen.

Sie stellte sich den letzten Abend allein mit Roberto vor, und so wie sie ihn kannte, würde er auch nicht gern unter Menschen sein wollen. Brot und Salat, dazu einen frischen Weißwein, so würden sie ihre durch und durch gelungenen Flitterwochen beenden.

Wenn Roberto in den ersten Tagen bei den Besichtigungen noch manchmal nervös und ungeduldig reagiert hatte und möglichst viel Besichtigungskilometer mit ihr hinter sich gebracht hatte, war er in den Tagen auf dem Boot ruhig und ausgeglichen geworden, hatte sich fast unbeschwert Wind und Wellen und ihr überlassen. Sie hatten viel über das Gestern gesprochen, wenig vom Heute, und in stiller Übereinkunft keine der anstehenden Fragen für das Morgen angeschnitten. Das würde kommen, wenn sie wieder im Ca'Vecchia Brandolin waren.

In Ginas Elternhaus arbeiteten die Handwerker noch, ein geruhsamer Abend würde es also nicht werden und Roberto schlug trotz eines besorgten Blicks zum Himmel vor, die Fische jenseits der *pineta* am Strand des *parco naturale* zu grillen, mit einem letzten Blick auf das weite Meer.

Wolkenfelder zogen hoch oben vorbei, verdichteten sich aber noch nicht zu einer geschlossenen Wolkendecke. Auch ein paar Tropfen Regen hielten sie von ihrem Plan nicht ab. Es herrschte völlige Windstille.

Erst einmal wanderten sie am alten Leuchtturm Roconetta entlang auf die nördliche Mole, die die eine Seite der Einfahrt Porto Malamocco bildete, bis hinaus zum Leuchtturm La Pagoda, von wo sie den gleichnamigen Leuchtturm an der Einfahrt Porto di Lido am Ende des Litorale di Cavallino sehen konnten und nach Süden die Leuchtfeuer der Einfahrt zum Hafen von Chioggia.

Von den riesigen Steinquadern der Mole suchten sie einen Abstieg zum Strand, der ein großes Dreieck zwischen Adria, Pinienwald und Mole bildete, und sie fanden bald ein geschütztes Plätzchen. Statt Muscheln sammelten sie Treibholz, das sie in einer tiefen Sandmulde aufschichteten. Von einer umgebrochenen Pinie brachen sie kleine trockene Zweige und fanden auch ein paar Zapfen.

Die Dämmerung senkte sich über den Strand und die letzten Spaziergänger waren schon lange verschwunden, nur eine Yacht ankerte weit draußen vor dem Litorale. Auf einen schönen Sonnenuntergang mussten sie verzichten, von der Mole aus hatten sie schon gesehen, dass sich Wolkenbänke vor die Sonnenscheibe schoben, aber ihrer etwas melancholisch abschiedsbereiten Stimmung kam das entgegen.

Langsam brach die Dunkelheit herein. Das Feuer strahlte so viel Gemütlichkeit aus, dass sie sich vom Schein des Feuers umfangen wie in einer eigenen kleinen Welt wähnten. Das Holz glühte langsam durch, Roberto legte ein Drahtgitter auf die rundherum aufgeschichteten Steine und die in Alufolie gewickelten Fische darauf, während Julia auf einer Strandmatte Brot, Wein und Käse ausbreitete. Die Flasche Weißwein war schon zur Hälfte geleert, als die Fische endlich gar waren.

Nun war es ganz dunkel, nur die Äste glühten noch, alle Flammen waren schon erloschen. Sie saßen Arm in Arm dicht beieinander und er küsste sie, während sie sich in den noch warmen Sand sinken ließ. Er kitzelte zwar im Rücken, aber bald spürte sie ihn nicht mehr und fühlte nur noch Glück.

Geschichtssplitter

Colleoni als Herr des Coglionese, 1454 bis 1467

Als die Stewardess das mehrgängige Mittagsmenuü zu servieren begann, tauchte Bartolomeo Coglione aus den Tiefen seiner Geschichtsbetrachtung auf. Nach dem Essen konnte er nicht schnell genug wieder zu seiner Lektüre gelangen.

Mit dem Frieden von Lodi 1454 endete eine qualvoll lange Zeit für das Coglionese, das Land zwischen Bergamo und Crema. Colleoni hatte immer wieder versucht, die Landwirtschaft zu stützen, aber immer wieder, je nach wechselndem Kriegsglück, wurde das fruchtbare Land zerstört, ausgeraubt, verbrannt, die Bauern getötet.

Nun begann er, systematisch Kanäle und Bewässerungsanlagen anzulegen, von denen einige noch heute in Gebrauch sind. An den Kanälen ließ er Säge- und Kornmühlen bauen und Weinpressen wurden errichtet. Seine Pächter wurden gut behandelt und das Land blühte auf. In Not geratenen Pächtern stundete er die Pacht, ließ Saatgut verteilen, wo Not war. Kein Wunder, dass er von seinen Untertanen geliebt wurde, wie von seinen Soldaten verehrt.

Als oberster Gerichtsherr sprach er Recht; und während der über zwanzig Jahre, die er dort herrschte, gab es keine Willkürurteile und nur ein Todesurteil gegen einen seiner Sekretäre, der ihn, angeblich von Sforzas Sohn angestiftet, zu vergiften suchte.

Südlich von Bergamo lag eine halb zerfallene Burg aus dem 13. Jahrhundert, strategisch gut plaziert am Ufer des Serio, wenige Kilometer südlich von Bergamo. Für 100 Goldgulden kaufte er den Besitz und baute ihn zu einem wehrhaften Renaissanceschloss mit einer für Colleoni typischen überdachten Loggia aus; den alten Burgbau umschlossen Quartiere für Soldaten und Offiziere.

Nur zwei kriegerische Auseinandersetzungen sind noch berichtenswert, bei denen Colleoni als Feldherr tätig wurde.

1467 stellte die Serenissima Colleoni frei, den Florentinern bei ihrem Kampf gegen Mailand zu helfen, was sehr doppelzüngig war, denn obwohl offiziell Colleonis Condotta mit Venedig ausgesetzt wurde, unterstützte Venedig insgeheim Florenz finanziell und zahlte Colleonis halben Sold. Francesco Sforza war im Jahr zuvor überraschend gestorben und sein ehrgeiziger Sohn Galeazzo wollte Florenz in die Knie zwingen.

Francesco Sforza hatte zwei seiner Söhne von Colleoni militärisch auf Schloss Malpaga ausbilden lassen, wie viele hochgestellte Persönlichkeiten das auch taten. Aber Galeazzo Sforza teilte die Bewunderung für Colleoni nicht, er misstraute ihm und vermutete Zeit seines Lebens, dass dieser Herrschaftsansprüche auf Mailand hatte. Gerüchteweise wurde die geplante Vergiftung Colleonis durch seinen Sekretär dem jungen Sforza angelastet.

Diese etwas fantastische Unternehmung zwischen den norditalienischen Staaten mündete in die Schlacht von Molinella 1467, bei der sich Colleonis gesammelte Truppen denen Federico de Montefeltros zum Kampf stellten. Nach acht Stunden mit je 7.000 Pferden auf jeder Seite hörte man auf zu kämpfen.

Das war eine von Niccolò Machiavelli bevorzugte Beschreibung von Söldnerheeren und ihrer Arbeit: »Denn das Söldnerwesen bringt langsame, späte und geringfügige Fortschritte, aber plötzliche und erstaunliche Verluste mit sich«. (aus: »Der Fürst«). Loyale Condottieri wie Gattamelata erwähnte Machiavelli vorsichtshalber gar nicht; Colleoni nannte er Bartolomeo von Bergamo, um sein Loblied nicht singen zu müssen.

Colleoni und Galeazzo wurden keine Freunde, und Colleoni mag mit Wehmut an seinen Freund Francesco gedacht haben. Auch wenn sie gegeneinander kämpfen mussten, weil ihre Soldherren das befahlen, blieben sie Freunde und misstrauten sich nicht.

Colleoni, der so gern einen Sohn gehabt hätte, konnte bei dieser Schlacht von Molinella stolz zumindest auf seine Schwiegersöhne sein, deren drei mit ihm kämpften:

Gherardo Martinengo, seit 1451 mit Orsina Colleoni verheiratet, und Vater dreier Enkelsöhne für Colleoni,

Gaspare Martinengo della Pallata, seit 1456 mit Catarina Colleoni verheiratet, und

Giacomo Martinengo della Motella, verheiratet mit Isotta Colleoni.

Der Ausgang der Schlacht war ein offizielles Unentschieden, doch für Colleoni folgte eine hohe Ehrung, die dem alten Krieger die letzten Lebenszeiten friedlicher Untätigkeit vergoldet hat, wie von Graevenitz es beschreibt:

»In dem Friedensschluss, der im Jahre 1468 den Wirren des vorangegangenen Jahres ein Ende machte, verband Papst Paul II. sämtliche Fürsten und Städtewesen Italiens zu einem Schutz- und Trutzbündnis zwecks ... Bekämpfung des Erbfeindes der Christenheit, der Türken. Ein besonderes Breve vom 2. Februar 1468 erbat die Zustimmung und Mitwirkung Colleonis zu diesen Unternehmungen.

Als Generalkapitän dieses Bundes sollte er mit einem Jahresgehalt von 100.000 Dukaten den Oberbefehl erhalten und sofort nach Albanien aufbrechen. Diese zweite Entschließung des Herrn der Kirche fand bei vielen Mitgliedern der Liga lebhaften Widerstand.

Die Stellungnahme Pauls II. hat tatsächlich auch keine Bedeutung erlangt. Denn die verlangten Beitragszahlungen zur Führung des Krieges und Besoldung des Generalkapitäns blieben aus, und die moralischen Kräfte des zu einigenden Italiens zersplitterten sich immer wieder in inneren Zwistigkeiten.

Was Colleoni betraf, blieb es bei der hohen äußerlichen Ehrung, dass ihn Paul II. in jenem Breve zum Oberbefehlshaber der christlichen Streitkräfte – totius christianorum exercitus imperator – ernannte und ihm den Kommandostab nach Schloss Malpaga übersandte.«

Somit wurde aus dieser zweiten kriegerischen Auseinandersetzung nichts.

Bartolomeo packte seine Aufzeichnungen ein, das Flugzeug hatte den Landeanflug auf Buenos Aires begonnen. Im Folgenden, wenn denn Colleonis Schlachten vorbei waren, würde er sich mit den karitativen, christlichen und künstlerischen Aktivitäten Colleonis beschäftigen müssen.

Nur dumm, dass es keinerlei Parallelen zu dem Colleoni des Colleoni-Syndikats im 21. Jahrhundert gab! Sollte der *condottiero* aus dem 15. Jahrhundert gar nichts mit dem Syndikatsboss gleichen Namens zu tun haben? Oder vielleicht sogar gegenteilige Charakterzüge aufweisen?

Nachdenklich verließ er das Flugzeug. Diesem Denkansatz musste er folgen. Sein Vetter Roberto hatte so etwas schon einmal angedeutet, er – Coglione – dem aber keine Bedeutung beigemessen. Er beschloss, mit ihm darüber zu reden.

Kapitel 3

Veneto

Litorale di Lido, Mittwoch, 26. Juni 2002

Sie hätten den Göttern opfern müssen, unbedingt, doch nun war es zu spät. Den Moment, in dem die beiden Liebenden am Strand für Sekunden aus einem Körper und einer Seele zu bestehen schienen, nutzten die Götter, um ihren Neid auf das irdische Glück dieser beiden zu zeigen.

Ein paar Regentropfen fielen auf Robertos Rücken und um ihn herum in den Sand, wo sie wie kleine Fontänen aufspritzten, an sich nichts Bedrohliches. Anders allerdings der Gewehrlauf, der sich schmerzhaft in seinen Rücken bohrte, begleitet von einer unter der Vermummung dumpf klingenden, aber deutlich vor Sarkasmus triefenden Stimme.

»Das, *commissario*, mussten wir ausnutzen, dass Sie nur mit Ihrer Männlichkeit bewaffnet waren!«

Kalt lief es ihm über den Rücken, und in Bruchteilen von Sekunden spulten sich vor seinem inneren Auge all die kleinen Alarmzeichen ab, die er während der vergangenen Wochen ignoriert hatte, weil er meinte, ein Stück des Paradieses gefunden zu haben und es festhalten zu können.

»Sie sollten es uns hoch anrechnen«, fuhr die Stimme fort, »dass wir Ihnen diesen kleinen Spaß noch gelassen haben, denn was jetzt kommt, *commissario*, wird weder für Sie noch für Ihre Frau eine Freude werden.«

Sie mussten sich sehr sicher fühlen, wenn sie noch Reden schwingen konnten. Robertos Arme wurden ihm auf den Rücken gerissen und Handschellen schnappten ein, dann zog man ihn hoch. Jetzt setzte der Regen richtig ein.

Die entwürdigende Szene tat ihm hauptsächlich für Giulia leid. Sie bekleidete sich, während drei Männer um sie herum standen, vermummt wie ehemals der *XX. Gennaio.* Einer warf neues Holz auf das Feuer, das trotz des Regens aufflammte. Sie fühlten sich wirklich sicher.

Zwei weitere Männer wurden erkennbar. Hatte er sich so verschätzt? War der *XX. Gennaio* doch nicht tot? Doch dann sah er es im flackernden Feuerschein: Sie hatten eine Eins hinzugefügt. *XXI.* Gennaio stand auf den Sturmhauben.

»Furchteinflößend, dieser *commissario*«, sagte eine andere Stimme und die anderen lachten, »wir wollen ihn etwas bekleiden. Los, *esecutore.*«

Il Quarto zog Roberto die Jeans hoch, den Reißverschluss zu und rammte ihm dann ohne jede Abwehrchance das Knie mit voller Wucht zwischen die Beine. Roberto klappte zusammen wie ein Taschenmesser und eine Welle von Schmerz schwappte über ihm zusammen. Er würgte. Ein gezielter Tritt in die Nieren warf ihn der Länge nach in den Sand, Tritte von allen Seiten folgten. Es musste wohl sein eigenes Stöhnen sein, das er hörte.

»Sehr heldenhaft!«, hörte er Giulias Stimme wie durch eine Nebelwand. »Vor ein paar Monaten haben Sie sich noch als Erben einer Kulturnation bezeichnet und Brutalität von sich gewiesen!«

»Hör auf, *Il Quarto*!«, befahl eine Stimme aus dem Dunkeln. »Stellt ihn hin!«

Roberto wurde wieder auf die Beine gestellt. Er schwankte einen Augenblick wie ein Schilfrohr im Wind, atmete tief ein. Ein Windstoß fuhr in das Feuer und ließ die Funken hoch aufsprühen. Roberto erkannte zwei Gestalten dahinter – eine klein und unter der *Il-Primo*-Vermummung versteckt, daneben ein großer Mann, als *Il Secondo* kenntlich –, die nur beobachtend dastanden. Und dann krampfte sich Robertos Magen erneut zusammen, aber diesmal nicht vor Schmerz, als er *Il Terzo* erkannte, der sich auf Giulia zubewegte.

»Nehmt sie mit!«, sagte *Il Primo.* »Wir kümmern uns um den *questorino.*«

Il Quarto und *Il Terzo* beugten sich zu ihr hinunter, aber wie eine Wildkatze fuhr sie auf.

»Fasst mich nicht an!«, fauchte sie und biss, kratzte und schlug um sich. Roberto bewunderte ihren Mut, wenn er auch die Chancenlosigkeit ihrer Gegenwehr sah, und er konnte ihr nicht zu Hilfe kommen, denn der Gewehrlauf drückte sich wieder schmerzhaft in seinen Rücken.

Die beiden Männer waren so überrascht, dass Giulia ihnen tatsächlich entkam, aufsprang und davonlief. Allerdings kam sie nur acht Schritte weit, ein Bein aus dem Dunkeln brachte sie zu Fall, sie stürzte der Länge nach in den Sand und *Il Secondo*, der sie aufgehalten hatte, stellte ihr brutal einen Fuß ins Kreuz, bog ihre Arme nach hinten und ließ auch bei ihr Handschellen einschnappen. Dann zog er sie auf die Füße und wartete auf Anweisungen.

Giulia wandte sich um, kam die acht Schritte wieder zurück, Sand im Gesicht, aber sie gab sich noch immer nicht geschlagen, stellte sich vor ihren Mann und sagte auf Deutsch: »Hab keine Angst um mich, Roberto! Ich liebe dich!«

Er konnte kaum sprechen, ein Kloß saß ihm im Hals. *»In eterno, l'anima mia!«*

Eine Regenbö klatsche ihr ins Gesicht und das Letzte, was er von seiner Frau sah, war, wie die Regentropfen sich mit den Sandkörnern auf ihrem Gesicht vermischten und nach unten flossen, dann wurde sie in Richtung Strand davongeführt. Wetterleuchten setzte ein, und kurz nachdem ein Schlauchboot Giulia und ihre zwei Bewacher zur Yacht übergesetzt hatten, brach die *nevera* los.

»Theoretisch können wir Sie jetzt gehen lassen, *questorino*«, hörte er eine gedämpft klingende Stimme dicht neben seinem Ohr, als sie ihn zu zweit durch den peitschenden Regen und den Sturmstärke erreichenden Wind am nördlichen Rand der *pineta* in Richtung Alberoni entlang führten, »aber eine kleine Sicherheitsspanne bis morgen früh wollen wir uns lassen. Außerdem müssen wir Ihnen noch unsere Forderungen verdeutlichen.«

Sie erreichten das Appartement in Ginas Elternhaus gerade rechtzeitig, bevor das Unwetter mit voller Stärke losbrach. Roberto machte sich schreckliche Sorgen, im Augenblick nicht um Giulias Entführung, sondern erst einmal darum, ob die nicht allzu große Yacht der *nevera* auf See würde standhalten können.

Sie ketteten ihn, pitschnass wie er war, an das Messingbettgestell und zogen sich in die Küche zurück, und langsam begriff Roberto das Ausmaß der Tragödie. Er wusste, er würde alles tun, um seine Frau unversehrt freizubekommen.

Was er sich jedoch nie würde verzeihen können, war seine Unachtsamkeit. Er hatte sich von der immer wieder beschworenen Vernichtung des *XX. Gennaio* einlullen lassen. Giulia hatte nun darunter zu leiden. Er hatte die vermeintlichen Zufälligkeiten krimineller Aktivitäten während ihrer Flitterwochen völlig falsch interpretiert: die beiden nächtlichen Überfalle auf *Il Storione*,

Giulias Belästigung durch die Jugendlichen in Pomposa, den Verlust seiner Uhr in Sottomarina, dessen war er sich plötzlich sicher.

Er hatte heute beim Ausschiffen zwar den Peilsender in der Backkiste gesehen und ihn mitgenommen, um ihn untersuchen zu lassen. Morgen wäre Zeit genug dafür, hatte er gemeint, eine tragische Fehleinschätzung. Am heutigen Abend hatte er nichts weiter, als einen romantischen Abschluss ihres *luna di miele* im Sinn gehabt; seine Dienstwaffe zwar dabei, aber nutzlos unten im Rucksack verstaut, zum Leidwesen für Giulia.

Mit Sicherheit hatten sie Giulia nicht um ihrer selbst willen entführt, auch ein hohes Lösegeld würde nicht gefordert werden, das sah Roberto ganz klar. Er hätte sie nie wieder zurück nach Italien bringen dürfen, seit er wusste, dass man ihn mit jeder Drohung gegen ihr Leben erpressen konnte, wie bei der Vernichtung des Protokolls damals. Er war bereit, alles für ihre Sicherheit zu tun.

Nein, mit ihrem Leben würden sie ihn erpressen, ungesetzliche Dinge von ihm fordern, die er eigentlich nicht bereit war zu tun, die er aber tun würde, um ihr Leben zu retten. Die Falle war zugeschnappt, ohne jede Möglichkeit zum Entkommen, das erkannte er, bevor sie auch nur eine Forderung gestellt hatten.

Trostlosigkeit ergriff ihn, als er sich im Zimmer umblickte. Überall lagen Erinnerungen an Giulia herum, auf dem Stuhl ihr feuchtes Badezeug, das sie zum Trocknen hingehängt hatte, die beiden Teddys auf der Kommode, die sie ihren Kindern hatten mitbringen wollen, ein paar Kunstbücher auf dem Boden, die sie in einer Buchhandlung in Chioggia gekauft hatten; sein Herz schmerzte.

Aber jemand musste in der Zwischenzeit in dem Zimmer gewesen sein, denn das weit ausgeschnittene Seidennachthemd, das sie während ihrer Flitterwochen so gut wie nie getragen hatte, war von Julia ausgepackt und auf das Bett gelegt worden. Es fehlte, genau wie ihre Reisetasche und ihre übrigen Sachen.

Il Quinto kam herein, Roberto konnte die eingestickte Nummer lesen, außerdem, und das war neu, stand *XXI. Gennaio* auf der Vermummung. Er fegte mit seiner Pistole Giulias Badezeug vom Stuhl und setzte sich. Hatten sie eine Nachfolgeorganisation gegründet? Waren alle ihre Überlegungen falsch gewesen? *Il Secondo* lehnte lässig in der Tür und überblickte wortlos die Szene, das Reden überließ er dem offensichtlich mit verstellter Stimme sprechenden *Il Quinto*.

»Zum Geschäftlichen, *questorino*!«

Roberto erkannte seine Stimme nicht. Giulia hatte das absolute Stimmgefühl, sie hätte wahrscheinlich gewusst, wer sich hinter *Il Quinto* versteckte, wenn sie ihm irgendwo schon einmal begegnet wäre.

»Der *XXI. Gennaio* erwartet Folgendes von Ihnen: Die inhaftierten Mitglieder unserer Vorgängerorganisation, dem *XX. Gennaio*, sind umgehend freizulassen im Austausch für Ihre Frau. Sie werden in ein Land ihrer Wahl ausgeflogen. Gehen Sie ruhig an die Öffentlichkeit, wir suchen sie sogar. Und erzählen Sie aller Welt, dass es den *XXI. Gennaio* gibt! Das ist alles!« Der Text klang wie auswendig gelernt und die Stimme so verzerrt, als habe der Sprecher unter seiner Maske noch ein Tuch vor dem Mund.

Roberto hatte es gewusst, aber nun war es ausgesprochen und amtlich. »Ich bezweifle die Existenz einer neuen Terrorgruppe und außerdem überschätzen Sie meinen Einfluss, *Il Quinto!*«

»*Nient'affatto, commissario*! Sie haben alle – Ihre Kollegen, den *questore*, die Regierung – davon überzeugen können, dass Härte gegenüber Terroristen unabdinglich sei und man keine ihrer Forderungen erfüllen darf. Nun überzeugen Sie denselben Personenkreis vom Gegenteil, *basta*!« Auch dieser Text klang wie auswendig hergesagt.

Er würde alles tun, aber die Erfolglosigkeit seiner Bemühungen sah er überdeutlich vor sich, und was würde dann aus Giulia?

»Ach, *questorino*, hier ist Ihre Uhr zurück. Man hatte Sie all die Wochen gut unter Kontrolle!« Damit fischte er ein kleine elektronische Wanze aus der Wandleuchte; *Il Secondo* schien zufrieden und winkte ihn zur Tür. Die beiden ließen die Tür auf und Roberto hörte ihr Stimmengemurmel aus der Küche.

Irgendwann gegen Morgen herrschte dann plötzlich eine wahre Totenstille im Haus, die beiden Vermummten waren einfach verschwunden.

Veneto, Juli/August 2002

Die erste Phase der Entführung war durch Warten gekennzeichnet und Robertos Psyche befand sich im freien Fall. Während der ersten beiden Wochen gab es keinerlei Hinweise, dass seine Frau noch lebte. Der Gewittersturm hatte einiges an Opfern unter den Segelyachten auf der nördlichen Adria gefordert und mehrere Motoryachten waren aus Seenot gerettet worden. Unter den geborgenen Menschen waren weder Giulia noch andere Unbekannte gewesen, die vielleicht *Il Quarto* oder *Il Terzo* gewesen sein konnten.

Roberto hatte sich am Morgen nach Giulias Entführung befreien können und sofort die zuständigen Behörden informiert. Geheimhaltung der Entführung war von ihm nicht gefordert worden, sondern das Gegenteil.

Der *questore* und der *vice-questore* hatten eine Sonderkommission gebildet, die *carabinieri* ihre eigene, bis man schließlich überein gekommen war, alle Fäden bei Vittorio zusammenlaufen zu lassen, dessen Hauptaufgabe die Koordinierung der verschiedenen Dienste war. Der hochgewachsene Venezianer hatte äußerst schockiert auf Giulias Entführung reagiert, die beiden mochten sich sehr, er bezeichnete sich gern als *La Tedescas* Streitmacht.

»Geh zurück in deine *questura*«, hatte er Roberto nahegelegt, aber eigentlich nicht erwartet, dass der Padovaner gehen würde. Tag und Nacht wartete er in der Zentrale, keine der eingehenden Meldungen wollte er verpassen. Als schließlich klar war, dass keine der registrierten Yachten untergegangen war, brach der Juli bereits an.

Umberto holte seinen Freund schließlich auf die *terra ferma* zurück mit der Begründung, die Entführer würden sich sicher an seine padovanische Adresse wenden. Außerdem versuchten sie ihn in der *questura* mit einem nicht aufgeklärten Mord vom 24. Juni abzulenken, zwei Tage vor Julias Entführung. Ein dreizehnjähriges Mädchen war in einer Fabrikhalle missbraucht worden und mit durchschnittener Kehle aufgefunden worden. Es mussten mehrere Täter gewesen sein, aber zu ihnen führte keine konkrete Spur.

Doch ihm fehlte jede Konzentration für dieses schreckliche Verbrechen und sobald Roberto die Augen schloss, drängten sich Bilder hinter seine Lider, denen er nicht entkommen konnte. Er stellte sich alle möglichen schrecklichen Verstecke vor, in denen sie Giulia gefangen hielten, von der dunklen, feuchten Höhle irgendwo im Apennin, von sargähnlichen Behältnissen in dunklen Kellern einer großen, anonymen Stadt, von stillgelegten Fabriken, in denen ihre Stimme ungehört verhallte, bis hin zu qualvollen

Erdverstecken in einsamen Wäldern oder feuchten Fischerhütten irgendwo entlang der unendlichen Küsten Italiens.

Es gab kein Lebenszeichen, keinen Ermittlungserfolg, alle Spuren verloren sich im Nirgendwo zwischen Horizont und Lagune.

Bis am 10. Juli ein Brief in Robertos Briefkasten geworfen wurde mit nicht nur einer Locke von Giulias Haaren, sondern einer langen, gewaltsam herausgerissenen Haarsträhne mit dem lapidaren Satz: »Wir vermissen Ihre Aktivitäten zur Befreiung unserer Glaubensbrüder und das Bekenntnis zu unserer Existenz.« Unterzeichnet war das Ganze mit *XXI. Gennaio*.

Ihm wurde schlecht, und Umbertos Trost, nachdem das Labor die Haarsträhne untersucht hatte, sie sei einer lebenden Person ausgerissen worden, war kein eigentlicher. Roberto stellte sich die blutige Stelle auf Giulias Kopf vor. Sie konnte sich infizieren und die Entführer würden sie bestimmt nicht ordentlich medizinisch versorgen.

Nun setzte die zweite Phase der Entführung ein, die durch hektische Aktivitäten gekennzeichnet war. Der *questore* und sein Vertreter verwendeten all ihren Einfluss bei Presse und Behörden dazu, Roberto Gehör zu verschaffen. Während dall'Aria Himmel und Hölle in Bewegung setzte, um den Aufenthaltsort Julia Bassners zu ermitteln, sogar Militär wurde eingesetzt, übernahm Tramontan die Öffentlichkeitsarbeit. Die beiden ergänzten sich gut, dall'Aria, der nicht gern öffentlich auftrat und redete, konzentrierte sich auf die praktische Polizeiarbeit.

Roberto bat ihm vieles ab, er erwies sich als so hilfreich und mitfühlend, dass er nicht gewusst hätte, was er ohne den Einfluss und die Hilfe des *questore* hätte tun sollen.

»Geben Sie eine Pressekonferenz!«, hatte er Roberto geraten und ihn so aus seiner Lethargie gerissen. »Appellieren Sie an die Entführer, die Mutter zweier kleiner Mädchen freizulassen.«

Ich werde zumindest ihre Forderung nach Anerkennung erfüllen, nahm Roberto sich vor, als er den mit Journalisten überfüllten Saal betrat. Als er sich durch die Reihen und das Blitzlichtgewitter drängte, fühlte er, wie ihm ein Stück Papier in die Hand gegeben wurde, aber in dem Gedränge konnte er nicht ausmachen, von wem. Sandro bahnte ihm einen Weg durch die Menge.

Roberto trat den Bußgang zu den von ihm so missachteten Medien unter dem Schutz seines Patenonkels, des Präfekten, an;

der gab ein Statement ab und während dieser Zeit blickte Roberto auf das Stück Papier.

»Du tötest deine Frau, wenn du die Existenz des *XXI. Gennaio* bestätigst.« Es gab keine Unterschrift, aber Roberto erkannte die Schrift, es war die Vittorios. Er überblickte die Reihen der sensationsgeilen Reporter. Sein Freund befand sich nicht im Saal.

Ohne sich weiter zu besinnen, folgte er der Aufforderung Vittorios; vierzig Minuten lang beantwortete er die Fragen der Journalisten, auch die indiskretesten. Natürlich wurden die meisten Fragen nach den Forderungen des *XXI. Gennaio* gestellt, doch Roberto brachte es nicht über sich, dessen Existenz zu bestätigen, und gab diese Fragen jeweils an den *questore* weiter.

Die einzige kleine Meinungsverschiedenheit, die zwischen dall'Aria und dem Präfekten auf der einen Seite und ihm auf der anderen blieb, war die, dass die beiden die Neugründung einer Terrorzelle nicht ausschließen wollten. Beide Seiten aber besaßen keine schlüssigen Beweise für ihre jeweiligen Theorien und Vittorios Botschaft mochte Roberto nicht vorlegen, die fehlende Unterschrift hatte ihn um Wahrung seiner Anonymität gebeten.

»Letztlich ist das auch egal«, meinte dall'Aria schließlich beschwichtigend, »wichtig und vorrangig für uns ist nur die Befreiung Ihrer Frau.«

Nach der Pressekonferenz blieb jegliche Resonanz vom *XXI. Gennaio* aus.

»Fahren Sie nach Roma, ich habe Ihnen einen Platz in der Sonntagabendmaschine, zusammen mit dem *conte* Berini, gebucht! Er wird Ihnen die entsprechenden Türen bei den Parlamentariern öffnen!«. Dall'Aria versuchte Roberto mit allerlei Unternehmungen zu beschäftigen, denn sobald sein *dirigente* ins Grübeln kam, sah er nur noch schwarz. »Vielleicht können Sie sie zu einer Amnestie überreden.«

Roberto war ihm dankbar und von nun ab hetzte er von Termin zu Termin. Er verbrachte fünf vergebliche Tage in der Hauptstadt, aber ein Finanzskandal im Hause des Wirtschaftsministers band alle Kräfte. Doch zusammen mit dem *conte* Berini, der ihn in der Kunst des Antichambrierens unterwies – eine Tätigkeit, die Roberto unter normalen Umständen weit von sich gewiesen hätte –, gelang es, eine Gruppe von Parlamentariern dazu zu bewegen, darüber zu beraten, ob man den Forderungen des *XXI. Gennaio* entgegenkommen und eine Teilamnestie ins Auge fassen könnte, um das Leben der Geisel Giulia Bassner zu retten. Damit würde man den *XXI. Gennaio* anerkennen, was der Haltung des *conte* entsprach, der die Terrorversion gern als bewiesen verbreitet hätte, aber Roberto folgte ihm auf diesem Weg nicht.

Es würde dauern, und Roberto hetzte zwischen Roma und Padova hin und her, jeden kleinsten Strohhalm ergreifend. Wenn der *conte* anrief, eventuell scheine sich etwas zu bewegen, stürzte er los.

»Wir durchkämmen das gesamte Po-Delta mit allen uns zur Verfügung stehenden Kräften«. Dall'Aria schien Tag und Nacht für die Befreiung Giulias zu arbeiten. »Damals am Po di Goro im Haus dieses *commendatore* – haben wir seine Spuren verfolgt? Nein? Dann nehmen Sie Tamassia mit und tun das!«

Roberto war nicht mehr in der Lage, eigenständige Pläne zu machen. Er folgte jedoch jedem Anhaltspunkt, den dall'Aria und andere ihm gaben. Ihre Ermittlungen führten sie bis in ein Altersheim nach Triest, in dem der *commendatore* bis zu seinem Tode vor zwei Jahren gelebt hatte. Erben gab es keine, die Spur versandete.

Am 30. Juli, fast drei Wochen nach dem letzten Lebenszeichen, fand Roberto wieder einen Umschlag in seinem Briefkasten, diesmal mit dem blutbeschmierten Ehering seiner Frau. »Innerhalb von sieben Tagen erwarten wir die Freilassung von unserer ehemaligen Nummer fünf: Angelo Longhi. Außerdem verlangen wir, dass Sie die Bevölkerung nicht länger belügen und den XXI. Gennaio offiziell als Nachfolge-Terrororganisation des XX. Gennaio bekanntgeben. Sonst ...«, lautete die Nachricht auf dem beigelegten Zettel. Er schaffte es gerade noch die vier Treppen zu Umbertos Wohnung hinauf. Da er seit Tagen nichts gegessen und wenig getrunken hatte, brach er mit einem Kreislaufkollaps zusammen.

Roberto stellte sich vor, dass sie Giulia einen Finger abgeschnitten hatten, aber nun holte dall'Aria ihn brutal in die Wirklichkeit zurück. »Wenn der *XXI. Gennaio* das getan hätte, wäre der Finger Ihrer Frau mit Sicherheit in dem Umschlag gewesen, Roberto!«

»Sehen Sie eine Möglichkeit zur Freilassung Angelo Longhis, Cesare?« Durch die gemeinsame Aufgabe waren sie zusammengewachsen, Roberto verweigerte sich der persönlichen Anrede nicht mehr.

»Nein. Aber ich habe seine Überführung nach Padova veranlasst. Wir werden ihn Tag und Nacht vernehmen, verlassen Sie sich darauf!«

In diesen Stunden hätte Roberto die Existenz des *XXI. Gennaio* nicht mehr in Frage gestellt. Wenn Sie darauf bestanden, würde er auch gegen seine Meinung einen *XXII. Gennaio* anerkennen, wenn er damit Giulia helfen konnte. Doch bevor er dem *questore* seine Bereitschaft signalisieren konnte, überschlugen sich die Ereignisse um Angelo Longhi.

Am 1. August, auf der Fahrt von Vicenza nach Padova, gelang es einem Kommando des *XXI. Gennaio*, den Polizeikonvoi zu stoppen und Angelo Longhi zu befreien. Nur aus der *questura* konnte das Wissen um Ort und Zeitpunkt weitergegeben worden sein.

Vor der nächsten Pressekonferenz fand Roberto einen Zettel in seinem Briefkasten vom selben Absender wie vor der letzten Pressekonferenz: »Bleibe stark, Roberto, wenn sie die Anerkennung durch deinen Mund bekommen, ist Giulia so gut wie tot.«

Auf der folgenden Pressekonferenz gingen die Journalisten nicht zimperlich mit der Polizeiführung um. Der Präfekt stellte sich vor den *questore* und die rechte Presse bezichtigte ihn höchstpersönlich der Geiselbefreiung, weil es sich bei der Geisel in den Händen des linksterroristischen *XXI. Gennaio* um seine Nichte handele.

Er wies das weit von sich, aber nur ein paar gemäßigte Journalisten glaubten ihm. Es kam zu turbulenten Szenen, als sich die Journalisten in zwei feindliche Lager spalteten, von denen das rechte auf die erhöhte Terrorgefahr hinwies, immerhin sei der *XXI. Gennaio* ja eine Folgeorganisation des *XX. Gennaio*, der, palästinensischen Ursprungs, mit Sicherheit im Umfeld von Osama bin Laden angesiedelt sei; wohingegen die linke Presse das bestritt, denn der palästinensische Teil des *XX. Gennaio* sei von einem christlichen Araber angeführt worden und al-Qaida habe noch nie und würde wahrscheinlich auch nie mit Andersgläubigen zusammenarbeiten. Und nur eine verschwindend geringe Minderkeit unter den Journalisten glaubte an überhaupt keine terroristische Vereinigung, aber das waren nicht die, die sich Gehör verschafften.

Man war kurz davor aufeinander loszugehen und nur die Drohung des *questore*, er werde die Pressekonferenz beenden und den Saal räumen lassen, beruhigte die Gemüter.

Trotz der direkten Frage einer Reporterin an Roberto, wie seine Einschätzung zum *XXI. Gennaio* sei, konnte sie ihn nicht dazu bringen, dessen Existenz zu bestätigen.

»Sie erfüllen die Forderung des *XXI. Gennaio* also nicht und bringen Ihre Frau damit in Lebensgefahr?« Sie sprach aus, was einige gedacht hatten, und wieder war es der *questore*, der ihm zur Seite stand und hinhaltende Auskünfte gab.

Roberto schwieg abweisend, er zog sich auf ein Aussageverbot als Beamter zurück. Seine Haltung wurde am anderen Tag in der Presse zwiespältig interpretiert; Mut bescheinigten ihm die einen, gegen Terroristen nicht nachzugeben, Unverständnis die anderen, seine Frau in Gefahr zu bringen. Einheitlicher Meinung waren sie nur, dass die Befreiung des *XX.-Gennaio*-Mitglieds Angelo Longhi getürkt gewesen sei, weil es offiziell nicht möglich gewesen war, ihn gehen zu lassen.

Man erwartete nun umgehend die Freilassung der Geisel Julia Bassner. Aber nichts geschah, vierzehn Tage enthielten sich die Terroristen jeder Meinungsäußerung.

Umberto war in diesen Wochen tagsüber ein nicht von der Seite Robertos weichender Freund. Bis zu dieser Geschichte mit dem plötzlich bekennenden Terroristen Angelo Longhi hatte er mit seiner Meinung hinter dem Berg gehalten und die Existenz des *XXI. Gennaio* offiziell nicht in Frage gestellt, sie aber auch nicht bestätigt. Aber nun meldete er Zweifel an.

»Für wie authentisch hältst du den *XXI. Gennaio*?«, fragte er am Abend nach der Pressekonferenz seinen Freund beim Abendessen. Nach dessen Zusammenbruch hatte er täglich darauf geachtet, dass Roberto die notwendigen Mahlzeiten bei ihnen zu sich nahm, auch wenn er sie sich in den Mund quälen musste.

»Warum fragst du?« Robertos Stimme klang mutlos und Umbertos Angst um ihn wuchs. Während der vergangenen Jahre war immer Roberto derjenige gewesen, der Initiativen ergriffen, Theorien entwickelt, die Führung in ihrer Partnerschaft übernommen hatte. Ihn so dahinsiechen zu sehen, brach dem gefühlsbetonten Umberto fast das Herz.

»Angelo Longhi war alles, nur nie Terrorist.«

Roberto erwachte wenigstens etwas zum Leben und dachte nach. »Du meinst also auch, der *XXI. Gennaio* ist eine Erfindung?«

»*Esattamente*! Ich bleibe dabei, der *Gennaio* ist vernichtet. Du hast doch auch das *Colleoni*-Syndikat im Hinterkopf, das sich kostümiert hat wie der *XX.* oder jetzt *XXI. Gennaio*, oder?«

»Manchmal denke ich, ich habe nur noch Watte im Kopf, Umberto. Aber wer will uns dann einreden, es handele sich um Terroristen?«

»Wer wohl? Dieselben Typen, die die *strategia della tensione* wieder beleben wollen! Mit dem *XX. Gennaio* ist es schiefgegangen und nun probieren sie es mit dem *XXI. Gennaio.*«

»Die Amerikaner und unser Geheimdienst? Und Politiker aus der rechten Szene?«

»Hunter ist wieder im Land, und Baladesci sein Schatten.« Und bei uns in der *questura* sitzt irgendwo ein enger Vertrauter Colleonis und auch des Geheimdienstes, fügte er leise für sich hinzu.

Als sie diese Theorie mit dall'Aria besprachen, schüttelte der erst ungläubig den Kopf, aber dann erinnerte er sich seiner wildbewegten Studienzeit in Bologna und der damals auch aktuellen *strategia della tensione* und war am Ende des Gesprächs bereit, diese Möglichkeit in Betracht zu ziehen.

»Haben sie denn nichts aus der *Ustica*-Affäre gelernt?«, murmelte er mehr für sich selbst, was aber bewirkte, dass Umberto und sein Freund sich vom *questore* unterstützt fühlten. Aber offiziell durften sie ihre Meinung nicht laut werden lassen, ihr oberster Dienstherr war von der Existenz einer Terrorgruppe überzeugt, und wer widersprach schon dem Innenminister? Sie alle hatten der Presse gegenüber absolutes Aussageverbot, nur der Pressesprecher des Innenministers gab noch Interviews.

Die Tage gestalteten sich einigermaßen erträglich. Sitzungen, Telefongespräche, Fahrten nach Venezia zu Vittorio und selbst die ständige Belagerung durch Journalisten hielten Roberto von zu viel Schreckensfantasien ab. Doch die Nächte waren schlimm, die Gedanken, was man Giulia alles antun konnte, brachten ihn fast um den Verstand. Wenn ihm die Augen vor Erschöpfung zufielen, träumte er von Giulia, sah, wie ihr die dunkelblonden Locken um den Kopf flogen, wenn sie am Strand entlang lief, meinte, ihr Lachen zu hören, ihre Umarmung zu spüren. Aber dann folgten andere Bilder, Bilder einer gefesselten und geknebelten Giulia, entweder in einem fensterlosen Raum oder einem heißen Zelt in unwegsamen Bergen. Oder, oder, oder.

Wenn er in Padova war, nutzte er die Wohnung nur, um jeden

Morgen in seinen Briefkasten schauen zu können und um die Fotos anzusehen, die Anca entwickelt und vergrößert hatte, und auf denen eine immer lebenssprühende, fröhliche Giulia am Strand bei Ravenna, am Lido di Volano und auf der *Bella* zu sehen war.

Doch gegen Mitternacht wachte er regelmäßig wieder auf, es trieb ihn ins Ca'Vecchia Brandolin. Kein Verkehr auf der Straße behinderte ihn und in ihm breitete sich das Gefühl aus, der einzig Überlebende auf einem toten Stern zu sein.

Angekommen lief er ruhelos durch die Räume, jeder Quadratzentimeter erinnerte ihn an Giulia: das Kinderzimmer, das Schlafzimmer, ihre Küche. Die Halle war inzwischen renoviert worden, sie hatte ihn damit nach ihrer Rückkehr überraschen wollen.

Nach dem Morgengrauen – nie hatte er die Bedeutung dieses Wortes so empfunden wie jetzt – fuhr er zurück, es könnte eine Nachricht von den Geiselnehmern im Briefkasten sein. Oder von sonstwem.

Veneto, Montag, 12. August 2002

Sechs Wochen waren ins Land gegangen und in diesem Augustmonat fuhren fast alle Italiener, wie in jedem Jahr, in die Sommerferien. Padova war nur noch von Touristen bevölkert, und in Venezia drängten sich die Scharen nun auch italienischer Besucher.

Vittorio blieb unermüdlich am Ball, seinen Urlaub trat er selbstverständlich nicht an. Jedem der zweihundertachtundsechzig Hinweise aus der Bevölkerung waren er und seine Sonderkommission nachgegangen. Er hatte auch gut mit der *questura* in Padova zusammengearbeitet, jede Information war von beiden Seiten ernst genommen und geprüft worden, doch keine führte zu Julia. Sie blieb wie vom Erdboden verschluckt.

Wie immer bei solchen Großfahndungen gingen der Polizei eine ganze Reihe von gesuchten Verbrechern ins Netz, in den Monte Bèrici wurde ein auf einem einsamen Bauernhof seit vier Monaten gefangen gehaltener Journalist befreit, aber der *XXI. Gennaio* blieb gut in Deckung.

Es war nicht so, dass man mit dem verschlossenen *commissario* und vor allem mit seiner entführten Frau kein Mitgefühl hatte, nur gingen die Wochen ins Land und andere Dinge interessierten die Bevölkerung und die Presse inzwischen mehr.

Da war dieser vom *XXI. Gennaio* verübte Bombenanschlag auf ein Postamt in Porderone. Zum Glück gab es keine Toten und Verletzten, aber ein Bekennerschreiben flatterte der örtlichen Polizei auf dem Tisch, gleichzeitig ging eine Bekenner-E-Mail aus einem Internetcafé in Beirut auf Arabisch ein; kein Grund, an der Echtheit zu zweifeln, wie der italienische Inlandsgeheimdienst und auch die Amerikaner bestätigten. Man müsste wachsam sein und überdenken, ob man die Überwachungsregeln von Ausländern aus dem arabischen Raum nicht enger fassen, Abhörmaßnahmen suspekter Bürger nicht öfter durchführen müsse. Auch das Versammlungsverbot galt es zu verschärfen. Zur Sicherheit müssten Bürgerrechte eingeschränkt werden.

Der *conte* Berini hatte sich sehr bemüht, Roberto in Rom mit den Parlamentariern zusammenzubringen, die eine eventuelle Sinnesänderung der Regierung in Bezug auf eine Teilamnestie und Freilassung wenigstens einiger Terroristen befürworteten, aber diese Hilfsbereitschaft des *conte* nahm desto mehr ab, je weniger Schlagzeilen er und die Entführung machten. Und jetzt im August waren sowieso Parlamentsferien.

»Wir warten auf Ihr Bekenntnis, dass der XXI. Gennaio lebt, unsere Geduld ist am Ende. Dies ist vorerst das letzte Lebenszeichen von Ihrer Frau.« Der Brief lag wie die vorigen plötzlich am Montagmorgen in Robertos Briefkasten. Unter den Zeilen gab es zehn blutige Fingerabdrücke, das Labor bestätigte, es waren Giulias und ihr Blut.

»Die gute Behandlung von Geiseln ist eine jener Grundweisheiten, deren Kenntnis man Alarich ebenso zutrauen darf wie den Geiselnehmern heute.« Vor genau zwei Monaten hatte er Giulia diese Weisheit verkündet, aber nach dem Blut auf dem Brief verließ ihn die Hoffnung. Woher sollten die Geiselnehmer die Weisheit Professor Schreibers kennen?

»Es ist mir ganz egal, wenn ich meine Linie nicht mehr einhalte und meine Überzeugung verrate!« Roberto war fast am Ende seiner Kräfte angelangt. »Berufen wir eine Pressekonferenz ein, Umberto! Ich verkünde laut, dass der *XXI. Gennaio* lebt. Dann hat der *XXI. Gennaio*, was er will. Und mein Stolz? Der ist tot, aber es ist eine Chance für Giulia.«

»Du solltest nichts überstürzen!« Umberto versuchte ihn umzustimmen.

»Ich werde alles tun, was sie wollen. Ich kann den Gedanken nicht ertragen, dass sie meiner Frau Schmerzen zugefügt haben, um an ihr Blut zu kommen. Ich bekenne alles, was der *XXI. Gennaio* will!«

»Halt, halt! Den gibt es nach deiner Meinung doch gar nicht! Setz dich!« Umberto ergriff seinen Arm und drückte ihn wieder auf den Stuhl zurück, von dem Roberto aufgesprungen war. »Bedenke Folgendes, Roberto«, eröffnete Umberto ihm seine Bedenken, »wenn du die Existenz des eventuell gar nicht bestehenden *XXI. Gennaios* bestätigst, könnte dies das Todesurteil für Giulietta sein, verstehst du?«

»Er hat recht«, bestätigte der hinzugekommene *questore*. »Solange du dich weigerst, die Existenz dieser, auch meiner Meinung nach nicht existierenden Terrororganisation zu bestätigen, lassen sie deine Frau am Leben!« In seiner Anteilnahme duzte er Roberto.

»Und wenn es ihn nun doch gibt, den *XXI. Gennaio*?« Robertos Kopf pendelte hin und her wie der eines waidwunden Tieres.

»Eine Pressekonferenz kann nicht schaden«, überlegte dall'Aria, »wenn du das durchstehst, Roberto. Bitte die Geiselnehmer noch einmal um Gnade für deine Frau, aber kein Wort zum *XXI. Gennaio*, sonst flicht uns der *ministro degli Interni* aufs Rad. Doch die Entführer wissen dann, dass du deine Haltung nicht änderst, und wir gewinnen wertvolle Zeit. Irgendwann müssen wir ja auch Glück haben und einen Fahndungserfolg!«

»Ich werde mich als Geisel anbieten«, wenigstens davon ließ Roberto sich nicht abbringen. Würde er die Pressekonferenz überstehen? Das Interesse der Journalisten hatte rapide nachgelassen, nur mehr die zwei ersten Stuhlreihen waren besetzt.

Alto Adige, Dienstag, 13. August 2002

Diese Nacht nach der Pressekonferenz war besonders schlimm, seine Fantasie spielte ihm Streiche. Er fühlte Giulia neben sich, aber als er seine Hand ausstreckte, schwebte Julia wie ein Gespenst davon, Jana und Jette hinterher.

Was, wenn sie ihm auch noch seine Kinder nahmen, um weiteren Druck auf ihn auszuüben? Er hielt es nicht aus, zog sich an und setzte sich ins Auto. Luciano hatte gleich nach Bekanntwerden von Giulias Entführung nach Padova kommen wollen, aber Roberto bat ihn, bei seinen Töchtern im Alto Adige zu bleiben und für ihre Sicherheit zu sorgen.

Wieder fühlte er diese Einsamkeit wie auf einem verlassenen Stern, als er wie ein Irrer über die nächtlichen Straßen raste, über Bassano al Grappa, das Brentatal aufwärts bis nach Trento. Morgens gegen vier Uhr erreichte er den Hof seines Bruders. Ein Wunder, dass er weder sich selbst noch andere bei dieser irrsinnigen Raserei umbrachte!

Als er seinen Schlüssel ins Schloss seiner Ferienwohnung steckte, fühlte er eine Pistole in seinem Rücken. Er hob die Hände. »Ich bin es, Luciano!«

»Wollten Sie meine Wachsamkeit auf die Probe stellen, Chef?«

Roberto drehte sich um, Luciano machte Licht.

»*Maledetto*, Chef! Sie sehen ja völlig fertig aus!« Allein den Dreitagebart und eine gelockerte Krawatte fand er ungewöhnlich beängstigend.

»Ich muss die Kinder sehen!«

»Wir haben sie ins Haus geholt, Jano und ich hielten das für besser.«

Sie gingen zum Haupthaus hinüber und hinauf in Robertos ehemaliges Zimmer, in dem jetzt seine Kinder schliefen. Doch bevor sie eintreten konnten, öffnete sich die Tür nebenan und Michèle erschien mit einem Gewehr in der Hand.

»Zufrieden, Chef?«

Dio mio, wie hatte die Gewalt ihr Leben verändert, wenn schon ein Zivildienstleistender mit dem Gewehr in der Hand erschien!

Roberto stand wohl eine Stunde lang am Fußende der Kinderbetten. Seit fünf Wochen hatte er seine Töchter nicht mehr gesehen, sie schienen um das Doppelte gewachsen, aber sie nuckelten wie früher, Jana am Däumchen und Jette an Zeige- und Mittelfinger.

Wenn Giulia tatsächlich nicht mehr zurückkehrt, dachte er, wie soll ich sie dann ohne Hass großziehen? Alles in ihm schrie jetzt schon nach Rache, obwohl noch nichts passiert war.

»Weck sie ruhig!« Bianca war hinzugetreten und legte voller Mitleid ihre Hand auf seinen Arm. »Sie sind eigentlich immer lieb.«

Er schüttelte sie ab. »Nein! Ich muss zurück!«

Das aber verhinderte die Familie, die inzwischen vollzählig versammelt war. Sie zwangen ihn, Nahrung zu sich zu nehmen und sich ins Bett zu legen, aber als sein Bruder morgens nach ihm sah, war sein Bett bereits wieder leer, und sie blickten sich traurig und ratlos an.

Ca'Vecchia Brandolin, Mittwoch, 15. August 2002

Sieben Wochen auf den Tag genau war es her, dass Giuli in die Hände der Entführer gefallen war, und in dieser Nacht im Ca'Vecchia Brandolin entdeckte Roberto, dass sie praktisch ein zweites, ihm unbekanntes Leben geführt hatte. Er nahm ihr aufgeschlagenes Tagebuch an sich, das mit dem Tag vor Beginn ihrer Hochzeitsreise abbrach. Er wusste, dass er es lesen konnte, sonst hätte sie es unter Verschluss gehalten, aber er brachte es nicht fertig, Seiten zurückzublättern und ihre schöne, klar gegliederte Handschrift zu sehen.

Unter dem Buch lag ein notariell beglaubigter Vertrag, der Giulias über fünfzigprozentige Beteiligung am Familienunternehmen mit Francesca und Clemente dokumentierte. Er schüttelte wehmütig lächelnd den Kopf. Warum hatte sie es ihm verschwiegen?

Unter dem Vertrag wiederum lag aber dann das, was ihm noch mehr Kopfzerbrechen bereitete: eine Kopie ihrer Doktorarbeit, die sie vor ihrer Israelreise in Hannover abgegeben haben musste. Also hatte sie nicht nur ihren Vater besucht. Er nahm sie hoch und ein eingelegtes Blatt fiel zu Boden, ihr Arbeitsvertrag mit dem *ospedale* der Barmherzigen Schwestern.

Warum nur, warum hatte sie ihm all das verschwiegen? Er hatte sich so gewünscht, sie möge ihr Medizinstudium beenden, hatte sie aber nicht drängen wollen. In ihrer Rücksicht aufeinander hatten sie Geheimnisse voreinander gehabt, die nicht hätten sein müssen.

Carlo, den er im *Ca'Rosso* ansprach, zögerte und wand sich ein wenig, bis er Roberto erzählte, dass Francesca wahrscheinlich die Urheberin dieser Geheimniskrämerei sei, sie habe Julia, auch in seinem Beisein, verschiedentlich wissen lassen, dass Roberto eine berufstätige und unabhängige Frau wohl kaum schätzen würde.

Seiner Mutter Vorwürfe zu machen, dafür fühlte sich Roberto

im Augenblick nicht stark genug. Aber zornig war er schon auf sie. Wenn Giulia nun nicht zurückkäme, würde sie nie wissen, wie sehr sie in Robertos Sinn gehandelt hatte, der sich genau das wünschte, was seine Mutter zu verhindern gesucht hatte, weil sie sich ein Bild von Roberto gemacht hatte, dem er nicht entsprach. Aber so war es sein ganzes Leben lang gewesen, sie würde sich sicher nicht mehr ändern.

Im Ca'Vecchia saß er nun die ganzen nächsten Nächte an ihrem Schreibtisch und entdeckte seine Frau, ihre Zeichnungen, las ihre Dissertation, studierte ihre Auftragsbücher und ihre mit einem erstaunlichen Guthaben versehenen Kontoauszüge, ihre Pläne für das Ca'Vecchia Brandolin, die ihr Onkel Jochim nun in die Hand nahm.

»Bitte, lass mich ihre Pläne ausführen«, hatte er vor vier Wochen gesagt, als er unvermutet im Ca'Vecchia aufgetaucht war, »ich muss etwas zu tun haben, sonst werde ich wahnsinnig aus Sorge um meine Nichte.«

»Und dein Beruf?«

»Ich habe unbefristet Urlaub genommen.«

»Du hängst sehr an deiner Nichte.« Roberto hatte fast so etwas wie Eifersucht gespürt, aber dann akzeptiert, dass nicht nur er Giulia liebte.

Veneto, zweite Hälfte August 2002

Unmerklich waren sie in Phase drei der Entführung hinübergeglitten, die Zeit der Schuldzuweisungen. Im privaten Bereich mied Roberto seine Mutter, denn wo immer sie ihn sah, blickte sie ihn so vorwurfsvoll an und äußerte dies auch gelegentlich, als ob er und nur er ganz allein schuld an Giulias Entführung sei.

Er verschloss sich jedem, außer dall'Aria, Vittorio und Umberto, und nahm seine alte, ihm als Arroganz ausgelegte Haltung wieder an, aus der ihn Giulia befreit hatte. Besonders seine Familie litt darunter, fühlte sich von den Sorgen um Julia ausgeschlossen und reagierte verärgert.

»Du hast wohl einen Stein aus Prinzipien in deiner Brust, wo andere ihr Herz haben!« Francesca konnte nicht verstehen, dass

Roberto der Forderung nach Anerkennung des *XXI. Gennaio* nicht nachkam. »Aber dein Stolz ist dir ja seit jeher wichtiger als deine Frau.«

Roberto würdigte sie nicht einmal einer Antwort und sie beschwerte sich, tief besorgt um ihre Schwiegertochter, bei ihrem Lebensgefährten Carlo, Giulias Onkel.

Roberto verschloss sich auch sonst seinen Bekannten, Kollegen und Freunden. Er konnte keinen mehr ansehen, ohne zu überlegen, ob er oder sie etwas mit Giulias Entführung zu tun hatte. Tommi Gentile zum Beispiel, der Sprengstoffexperte der *questura*. Er kam in Robertos Büro, um ihm mitzuteilen, der Sprengstoff der an sich harmlosen Bombe in Porderone sei der gleiche wie der vom *XX. Gennaio* verwendete in Padova Anfang des Jahres in Robertos Büro, und seine Reaktion befremdete Gentile einigermaßen.

»Du willst mir also weismachen, dass die Nachfolgeorganisation des aufgelösten *XX. Gennaio* dessen Sprengstoffexperten übernommen hat?«, fragte er mit drohend zusammengezogenen Brauen.

»Hey, Roberto! Ich habe dir lediglich Tatsachen mitgeteilt, keine Verschwörungstheorien!« Und burschikos setzte er mit seiner fröhlichen Stimme hinzu: »Komm zu dir, Mann! Wir alle wollen dir nur helfen!«

»*Mi dispiace*, aber das kann keiner.«

Als er das Zimmer verließ, sah Roberto dem hochgewachsenen Mann nach. *Il Secondo* damals am Feuer auf dem Litorale di Lido war auch so hochgewachsen gewesen, und er hatte kein Wort gesagt. Tommis Stimme hätte er wohl erkannt. Aber dann verwarf Roberto diesen Gedanken wieder. *Il Secondo* war weitaus breitschultriger gewesen als Tommi. Er sah Gespenster.

Aber Cogliones Gestalt hätte es gewesen sein können. Und wo war der überhaupt abgeblieben? In der *questura* jedenfalls nicht. Als er seinen Patenonkel, den *questore*, befragte, meinte der: »Zurückbeordert nach Bergamo. Mehr kann ich dir auch nicht sagen. Ich meine, dass das sein Wunsch war und er seine kranke Frau pflegen wollte.«

Ein schönes Alibi, dachte Roberto voller Misstrauen, als er in Bergamo nur einen Anrufbeantworter eingeschaltet fand, er kann kommen und gehen, wann er will, und hier in Norditalien sind die Entfernungen auch nicht so groß. Und damals am Po di Goro, wo war er da eigentlich so schnell hergekommen? Plötzlich war er da gewesen. Hat mir das Leben gerettet, um mein Misstrauen einzuschläfern, und als er das geschafft hatte, schlug er zu. Ach, Quatsch! Omeo Coglione alias Bartolomeo *Colleoni*? Nein, das kam nicht hin, denn *Il Primo* war gleichzeitig der Syndikatsboss *Colleoni*, und der *Il Primo* am Feuer auf dem Litorale di Lido war viel kleiner als *Il Secondo* gewesen. Hatte die Gestalt von …

»Na klar!«, sagte Roberto laut und erschrak vor seiner eigenen Stimme. »Er hatte die Gestalt von *conte* Luigi Berini! Das macht Sinn. Er hat mir zwar die richtigen Leute in Roma gezeigt, aber mit null Erfolg bisher. Und er ist immer dort gewesen, wo etwas gegen mich unternommen wurde: nach dall'Arias Hochzeitsempfang, in der *questura* vor der Fahrt in die *colli* Euganei! Er ist *Il Primo*, und Coglione sein Adlatus in der *questura* und im Geheimdienst! Warum bin ich nicht eher darauf gekommen!«

»Paranoia!«, sagte Umberto zu Gina. »Er sucht nach Schuldigen, fängt bei sich an und kann nicht aufhören. ›Meinst du, dall'Aria können wir ausschließen?‹, hat er mich neulich gefragt? ›Er ist doch mit Angela verheiratet, und der traue ich alles zu!‹ Dabei reißt dall'Aria sich wirklich alle Beine aus, um Giulietta zu finden! Ich bitte ihm vieles ab! Und manchmal schaut Roberto mich an, als ob auch ich mit dem *Colleoni*-Syndikat unter einer Decke stecke.«

»Das bildest du dir ein! Er weiß genau, dass er dir voll vertrauen kann.«

Gina empfand tiefes Mitleid, gleichermaßen für die verschollene Freundin wie für Roberto, dem sie seine Schuldgefühle nicht ausreden konnten.

Treviso, Freitag, 16. August 2002

Die Nacht war wieder die Hölle gewesen und am Freitagmorgen schoss es Roberto plötzlich durch den Kopf, dass er Angela dall'Aria um Hilfe bitten müsse. Vielleicht konnte sie in den Kreisen, in denen sich ihr voriger, ermordeter Mann bewegt hatte und zu denen sie vielleicht noch Kontakt hatte, etwas für das Auffinden von Julia tun. Er rief an, ob er vorbeikommen könne.

»Jederzeit, Roberto, du Armer! Lass uns zusammen mittagessen.«

Sie trafen sich in Trevisos teuerstem Lokal und Roberto fehlte jede Kraft, dagegen anzugehen. Er hatte sich bemüht, sein Äußeres, das ihm so unendlich egal geworden war, Angelas Erwartungen entsprechend auf Vordermann zu bringen, aber als er in der *locanda* auf sie wartete, merkte er, dass er gedankenverloren eine graue und eine braune Socke angezogen hatte.

Angela erschien in ihren Lieblingsfarben, einem karmesinroten Sommerkostüm mit bis ins kleinste Detail passenden Accessoires, und natürlich war auch ihr Make-up perfekt wie immer.

»Gibt es etwas Neues von *La Tedesca*?« Ihre Stimme hatte genau das richtige Timbre, um bedauernd zu wirken. »Dall'Aria hält mich auf dem Laufenden, aber vielleicht weißt du ja mehr.«

Er schüttelte den Kopf und wirkte alles in allem ziemlich hilflos. Angela übernahm die Bestellung und Roberto akzeptierte ihre Vorschläge, obwohl sie Nudeln für ihn bestellte, die er noch nie gemocht hatte.

»Was kann ich für dich tun, mein Lieber?« Sie faltete die Serviette zusammen, während er noch in seinen *bigoli* herumstocherte.

»Sei mir nicht böse, Angela, wenn ich auf deine Ehe mit Erasmo zurückkomme«, er hob den Blick langsam, so dass sie den Triumph in ihren Augen hinter Gleichmut verstecken konnte, »hast du noch Kontakte zu irgendeinem von seinem *Tre-Condottieri*-Syndikat?«

»Die hatte ich nie, mein Lieber. Du bellst den falschen Baum an.«

»Nein, nein, so meinte ich es nicht. Fällt dir irgendein Name ein von Leuten, die vielleicht einmal mit Erasmo zusammengetroffen sind, zum Beispiel in eurer Villa?«

Sie tat, als überlege sie lange, dann schüttelte sie bedauernd den Kopf. »Er hat seine kriminellen Taten vor mir geheim gehalten, du hast es ja während der *CIGC*-Vernehmungen selbst gehört, und ich habe wirklich die Wahrheit gesagt. Dabei ist seine Täterschaft nie amtlich festgestellt worden, aber vor dir gebe ich gern zu, dass sie möglich gewesen ist. Ich traue ihm zu, wie *La Tedesca* es ja seinerzeit ausgesagt hat, dass er der Syndikatsboss Carmagnola war, dass er deine Schwester ermordet und noch andere Morde auf dem Gewissen hat. Aber mich darfst du damit wirklich nicht in Verbindung bringen, ich war ahnungslos. Da kann ich dir also nicht helfen. Wenn es irgendetwas gibt, was ich für deine Frau tun kann, sag es! Geld spielt keine Rolle. Vielleicht setzen wir eine Belohnung aus für Hinweise, eine hohe Belohnung? Ja, das ist eine gute Idee, ich werde sie mit Cesare besprechen. Im Augenblick ist er mehr für deine Frau unterwegs als für mich!« Sie lächelte versonnen und freute sich innerlich an seiner Niedergeschlagenheit. »Aber das ist auch gut so! Ich habe deine Frau inzwischen schätzen gelernt, und wir wollen alles tun, um sie gesund wiederzubekommen.«

Angelas honigsüße Bemerkungen benebelten Robertos Skepsis nicht. Ihr Vorschlag mit der Belohnung war an sich kein schlechter, aber ein erneuter Versuch, ihn in ihre Abhängigkeit zu zwingen. Doch er würde alles tun, sich und seine Seele verkaufen, wenn es Giuli nützen würde, aber Angela würde sicher Bedingungen stellen ...

»Erkenne nur die Existenz des *XXI. Gennaio* an, Roberto!« Ihre Aufforderung ließ alle Alarmglocken bei ihm schrillen. »Ich kann nicht, Angela!«

»Dein Stolz lässt dich deine Frau opfern? Du bist ein harter Mann, Roberto!«

Seine eigentlichen Beweggründe wollte er ihr nicht nennen und so trennten sie sich ohne Ergebnis. Roberto fühlte sich jämmerlicher als je zuvor.

Ca'Vecchia Brandolin, Samstag, 17. August 2002

Zweimal war Roberto nicht in Padova gewesen, als sein Schwiegervater aus Deutschland gekommen war, und obwohl sie beide ein ausgezeichnetes Verhältnis zueinander besaßen, war Roberto froh darüber gewesen. Zwar hatte Johannes Andresen ihm am Telefon keine Vorwürfe gemacht und Roberto informierte ihn in der ersten Woche täglich über den Stand der Dinge, dann zwei- bis dreimal wöchentlich, aber irgendwie meinte er zu spüren, dass Johannes ihm die Entführung ankreidete.

An diesem Samstagmorgen stand er plötzlich vor ihm in der Tür des Ca'Vecchia, zusammen mit seinen beiden Enkelinnen, die er unangekündigt mitbrachte. Er sah ernst aus und gealtert und wortlos umarmten sich die beiden Männer.

Bianca hatte alle Mahlzeiten für die Kinder perfekt vorbereitet, sie besuchte ihre Eltern in Torreglia, die sie seit nunmehr zweieinhalb Monaten – vom ersten Tag der Hochzeitsreise ihrer Arbeitgeber an – nicht gesehen hatte.

Roberto hatte keine Ahnung, dass dies ein Komplott all derer war, die sich um ihn und seine Psyche große Sorgen machten. Michèle hatte den Stein ins Rollen gebracht, als er Umberto angerufen und seine Besorgnis um Robertos Zustand geäußert hatte. Seit ihrer gemeinsamen Zeit nach den Vorkommnissen am Po di Goro verband die beiden große Zuneigung …

»Ich mache mir auch große Sorgen«, hatte Umberto gemeint, »vielleicht hilft ihm der Anblick seiner Töchter.«

»Mein Vater könnte hilfreich sein. Er kann ihm seine Schuldgefühle vielleicht nehmen. Er hat vor Jahren Ähnliches mit meiner Mutter durchgemacht.«

»Eine Entführung?«

»Nein, nein, ihren Verlust!«

»*Per amor di Dio*! Sag so etwas nicht, Mica!«

»So hab ich es nicht gemeint! Ich hoffe auch auf Julis Befreieung und glaube ganz fest daran! Aber was hältst du von meiner Idee?«

»Sie ist einen Versuch wert. Ich kann nicht neben der Suche nach Giulietta auch noch dauernd Babysitter für Roberto spielen!«

»Das halte ich für einen guten Einfall.« Fra Ioannis war mit zu Rate gezogen worden.

»Er bricht uns bald ganz zusammen«, hatte Vittorio zugestimmt, »wir müssen irgendetwas tun.« Und so hatten sie mit Julias Vater diesen Plan gefasst.

Roberto ließ es sich nicht nehmen, seine Töchter zu füttern, zu wickeln und zum Mittagschlaf in ihre Bettchen zu bringen, die seit über zwei Monaten frisch bezogen und ungenutzt für sie bereit standen. Zögernd löste er sich von ihrem Anblick und ging schweren Schrittes nach unten.

Johannes' Zwillingsbruder Jochim war an diesem Wochenende mit Carlo losgezogen, sie wollten verschiedene Antikmärkte abklappern auf der Suche nach alten Bilderrahmen und um bei einem Antiquitätenhandel in Monselice ganz bestimmte Simse und einen Kaminaufsatz für die Halle zu finden. Die beiden ertränkten ihre Sorgen um ihre Nichte in Arbeit. So war er ganz allein mit seinem Schwiegervater, auf den er am Ende von Giulias Renaissancegarten traf.

»Wir müssen miteinander reden«, sagte Johannes, der über den

Zustand seines Schwiegersohns äußerst besorgt war – eine Strähne seines Haares war vom Ansatz her weiß geworden und er wirkte um Jahre gealtert – und setzte sich auf das den Garten abgrenzende Steinmäuerchen. Roberto ließ sich in Erwartung schwerer Anschuldigungen neben ihm nieder.

»Ich weiß, wie es ist, eine Frau zu verlieren, mein Junge«, Johannes stopfte sich eine Pfeife, »aber im Gegensatz zu mir musst du dir keine Vorwürfe machen! Sei froh drum. Ich habe mehr als ein Jahrzehnt gebraucht, um mit meiner Schuld leben zu lernen.«

Er schien Robertos Staunen nicht zu bemerken, der einen völlig anderen Gesprächsauftakt erwartet hatte, und inhalierte den Rauch tief. »Julia hat mir all die Jahre den Mut gegeben und mir geholfen«, fuhr er fort, »und in ihr lebt meine Frau weiter und nun auch in meinen beiden Enkelinnen.«

Roberto schwieg, aber durch die ruhige Art des anderen und den Inhalt der Worte bemerkte er das erste Mal seit Giulias Entführung so etwas wie Frieden in sich, wenn auch nicht Frieden mit sich selbst.

»Wenn Julia nicht wiederkommen sollte, was Gott verhüten möge – ich habe die Hoffnung noch nicht aufgegeben und du solltest das auch nicht –, wenn also der schlimmste aller Fälle eintreten sollte, mein lieber Roberto, musst du deine Töchter im Sinne deiner Frau erziehen. Und du wirst sehen, Julia lebt in ihnen weiter, den Trost kann dir keiner nehmen und mir ebenso wenig.«

Alle Reserviertheit, alle Verschlossenheit, die Johannes sehr wohl als Verzweiflung und nicht als Arroganz ansah, fielen von Roberto ab.

»Ich weiß nicht, ob ich das kann, Johannes.« Seine sonst so kraftvolle und befehlsgewohnte Stimme klang dünn und brüchig. »Auch wenn du mir keine Vorwürfe machst, ich mache sie mir schon! Ich als Polizist hätte doch in der Lage sein müssen, meine Frau zu schützen!«

»Ich als Arzt hätte doch wohl in der Lage sein müssen, das Krankheitsbild tiefer Depressionen bei meiner Frau zu diagnostizieren! Wir sind als Ehemänner in keiner objektiven Position, Roberto, das darfst du nicht vergessen.« Johannes blickte in die Weite der Ebene vor ihnen, dann auf die Apfelbäume mit den grünen Früchten unter ihnen. »Das Leben ist ein Kreislauf aus Geborenwerden und Sterben, mein Junge, und wir als Christen wissen außerdem, dass Menschsein gleichzeitig bedeutet, schuldig zu sein. Jeder trägt sein Päckchen Schuld und meines ist besonders groß. Du dagegen hast keinen Grund, dir Vorwürfe zu machen, jedenfalls nicht aus meiner Sicht.«

»Danke, Hannes. Das tut gut, auch wenn du meine Meinung von mir nicht grundlegend änderst.«

»Ich glaube, wir sollten nach unserer zweifachen Hoffnung sehen. Ich habe ja noch nicht oft Zeit gehabt, mich in meine Rolle als Großvater zu finden.«

Der Sonnabend verging wie im Fluge. Sonst waren gerade die Wochenenden am quälendsten für Roberto gewesen, aber nun spielte er mit seinen Töchtern und die beiden Männer unterhielten sich sehr ernsthaft miteinander. Er erzählte seinem Schwiegervater noch einmal ganz genau den Hergang der Entführung und was er sich vorwarf.

»Natürlich konstruierst du im Nachhinein, was nicht normal war, Roberto! Aber nimm nur einmal die Sache mit der dir gestohlenen Uhr in Chioggia! Mir haben sie am letzten Dienstag auf dem Wochenmarkt in Hameln die Uhr vom Handgelenk geschnitten. Und genau so, wie ich das als einzelnen bösen Akt gegen mich sah und nicht als Teil einer Verschwörung, so musstest du das auch wahrnehmen. Gib dir doch nicht die Schuld an allem!«

»Vielleicht hast du recht!« Roberto lächelte das erste Mal seit Wochen. »Du bist wie Giulia! Wie oft sie mir in den vergangenen Monaten meine Schuldgefühle relativiert hat! Das muss sie von dir haben!«

Am Abend saßen sie auf der Terrasse, die Giuliettas schliefen friedlich, die beiden Männer hatten sich Windlichter angezündet und den Tisch so gedeckt, wie Julia das auch getan hätte, keinen Schinken aus dem Papier, kein Käse im Plastikkasten, die Butter auf einem Extratellerchen und sogar ein Tischtuch und die frisch gestärkten Hohlsaumservietten schmückten den Tisch – wie damals bei der Gesellschaft, die sie hier vor ihrer Hochzeitsreise gegeben hatten und von der Roberto jetzt erzählte. Der Rosenstrauß, von Johannes ungelenk eingestellt, duftete in der sich wie Seide anfühlenden Abendluft.

Die Sonne war schon längst untergegangen, die flackernden Kerzen in den Windlichtern vor ihnen schienen die Buchsbaumhecken sich bewegen zu lassen und die beiden Männer tranken schweigend ihren Wein.

»Erzähl mir von Julia, wie sie als Kind war«, unterbrach Roberto die Stille. Ihn erfüllte nicht mehr diese sich dauernd steigernde Verzweiflung, die ihn zu ertränken suchte, die ihm die Luft zum Atmen nahm; hier mit dem Vater seiner entführten Frau zusammenzusitzen gab ihm das Gefühl, ins Leben zurückzukehren, der Realität nicht mehr entfliehen zu wollen und ein Stückchen Trost in der Gewissheit zu haben, jemanden neben sich zu fühlen, für den Julias Verlust ein ebenso großer wäre wie für ihn selbst.

Am Ende dieses Abends, diese Sicherheit erfüllte Roberto jetzt, würde er Johannes um Hilfe bitten können, ihm seine zwiespältige Lage erklären und den Rat des um nur wenige Jahre Älteren annehmen. Diese Gewissheit ließ ihn innerlich und auch äußerlich Ruhe finden. Er konnte sich nicht erinnern, wann er das letzte Mal während der vergangenen Wochen so lange und so ruhig auf einem Fleck gesessen hatte.

»Vor dem Tod ihrer Mutter oder hinterher?«

»Was du wichtig findest, Hannes.«

»Sie war es, in der ich ihre Mutter weiterleben sah. Sie sah so aus wie Juliana. Du hast das gemalte Porträt meiner Frau im Wohnzimmer auch für eines von meiner Tochter gehalten. Aber die ist ganz anders: lebensbejahend und nicht lebensverzehrend wie ihre Mutter! Julia gibt sich dir ganz hin, weil sie dich liebt, ihre Mutter wollte sich selbst verwirklichen, schwankte wie ein Rohr im Wind, neigte sich einmal mir und einmal meinem Bruder zu. Wusstest du, dass sie ein Jahr lang mit Jochim in den USA gelebt und mich mit den drei Kindern zurückgelassen hat?« Johannes blickte wieder in die Ferne, schloss die Augen, um sie dann wieder zu öffnen und in die Gegenwart zurückzukehren. »Aber ich wollte von Julia sprechen, verzeih, wenn ich immer wieder auf ihre Mutter zurückkomme. Julia ist äußerlich und innerlich auch das Abbild ihrer Großmutter, fast jedenfalls. Die war eine ungeheuer starke Frau und das ist meine Tochter auch. Deshalb habe ich im Augenblick weniger Bedenken, dass sie diese schwere Zeit nicht durchhält.

Und doch ist sie anders als meine Schwiegermutter. Die war immer stark und dominierend, hat versucht, ihre Kinder zu manipulieren, ihre Umwelt ebenso. Sie war gefürchtet, mehr als geliebt. Frag nur Carlo nach seiner Mutter und er wird dich mit seinen Leidensgeschichten zuschütten! Julia ist stark, wenn es darauf ankommt. Du hast es damals, als du nach deiner Verwundung nach Deutschland kamst, selbst erlebt. Aber sie nimmt sich wieder zurück, wenn die Zeit dafür kommt. Sie hat das Talent ihrer Mutter, aber nicht ihre psychische Unzuverlässigkeit, und sie hat die Kraft ihrer Großmutter, wenn sie sie braucht, aber nicht deren Dominanz. Also, mein Junge, vertrau auf Julia und ihre Kraft. Sie wird es schaffen!«

»Ja, unsere Giuli ist etwas ganz Besonderes«, Robertos Stimme klang ganz weich, »ich werde mich an deine Worte zu erinnern wissen, wenn ich wieder einmal verzage.«

»Du erst hast sie zum Erblühen gebracht, Roberto, dafür bin ich dir ewig dankbar. Sie wäre sonst in der Knospe verwelkt, denn das Vorbild ihrer Eltern hatte sie als Zwölfjährige dazu gebracht, zu schwören, ihr Leben nur der Medizin zu weihen und um keinen Preis und nie zu heiraten! Und wenn Julia sich etwas in den Kopf setzt …«

»… führt sie es aus, ich weiß, und wenn sie einen Fluss den Berg hoch leiten muss«, ergänzte Roberto, verhielt sich dann aber wieder still. Noch nie hatte er seinen Schwiegervater soviel reden hören. Er wusste das Vertrauen des Mannes zu schätzen, der seine tiefsten Geheimnisse und seine schuldbeladene Vergangenheit vor ihm ausbreitete.

»Ich hätte dem Dreiecksverhältnis ein Ende setzen müssen, aber ich habe geglaubt, um der Kinder willen diese Farce einer Ehe aufrechterhalten zu müssen. Vielleicht hätte ich damit Julianas Leben gerettet, denn sie war nicht in der Lage Entscheidungen zu fällen. Im Nachhinein weiß ich das.«

»Und warum hast du deinen Bruder nicht einfach hinausgeworfen aus deiner Ehe?«

»Das Gleiche hat Julia mich im vorigen Jahr auch gefragt. Bis dato hatten wir nie darüber gesprochen und ein Jahrzehnt falsche Rücksichten genommen und etliche Missverständnisse produziert. Juliana war eigentlich Jochims Freundin, er hatte sie in Lübeck bei einem Ärztekongress kennen gelernt. Als er dann sang- und klanglos nach den USA verschwand, dachten Juliana und ich, das sei auf ewig, und sie verliebte sich in meine Zuverlässigkeit, wollte aber nach seiner Rückkehr nicht auf ihn und das Tor zur großen weiten Welt verzichten. Aber da waren wir schon verheiratet.«

Roberto stellte sich das Dilemma der drei vor und beneidete sie nicht.

»Julia hatte die Heimlichkeiten ihres Onkels, wenn er denn das überhaupt ist, mitbekommen. Sein Gästezimmer lag neben Julianas Atelier. Meine Tochter, wenn sie es denn überhaupt ist, hat mich schützen wollen und die Umtriebe der beiden vor mir und ihren Geschwistern geheim zu halten versucht, für eine Zwölfjährige eine echte Überforderung, aber sie hat tapfer gekämpft. Und Juliana hat sie auch noch als Botin missbraucht, die Jochim oder mir Briefchen überbringen musste, nicht ahnend, dass ihre Tochter alle Briefe über Dampf öffnete und las und so mehr über die Psyche ihrer Mutter wusste als wir alle zusammen.«

»Wenn er das denn überhaupt ist? Wenn sie das überhaupt ist?«

»Giselle und Julia sind zweieiige Zwillinge. Juliana hat in einem ihrer Ausbrüche mir und Jochim an den Kopf geworfen, in der Nacht der Empfängnis habe sie mit jedem von uns geschlafen.«

Roberto hatte die Familie seiner Frau bisher für eine natürliche, unkomplizierte, sich gegenseitig schätzende gehalten, und fühlte sich durch diese vielen Offenbarungen ziemlich verwirrt.

»Julia meinte, sie sei für den Tod ihrer Mutter mitverantwortlich«, fuhr Johannes ohne auf Robertos Miene zu achten fort. »Am Tag vor ihrem Tod hatte sie beschlossen, keine Briefchen mehr zu überbringen, sie auch nicht mehr zu öffnen. Voller Depressionen wollte Juliana ein Gottesgericht herbeiführen, das zeigt dir schon ihre kranke Psyche. Wir aber hatten nichts bemerkt, zwei sie liebende Ärzte übersahen ihre Krankheit! Wenn jemand schuldig ist, dann wir! Sie schluckte eine Unmenge von Barbituraten und gab ihrer Tochter einen Brief, den diese dem zuerst Heimkehrenden geben sollte. Julia stellte ihn auf den Kaminsims, wo wir ihn am anderen Tag fanden. Der Bruder, der sie als Erster fand, solle sie retten und ihm wolle sie in Zukunft allein gehören. Irre, nicht? Und Julia meint, sie hätte das Leben ihrer Mutter retten können, wenn sie auch diesmal den Brief über Dampf geöffnet hätte.

Jochim nahm ohne Grund ein Flugzeug später als geplant. Ich blieb im Nachbarort bei einer Schwerkranken. Es hätte nicht sein müssen, aber ich wusste von Jochims Rückkehr und wollte ihn nicht treffen. Das ist meine Schuld, Roberto, mit der ich lebe.«

»Gebt ihr euch gegenseitig die Schuld?«

»Wir haben uns auf fünzig Prozent für mich und fünfzig Prozent für ihn geeinigt, für Julia blieb null Prozent übrig. Und dann begann der Kampf um sie.«

»Warum nicht auch um Giselle?«

»Nur Julia sieht aus wie ihre Mutter. Giselle ist offiziell sein Patenkind, er hat ihr das Studium finanziert. Weiter ist er an ihr nicht interessiert, zumal Giselle ihn ablehnte.«

»Weiß Giulia von alldem?«

»Jochim hat es ihr nicht verschwiegen. Aber wie ich schon sagte, Julia ist ungeheuer stark, wenn es darauf ankommt. Sie hat den Streit auf ihre Weise geschlichtet, sie kann manchmal ungeheuer kompromisslos sein.« Er lächelte versonnen und trank von seinem Wein. »Jochim wollte eine Blutanalyse in den USA machen lassen, vor zehn Jahren konnten die dort schon DNA-Analysen auch bei Zwillingen machen, aber Julia hat sich schlichtweg mit den Worten geweigert: ›Auch wenn du mein Erzeuger sein solltest, Jochim, bist du nicht mein Vater, das ist dein Bruder. Er war es, der mir abends Gutenachtgeschichten erzählt hat, er hat meine Windpocken mit Puder bestreut, er hat mich zum Abschlussball begleitet! Wo warst du, wenn ich dich brauchte?‹ Sie war vierzehn damals, erstaunlich, nicht?«

Aber das fand Roberto nicht, er erkannte seine Frau in all diesen Erzählungen hundertprozentig wieder. »Und sie wollte wirklich nie heiraten?«

»Nie! Hat sie geschworen. Und sie hat sich von Jungen und Männern ferngehalten, hatte auch eigentlich gar keine Zeit für sie, denn sie war für Giselle und Micha die Mutter, für mich die Partnerin und den Rest ihrer Zeit und Kraft hat sie für die Schule und später das Studium gebraucht.«

»Ich bin im Glückshemd geboren, wie man bei uns sagt!« Aber dann verfinsterten sich Robertos Züge.« »War! Ich habe ihr kein Glück gebracht.«

»O doch, mein Junge! Euch hat der liebe Gott aus dem gleichen Eimer Lehm geformt, wie man bei uns sagt. Und glaube mir, meine Tochter ist stark und wird das durchstehen.«

»Hoffentlich. Ich gehe noch einmal nach den Giuliettas sehen, und nach ihrer Mutter in ihnen.«

Als Roberto zurückkehrte, lehnte Johannes an einer der Säulen und blickte über den erleuchteten Garten.

»Was genau fordern die Terroristen eigentlich, und insbesondere von dir?«

»Genau darüber wollte ich mit dir reden, Hannes. Ich brauche deinen Rat.«

Gemeinsam gingen sie durch den von Julia so kunstvoll geplanten Garten bis zum Springbrunnen.

»Weißt du, was die *strategia della tensione*, die Strategie der Spannung, bedeutet, Hannes?«

»Das klingt nach Politik, und leider bin ich ziemlich unpolitisch.«

»Ich versuche, in meinem Beruf neutral zu sein und mich nicht politisieren zu lassen. Das ist der Grund, warum sie Giulia entführt haben – um mich zu erpressen.«

»Das verstehe ich nicht.«

Sie setzten sich auf eine Bank und sahen zurück auf die von den flackernden Windlichtern magisch beleuchteten Säulen des Portikus. Er hat schon so viel Leid gesehen, dachte Roberto, nicht erst, seit die deutsche Wehrmacht meinen Großvater hier aufgehängt hat, und steinern wird er auch auf mein – unser – Leid niederblicken, wenn sie Giuli töten.

»Lass mich etwas weiter ausholen.« Roberto holte tief Luft. »Ihr in Deutschland habt eure Rote Armee Fraktion gehabt, wir in Italien unsere *brigate rosse*, im August 1970 gegründet und bis 1976 geleitet von den gemäßigten Führern Renato Curcio und Alberto Franceschini. Ihr Gegenspieler war Mario Moretti. Ich erzähle dir übrigens nur den großen Fluss all dessen. Was sich parallel dazu in unzähligen kleinen Seitenarmen und Strömungen, Kanälen und anderen Wasserläufen fortbewegt hat, das lass ich weg. Ab 1976 war die *brigate rosse* von Geheimdiensten und *Gladio* infiltriert.«

»Du meinst mit *Gladio* die geheime NATO-Terrorgruppe, die von Schweden, Belgien und Deutschland bis Italien als Staybehind bis 1990 existierte?«

»Dieselbe. So unpolitisch bist du also doch nicht! Man hätte die *brigate rosse* eliminieren können. Aber man verhaftete die gemäßigten Leitungsmitglieder nach Spitzelinformationen und verhalf Mario Moretti zur Führungsposition, wohl wissend, dass er sich für rücksichtslose Tötungsaktionen stark machte, was meinem großen Vorbild Aldo Moro schließlich das Leben kosten sollte.

Unsere Regierung wollte die *strategia della tensione*, die sich gegen politisch links Stehende und die Kommunisten gut ausschlachten ließ. Das Volk wurde bewusst in Spannung gehalten, in Angst vor einem kommunistischen Umsturz, und im Rahmen ihrer Spannungsstrategien heizten unsere Geheimdienste und die CIA mit infiltrierten Agenten die blutigen Aktionen der extremen Linken systematisch an.

Franceschini, der ausgeschaltete BR-Chef, beschuldigte Moretti und einige weitere Brigadisten der Arbeit für die Geheimdienste und seiner Einschätzung nach waren die BR von den Geheimdiensten instrumentalisiert worden, nur ein Teil ihrer linksextremen Aktionen seien wirklich ihre gewesen. Schlüssige Beweise fehlen, natürlich, sonst hätten die Geheimdienste schlampig gearbeitet!« Roberto hörte sich sarkastisch an und fuhr fort: »Der Gladio-Offizier Roberto Cavallaro bestätigte im Verlaufe der Untersuchungen gegen die geheime NATO-Truppe Gladio, dass ein guter Teil der linksextremen Anschläge auf direkte Weisungen oder Einflussnahme der Geheimdienste zurückgingen. Man wird nie mehr herausbekommen, welche von den fast hundert Toten und mehr als achthundert Verletzten während dieser bleiernen Jahre auf das Konto der BR und welche auf die *strategia della tensione* zurückzuführen sind.«

»Nicht zu glauben. Warst du involviert?«

»Als Student habe ich für den historischen Kompromiss zwischen Kommunisten und Christdemokraten geworben, gewaltfrei und im Schlepptau Aldo Moros, unseres ehemaligen Ministerpräsidenten. Ja, ich habe flammende Reden gehalten für diese Aktion Moros. Aber dieser Kompromiss war den Amerikanern genauso suspekt wie unserer italienischen Rechten.«

»Wurde er deshalb entführt und getötet?«

»Ich glaube fest daran. Gestanden hat Mario Moretti von der BR die Entführung und Tötung Moros und er wurde dafür verurteilt. Bewiesen ist auch, dass Moretti eng befreundet war mit Corrado Simioni und unter seinem Einfluss stand. Und Simioni wiederum gehörte zur europäischen CIA-Zentrale in Paris. Ich habe einen Vetter, dessen Vater von Gladio zur Unterwanderung der *brigate rosse* eingesetzt war. Dabei sang mein Onkel, wenn er betrunken war, lauthals die Faschistenhymne:

Giovanezza, Giovanezza,
primavera di belezza …
eja eja alala!

E per la nostra Patria bella,
eja eja alala!«

»Was für ein Filz!«

»Wem sagst du das!«

»Welches Ziel verfolgen sie mit der Spannungsstrategie? Und wer sind *sie* überhaupt?«

»Sie wollen mit Zustimmung des verunsicherten Volkes Gesetze ändern, um die Rechte des Volkes zu beschneiden, Pressefreiheit, Abhörgesetze, Ausländerbespitzelung! Und *sie* sind die gleichen wie früher: die Geheimdienste, vermischt mit rechten Kräften in der Regierung, mit denen ich mich während des vergangenen Jahres reihenweise angelegt habe. Aber warum erzähle ich dir das alles, hier unter einem klaren Sternenhimmel, der sich über all diesen Höllengestalten ebenso wölbt wie über ihren Opfern und denjenigen, die gegen das Böse zu Felde ziehen?«

»Wie du, Roberto?«

»Sie hindern mich durch die Entführung meiner Frau und die Bedrohung ihres Lebens! Seit ein paar Jahren haben die Rechten begonnen, die *strategia della tensione* wiederzubeleben. Und dieser unselige Osama bin Laden hat ihnen in die Hände gespielt.

Es gibt sie nicht, die bösen linken Kräfte! Es gibt sie nicht, die gefährliche kommunistische Verschwörung in der Toskana! Es gibt sie nicht, die Wiedergeburt der *brigate rosse*. Es gibt nur den Angriff des internationalen Terrorismus auf die freiheitlichen Demokratien. Aber statt da zu ermitteln und zu kämpfen, wollen sie mich zwingen, die meiner Meinung nach nicht existierende Terrorzelle des *XXI. Gennaio* zu bestätigen, oder meine Frau muss dafür büßen!

Was soll ich nur tun, Hannes? Gib du mir einen Rat! Bestätige ich die Existenz einer Terrororganisation, die es nicht gibt, brauchen sie Giulia als Druckmittel nicht mehr. Sie werden sie eliminieren! Leugne ich die Existenz des *XXI. Gennaio* weiterhin, werden sie sie quälen. Was ich auch tue, Giulia muss leiden! Was soll ich nur tun, Hannes, was soll ich nur tun?«

Julias Vater schwieg und überdachte die Aussagen seines Schwiegersohns. Wenn der mit seinem Weitblick und seiner Loyalität keinen Ausweg sah, wie sollte er ihm raten? Für die Demokratie und gegen seine Tochter? Für seine Tochter und gegen die Demokratie? Aber das half ihr auch nicht.

Er straffte die Schultern, stand auf und blickte auf den nun wieder trostlos in die spritzende Fontäne blickenden Roberto.

»Ich bin nur ein an sich unbedeutender kleiner *dirigente* einer Mordkommission.« Robertos Stimme klang hoffnungslos: »Aber ich bin das Hölzchen, das ihr Zahnrad am Laufen hindert. Ich habe meine Arbeit getan und den Geheimdiensten ihr Werkzeug für die *strategia della tensione* genommen. Vier unabhängig voneinander verübte Morde, die die Geheimdienste als ihr Werkzeug betrachtet hatten, habe ich ihnen unbrauchbar gemacht! Es waren nichts weiter als Morde einer kriminellen Organisation, und ich habe es bewiesen. Es kann doch nicht sein, dass meine Frau und ich die Einzigen sind, die zwischen Demokratie und der *strategia della tensione* stehen?«

»Lass uns ins Bett gehen, mein Junge, es ist schon zwei Uhr früh! Ich verspreche dir, ich werde alles überdenken und dir morgen einen Rat geben, wenn ich es kann!«

»Danke, Hannes, dass du zugehört hast. Plötzlich sehe ich alles ganz klar vor mir, was warum passiert ist. Mir ist leichter ums Herz, wenn ich dir auch deines schwerer gemacht habe.«

»Der Nebel der mysteriösen Entführung hat sich für mich nun aufgelöst, Roberto. Alles macht Sinn, wenn auch schrecklichen. Trotzdem, gute Nacht.«

»*Buona notte*!«

In den Morgenstunden erwachte Roberto aus einem tiefen, wohltuenden Schlaf. Sein Kopfkissen fühlte sich feucht an und auch sein Gesicht war nass. Er hatte das erste Mal in seinem Erwachsenenleben geweint, wenn auch nur im Schlaf, aber seine Seele fühlte sich an wie frisch gewaschen.

Roma, Sonntag, 18. August 2002

»Du enttäuscht uns, Bartolomeo!«

»Ich habe wirklich alles versucht!«

»Was läuft schief da in der *questura* deiner Stadt! Unser Plan war darauf ausgerichtet, dass wir eine neue Terrororganisation präsentieren können und den Forderungen des Volkes nach mehr Sicherheit nachkommen, indem wir einige Gesetze verschärfen oder neu erlassen. Und wir hatten auch einen genauen Zeitplan. Die Geisel könnte längst frei sein.« Der Abgeordnete aus den Marchen furchte sorgenvoll die Stirn.

Der Angesprochene antwortete nicht gleich, zündete sich eine neue Zigarette an, es war schon die elfte an diesem Sonntagmorgen, den sie hinter fest verschlossenen Türen verbrachten.

»Dir ist die Sache aus dem Ruder gelaufen, *cavaliere*«, meinte ein gewichtig aussehender, etliche Pfunde zu viel auf die Waage bringender Senator, »du hattest uns bindend zugesagt, dass dieser kleine *dirigente* binnen zweier Wochen einknicken würde, wenn er mit seiner Frau unter Druck gesetzt wird! Aber nun wird er bald wie ein Volksheld gefeiert, weil er die Prinzipien des Rechtsstaates verteidigt, und rückt uns immer näher auf die Pelle. Wir müssen einen Alternativplan entwickeln, und zwar schnell.«

Sie redeten und diskutierten bis in den späten Sonntagnachmittag hinein und schließlich einigten sie sich darauf, den *XXI. Gennaio* als neue Terrororganisation ernst zu nehmen und anzuerkennen, ohne Rücksicht auf die Geisel und die damit vielleicht verloren gehenden Wählerstimmen in der Provinz Padova.

»Wenn wir das morgen gleich tun«, der *commendatore* aus den Marchen hatte die Sprecherrolle übernommen, »können wir auch den Zeitplan mit der Einbringung der neuen Gesetze und Gesetzesänderungen noch einhalten. In Erklärungsnot, weil wir das Leben der Geisel gefährden, kommen wir meiner Meinung nach nicht. Der *marchese* selbst hat uns noch Ende letzten Jahres bestärkt und Argumente geliefert, dass terroristischen Forderungen auf keinen Fall nachgegeben werden dürfe. *Lex Bassner* hieß es seinerzeit, und auf die berufen wir uns, so leid es uns verbal auch um seine Frau tut. *D'accordo*?«

»*D'accordo!*«, murmelten sie im Chor.

»Also: morgen Abend Pressekonferenz. Aber ohne dich, Bartolomeo! Geh in deine Stadt und sorge für Schadensbegrenzung! Und meinetwegen gib der Presse ein Interview.«

Der Tau lag noch auf den halb geöffneten Rosenknospen, markierte die Spinnweben in den Buchsbaumeinfassungen: ein Augustmorgen, wie er schöner nicht sein konnte. Leichter Morgennebel schwebte über der Ebene, mit ihrem Aufgang hatte die Sonne ihren Kampf gegen ihn gerade aufgenommen und würde ohne Zweifel als Siegerin daraus hervorgehen.

Roberto deckte den Kaffeetisch inmitten der mit frühen Astern niedrig blau bepflanzten Blumenparterre für sich und Giulias Vater, sah nach seinen Töchtern, versorgte sie und nahm sie mit nach draußen in das große Laufställchen, das er fürsorglich mit einer Schaumstoffmatte unterlegt hatte.

Hannes ließ nicht lange auf sich warten und die beiden Männer begrüßten sich ernst, aber das fröhlich-unverständliche Gebrabbel der beiden Giuliettas zauberte sogar auf Robertos Gesicht ein Lächeln.

Giulia und die politische Lage blieben beim Frühstück ausgegrenzt, aber auch das Thema, das Roberto anschnitt, wurde zu einem problematischen.

»Gut, dass Michèle und Giselle dir zur Seite stehen, ganz abgesehen von Charly.« Charlotte war Hannes' zweite Frau.

»Michael schon und Charly natürlich auch«, sorgenvoll rührte Johannes Andresen in seinem Kaffee herum, »aber mit Giselle habe ich meinen zweiten Sorgenfall.«

»Willst du darüber reden?« Roberto nahm plötzlich wahr, dass der andere an diesem Morgen deprimierter war als er selbst.

»Vor fünfzehn Monaten, bei unserer Hochzeit«, beide hatten das Bild ihrer Doppelhochzeit in Hameln vor Augen, »schien noch alles in Ordnung. Giselle konnte nicht kommen, weil sie sich mit ihrem Orchester auf einer Südamerikatournee befand. Angeblich. Zu der Zeit war sie jedoch nicht mehr an der Londoner Musikhochschule eingeschrieben und hat diese Tournee nicht mitgemacht.«

»Und was sagt sie dazu?« Roberto fühlte sich an diesem Morgen so gut, dass er sogar Anteilnahme für Hannes verspürte, hatte der doch Probleme mit zwei Töchtern.

»Sie ist seither verschwunden. Aber ich habe das erst vor einem Monat bemerkt, da blieben die monatlichen Ansichtskartengrüße von ihr aus. Sie ist nicht so wie Julia, die ihren eigenen Weg gehen wollte und das auch sehr erfolgreich mit dir getan hat«, Hannes blickte wehmütig auf seine beiden Enkelinnen – die eine nuckelte verträumt an ihrem Däumchen, die andere beschäftigte sich ausgiebig mit einem Holztier. »Giselle hatte sich ganz aus der Familie verabschiedet. Sie wollte auf eigenen Füßen stehen, ohne familiäre Hilfe.«

»Kein Mann, der dahintersteckte?«

»Wohl nicht primär, obwohl Juli mal andeutete, dass ihre Schwester sich verliebt haben könnte.«

»Und Giuli können wir zurzeit dazu nicht befragen.«

»Weißt du, Roberto, was meine Horrorvision ist und warum ich nicht mehr schlafen kann? Dass Juli nicht zurückkommt und dass alle Spuren zu Giselle verwischen!«

»Was hast du unternommen?«

»Einen Detektiv in London beauftragt.«

»Wann?«

»Anfang August. Ich war selbst dort. Er meinte, ich möge ihm vier Wochen Zeit lassen!«

»Und dann belästige ich dich auch noch mit meinen Sorgen!«

»Geschenkt, mein Junge!«, Johannes Andresen gönnte sich diese Anrede, obwohl sie nur sechs Jahre Altersunterschied trennten. »Ich habe heute Nacht noch lange nachgedacht.« Er schenkte sich Kaffee ein und zerkrümelte die Reste eines Brötchens. »Du solltest bei deinen Prinzipien bleiben! Wenn sie Julia bis jetzt am Leben gelassen haben, spricht alles dafür, dass deine Weigerung, den *XXI. Gennaio* anzuerkennen, ihre Lebensversicherung ist. Wenn du einknickst, bringen sie sie um, das hab ich so im Gefühl.«

»Danke, du bestätigst mich, Hannes. Das hilft mir sehr, denn fast alle meine Kollegen zweifeln an meiner Version.«

»Ich muss los, mein Junge! Und denk dran, deine Frau ist stark!«

Er holte seine Reisetasche, und da erschienen auch schon Bianca und Luciano, sammelten die Giuliettas ein und packten sie ins Auto.

»Heute gefallen Sie mir besser, Chef. *Ciao*!«

»Wenn dein Detektiv nicht weiterkommt, gibst du mir dann Bescheid? Ich habe gute Kontakte zu Scotland Yard.« Roberto umarmte seinen Schwiegervater zum Abschied.

» Darum wollte ich dich bitten.«

Kaum waren die fünf verschwunden, klingelte das Telefon.

»Roberto? Dan hier! Ich rufe aus der Hadassah an. Großvater Ari liegt im Koma.«

»Was ist passiert?« Roberto hörte die Panik in der Stimme des Jungen.

»Sie haben versucht ihn umzubringen!«

»Wer?«

»Die Araber, das *Institut*, die Amerikaner, was weiß ich!«

»Beruhige dich, Junge! Erzähle mir der Reihe nach, was passiert ist!«

Aber das konnte er nicht, er schluchzte und dann hörte Roberto die Stimme Rebeccas: »Es war ein Anschlag, das steht fest! Man hat Ari ein Medikament gespritzt. Er muss sich bis zum Letzten gewehrt haben und so hat er nicht die volle Dosis abbekommen und schwer verletzt überlebt. Ein Medikament, das den Herzmuskel lähmt.«

»Warum, Rebecca?«

»Er wollte zu dir, deswegen rufen wir dich jetzt auch an. Er sagte: ›Ich habe dem Institut geschworen, kein Wissen aus meiner Berufslaufbahn weiterzugeben! Aber das, was sie jetzt mit La Tedesca und Roberto machen, kann ich nicht mittragen. Ich weiß, dass *Colleoni* hinter der Entführung Julias steckt und ich weiß, wer er ist! Ich werde zu Roberto fahren und ihm den Rücken stärken.‹ Ich selbst habe ihn gestern zum Flughafen gefahren. Und am Abend riefen sie uns aus der Hadassah an, wohin sie ihn verlegt haben. Der Überfall muss auf einer Flughafentoilette stattgefunden haben.«

»Wie stehen seine Chancen?«

»Schlecht! Selbst wenn er wieder aufwacht, könnte sein Sprachzentrum schwer gelitten haben.«

Roberto hörte Dans Stimme im Hintergrund, ein Wortwechsel auf Hebräisch folgte und dann ertönte wieder die Stimme des Jungen aus dem Hörer.

»Ich schwöre dir, Roberto, wenn Großvater stirbt, trete ich in die Fußstapfen meines Vaters!«

»Von welchem?«

»In Davids! Ich bewerbe mich beim *Institut* und werde ihn rächen, ihn, Yochana'an und Großvater Garfinkel und Großvater Ari! Und meine Mutter! Ich werde nicht ruhen, bis ich alle umgebracht habe!«

Der Hass in der Stimme des Jungen tat Roberto körperlich weh, und er konnte ihn so gut verstehen!

»Tu nichts Unüberlegtes, Daniel! Mit Gewalt wird nichts besser!«

»Wenn Großvater stirbt, wird mich nichts abhalten!« Der Hörer wurde eingehängt.

Ruhelos lief Roberto im Garten auf und ab. Nun da die Giuliettas und Julias Vater nicht mehr da waren, überfiel ihn erneut Mutlosigkeit, aber er zwang sich zum Nachdenken.

Wenn Ari wusste, wer sich hinter Colleoni verbirgt, weiß es auch der *Betrieb* und die *Firma*! Weshalb meldet Omeo sich überhaupt nicht mehr? Ich muss zu ihm.

Roberto schloss das Ca'Vecchia Brandolin ab und machte sich auf den Weg nach Bergamo.

Die remontierenden Rosen, die in großen Büschen üppig blühend die Villa zur Straße hin völlig verdeckten, dufteten berauschend. Roberto hatte seinen Volvo in der Unterstadt stehen lassen und war mit der *funicolare* in die *città alta* gefahren. Telefonisch anmelden wollte er sich nicht, befürchtend, dass sein Vetter sich verleugnen lassen würde.

Er läutete mehrfach. Vergebens, aber dann ertönte doch der Summer für das Tor und Vilma stand trotz der späten Abendstunde in der Tür, keine Anstalten machend, ihn hineinzulassen.

»Ich suche Omeo. Es hieß, er habe Urlaub, den er mit dir verbringe.«

»Das stimmt, Roberto. Aber heute ist er noch nicht wieder vom Golfspielen zurück, er sitzt danach immer noch mit Freunden zusammen.« Ihre Stimme klang laut durch die Abendluft und lange nicht so ausgeglichen, wie Roberto sie in Erinnerung hatte.

»Meinst du, es lohnt sich zu warten?«

»Nein, sicher nicht, manchmal kommt er erst in den frühen Morgenstunden zurück.«

Roberto meinte, im Obergeschoß die Bewegung eines Vorhanges gesehen zu haben.

»Darf ich hereinkommen?«

»Sei mir nicht böse, aber ich bin müde.« Vilmas Stimme klang leicht schrill, was so gar nicht zu ihr passte. Sie sollte ihn offensichtlich abwimmeln und Robertos Kampfgeist schwand.

Aber entgegen ihrer abweisenden Haltung kam sie auf ihn zu und blieb vor ihm stehen. »Es tut mir leid. Gibt es Neuigkeiten von Giulia?«

Er schüttelte den Kopf. Mutlos wollte er sich schon abwenden, als sie ihm unvermutet die Hand zum Abschied reichte und er ein Stück Papier in der Handfläche spürte.

Roberto ging schweren Schrittes zur *piazza Vecchia*. Der Brunnen mit den Löwenköpfen sah verwunschen aus, das Mondlicht ließ den Marmor leuchten. Aber er hatte keinen Blick für die Schönheit der Augustnacht und strebte der *funicolare* zur Festung San Virgilio hinter dem Stadttor mit dem venezianischen Löwen zu. Unter einer Straßenlaterne hatte er den Zettel gelesen: »Komm mit der *funicolare* auf die Festung!«

Zweifellos Omeos Schrift. Aber die Seilbahn fuhr nicht mehr und Roberto machte sich zu Fuß auf den Weg hinauf zum Plateau des ehemaligen Kastells. Die letzte Treppe an einem verfallenen Haus und Grundstück entlang bewältigte er in Rekordzeit. Außer einem Liebespaar befand sich jedoch kein Mensch hier oben. Die beiden turtelten im Mondlicht auf einer Bank und Roberto lehnte sich weit weg von ihnen an einen alten Baum.

Er mochte wohl eine Stunde gewartet haben, die Schläge der Glocken vom Dom hallten um Mitternacht herüber und das Liebespaar machte sich auf den Heimweg. Sie kichernd und er in enger Umarmung mit ihr gingen sie dicht an Roberto vorbei und bemerkten ihn nicht.

»Bleib, wo du bist! Sie haben mir unter Androhung schwerster disziplinarischer Strafen jede Kontaktaufnahme zu dir verboten.« Omeos Stimme klang leise von der anderen Seite des Baumes her an sein Ohr.

»Der *Betrieb*?«

»Natürlich. Wenn sie mich hinter Gitter bringen, kann ich nicht mehr für Vilma da sein und sie braucht mich.«

»Können sie das denn?«

»Was meinst du, was die alles können! Ich lande bis zum Sankt Nimmerleinstag in irgendeinem Hochsicherheitstrakt, da kannst du Gift drauf nehmen.«

»Haben sie auch bei Giulia die Hände im Spiel?«

»Ich vermute es, kann es aber nicht beweisen. Sie halten mich von allem Tagesgeschehen fern. Ich bin erst seit gestern aus Südamerika zurück. Sie schieben mich dorthin ab. Natürlich auf einen höheren Posten.«

»Omeo, ich bitte dich inständig, sage mir, was du weißt.«

»Nicht viel! Nur so viel: Bleibe um Himmels Willen bei deiner Nichtanerkennung des *XXI. Gennaio*, sonst tötest du deine Frau.«

»Nicht anders herum?«

»Ich kann dir keine Sicherheiten geben, Roberto, wenn du das meinst.«

»Weißt du, wo man Giulia gefangen hält?«

»Nein!«

»Wem vertraust du in der *questura*?«

»Umberto und Sandro. Komm nicht wieder her, Roberto, Sandro weiß, wie er Kontakt zu mir aufnehmen kann.«

»Weißt du, wer *Colleoni* ist? Ari Hirschfeld wollte es mir sagen, aber sie haben ihn aus dem Verkehr gezogen.«

Als keine Antwort kam, blickte Roberto hinter den Stamm des Baumes, aber der Platz war leer, auch nirgendwo sonst erblickte er Omeo, nur ein paar schon weit entfernt klingende Laute von Schritten drangen an sein Ohr.

Roma, Montag, 19. August 2002

Bisher hatten sie Roberto mit Samthandschuhen angefasst. Es war seine letzte Anhörung vor der parlamentarischen Arbeitsgruppe, die ihre Entscheidung am Abend verkünden wollte. Drei Stunden Schlaf waren ihm geblieben, bevor er am Montagmorgen nach Roma geflogen war.

Nun aber kam er sich vor wie bei der Inquisition. Sie verlangten Beweise für die Nichtexistenz des *XXI. Gennaio* und warfen ihm vor, nachdem er eingehend über die vier Morde berichtet hatte, die er dem *Colleoni*-Syndikat anlastete, dass er seine Schlussfolgerungen einseitig gezogen habe. Wie er sich den Bombenanschlag in Porderone erkläre, wollten sie wissen, und wie die Entführung seiner Frau, wenn es die Terrororganisation gar nicht gäbe?

Seine Ausführungen zur organisierten Kriminalität des *Colleoni*-Syndikats würgten sie mit der Bemerkung ab, er könne die Existenz dieses Syndikats ebenso wenig beweisen wie die Nichtexistenz des *XXI. Gennaio*.

Ob er denn gar nicht begreife, dass er das Leben seiner Frau aufs Spiel setze? Sie könnte längst befreit sein, wenn er endlich seine starrköpfige Haltung aufgäbe.

Was er denn mit der Befreiung des Terroristen Angelo Longhi zu tun habe? Das sei doch eine der Forderungen des *XXI. Gennaio* gewesen, die er erfüllt habe, warum dann nicht auch deren Anerkennung?

Seinem Schwur, er habe nicht das Geringste mit der Gefangenenbefreiung zu tun, setzten sie Unglauben entgegen.

Man müsse eine parlamentarische Untersuchungskommission zur Aufdeckung der Zustände in der Provinz Padova einrichten, besonders diese Aktion der Gefangenenbefreiung müsse genauestens untersucht werden, war schließlich das Fazit dieser Befragung, und der gute Rat an Roberto, er möge seine starre Haltung schnellstens zum Wohle seiner Frau aufgeben. Eine Amnestie würden sie dem Parlament auch nicht empfehlen können.

Voller böser Ahnungen flog Roberto zurück. Umberto holte ihn am Flughafen Marco Polo zusammen mit Vittorio ab. Er berichtete seinen beiden Freunden enttäuscht und ziemlich hoffnungslos, dass die parlamentarische Arbeitsgruppe dem Parlament empfehlen würde, die Existenz des *XXI. Gennaio* in allernächster Zeit anzuerkennen, und damit wäre das Schicksal Giulias besiegelt.

All der positive Einfluss, den Johannes Andresen auf Roberto ausgeübt hatte, war verflogen, seine Niedergeschlagenheit wieder zu Verzweiflung geworden.

Am Montagnachmittag trat ein Sprecher in Rom vor die Kamera und verkündete, der Untersuchungsausschuss sei zu dem Schluss gekommen, im Veneto habe sich eine neue Terrorzelle, der *XXI. Gennaio*, gegründet und man arbeite mit internationalen Geheimdiensten zusammen, um sie baldmöglichst zu zerschlagen. Auf das Konto dieser Terroristen komme sowohl der Bombenanschlag in Porderone als auch die Entführung Giulia Bassners, der Frau eines padovanischen Polizisten. An ihrer Befreiung werde mit Nachdruck und auch mit der Unterstützung internationaler Geheimdienste gearbeitet.

Das ausgestrahlte Interview mit dem *conte* Berini demontierte Roberto noch weiter. Er bestätigte noch einmal, dass der *XXI. Gennaio* als Terrorgruppe anerkannt werde, aber dass seiner anderen Forderung auf keinen Fall nachgegeben würde, eine Amnestie für einsitzende Terroristen erfolge nicht. Er äußerte seine Bewunderung für die Prinzipientreue des *dirigente*, selbst wenn seine Frau zum Opfer werde, er unterstütze das, was allgemein als *Lex Bassner* bekannt sei, aber als Mensch könne er sein Handeln nicht begreifen.

Mit der folgenden Aussage, es werde ein Untersuchungsausschuss eingerichtet, um die Hintergründe der Befreiung des

Terroristen Angelo Longhi aufzuklären und die Beteiligung der *questura* in Padova daran, wurde unterschwellig eine Beteiligung Robertos angedeutet. Aber dem war langsam alles egal, selbst als man ihm den Umbruch zweier Zeitungen für den nächsten Morgen vorlegte, die die Titelseite mit ihm gestalteten.

Die Zeitungsreporter hatten in der *questura* angerufen, aber Roberto hatte vom *questore* ein Aussage- und Sprechverbot erhalten. Nun schossen die Mutmaßungen ins Kraut und der *dirigente* war verzweifelt.

»Dirigente Bassner opfert seine Frau!«, titelte die eine Zeitung, »Ein Kommissar in Gewissensnot!«, die andere. Morgen früh würde die Provinz es schwarz auf weiß lesen können, dass er nicht von seiner Meinung abgehe, selbst auf die Gefahr hin, dass seine Frau liquidiert würde.

Wenn er von der Loyalität Cogliones ihm gegenüber auch nicht restlos überzeugt war, ging ihm dessen Warnung doch nicht aus dem Kopf: »Bleibe um Himmels Willen bei deiner Nichtanerkennung des XXI. Gennaio, sonst tötest du deine Frau.« Er musste das Risiko eingehen und bei seiner Überzeugung bleiben, wenn die Welt ihn auch anders interpretierte und starrsinnigen Stolz als Motiv seiner Handlung sah.

Der einzige Gedanke, der sich am frühen Montagabend in Robertos Kopf festsetzte, war, dass er die Syndikatszugehörigkeit des *conte* Berini beweisen müsse. Damals bei der Entführung hatten *Il Primo* mit *Il Secondo* hinter dem Feuer gestanden, und *Il Primo* hatte exakt die kleine Statur des *conte*. Er rief seine Mutter aus seiner Padovaner Wohnung an, in die er vor den Journalisten geflohen war.

»*Pronto*!«

»Mutter, kennst du dich in der Familiengeschichte der Berinis aus?«

Sie antwortete auf seine für sie unmotiviert klingende und barsch vorgetragene Frage nicht gleich, die Fernsehinterviews interessierten sie im Augenblick mehr.

»Ist es wahr, Roberto? Es gibt keine Amnestie? Und damit keine Hoffnung für Giulianas Freilassung?«

»Du hast es doch gehört!« Schroffheit klang durch. »Also! Wirst du mir meine Frage beantworten?«

»Ich weiß zwar nicht, warum du ausgerechnet jetzt Familiengeschichte hören willst, aber bitte! Es ist ganz einfach, der alte *conte* Bartolomeo Berini hat Giovanna Coglione geheiratet.«

»Und wer, bitte sehr, ist Giovanna Coglione?«

»Die Schwester von Paolo Coglione, dem Vater von Bartolomeo.«

»Also sind Berini und Omeo Onkel und Neffe.«

»Und somit ist der alte *conte* Berini auch dein Onkel, allerdings nur dritten Grades, aber die Ehe blieb kinderlos.«

»Und ein *conte* musste es schon sein bei Tante dritten Grades Giovanna.«

»Nein, es war Liebe, Roberto! So etwas soll es geben.« Er hörte den ärgerlichen Ton seiner Mutter, aber ihm war nicht nach Verbindlichkeit.

»Aber wenn die Ehe kinderlos blieb, wo kommt der jetzige *conte* Berini her?« Roberto setzte sich kerzengerade hin und wartete gespannt auf die Antwort seiner Mutter.

»Er wurde adoptiert. Der letzte Berini war impotent, übrigens ein stattlicher Mann. Er war ein Studienfreund meines Vaters, also deines Großvaters. Aber die Politik hat sie auseinandergebracht. Der alte Berini war *tenente di vascello*, ein sehr gut aussehender Mann, besonders in Uniform, und ein treuer Gefolgsmann des *Duce*. Beim Untergang der *Bartolomeo Colleoni* im Zweiten Weltkrieg ist er verwundet worden und konnte danach keine Kinder mehr zeugen. Sie haben schließlich die Halbwaise Luigi adoptiert, der Vater war Bootsmann oder so etwas auf der *Bartolomeo Colleoni* gewesen, und so wurde er als Luigi Bartolomeo Berini in die Familie aufgenommen. Aber auch er hat keine Nachkommen gezeugt, war nicht einmal verheiratet. Wahrscheinlich …«, sie stockte.

»Ja?«

»Es ist mir peinlich, darüber zu reden. Er ist nicht ganz normal, munkelt die Verwandschaft.«

»Du meinst, er ist homosexuell veranlagt?«

»N … Nein. Er soll drei … ich weiß nicht wie man das nennt …«

»Ein Triorchide?«

»So etwas in der Richtung, ja.«

Aber diese anatomische Abnormität interessierten Roberto herzlich wenig. »Weißt du etwas über die politische Richtung des heutigen *conte*? Ist er vielleicht ein Faschist?«

»Nicht dass ich wüsste! Er steht nur der Idee eines eigenen Staates in Norditalien nahe. Hilft dir das?«

»Ja, ja.« Roberto hängte abwesend ein. Er hatte nie nach dem Vornamen des *conte* gefragt, und Berini und Coglione hatten ihre Verwandtschaft nicht öffentlich gemacht. Sollten die beiden vielleicht Komplizen sein?

Müde strich er sich über die Augen, eine weitere schlaflose Nacht lag vor ihm, dass wusste er, denn die Lage war für Giuli noch nie so ernst gewesen. Er versuchte trotz der späten Stunde den *conte* Berini telefonisch zu erreichen, vergebens, er sei wieder nach Roma abgereist, erhielt er Auskunft von Berinis Haushälterin; und Großtante Giovanna war schon seit zwanzig Jahren tot.

Padova, Dienstag, 20. August 2002

Roberto, dessen Seele nach dem Besuch seines Schwiegervaters am Montag ein winziges Licht am Ende eines rabenschwarzen Tunnels gesehen hatte, wurde am Dienstagmorgen mit aller Brutalität in die schwärzeste Finsternis zurückgestoßen, der freie Fall seiner Psyche näherte sich seinem Ende; er befand sich kurz vor dem Aufschlag.

Seit der italienweit ausgestrahlten Sendung der parlamentarischen Arbeitsgruppe am Vortag war er der Verzweiflung nahe und sie schlug am Dienstagmorgen über ihm zusammen. Er fand eine Videokassetten in seinem Briefkasten, dazu einen Brief mit einem allerletzten Ultimatum. Achtundvierzig Stunden gab man ihm Zeit, nach dem Muster der Gefangenenbefreiung von Angelo Longhi das Gleiche für mindestens vier andere, namentlich aufgeführte Mitglieder des *XX. Gennaio* zu tun. Außerdem erwarte man die deutliche Aussage im Fernsehen von ihm, dass auch der *commissario* die Existenz des *XXI. Gennaio* als Nachfolgeorganisation des *XX. Gennaio* ausdrücklich anerkenne. Wenn er zu beidem nicht bereit sei, solle er sich aus diesem Leben verabschieden und damit seine Frau befreien. Er solle sich das Video sehr gut anschauen. Wenn er nicht genau das täte, was in diesem Brief stünde, bekäme er in 72 Stunden ein weiteres Video, auf dem er sich eine andere Form der physischen Gewalt ansehen könne, der man seine Frau unterziehen würde, er könne sich sicher denken, welche.

Roberto legte die Videokassette ein und plötzlich blickte ihn Giulia an, ein wenig schmaler als vor acht Wochen, schweißnass das Gesicht und das Haar verklebt und schmutzig, die Augen aber klar und hell auf ihn gerichtet und voller Erwartung, die nur bedeuten konnte, dass sie sicher war, er werde ihr helfen.

Sie zoomten zurück und nun sah er sie festgebunden auf einem Stuhl, im Hintergrund schallgedämmte Wände und links und rechts neben ihr zwei vermummte Gestalten mit den wohlbekannten Sturmhauben und den eingestickten Nummern Vier und Null und der Bezeichnung *XXI. Gennaio*.

Die Nummer Null stellte sich als Chefideologe des *XXI. Gennaio* vor, eine leise, ältere und gleichmäßige Stimme ohne Emotionen. Die Nummer Vier schwieg und wurde von dem Chefideologen als *Il Quarto*, der Vollstrecker des *XXI. Gennaio*, betitelt. Wer bediente wohl die Kamera?

»Schauen Sie sich genau an, *marchese*, was Ihr mangelnder Einsatz für Folgen hat! Wenn nicht innerhalb der nächsten achtundvierzig Stunden vier unserer Genossen aus den Händen des imperialistischen Staates befreit werden, hat das weitere Konsequenzen für Ihre Frau. Das oder Selbstmord!«

Urplötzlich und fast aus dem Stand schlug *Il Quarto* zu, Giulias Kopf flog zur Seite und in der nächsten Nahaufnahme sah Roberto Blut über ihr Gesicht rinnen. Sie stöhnte auf und Roberto wurde schlecht. Er stürzte ins Bad und übergab sich. Als er zurückkam sah er gerade noch, wie *Il Quarto* sich einen Schlagring überstreifte und die zwangsläufig folgende Nahaufnahme zeigte Giulias blutüberströmtes Gesicht. Ihr Kopf hing nach vorn, Schmerzenslaute drangen an sein Ohr und Blut tropfte auf ihre Bluse. Roberto ertrug es nicht länger, er stellte den Ton aus und spulte im Bildsuchlauf nach vorn, er musste wissen, ob sie die Tortur überlebt hatte. Aber zum Schluss wurde nur *Il Quarto* eingeblendet und Roberto stellte wieder auf Bild und Ton.

»Achtundvierzig Stunden!«, war alles, was er sagte, und Roberto bemerkte erst Minuten später, dass er auf eine blaue Mattscheibe ohne Bild starrte.

Du musst die vier Terroristen befreien, war sein erster, unsinniger Gedanke. Sie saßen in einem Hochsicherheitstrakt und wurden nach der Befreiung Angelo Longhis doppelt bewacht. Und so verwarf er diese Idee wieder, es hatte keinen Zweck, er kam an niemanden heran. Die Demokratie hatte seine Frau zum Opfer bestimmt. Sie würden sie weiter foltern, vergewaltigen und ihm die Videos davon schicken, und nichts, gar nichts konnte sie retten.

Nichts? Doch, sein Selbstmord. Sie hatten ihm eine Hintertür geöffnet, seine Frau zu retten, und er war bereit, durch sie zu gehen. Wenn er tot war, wäre Giulia ohne Nutzen für den *XXI. Gennaio,* sie würden sie freilassen, wenn sie ihn zerstört hatten. Sie wussten ganz genau um die Undurchführbarkeit ihrer ersten Forderung nach Befreiung ihrer Genossen, und Roberto war sich jetzt sicher, dass sie es auf seine Vernichtung abgesehen hatten.

Es war die Lösung! Er nahm seine Dienstpistole aus der Schreibtischschublade und starrte sie wie hypnotisiert an. Warum war ihm das nicht eher eingefallen? Dann hätte er Giulia diese Folterung erspart.

Achtundvierzig Stunden! Die Terroristen mussten innerhalb dieser Zeit über seinen Tod informiert werden, ein Abschiedsbrief mit seinen Beweggründen musste ins Fernsehen. Gedankenschwer stand er auf und legte die CD mit dem 42. Psalm von Mendelssohn auf.

So besessen war er von der Idee seines Todes, dass er gar nicht merkte, wie er die Existenz des *XXI. Gennaio* überhaupt nicht mehr in Frage stellte.

»Wie der Hirsch schreit nach frischem Wasser, so schreit meine Seele, Gott, zu dir!« Die Worte und Töne fluteten durch den Raum, während er seinen Abschiedsbrief schrieb, Giulias Ehering mit den getrockneten Blutspuren daran fest mit der Linken umklammernd. Er musste nicht lange nach den richtigen Formulierungen suchen, so, als habe er das schon öfter getan, flossen ihm die Worte und Sätze des Abschieds aus der Feder.

Roberto öffnete seine verkrampfte Linke und sah auf den Ring, ging wie in Trance in die Küchenecke und wusch das getrocknete Blut ab. Dann nahm er das Magazin aus der Pistole und setzte es wieder ein, er wollte kein Risiko eingehen. Er legte sie noch einmal beiseite, um seinen Ehering abzustreifen und ihn mit Giulias zusammen fest mit der Faust zu umschließen. Erneut griff er nach seiner Waffe, er wusste genau, wo er sie ansetzen musste. Mit dem Gedanken, dass er damit Giulias Leben rettete, hob er die Pistole und setzte sie an seine rechte Schläfe.

Colleoni und die Familie

Der *colonello* Bartolomeo Coglione sollte nach mehrwöchigem Aufenthalt in Südamerika nach Bergamo zurückkehren. In den Hauptstädten von Chile, Argentinien und Paraguay hatte man ihm die Sicherheitslage in den italienischen Botschaften bis ins Kleinste vorgeführt. Nun musste er mit seiner Familie beraten, welches Land, welche Hauptstadt ihr zukünfiges Zuhause sein sollte.

Er checkte ein. Wieder erhielt er einen Gangplatz. Genüsslich lehnte er sich zurück und dachte an Vilma und seine drei Töchter, er freute sich auf sie, vorbehaltlos. Und auch auf Italien. Wahrscheinlich fiele ihrer aller Wahl auf Argentinien. Dort gab es so viele Migranten aus Italien, dass in manchen Gegenden mehr italienisch als spanisch gesprochen wurde. Die Musikszene in Buenos Aires sagte Vilma bestimmt zu und er konnte ein neues Leben beginnen, zwar nicht ganz ohne Geheimdienst, aber deutlich mit weniger.

Entspannt griff er zu seinen Unterlagen über sein großes Vorbild Colleoni.

Nachdem Colleonis Vater und sein älterer Bruder Antonio von den Vettern seines Vaters brutal ermordet worden waren, oblag es nun dem jüngsten Spross der Familie, diese zu erhalten und in die Zukunft zu führen.

Colleoni hatte um 1433 Tisbe da Martinengo in Brescia geheiratet und ihr kein leichtes Leben geboten. Sein größter Wunsch nach einem Sohn und Erben ging nicht in Erfüllung, und er ahnte nicht, dass das an seinem Y-Chromosom lag, das er nicht weitergab.

Wohl schon 1434 wurde Ursina geboren, wie ihre schöne Mutter mit einem runden Gesicht und schwanengleichem Hals gesegnet. Etwa zehnjährig fiel sie mit ihrer Mutter den Feinden ihres Vaters, erst den Mailändern, dann den Venezianern, gleich zweimal nacheinander in die Hände, beim zweiten Mal auch ihre kleine Schwester Caterina, deren Geburtsdatum nicht bekannt ist, ebenso wenig wie das ihrer dritten Schwester Isotta. Die Serenissima behandelte sie mit Respekt und Hochachtung, denn die Venezianer hofften, den berühmten condottiero irgendwann wieder in ihre Dienste zu ziehen. So ging es ihnen recht gut.

1451, als Colleoni sich vereint mit der Familie in venezianischen Diensten befand, wenn auch nicht wie erhofft als Oberbefehlshaber, fand die erste vieler glanzvoller Hochzeiten statt: Gherardo Martinengo bat um die Hand seiner ältesten Tochter, nur bleibt zu spekulieren, wo sie heirateten. Vieles spricht für den Palast Colleonis in Brescia und die Kirche daselbst, wo auch Tisbe und Bartolomeo getraut worden waren, denn Brescia war von alters her Martinengogebiet.

Der Vater Gherardos, Leonardo da Martinengo, ein langjähriger Kampfgefährte im Sold der Serenissima, hatte mit Colleoni an dem sagenhaften Kriegszug über die Alpen im Winter teilgenommen, war bei Torbole am Benaco in Gefangenschaft geraten und ausgeliefert nach Mantua dort unter ungeklärten Umständen ums Leben gekommen.

Fortan kümmerte sich Colleoni um dessen Sohn und talentierten condottiero und hatte einen zuverlässigen Kampfgefährten gewonnen.

Die Serenissima gatulierte und spendierte eine großzügige Mitgift, die allerdings schon im Mai wieder eingefordert wurde, als Colleoni einem feigen Hinterhalt entkam und der junge Gherardo bei seiner condotta mit Venedig blieb. Alle Martinengos waren loyale condottieri im Dienste Venedigs, bis auf einen, das schwarze Schaf Cesare Martinengo.

Nachdem wie bereits erwähnt Colleoni 1454 wieder in die Dienste Venedigs, diesmal als Generalkapitän, trat (die Serenissima hätte ihn 1450 billiger haben können), ihm ein Jahr später der Kommandostab feierlich in Venedig übergeben wurde und Gherardo ihm wieder unterstellt war, heiratete die zweite Tochter Caterina 1456 ihren Gaspare Martinengo, einen Vetter von Gherardo, der Sohn des condottiero Antonio Martinengo di Pardanello.

Die Geburtsjahre von Colleonis Enkeln sind nicht bekannt, aber Ursina und Gherardo bekamen die männlichen Nachkommen, die Colleoni sich immer noch wünschte. Nur das Geburtsdatum seines vierten Kindes Barbara, geboren 1454, die Andrea d'Arco heiratete und von den elf Kindern sechs Söhne gebar, weiß man.

Der älteste Sohn von Ursina, Alessandro, wurde der

Lieblingsenkel Colleonis, er musste zwischen 1451 und 1454 geboren sein; ihn bedachte Colleoni in seinem Testament besonders und verlieh der Linie seinen Namen. Alessandro Martinengo Colleoni heiratete 1467, ein Jahr nach Colleonis Tod, Bianca Mocenigo, die Tochter des Dogen Pietro Mocenigo. Colleoni wäre sehr stolz gewesen, auch dass sein Enkel die Liebe zur Kunst von ihm geerbt hatte. Über Nachkommen Alessandros und Biancas ist nichts bekannt, wahrscheinlich gab es keine, denn in seinem Testament setzt Alessandro einen Neffen ein.

Auch der zweite und der dritte Sohn Ursinas, Giulio und Estorre, führten den Namen Martinengo Colleoni, über ihre Nachkommen ist ebenfalls nichts bekannt.

Der stolze Großvater und Generalkapitän Bartolomeo Colleoni hatte nach 1455 keine lebenswichtigen Schlachten mehr zu schlagen, er beschäftigte sich mit dem Ausbau der Verteidigung Malpagas und des Colleonesco und wurde zu einem vorbildlichen Landesvater …

Und er wollte mit aller Macht wissen, ob er denn nicht doch noch einen männlichen Nachkommen zeugen könnte. Da er sehr diskret vorging, weiß die Geschichtsschreibung bis heute nicht, ob er mit Tisbe drei oder vier Töchter zeugte, die weiteren vier Töchter scheinen von verschiedenen Frauen zu stammen. Colleoni wollte Tisbe nicht unnötig kränken, so kaufte er das Malpaga nahe gelegene Schloss Cavernago, heute den Grafen Gonzaga gehörend, für seine Liebesabenteuer. Daraus enstanden fünf Töchter, die von Tisbe auf Malpaga aufgezogen wurden: 1455 wurde Doratina geboren, 1456 Ricadonna, ebenfalls 1456 Medea, 1459 Cassandra und irgendwann auch noch Polissena.

Der Wunsch nach einem Sohn ist der Vater vieler Töchter. Bartolomeo Colleoni verheiratete seine Töchter, egal ob ehelich oder unehelich, sehr gut, bis auf Medea, seine Lieblingstochter, die schon 1470 vierzehnjährig starb. Er muss sie sehr geliebt haben, denn nur sie teilt heute den Platz mit ihrem Vater in der Grabkapelle in Bergamo. Außerdem hat er ihr zu Ehren das Kloster Basella gegründet.

Erwähnenswert ist noch Cassandra Colleoni, die Spätgeborene. Verschiedene Quellen beschreiben auch sie als ehelich, obwohl Tisbe aus dem gebärfähigen Alter schon heraus war – begründet durch ihre Heirat 1473 mit Niccolò Posthumo da Corregia, dem

Sohn von Niccolò I. und Beatrice d'Este; Posthumo, weil sein Vater fünf Monate vor seiner Geburt starb. Eine solch hochgestellte Persönlichkeit hätte wohl kaum eine illegitime junge Frau geehelicht. Niccolòs Karriere stand auf drei Beinen: Er war ein condottiero, Diplomat und Poet (»Il Cefalu«, »Psiche e Cupido«). Über Nachkommen schweigt die Geschichte.

Ich denke eher, dachte Omeo Coglione, dass mein historischer Namensvetter sein Liebesleben strengstens abschottete und die Außenwelt nicht mitbekam, wenn eine neue Colleoni-Tochter geboren wurde. Und Tisbe spielte mit. Deshalb die vielen Mutmaßungen über ehelich und außerehelich, die in den verschiedenen Quellen kursieren.

Aber darüber wollte Bartolomeo Coglione heute nicht mehr nachdenken, er war müde und stellte seinen Sitz auf eine Liegeposition ein.

Kapitel 4

Emilia

Juni bis August 2002

Das Schlauchboot, das Julia und ihre zwei Begleiter zu der vor dem Litorale di Lido ankernden Yacht gebracht hatte, schaukelte stark in den aufkommenden Sturmböen. Man band ihr ein Tuch vor die Augen und so wusste sie nicht, in welche Richtung sie fuhren. Sie bemerkte nur, dass die Dünung länger wurde, sie also auf das offene Meer hinaus fuhren. Sie gerieten nur in die Ausläufer des Gewittersturms, aber einer der Entführer wurde fast sofort seekrank, musste sich übergeben und dafür wohl seine Vermummung abnehmen, denn sie erkannte die Stimme sofort: Es war einer der beiden Longhibrüder, die für das *Tre-Condottiero*-Syndikat gearbeitet hatten und nun wohl für die Nachfolgeorganisation.

Sie befand sich also in den Händen des *Colleoni*-Syndikats. Roberto und Umberto hatten recht mit ihrer Behauptung, Terroristen gäbe es nicht mehr, und irgendwie beruhigte sie der Gedanke. Ein wenig Schadenfreude für den immer mehr leidenden Longhibruder erfasste sie, obwohl sie ganz schön durchgeschüttelt wurden und die Schraube der Yacht mehrmals ins Leere drehte, wenn sie sich auf einem Wellenberg befanden.

Je weiter sie sich vom Zentrum des Gewittersturms entfernten, desto ruhiger wurde die See, und nach einigen Stunden merkte Julia, dass die Dünung weniger wurde, sie sich also Land näherten.

Tatsächlich legten sie bald an, wortlos zerrte jemand Julia hoch, die mit ihren verbundenen Augen und den auf dem Rücken mit Handschellen gefesselten Händen unsicher über den Boden stolperte. Ihr wurde über die Reling geholfen, ein Bein ertastete den Anlegesteg, der nicht sehr lang war und in Stufen endete, bei denen Julia ins Stolpern kam und auf den Knien im Strandsand landete.

»Nehmt ihr doch die Binde ab«, auch diese Stimme kam Julia

bekannt vor, konnte sie aber vorerst noch nicht einordnen, »sie weiß doch sowieso nicht, wo wir sind.«

Ihr wurde die Augenbinde abgenommen, eine Taschenlampe leuchtete sie an und ihr Strahl wurde dann auf ihre Füße gesenkt. Der Kreis des Lichts fiel auf ein halb im Sand vergrabenes, nicht mehr ganz vollständiges aus Muscheln gelegtes Herz, *amo* war in der Mitte noch zu lesen. Roberto hatte es gelegt und die Flut nur einen Teil weggespült.

Die Sturmwolken gaben den Mond frei und rechts von ihnen glitzerte ein ins Meer mündender Flusslauf, beide Ufer von Anglerhütten gesäumt. Julia erkannte die Gegend sofort wieder. Es beruhigte sie ungemein zu wissen, dass sie sich südlich des Po-Deltas in der Emilia befand. Jetzt vernahm sie auch das Rauschen des Wehrs.

Die Yacht legte ab. Julias Augen gewöhnten sich so an die Dunkelheit, dass sie drei vermummte Männer, die um sie herumstanden, wahrnehmen konnte.

»Los!« Der Longhibruder packte sie am Arm und führte sie den kleinen Weg entlang, den sie vor nicht einmal zwei Wochen mit Roberto gegangen war. Sie schluckte ein aufkommendes Schluchzen mit aller Willenskraft hinunter.

Direkt neben dem Haus mit den vielen Zinnen schlossen sie die Tür des rosa angestrichenen Hauses auf und brachten sie ins Innere. Ein schmaler Flur, drei offene Türen rechts, die den Blick in zwei kleine Schlafzimmer und ein winziges Bad freigaben, und eine am Ende, die in ein Wohnzimmer mit Panoramablick über den Fluss führte. Von ihm führte eine Tür in einen mit dicker Schallisolierung ausgekleideten weiteren Raum, in den sie zwei der Maskierten geleiteten.

Er lag zum Deich hin, neben der Eingangstür, nicht sehr groß, fensterlos, eine Neonröhre leuchtete ihn aus, aber sonst wie ein Miniappartement eingerichtet, mit einer Nasszelle, einem Schrank, einem Schreibtisch, einem runden Tisch mit Gläsern und einer großen Flasche Mineralwasser darauf, zwei Stühlen und einem nicht eingeschalteten Deckenfluter. Nur das Bett, fest im Boden verankert und mit je einer angeschweißten Schiene am Kopf- und Fußende, und einer langen Stahlkette, an deren Ende Handschellen baumelten, machte einen nicht so einladenden Eindruck, und der nun wieder vermummte *Il Quarto* ließ sie um ihren linken Knöchel einschnappen.

Dagegen vermittelten ein Fernsehgerät mit einem Videoplayer und eine eingeschaltete Klimaanlage einen Hauch von Luxus.

Verblüfft registrierte Julia, dass ihre Reisetasche vor dem Schrank stand, frische Bettwäsche und Handtücher auf dem Bett lagen und ihre Kulturtasche sich in der Nasszelle vor dem Spiegel befand, die über eine komfortable Dusche, Toilette und ein Waschbecken verfügte, sowie ihre Zeichensachen ordentlich ausgerichtet den Schreibtisch bedeckten.

»Richten Sie sich ein, *La Tedesca*!« Der kleine Mann mit der Nummer Null auf seiner Vermummung, dessen Stimme ihr bekannt vorkam, trat ein und machte eine einladende Handbewegung: »Sie werden sich für eine längere Zeit hier mit diesem bescheidenen Wohnraum begnügen müssen.«

Julias Talent, Stimmen, die sie einmal gehört hatte, ihren Besitzern immer wieder zuordnen zu können, war unbestritten; ihr war es zum Beispiel gegeben, jeden Synchronsprecher im Film oder Fernsehen sofort zu erkennen, und so wie Ari Hirschfeld Zahlen nie vergaß und Roberto ein fast fotografisches Gedächtnis für Dokumente besaß, erkannte Julia Menschen an ihren Stimmen wieder. Nur Ruhe brauchte sie, um die unter der Vermummung etwas dumpf und gedämpft klingenden Stimmen zu identifizieren.

Angst verspürte sie nicht, ihr Leben schien nicht unmittelbar bedroht und die Gewissheit, dass Roberto und seine Freunde und Kollegen alles nur Menschenmögliche tun würden, um ihre Spuren und sie zu finden, verlieh ihr Sicherheit. Einzig die Tatsache, dass man ihr die Handschelle an der langen Stahlkette um ein Fußgelenk legte und einschnappen ließ und die Tür von außen verschloss, ließ sie sich als Gefangene fühlen.

Erst einmal probierte sie aus, wie weit die Kette ihr Bewegungsfreiheit ließ, und war erstaunt, dass sie außer dem Fernseher alles erreichen konnte, die Dusche ebenso wie den Schreibtisch, und für den Fernseher und das Videogerät lag eine Fernbedienung auf dem Tisch.

Julia fand die Situation einigermaßen merkwürdig, und während sie ihr Bett bezog, unter die Dusche ging und sich dann ihr Nachthemd anzog, das sie während der vergangenen zwei Wochen so gut wie nie getragen hatte, dachte sie an ihren Mann.

Er würde sich schrecklich fühlen, sich vorstellen, dass sie in einem Erdloch gefangen gehalten würde oder in eine dumpfe Höhle verschleppt worden sei, würde sich vorstellen, wie man sie misshandelte, und sicherlich würde er sich nicht zu knapp Vorwürfe machen und die Schuld bei sich suchen, wie er es immer tat, wenn etwas schiefgegangen war.

Wenn sie die Augen schloss und den sanften Lufthauch des Deckenventilators über sich hinstreichen fühlte, konnte sie sich zurückversetzen an den Strand, als Roberto das schwarze Muschelherz für sie legte.

Mit dem Gedanken, dass sie zwei Wochen wie im Paradies gelebt hatten und dass sie hätten wissen müssen, dass so etwas nicht von Dauer sein konnte, und der Frage, wer sich wohl hinter der Nummer Null verbarg – die Stimme kannte sie, mit Sicherheit war sie ihm schon irgendwo begegnet, und das kürzlich –, schlief sie ein, ohne noch einmal von ihren Entführern gestört zu werden.

Ravenna, erste Julihälfte 2002

In der ersten Nacht schlief sie nach der Aufregung und vor Erschöpfung bis in den Morgen hinein und als sie aufwachte, konnte sie sich zuerst nicht besinnen, wo sie sich befand.

Die Tür zu ihrer Appartementszelle stand offen und Licht fiel herein. Aus ihrem Bett heraus blickte sie über den Fluss auf einen Deich. Sonnenstrahlen würden nie in ihr Gefängnis fallen, aber zumindest sah sie Tageslicht.

Der mit der Nummer Null vermummte kleine Mann schaute um die Ecke und als er sah, dass Julia die Augen geöffnet hatte, wünschte er ihr einen guten Morgen und versprach ein baldiges Frühstück. Er lehnte die Tür mit der Bemerkung an, sie solle ruhig erst duschen.

Doch Julia verharrte in ihrem Bett. Gestern Nacht war sie bei den Überlegungen zu den ihr bekannt vorkommenden Stimmen eingeschlafen, aber nun wusste sie, wer sich hinter der Nummer Null verbarg: Professor da Santes. Hilfloser Zorn erfüllte sie. Er hatte ihr Vertrauen gröblich missbraucht. Seit zwei Jahren kannte sie ihn, hatte sich oft mit ihm im *Orto Botanico* verabredet und mit ihm über alle möglichen historischen Gartengestaltungen gefachsimpelt. Er war doch der Wolf im Schafspelz, den Roberto in ihm vermutete, und auch Professor Serpentes Zurückhaltung dem alten Mann gegenüber war intuitiv richtig gewesen.

Und noch im *Il Storione* hatte er ihnen Sand in die Augen gestreut. Er war immer ein Anhänger der militanten *brigate rosse* gewesen, *Schläfer* nannten sie das heute im Terroristenjargon, und voller Schrecken meinte Julia nun zu erkennen, dass der *XXI. Gennaio* vielleicht doch keine Erfindung, sondern blutige Tatsache war.

Unter der Dusche konnte sie am besten nachdenken. Für ihre Fußkette hatten sie eine Aussparung in der Badezimmer- und auch in der Duschkabinentür gelassen, wahrlich ein Luxusgefängnis! Während sie Duschgel auf der Haut verteilte, überlegte sie, dass sie dem alten Mann nicht signalisieren durfte, wie enttäuscht sie über ihn war, ja, nicht einmal zu erkennen geben durfte, dass sie ihn erkannt hatte. Sie duschte den Schaum ab. Die Tatsache, dass er auch heute Morgen noch vermummt herumlief, deutete darauf hin, dass die Entführer sie am Leben lassen wollten.

Sicherlich würde es heiß werden in ihrem Gefängnis. Sie zog eine leichte Bluse an und steckte ihren Talisman in die kleine Brusttasche, das kitschige, von Roberto in Sottomarino für sie geschossene Messingherz. Es erfüllte sie mit Selbstvertrauen und immer wieder tastete sie danach.

Wie mochte es ihm heute gehen? Was wollten die Entführer von ihm – bei sich nannte sie diese nun doch Terroristen? Oder ob sie ihm etwas getan hatten? Panik erfasste sie, aber sie bekam sich schnell unter Kontrolle, denn in diesem Augenblick wurde die Tür wieder weit geöffnet und eine zweite Stimme ertönte ziemlich laut und ordinär, die des Longhibruders.

»Übertreibst du nicht etwas, *nonno*? Wir sind hier doch kein Vier-Sterne-Hotel!«

Der Angesprochene brachte ein Tablett herein und Julia traute ihren Augen nicht: frische *cornetti*, Brötchen, Marmelade, Orangensaft, *caffè machiato* und eine Tageszeitung aus Rovigo. Er stellte das Tablett auf einen Stuhl, räumte den Tisch ab, legte eine frische Tischdecke auf, eine Serviette dazu und machte eine einladende Handbewegung.

»Guten Appetit, *La Tedesca.* Ein gutes Frühstück entschädigt für manche Ungelegenheit.«

Mit diesen Worten entfernte er sich und Julia hörte die beiden Männer leise miteinander sprechen.

Hunger hatte sie überhaupt keinen, aber der *caffè* duftete zu verführerisch, und dann befahl sie sich auch zu essen, sie musste bei Kräften bleiben, hungern half keinem, vielleicht ergab sich eine Gelegenheit zur Flucht. Und mit der Zeitungslektüre lenkte sie sich schließlich ab.

»Was soll das alles?« Als der alte Mann das Tablett wieder abholte, hielt Julia ihn mit ihrer Frage auf. Er setzte sich.

»Mit Ihrer Entführung, *La Tedesca,* wollen wir zweierlei erreichen: erstens die Anerkennung des *XXI. Gennaio,* wir sind wie Phönix aus der Asche wiederauferstanden, allerdings als multikuturell gemischte Gruppe und viel schlagkräftiger als zuvor. Und zweitens sollen Sie als Geisel ausgetauscht werden gegen unsere vom Imperialismus festgehaltenen Schwestern und Brüder. So einfach ist das!«

Er schien von seinen eigenen Worten berauscht, die Vergangenheit wurde für ihn wieder zur Gegenwart, ein alter Mann mit ungebrochenen Visionen. Im *Il Storione* hatte sie den Funken der Revolution in seinen Augen für erloschen gehalten. Was für ein fataler Irrtum!

»Und warum gerade ich?« Julia kannte die Antwort eigentlich bereits und sie kam auch prompt.

»Der *marchese* hat den *XX. Gennaio* zerschlagen, praktisch als Ein-Mann-Armee. Und Sie sind das einzige Druckmittel gegen ihn!«

Julia biss die Zähne vor Zorn zusammen. Einen Ehemann mit dem Leben seiner Frau zu erpressen, war ausgesprochen feige. Die Nummer Null interpretierte ihren Gesichtsausdruck falsch.

»Sie brauchen keine Angst zu haben, *La Tedesca*, wir machen es Ihnen hier so gemütlich wie möglich! Die Klimaanlage kühlt diesen Raum mit. Ich habe so selten Gelegenheit, Gäste zu bewirten. Sie müssen wissen, ich koche für mein Leben gern!«

Wenn Julia nicht so besorgt um Roberto und deswegen zornig auf ihre Entführer gewesen wäre, hätte sie die Komik dieser Situation bestimmt zum Lachen gereizt. Und tatsächlich sollte sie während der nächsten Wochen von dem alten Mann so richtig verwöhnt werden und das Austauschen von Rezepten wurde zu einer rituellen Handlung.

Auf der Rückseite ihres Zeichenblocks begann Julia, eine Art Kalender anzulegen, um immer die Vorkommnisse des Tages und sein Datum zu wissen.

Einmal überraschte da Santes sie dabei, wie sie mit einer verbogenen Büroklammer versuchte, die Handschelle an ihrem Fußgelenk zu öffnen, aber ihr fehlte jegliches Gefühl für so etwas und er schüttelte missbilligend den Kopf.

»Es ist eine Sonderanfertigung, *La Tedesca*! Und nur *Il Quarto* hat die passenden Schlüssel!«

»In Krimis geht so etwas immer ganz leicht«, sagte sie fast entschuldigend, »aber mir fehlt jedes Talent.«

»Sie haben genug anderes, nutzen Sie es zum Entwerfen von Gärten!«

Er spürte ihr Unbehagen Andrea Longhi gegenüber und verharrte jeden Morgen im Raum, wenn *Il Quarto* in seiner Vermummung kam und die Fußfessel wechselte, damit sich keine Scheuerstellen bildeten.

»Man kann seine Fürsorge auch übertreiben, *nonno*!«, murrte er, gehorchte dem Alten aber. Jeden Mittag brachte der ihr frischen Salat in jeweils neuen Kreationen, und abends gab es fast immer frischen Fisch. In diesem Punkt hatte da Santes nicht gelogen, er angelte für sein Leben gern und meist mit Erfolg. Vor dem Fischgang übertraf er sich mit den schönsten Pastagerichten, das Einzige, was der Longhibruder auch aß, er mochte weder Salat noch Fisch und stopfte sich mit Nudeln voll.

Da er sein Essen meist vor dem zweiten Fernseher draußen im Wohnzimmer hinunterschlang, deckte der alte Professor nach ein paar Tagen für sich und Julia in ihrer Zelle den Tisch, brachte jeden dritten Tag frische Blumen mit und sonntags einen fünfarmigen Silberleuchter, dessen Kerzen er mit großem Zeremoniell entzündete. Eine seltsame Situation, denn der alte Mann trug nach wie vor seine Vermummung, die er beim Essen bis über die Nase hochschob und ewig mit dem verrutschenden Augenschlitz seine Probleme bekam.

Die erste Pressekonferenz, auf der auch Roberto zu Wort kam, erschreckte sie maßlos. Er sah um Jahre gealtert aus und seine verschatteten Augen blickten sie so trostlos aus dem Fernseher an, dass sie weinen musste. Wie zu Stein erstarrt, ohne jegliche Emotion, bat er die Entführer – er vermied den Ausdruck Terroristen, das war für alle ganz deutlich –, seine Frau freizulassen und sie ihren noch nicht einmal einjährigen Töchtern zurückzugeben. Der Präfekt leitete die Konferenz und Julia sah den besorgten

Blick ihres Onkels, aber im Gegensatz zu Roberto sprach er sehr wohl von Terroristen und einer wahrscheinlich neuen arabischen Terrorzelle, die sich selbst als *XXI. Gennaio* bezeichne.

Obwohl Julia sich nicht mehr ganz sicher war, ob es den *XXI. Gennaio* unter der geistigen Führung da Santes nicht doch gab, fühlte sie Zorn auf ihren Onkel aufsteigen, unhaltbaren Zorn. Statt Roberto zu unterstützen, untergrub er dessen Autorität. Er hatte doch sonst auch in jedem Fall auf dessen Meinung gehört!

Gelächter ertönte aus dem Wohnzimmer, wo der zweite Fernseher mit demselben Programm lief, und wie elektrisiert registrierte Julia die Stimme eines dritten Mannes, der jetzt um die Ecke zu ihr herein schaute, der vermummte *Il Terzo*, eindeutig die Stimme Henry Salzmanns! Angst kroch in ihr hoch. Sie befand sich mit dem Mörder von Gabrièlla und David in einem Raum.

»Ich gebe deinem Mann noch zwei Wochen! Der knickt ein, darauf wette ich mein Leben!« Schadenfreude klang aus seiner Stimme, und der Zorn überwog Julias Angst, die hatte sie nur noch um ihren Mann.

»Super, *Il Terzo*!« Sie legte alle Verachtung in ihre Stimme, die sie aufbringen konnte, und er zog es vor zu verschwinden. Henrys frühere Zugehörigkeit zur *Firma* konnte als sicher angenommen werden, aber jetzt wurde er steckbrieflich gesucht. War er ein Terrorist? Immer noch Agent? Oder arbeitete er mit Andrea für das *Colleoni*-Syndikat? Sie musste es herausbekommen.

Andrea blieb immer im Haus, außer wenn er die Einkäufe erledigte; da Santes ging nie weg, selbst das Angeln besorgte er von der Terrasse aus, Julia konnte ihn von ihrem Zimmer aus in seinem Spezialstuhl sitzen sehen.

Henry kam mindestens dreimal wöchentlich. Ihr Gefängnis, so erfuhr sie durch allerlei Gespräche, denen sie bei geöffneter Tür meist folgen konnte, wurde schon seit Jahrzehnten genutzt; da Santes war ein geachtetes Mitglied dieser kleinen Anglergemeinde und völlig unverdächtig.

Die Tage vergingen schnell. Julia war durch Fernsehen und Zeitungslektüre immer auf dem neuesten Stand zu ihrer Entführung, nur manchmal blieb der Bildschirm aus unerfindlichen Gründen schwarz, so als habe jemand von außen den elektrischen Anschluss blockiert, um sie am Sehen bestimmter Sendungen zu hindern.

Nach dem Frühstück machte sie täglich ausgiebig gymnastische

Übungen, bevor sie sich in Gartenentwürfe vertiefte, die nach dem Mittagessen dann von da Santes kommentiert wurden, zurückhaltend erst, aber das sollte sich später ändern.

Auch nachmittags zeichnete sie wie besessen, um ihre Gedanken zu kanalisieren. Während der ersten Tage hatte sie fast ausschließlich an ihre Kinder gedacht und ebenso viel an Roberto und das Dilemma, in dem er steckte. Zeitungskommentare beflügelten ihre Fantasie in dieser Richtung ganz besonders.

Sie litt, aber nur aus Sorge um ihn, der nicht ahnen konnte, wie gut es ihr ging. Die Entführer kannten wohl die Meinung Professor Schreibers, Geiseln seien gut zu behandeln, um ihren Wert nicht zu mindern.

Das Gestalten neuer Gärten lenkte sie ab, und da der alte Professor sie mehrmals fragte, ob sie etwas brauche, bat sie nach einer Woche um Aquarellfarben, Pinsel und einen Block. Am nächsten Tag war alles vorhanden, trotz Andreas knurrender Verweigerung, und ihre Hände und ihr Geist bewegten sich in von ihr gesteuerten Bahnen. Bald hingen die schallisolierten Wände voller Bilder und der alte Mann dehnte die Mahlzeiten mit ihr immer mehr aus, Gesprächsstoff gab es genug. Nur wenn er politische Diskussionen anfangen wollte, verweigerte Julia sich und nach mehreren vergeblichen Versuchen ließ er es schließlich.

Ravenna, Dienstag, 9. Juli 2002

Der Verlauf der Tage plätscherte so dahin, bis Julia am 9. Juli erstmals mit Gewalt gegen sich konfrontiert wurde. Nach einem Wortwechsel zwischen *Il Quarto* und dem von ihm ein wenig mitleidig abwertend betitelten *nonno*, den Julia durch die angelehnte Tür nicht verstehen konnte, trat Ersterer ein. Andrea Longhi schloss die Tür hinter sich ab und kam auf sie zu; Julia hatte sich an seinen Namen erinnert, auch, dass sein Bruder Angelo im Gefängnis saß.

»Na, meine Süße?« Bisher hatte er ihren Raum nie allein betreten und Julia, die auf ihrem Bett saß und autogenes Training machte, drückte sich an die Wand. Die Gewaltbereitschaft, die die Körperhaltung dieses Mannes ausdrückte, ängstigte sie.

Er setzt sich zu ihr aufs Bett und sie rückte noch weiter an die

Wand, aber trotzdem erreichte er ihre Haare und wickelte eine Strähne um seine Finger.

»Angst, meine Süße?« Zufriedenheit sprach aus seiner Stimme, er hatte immer schon gern Schrecken verbreitet.

Er zog ihren Kopf mit der um seinen Finger gewickelten Haarsträhne immer näher zu sich, sie konnte seinen Knoblauchatem jetzt intensiv riechen. Plötzlich zuckte ein scharfer Schmerz durch Julias Kopfhaut, er hatte die Strähne mit einem Ruck ausgerissen und zeigte sie wie eine Trophäe hoch.

»Ein kleines Souvenir für deinen Mann!« Damit erhob er sich und verließ den Raum.

Da Santes stürzte mit einem Erste-Hilfe-Koffer herein, aber Julia weigerte sich, ihn die kleine Wunde sehen zu lassen.

»Wir müssen sie desinfizieren«, beschwor der alte Mann sie.

»Lassen Sie mir den Verbandskasten hier und mich allein!« Julias Stimme bebte vor Zorn. »Nicht Sie beherrschen Ihren Gorilla, sondern er sie!«

Da Santes zog sich zurück und stellte ihr abends ohne ein Wort ein Tablett mit Essen hin, aber Julia war fast körperlich schlecht bei dem Gedanken, wie Roberto reagieren, wie er leiden würde, wenn er die Haarsträhne mit dem blutigen Hautfetzen daran erhalten würde, und sie rührte das Essen nicht an. In dieser Nacht erlebte sie erstmals seit langer Zeit wieder einen Albtraum.

Roberto und Julia wanderten durch Venezia und verhielten auf dem Campo San Giovanni e Paolo. Er legte einen Arm um ihre Schultern und zusammen sahen sie hoch zu dem capitano der Serenissima, Bartolomeo Colleoni. Die linke Schulter leicht nach vorn geschoben schien er zu sagen: »Wollt ihr euch wirklich mir entgegenstellen? Meinem Wagemut? Meinem Kriegsglück? Meinem Charisma?« Sein Pferd hob das linke Bein im Schritt, kurz am Zügel gehalten schien es eins zu sein mit dem Reiter, dessen forschend harter Blick weit in die Unendlichkeit reichte. Der Kampf Mensch gegen Kreatur kannte nur einen Sieger: den Söldnerführer. Er beherrschte sein Pferd, so wie er seine Mannschaften, seine Familie, seine Liebschaften dominiert hatte.

»Ob er wirklich so hart war, wie er aussieht?«, wollte Julia wissen. »Das Standbild des Gattamelata in Padova strahlt Güte aus, dieses hier Macht.«

Aber Roberto konnte nicht mehr antworten, denn in diesem

Moment schien der Condottiero auf dem Sockel vor ihren Augen zu schrumpfen, zog sich dabei eine Strickmütze über, die eingestickte Nummer Eins leuchtete wie Scheinwerfer. Er zog die Zügel noch straffer, gab seinem Pferd die Sporen, es machte einen gewaltigen Satz und landete dicht neben Roberto und Julia. Colleoni ergriff sie, zog sie zu sich hoch und warf sie vor sich über den Hals den Pferdes. Sie fühlte ihre Glieder wie mit Blei ausgegossen und vermochte sich nicht zu rühren. Sie sah, wie zwei Männer in Kettenhemden Roberto ergriffen und fesselten, ihn auf das nun leere Podest hoben, wo er frei und ungeschützt den auf ihn zufliegenden Steinen nicht ausweichen konnte. Das Letzte, was sie sah, war, wie er blutüberströmt zusammenbrach.

Sie wachte von ihrem eigenen Schreien auf, Panik ergriff sie in dem dunklen, schallisolierten Raum. Sie sprang auf, fiel über die Kette ihrer Fußfessel, riss den Tisch um, ihre Mineralwasserflasche zerschellte auf dem Fußboden, daneben das Glas, und endlich erreichte sie den Lichtschalter.

Erst als die Neonröhre an der Decke aufflammte, konnte sie wieder normal atmen. Der Deckenfluter wurde auch noch eingeschaltet, und nun erst verebbte ihre Panik ganz. Sie versuchte den Fernseher einzuschalten, aber der Monitor blieb schwarz; auch der Deckenventilator rührte sich nicht.

Als am folgenden Morgen kein da Santes kam und ohne ihn auch kein Frühstück, ergriff sie Furcht. Was, wenn sie sie hier allein ließen?

Das Wasser aus dem Wasserhahn solle man nicht trinken, hatte der alte Mann ihr geraten, und ihr Mineralwasser wässerte den Fußboden. Die Klimaanlage blieb ebenso wie der Fernseher abgestellt und die Temperaturen stiegen. Julia fühlte wieder Panik in sich aufsteigen, aber dann besann sie sich auf die große Schale mit Obst auf dem Schreibtisch, setzte sich ruhig hin, aß einen Apfel und begann mit ihrem autogenen Training.

Haus am Fluss, Mittwoch, 10. Juli 2002

Irgendwann am Nachmittag setzte die Klimaanlage wieder ein und abends öffnete sich die Tür und da Santes kam mit einem Tablett und einem großen Eisbecher herein.

»Heute Vormittag durchkämmten Einheiten der örtlichen Polizei diesen Strandabschnitt«, erklärte er entschuldigend, während er die Scherben aufhob, »aber sie kennen mich seit Jahren und haben mich nur nach Auffälligkeiten gefragt, die ich verneint habe. *Il Quarto* ging als mein Großneffe durch.«

Julia hatte keinerlei Geräusche von außen gehört, sie drehte den Kopf zur Wand.

»Du quatscht zu viel, *nonno*!« Andrea lehnte am Türrahmen. »Warum soll sie nicht auch mal schwitzen wie wir dauernd unter unserer Vermummung! Du benimmst dich affenartig blöd: *La Tedesca* hier, *La Tedesca* dort!«

»*Il Primo* und ich sind uns einig, wir behandeln unseren Gast pfleglich!«

»Wenn du dich in deinem *Il Primo* mal nicht täuscht!«, mit diesen Worten verschwand Andrea und sie hörten ihn mit Henry Salzmann leise reden, ohne ein Wort verstehen zu können, außer einem Satz zum Abschluss, den Henry etwas lauter äußerte.

»Lass ihn in Ruhe! Wir brauchen ihn noch. Keiner hat so schön wie er die Terminologie der Terroristen drauf!«

Da Santes erstarrte und Julia bemerkte, dass die Harmonie in diesem Haus keine durchgängige war.

Am Abend bedeutete er ihr, den Fernseher einzuschalten, eine Pressekonferenz mit der Polizeiführung in Padova sei angesetzt.

»Wenn die jetzt unsere Forderungen erfüllen, sind Sie in ein paar Tagen frei, *La Tedesca.*« Seine Stimme klang hoffnungsfroh und Julia gab ihre Abwehrhaltung auf und schaltete den Fernseher ein. Roberto saß nicht auf dem Podium, aber sie zeigten eine Großaufnahme von ihm, Verschlossenheit und völlige Unnahbarkeit ausstrahlend, aber für Julia zeigte seine Haltung pure Verzweiflung.

Tramontan übernahm die Leitung und der *questore* assistierte, indem er ihm Zettel und Papiere zureichte. Man habe ein Lebenszeichen der entführten Giulia Bassner. Man sei dabei, allen Spuren weiterhin nachzugehen. Man habe keine heiße Spur. Man beabsichtige nicht, Terroristen freizulassen. Parlamentarier hätten sich der Sache angenommen. Die Existenz des *XXI. Gennaio* werde geprüft. Schluss. Keine Botschaft des *dirigente* an seine Frau oder die Terroristen? Sie solle durchhalten, man arbeite an ihrer Befreiung aus den Händen ihrer Entführer. Roberto klang wie ein kaltes

Stück Metall, aber Julia verstand die Botschaft: Er, Umberto und Vittorio würden Tag und Nacht weiter nach ihr suchen.

Draußen im Wohnzimmer lachte man wieder. Die Anwesenheit eines vierten Mannes war Julia nicht entgangen und nun hörte sie auch seine Stimme. *Il Secondo,* weich und wohlklingend, aber der Inhalt seiner Worte stand im krassen Gegensatz dazu.

»Dann werdet ihr noch ein Weilchen auf unsere Geisel aufpassen müssen, bis der *marchese* umfällt. Gebt ihm zehn Tage! Wir werden zur Unterstützung eine kleine Bombe zünden, irgendwo im Veneto, mit deutlichen Spuren zum *XXI. Gennaio.*«

Die zehn Tage vergingen wie im Fluge, in denen nicht nur Julia bemerkte, wie sich die Stimmung im Haus langsam wandelte. Bisher hatte Andrea den Chefstrategen des *XX. Gennaio* zwar etwas abwertend, aber fast ein wenig liebevoll als *nonno* angeredet, aber nun bekam diese Anrede einen scharfen und beleidigenden Unterton. Da Santes floh fast vor ihm in Julias Gefängnis und verbrachte die meiste Zeit bei ihr, in der Küche und beim Angeln, um nicht allein mit Andrea sein zu müssen.

Bei Henrys Anwesenheit verhielt er sich fast genauso, die beiden jungen Männer saßen in seinem Wohnzimmer und sahen Pornofilme, tranken Bier aus Dosen und äußerten laut ihr Missfallen über seine Haltung der Geisel gegenüber.

»Vielleicht ist er verliebt in sie«, rülpste Andrea eines Abends. »Ist doch abartig! Der Entführer bringt seinem Opfer Blumen!«

»Er redet lieber mit ihr als mit uns.« Henry wischte sich den Bierschaum vom Mund. »Wir sollten diskret die Tür zumachen, damit er sie vernaschen kann, der geheimnisvolle Mann mit der Maske.«

Sie wieherten beide, als da Santes die Tür zu Julias Gefängnis tatsächlich voller Scham zumachte. Er schüttelte ratlos den Kopf.

»Ich weiß nicht, *La Tedesca,* aber sie sind keine echten Terroristen! Warum setzt *Il Primo* sie nur ein? Er sollte sie schleunigst aus dem *XXI. Gennaio* entfernen.«

»Seit wann gibt es ihn denn?« Julia strichelte an einer Zeichnung und signalisierte keine allzu große Neugier.

»Ach, darüber darf ich nicht reden. Gute Nacht, *La Tedesca,* ich gehe ins Bett. Soll ich die Tür auflassen?«

»Lieber nicht, *professore,* schließen sie lieber von außen ab.«

Er zuckte zusammen, sie hatte ihn erstmals mit seinem Titel angesprochen, reagierte aber nicht weiter. »Ich nehme den Schlüssel an mich. Bei den beiden und ihrem Bierkonsum …«, er ließ den Satz im Raum verwehen und ging.

Er wusste, dass sie wusste, wer er war, und sie wusste, dass er es wusste, aber beide taten sie so, als habe sich nichts verändert.

Drei Wochen gingen ins Land ohne dass sich etwas an Julias Lage veränderte, außer dass sie konzentriert beobachtete und bemerkte, dass der sogenannte *XXI. Gennaio* wirklich nur in da Santes Fantasie bestand. Es gab außer ihm nicht mehr als fünf Leute, die allesamt keine Idealisten waren, und Julia kannte nur einen von ihnen nicht: *Il Quinto*, den großen Schweiger, der ein enger Vertrauter von *Il Secondo* zu sein schien.

Auf der Rückseite ihrer Gartenentwürfe vermerkte sie weiterhin alle ihre Beobachtungen wie in einem Tagebuch, wer weiß, wozu das gut war, und heftete sie chronologisch geordnet an ihre Gefängniswände.

Die Sache mit der Bombe misslang, beinahe hätten sie *Il Secondo* und *Il Quinto* dabei erwischt, wie sie in Taucherausrüstung eine Haftmine an einem Patrouillenboot der *carabinieri* anbringen wollten. Unverrichteter Dinge mussten sie im wahrsten Sinne des Wortes abtauchen. Dabei wäre es so schön gewesen, den *capitano* in die Luft zu jagen, der die Soko zur Geiselbefreiung leitete und der die Fahndung an der julisch-venetischen Küste abgebrochen, die im Po-Delta und sogar südlich davon intensiviert hatte.

Man musste neu planen. Auch sonst ließ sich in dieser Zeit die *strategia della tensione* schlecht vorantreiben. Italien befand sich in Urlaubsstimmung, wie in jedem Jahr entvölkerten sich die Großstädte. Wer wollte da etwas von Terrorismus hören?

Haus am Fluss, Montag, 29. Juli 2002

Der vermummte Andrea hielt Julias Handgelenk fest und versuchte mit aller Gewalt, ihren Ehering abzuziehen, wogegen sie sich verzweifelt wehrte. Aber der Ring saß so lose, dass er fast von selbst in seine Hände fiel. Julia hatte ein paar Kilogramm an Gewicht verloren. Trotz da Santes fulminanten Kochkünsten litt sie an Appetitlosigkeit, fast ohne Pause quälte sie der Gedanke, wie es Roberto wohl ging, wie er um sie litt, ohne zu wissen, dass es ihr, außer an Freiheit, an nichts mangelte.

Andrea legte seine Beute auf den Tisch, zog ein Stilett und kam auf Julia zu. Irgendwie hatte sie sich an seine Drohgebärden gewöhnt und zeigte keine Angst mehr, was ihn beflügelte, diese zu erzeugen, aber in diesem Moment erschien da Santes in der Tür, den Erste-Hilfe-Kasten unter dem Arm.

»Hast du ihren Ehering?«

»*Ma certo, nonno.* Nur noch ein wenig Blut!«

»Hör auf, *Il Quarto*! Der Ring reicht!«

»Eben nicht, komm, halt mal ihre Hand fest!«

»Halten Sie still, *La Tedesca*«, die Stimme des Alten klang fast weinerlich, »wir brauchen nur einen Tropfen!«

Andrea piekste mit der Spitze seines Stiletts in die Kuppe ihres Mittelfingers, nahm den Ring und tauchte ihn in den hervorquellenden Blutstropfen.

»Na also! *Il Secondo* muss jeden Moment kommen, dann kann er Brief und Ring mitnehmen!«

Julia verfluchte die beiden auf Deutsch mit allen Schimpfworten, die ihr einfielen. Roberto würde auf dieses neue Lebenszeichen von ihr bestimmt verzweifelt reagieren, und sie musste ihren Zorn irgendwie hinausschreien.

Da Santes öffnete mit zitternden Fingern eine Flasche mit einem Desinfektionsmittel und legte ein Pflaster bereit. Aber Julia steckte ihren Mittelfinger in den Mund und lutschte die Wunde aus, drehte sich zur Wand und verweigerte jegliche Kommunikation. Das traf ihn. In dieser Nacht kam ein schlimmer Albtraum.

Wieder standen Roberto und Julia Arm in Arm vor dem Denkmal des Colleoni in Venezia. Eine Taube saß auf dem Schweif des Pferdes, der Condottiero blickte regungslos über sie hin, triumphierend sein ganzes Auftreten. »Ich habe Venezia in die Knie gezwungen, warum sollte ich das nicht bei dir schaffen, Marchese?« Seine Stimme hallte wie Donnerrollen über den Platz vor San Giovanni e Paolo. Robertos Mund war zugenäht, er konnte nicht antworten. Und Julia, die an seiner statt antworten wollte, konnte sich durch das immer stärker werdende Donnerrollen kein Gehör verschaffen. Diesmal blieb das Pferd auf dem Podest, während Colleoni heruntersprang, vor ihnen beiden stehen blieb und vor ihren Augen zu immer kleinerer Statur schrumpfte. Schließlich reichte er den beiden nur noch bis zum Knie. Aber gerade als Julia Roberto wegziehen und mit ihm fliehen wollte, erschienen zwei übergroße gepanzerte Gestalten hinter Roberto. Julia ließ seine Hand nicht los und mit einem Schwerthieb trennte der eine Robertos Arm vom Rumpf, ein Blutschwall bedeckte seine Frau, die den abgeschlagenen Arm hin und her schlenkerte, dann ein zweiter Hieb für den anderen Arm, darauf ein Bein, das zweite und Julia versank in Robertos Blut, schrie gurgelnd um Hilfe.

Als sie endlich schreiend erwachte, war da nichts als die Neonröhre an der Decke und das Rauschen des nicht abgeschalteten Fernsehers.

Die Pressekonferenz am darauffolgenden Abend fand weit weniger Interesse als die vorangegangenen, viele Stühle blieben leer – Urlaubszeit eben. Julias blutbeschmierter Ehering wurde in Großaufnahme gezeigt und Robertos Aussehen erschreckte Julia zutiefst, dicke Tränensäcke deuteten auf durchwachte Nächte hin, kein Muskel zuckte in seinem grauen Gesicht, es wirkte wie aus Granit gemeißelt und völlig emotionslos. Aber Julia kannte diese Anzeichen, er würde über kurz oder lang zusammenbrechen.

»Die Wette hast du verloren, *Il Secondo*«, johlte Andrea Longhi, »aber der *marchese* macht es nicht mehr lange! Neue Wette? Zehn Tage? Ich setze einhundert Euro!«

»Topp, die Wette gilt!«

Julia hätte schreien mögen vor Empörung, aber sie wollte die vier da draußen nicht unnötig reizen. Da Santes saß bei ihr und hielt sich die Ohren zu.

»*Il Secondo*«, hörte Julia wieder Andreas Stimme, »ich erlass dir die Einlösung deiner Wettschuld, wenn du mich am Donnerstag mitnimmst!«

»Geht nicht«, *Il Secondos* melodiöse Stimme klang ein wenig bedauernd, sicher hätte er sein Geld gern behalten, »ich bin auch nicht dabei, *Il Quinto* und ich machen Gesichtsmassage in der *questura*. Die Befreiung deines Bruders ist einzig und allein Geheimdienstsache, *Il Terzo* macht das schon. Hoffentlich wird die alte Cinzia mit dem Stricken der vielen Sturmhauben fertig, sonst brauchen sie unsere, und ich hätte es eigentlich nicht so gern, wenn jemand Fremdes in meine Maske sabbert.« Die Stimmen entfernten sich, Gemurmel klang von der Terrasse her.

Zwei Tage später berichteten die Medien ausführlich von der Gefangenenbefreiung Angelo Longhis und sie waren sich ziemlich einig, dass die Regierung das geduldet habe. In der darauffolgenden Pressekonferenz, wieder waren alle Stühle besetzt, wurde das vehement bestritten, aber die Hoffnung geäußert, die Geisel möge nun bald freikommen.

Am Mittwoch darauf detonierte eine Bombe in Porderone. Im Wohnzimmer von da Santes fand bald darauf eine Siegesfeier statt, alle fünf betranken sich sinnlos mit Whiskey. Da Santes ging zu Bett, nicht ohne den Schlüssel zu Julias Gefängnis mitgenommen zu haben.

Am folgenden Sonntag blieb da Santes verschwunden. Julia saß am Tisch und zeichnete, als Andrea Longhi und Henry Salzmann vermummt eintraten und Julia sich bei ihnen nach dem alten Mann erkundigte.

»*Nonno* hatte eine Herzattacke!«

Julia erschrak zutiefst und fühlte sich den beiden ausgeliefert; aber richtige Angst beherrschte sie nicht; da Santes würde nicht zulassen, dass ihr etwas geschah.

Ehe sie sich versah, hatte *Il Terzo* ihre auf dem Tisch liegende Zeichnung eines imaginären Renaissancegartens in vier Teile zerrissen, *Il Quarto* nahm sie mit einem Arm in einen Würgegriff, ritzte mit dem Stilett in seiner freien Hand ihr Ohrläppchen an und einige Blutstropfen fielen auf den Tisch. Sie zwangen sie mit roher Gewalt, zehn blutige Fingerabdrücke auf ihrer Zeichnung zu hinterlassen. In diesem Moment erschien da Santes und hielt sich am Türrahmen fest.

»Hört auf, ihr Bastarde!« Seine Stimme klang nicht besonders furchteinflößend, die beiden ignorierten ihn und verließen Julias Raum. Der alte Mann folgte ihnen und ließ die Tür auf, so dass Julia ihrem Gespräch ohne Weiteres folgen konnte.

»Eure Grausamkeit ist völlig unnötig«, die Stimme des alten Mannes klang empört.

»Pass lieber auf dich selbst auf, *nonno!*«, Andreas Stimme hörte sich eher uninteressiert und beiläufig an.

»Der *XX. Gennaio* hat unnötige Grausamkeiten nie geduldet, der *XXI. Gennaio* wird es auch nicht!« Da Santes klang verärgert. »Ihr begreift die Motive unseres Kampfes einfach nicht!«

»Kann es sein, *nonno*«, fragte Henry amüsiert abwertend, »dass dir entgangen ist, was überhaupt läuft?«

»Nur weil du vor zwanzig Jahren einmal Chefideologe warst«,

Andrea klang feixend, »meinst du immer noch, den Durchblick zu haben, eh?«

»Ich verstehe nicht.«

»Das glaube ich dir gerne! Der *XX. Gennaio* bestand doch schon lange nicht mehr! Und der *XXI. Gennaio* ist eine reine Totgeburt! Wir sechs sind die ganze Streitmacht!«

»Außer ein paar Idioten wie du und ein paar blöde Studenten, die den italienischen, israelischen und amerikanischen Imperialismus zu bekämpfen meinten«, übernahm Henry wieder, »haben doch alle anderen längst geschnallt, woher die Pappe jetzt kommt.«

»Du begreifst nichts, *Il Terzo*! Wir verändern das System des Imperialismus langsam und manchmal auch leider nur mit Gewalt ...«

»Hör auf mit deinem politischen Geseihere! Das glaubt doch heute kein Aas mehr. Das Einzige, was zählt, ist der Kies, die Knete, der Zaster, verstehst du?«, unterbrach Andrea.

»Wir haben deinen Bruder befreit, er hat sich offen zum *XX. und XXI. Gennaio* bekannt!«

»Quatsch! Er ist auf dem Weg nach Kolumbien zum Drogen-Kartell, er ist genauso wenig Terrorist wie ich!«

»Ich muss über euch mit *Il Primo* reden! Ihr zersetzt unsere Moral!«

»Du gehörst ins Mausoleum, *nonno*!« Henry lachte hämisch. »Hast du etwa nicht gemerkt, dass unser *Il Primo* auch *Il Primo* beim *Colleoni*-Syndikat ist?«

Da Santes verschlug es die Sprache.

»Du glaubst mir wohl nicht? Er ist der oberste Boss, unser *Il Primo* ist *Colleoni*! Eure *XX.-Gennaio*-Bimbos, die Araber, haben den Schnee doch bloß billig rangeholt und gar nicht gemerkt, was wir für eine Gewinnspanne hatten! Was für die Aktion *eroina per studenti* gebraucht wurde, waren doch nichts als *peanuts*!«, höhnte *Il Terzo.*

»Das denkt ihr euch aus!« Unglaube, aber auch schon ein Quäntchen Resignation klangen durch.

»Bleib bei deinen Träumen, *nonno*, das ist gesünder für dich!«

Die bald schon obligatorische Pressekonferenz, wenn ein neues Lebenszeichen der Geisel auftauchte, zeigte Julia ihren noch verzweifelteren Mann. Tiefe Linien zerfurchten sein Gesicht, seine

Schläfen und der Haaransatz waren weiß geworden. Sie litt um seinetwillen. Die Ungewissheit über ihr Schicksal veränderte seine Persönlichkeit, obwohl er auf andere nach außen hin unverändert emotionslos und hart wirken mochte. Kleine äußere Dinge signalisierten dies: Sein mehrere Tage alter Bart, er hasste diese modernen Drei-Tage-Bärte, er lockerte seine Krawatte während des Interviews und öffnete den obersten Hemdenknopf, als sei er kurz vor dem Ersticken, und sein sonst auch in Krisenzeiten einwandfreies äußeres Erscheinungsbild schien ihm egal zu sein, ein für Julia alarmierendes Zeichen, ein Spiegel seiner seelischen Verfassung.

Sie entschloss sich, da Santes als Verbündeten zu gewinnen. Die Zeit war reif.

Haus am Fluss, Samstag, 17. August 2002

»Wir sitzen hier wie auf einem Pulverfass.« *Il Primos* Stimme klang ernst. »Eine kleine Zufälligkeit und wir gehen hoch. Der *marchese* muss jetzt schnell weg, er ist resistenter als ich dachte: Ich bin in zwei Stunden wieder hier, dann will ich das Video mitnehmen.«

Draußen goss es in Strömen, ein Gewitter setzte sich zwischen Bergen und Meer fest und die Abstände zwischen den Blitzen und den Donnerschlägen wurden immer kürzer, die Strömung des Flüsschens hatte stark zugenommen.

»Wir beginnen mit Plan B«, *Il Secondos* Stimme klang weich und geschmeidig, »da Santes, beherrscht du deinen Text?«

»Ich mache da nicht mehr mit!«, sagte der alte Mann zitterig, aber bestimmt.

»Du willst doch bestimmt nicht, dass *La Tedesca* unnötig leiden muss?« *Il Secondo* redete mit ihm wie mit einem kleinen, ungehorsamen Kind, liebevoll, aber unnachgiebig.

»Wie meinst du das?«

»So wie ich es sage: Du willst doch nicht, dass sie wirklich gequält wird?«

»Zum Beispiel von mir.« Henry sah angelegentlich auf seine Fingernägel, ballte dann seine Faust.

»Oder von mir«, Andrea holte demonstrativ ein Stilett aus der Jackentasche, er schien einen unerschöpflichen Vorrat davon zu besitzen.

Die Stille im Raum wurde nur durch das Rauschen der Klimaanlage gestört.

»Gut«, da Santes Stimme hörte sich an wie Resignation pur, »aber wenn der *marchese* tot ist, lasst ihr sie frei, so wie es besprochen war.«

»Die Zeiten und die Versprechen ändern sich. Sie weiß, wer du bist! Und du weißt, wer wir sind. Du erkennst die Konsequenzen?«

Da Santes antwortete nicht.

»Wir können nicht bis zum Sommer von San Martino warten, fang an, Henry!« Die engelsgleiche Stimme *Il Secondos* erwartete Gehorsam und ein gewaltiger Donnerschlag ertönte von draußen.

Julia hörte einige Geräusche aus dem Nebenraum, dann die Stimme von *Il Terzo*, der ansagte, dass die Kamera laufe und gleich darauf die Stimme da Santes, der seinen Text ablas.

Julia wusste, was auf sie zukam, da Santes hatte sich auf ihre Seite geschlagen und sie informiert, aber bisher zeigte ihr Pakt keine praktischen Auswirkungen.

»Ich bin auch ein Gefangener«, hatte er geantwortet, als sie ihn vor zwei Tagen um Hilfe bei ihrer Flucht bat, und er schien ein gebrochener Mann zu sein. »Sie trauen mir nicht mehr. Abends schließen sie mich in meinem Zimmer ein und auch, wenn *Il Quarto* zum Einkaufen fährt. Mein Handy haben sie mir auch weggenommen. Und sie haben schon nach meinen Tagebüchern gesucht. Sie brauchen mich nur noch für ihren Plan B.«

»Und der ist?«

»Ich stelle auf einer Videokassette neue Forderungen. Und dann foltern sie dich vor laufender Kamera.«

»Das ist nicht wahr!«

»Doch, doch, *La Tedesca*. Aber sie werden dich nicht töten, und sie werden dir auch nicht richtig weh tun, da habe ich ihr Wort.«

Das bestimmt nichts wert ist, dachte Julia und konnte die ganze Nacht nicht schlafen. Sie hatte Angst – nicht primär um sich, aber Folterszenen mit ihr, da hatten die Verbrecher recht, die würde Roberto nicht aushalten. Und so hatte sie sich einen Plan zurechtgelegt.

Da Santes Stimme im Nebenraum verstummte und *Il Terzo* erschien mit einer Videokamera auf einem Stativ. Er richtete sie auf Julia und *Il Quarto* stellte sich hinter sie. Handschellen schnappten ein und sie konnte sich nicht mehr bewegen. Gut, dass da Santes sie vorgewarnt hatte und ihre innere Wut auf diese Unmenschen ihre Angst tötete. Sie hatte es jetzt in der Hand.

Sie verstrubbelten ihre Haare und schmierten ihr ein wenig Flussschlamm ins Gesicht und auf die Bluse.

Il Terzo baute sich bedrohlich vor ihr auf. Sie sah zu ihm hoch und bemerkte einen frischen Verband unter seiner Vermummung. »Du wirst schön sagen, dass wir dich gut behandeln, und wenn wir dich fragen, was du deinem Mann rätst, wirst du voller Überzeugung sagen, dass er endlich den *XXI. Gennaio* anerkennen soll, wenn er dich lebend zurückhaben will. Hast du das kapiert?« Sie nickte, aber das reichte ihm nicht, er fasste unter ihr Kinn, riss ihren Kopf hoch und sagte drohend: »Ich warte auf eine Antwort!«

»Ja«, und dann setzte sie probeweise auf Deutsch hinzu, »du eingebildeter Mörder.«

»Was hat sie gesagt?« *Il Terzo* wandte sich an da Santes.

»Sie will tun, was du verlangst«, sagte der alte Mann mit niedergeschlagenem Blick und *Il Terzo* zeigte sich zufrieden.

»Und du wirst schön stöhnen, wenn du ein Zeichen bekommst! Sonst müssen wir dir wirklich richtig weh tun! *Capisci*?«

»Ho capisco!«

Es dauerte nicht länger als eine Viertelstunde, bis sie Julia, über und über voller Theaterblut, in Ruhe ließen. Sie hatten ihr Wort gehalten, nur einmal am Anfang hatte Andrea ein bisschen zugeschlagen und sie ein echtes Stöhnen nicht unterdrücken können. Ob da Santes sein Wort auch hielt?

Er tat es und sie musste zugeben, dass er seine Rolle gut spielte. Julia hatte ihn überreden können, den Chefideologen weiterhin zu spielen.

»Weißt du, *La Tedesca*«, hatte er traurig gesagt, »mein Lebensplan sah so aus: Ich wusste, du würdest mich erkennen. Ich wäre nach deiner Freilassung verhaftet worden, hätte natürlich den *XXI. Gennaio* und seine Führungsspitze nicht verraten und wäre verurteilt worden. Im Gefängnis wollte ich dann mein Leben aufschreiben und nur noch wissenschaftlich tätig sein. Aber sie trauen mir nicht, sie werden uns beide töten.«

»Nicht, wenn wir klug sind, *professore*! Tun Sie so, als habe sich an Ihrer Überzeugung nichts geändert!«

Es schien funktioniert zu haben, denn sie spielten im Wohnzimmer die Videoaufnahme ab, fragten da Santes nach den deutschen Worten, die *La Tedesca* gesprochen hatte, und er gab Ihnen nichtssagende, aber sie befriedigende Übersetzungen.

Nun musste nur noch Roberto ihre Mitteilungen entschlüsseln. Julia duschte und zog sich um, die Bluse mit dem Theaterblut weichte sie ein.

»Wann spielst du ihm das Video zu?«, hörte sie Henry fragen.

»Sowie die Parlamentarier ihr Nein zur Amnestie verkündet haben!« *Il Primo* klang geschäftsmäßig, so als habe er alles unter Kontrolle.

»Bist du sicher, dass sie ablehnen?«

»Das ist so besprochen. Wir haben Montag im Visier.«

Haus am Fluss, Dienstag, 20. August 2002

Julia ließ den Fernseher Tag und Nacht laufen, aber keinerlei Informationen in Bezug auf ihre Entführung kamen, Sonntag nicht, Sonntagnacht nicht, Montag nicht.

Nur am Montagnachmittag wurde die Entscheidung der parlamentarischen Arbeitsgruppe bekannt gegeben, dass keine Amnestie für Terroristen des *XX. Gennaio* geplant sei, der *XXI. Gennaio* brauche sich keine Hoffnungen zu machen. Diese indirekte Anerkennung, der eine offizielle folgte, ängstigte Julia nicht besonders, seit sie wusste, dass ihre Entführer auf eine öffentliche Anerkennung durch Roberto Wert legten. Der Rachefeldzug galt ihm, das wusste nur keiner außer ihm und seinen Vertrauten.

Wieder tobte einer dieser Gewitterstürme, und das Licht flackerte mehr als einmal, verlosch hin und wieder sogar und das Rauschen des Flusses nahm zu, der Wasserstand schien kontinuierlich zu steigen. Seit Montag Nacht hatte es ununterbrochen geregnet.

Julia verbrachte wieder eine vorwiegend schlaflose Nacht. Am Dienstag würden sie Roberto also das Video zuspielen. Sie betete die ganze Nacht immer wieder, er möge es entschlüsseln. Aber ihr Schutzengel und besonders der für ihn abgeordnete hatten ihren Dienst offensichtlich nicht angetreten, und am Dienstagabend war sie sicher, sie hatten ihren Dienst quittiert, alle beide.

Die Sechs-Uhr-Nachrichten brachten die schrecklichen Informationen: Der *marchese* hatte versucht, Selbstmord zu begehen.

Der Moderator ließ einen Videoclip einspielen, der Roberto zusammengesunken über seinem Schreibtisch in ihrer Padovaner Wohnung zeigte, das Einschussloch in der rechten Schläfe war deutlich zu erkennen, seine Dienstwaffe lag direkt unter seiner herabhängenden Hand. Das Bild schwankte, als Polizisten den Fotografen aus der Wohnung drängten. Zurzeit läge der *marchese* auf dem Operationstisch der Neurologie, aber die Hoffnung sei nicht sehr groß, dass er überlebe.

Er hatte ihre Botschaft also nicht verstanden! Warum nur mussten Journalisten alle Bilder verwerten, warum Roberto so zeigen? Ein Weinkrampf schüttelte Julia und so hörte sie von dem Abschiedsbrief ihres Mannes, den der Moderator vortrug, nur die letzten Worte: »... bitte ich die Mitglieder des *XXI. Gennaio*, meine Frau sofort freizulassen, sie kann Ihnen nun nicht mehr von Nutzen gegen mich sein. Geben Sie sie ihren Kindern zurück, seien Sie barmherzig! Roberto Alessandro Massimiliano Bassner.«

Die Ereignisse begannen sich nun zu überschlagen. *Il Primo*, der im Wohnzimmer mit den anderen Mitgliedern saß, stieß ein triumphierendes, hässliches Lachen aus.

»*La Tedesca* gehört dir, Andrea! Aber nicht vor 22:30 Uhr. Mein Alibi muss stimmen!« Er wandte sich an da Santes. »Und du vernichtest alle Unterlagen und Spuren. Der Fluss führt seit gestern Hochwasser, sehr günstig für uns. Henry kommt mit mir, die anderen beiden sind in der *questura*, wir haben alles unter Kontrolle.«

Julia befand sich in einer hoffnungslosen Gemütslage. Roberto lag im Sterben oder war bereits tot! Machte das Leben, das Überlebenwollen dann überhaupt noch Sinn? Je eher sie ihm folgen konnte, desto besser.

Man hatte ihre Zimmertür geschlossen und sie empfand Dankbarkeit dafür, weil sie mit ihren Tränen und ihrer Trauer um ihren Mann allein sein konnte. Sie wusste nicht, wie viel Zeit vergangen war, als die Tür wieder aufgerissen wurde.

»22:30 Uhr, hat *Il Primo* gesagt!«, hörte sie da Santes beschwörende Stimme.

»Keine Bange, *nonno*, ich halte die Zeit ein. Aber *La Tedesca* gehört mir, hat er gesagt.« Er trug seine Vermummung nicht mehr, aber Julia kannte ihn nicht wieder, sie hatte sein Gesicht ganz anders in Erinnerung. »Gute Arbeit hat mein *chirurgo* geleistet, nicht wahr, *La Tedesca?*«, grinste er, schloss die Tür hinter sich und kam auf sie zu. »Wir wollen doch nun nachholen, wobei wir vor fast zwei Jahren gestört wurden. Schade, dass Angelo nicht dabei sein kann, er hätte es genossen.«

Er öffnete den Gürtel seiner Hose, aber Julia registrierte es nicht einmal, sie fühlte sich innerlich wie tot und Todessehnsucht ergriff Besitz von ihr.

Die Tür wurde erneut aufgerissen, da stand Santes mit einer Pistole in der Hand, die er mit zitternden Fingern auf *Il Quarto* richtete. »Lass *La Tedesca* in Ruhe! Ihrem Tod will ich mich nicht in den Weg stellen«, er versuchte auch jetzt noch seine Rolle zu spielen, »aber eine Vergewaltigung werde ich zu verhindern wissen, sie gehört nicht zu unserem Kampf gegen den Imperialismus!«

Wie durch Zauberei hielt Andrea plötzlich ein Messer in der Hand und aus der Drehung heraus warf er es nach da Santes. Er traf ihn genau in der Brust und der alte Mann brach tot zusammen.

»*Merda*! Jetzt hat er mich mit all der Arbeit allein gelassen und noch seine obenauf gepackt!« Andrea schloss seinen Gürtel wieder und schleifte den alten Mann aus dem Zimmer. Julia sah, wie er ihn am Ende der Terrasse in den Fluss warf.

Genau zu diesem Zeitpunkt entschloss Julia sich, ihrer Todessehnsucht nicht nachzukommen, sie wollte für ihre Kinder am Leben bleiben, ihnen ihre und Robertos Lebensphilosophie vermitteln, da Santes Opfertod sollte nicht vergebens sein. Aber was konnte sie tun? Die Fußfessel hinderte sie an der Flucht, sie hatte hundertundein Mal vergeblich mit allen möglichen Werkzeugen versucht, das Schloss zu öffnen.

Sie hörte Andrea im Wohnzimmer arbeiten, das Geräusch eines Aktenvernichters klang an ihr Ohr und immer wieder warf er ganze Ladungen von zerschnitzeltem Papier in den Fluss. Schließlich schien er fertig zu sein, kam in ihr Zimmer und begann systematisch ihre Zeichnungen von den Wänden zu reißen.

»Der alte Narr hat mir allen Spaß verdorben«, murmelte er vor sich hin und setzte sein Stilett hinter die erste Zeichnung an der Wand an. Julia ignorierte er.

In diesem Moment hörten beide einen näher kommenden Hubschrauber, das Rauschen des Wassers hatte das Geräusch seines Anflugs geschluckt. Über dem Haus verhielt er einen Moment, ein

Suchscheinwerfer strich über die Terrasse und erleuchtete sekundenlang das Wohnzimmer, dann flog er weiter.

Andrea sah zu Tode erschrocken zur Tür, Panik glomm in seinen Augen auf, er stürzte zum Lichtschalter und legte ihn um. Hatte die Polizei sie gefunden, vielleicht sogar durch ihre Videobotschaft? Aber sie hatten nicht damit gerechnet, dass *Il Quarto* völlig kopflos werden und durchdrehen könnte. Mit ihrer Fußfessel war Julia ihm hilflos ausgeliefert.

Er blickte sich wie ein gehetztes Tier um, nur wenig Licht fiel aus dem Wohnzimmer herein, dann stürzte er auf Julia zu. Entsetzt sah sie auf den über ihr schwebenden Stahl des Stiletts, dann stach Andrea zu.

Geschichtssplitter

Colleoni und die Religion

Zwei Stunden Aufenthalt in Amsterdam. Er blätterte in seinem Colleoni-Ordner und las sich ein in das Kapitel, das so gar nicht zu einem *condottiero* passen wollte: Die Religion.

Nur der Condottiero Gattamelata, der bis zu seinem Tode 1443 wie eine Vaterfigur für ihn gewesen war, hatte zusammen mit seiner Frau Geld und Zeit in Religion und Kirche gesteckt.

Auch hier mag Erasmo da Narni Vorbildcharakter gehabt haben. Und natürlich Tisbe Colleoni, geborene Martinengo della Motella!

Nachdem Colleoni 1467 von der Stadt Bergamo das Castello in Malpaga erworben hatte, konnte man das Land südlich von Bergamo und Brescia bis nach Cremona und dem Po als Colleonesco bezeichnen, alle Dörfer und Städtchen gehörten den Martinengos, und Colleoni war mit einer Reihe von Lehen durch die Serenissima belohnt worden, eine ideale Pufferzone zwischen den ständigen Konkurrenten Mailand und Venezia. Und hier herrschten Colleoni, seine Schwiegersöhne und die verwandten Colleonis.

Zur Kirche hielt Colleoni nicht nur wegen ihrer Dogmen, sondern auch in tätiger Nächstenliebe.

1462: Auf seine Kosten wurden die Vergrößerung der Pfarrkirche und das Dominikanerkloster in Basella durchgeführt (im Kreuzgang gibt es heute noch das in Stein gemeißelte Wappen Colleonis). Das Grabmal der vierzehnjährig verstorbenen, illegitimen, aber sehr geliebten Tochter Colleonis befand sich im Chor der Kirche. Erst viel später wurde sie in der Colleonikapelle in Bergamo beigesetzt. Das Kloster in der heutigen Form wurde von Alessandro Colleoni Martinengo, dem Enkel des Condottiero, ausgebaut.

1466: Die Stiftung der Pio Luogo della Pietá in Bergamo, die sich um die Aussteuer mittelloser Bräute kümmerte, und eine der ersten karitativen europäischen Stiftungen, die heute noch besteht, war eines von Colleonis ersten Werken. Nach der Vertreibung der Suardis – nach den Cogliones die zweite bedeutende Bergamasker Familie – hatte Colleoni den Palazzo bekommen. Heute residiert diese Stiftung im Instituto Bartolomeo Colleoni in der via Bartolomeo Colleoni Nr. 11 in Bergamo alta in dem Palazzo, an dem bis heute das Wappen der Cogliones hängt.

1470: Ein Pilgerhaus in Malpaga in der Nähe von Colleonis käuflich erworbenem Kastell, wurde zum Franziskanerkloster S. Incoronata umgebaut. Das Klarissenkloster – S. Chiara in Martinengo – wurde von Tisbe und Bartolomeo ausgestattet, gleichzeitig mit dem Franziskanerkloster. In der Nähe ließen sie ein Kirchlein auf den Feldern für die kirchliche Versorgung der Feldarbeiter errichten.

Colleoni und Tisbe ließen das Heilbad in Trescorre mit Benediktinerinnen als Pflegerinnen ausbauen.

Doch das Kapitel über die Errichtung des wohl bekanntesten Bauwerks, die Colleonikapelle in Bergamo, wollte Omeo Coglione heute nicht mehr lesen, die Augen fielen ihm zu; und auch die ihn immer öfter quälende Frage, welche Spuren er denn auf dieser Erde hinterlassen würde, schob er von sich fort. Der *condottiero* hatte jede Menge hinterlassen, Spuren, die auch Hunderte von Jahren nach seinem Tod im Colleonesco zu finden waren.

kapitel 5

veneto/emilia

PADOVA/RAVENNA, DIENSTAG, 20. AUGUST 2002

So einfach können Sie sich nicht in die Galaxis abmelden, Chef!«

Die Stimme kam von der Tür, und im gleichen Moment wurde die Musik leise gestellt. Roberto drehte sich mit dem Schreibtischstuhl herum, ohne die Waffe zu senken, und sein Blick fiel auf Luciano und Umberto am CD-Spieler.

»Doch! Ich muss es tun, es ist die einzige Lösung!«

»Auf gar keinen Fall, Chef! Wenn Sie Ihr Programm wieder ganz auf der Reihe haben, werden Sie mir recht geben!«

»Verschwindet!«

»Was ist, wenn Giulietta nicht zurückkommt, was wir alle nicht hoffen, aber was ist dann?« Umberto machte einen Schritt auf seinen Freund zu. »Dann hast du die verdammte Pflicht, deine Töchter in Giuliettas Sinne großzuziehen! Bloß weil du keinen anderen Ausweg für dich siehst, kannst du deine Kinder doch nicht zu Vollwaisen machen!«

»Und dass der sogenannte *XXI. Gennaio* Ihre Frau nach Ihrem Selbstmord freilässt, ist doch nur Ihr superkrasses Wunschdenken, Chef!«

Roberto erwachte aus seiner Erstarrung, senkte die Pistole und blickte geistesabwesend auf sie hinunter. Der Schock klang ab. Wie hatte er nur auf die Idee kommen können, sein Tod löse alle Probleme? Für ihn vielleicht, aber nicht für Giulia, Jette und Jana.

»Sie hatten dich fast dort, wo sie dich haben wollten, Roberto! Du musst weiter kämpfen!«

Er sicherte die Pistole und legte sie auf den Schreibtisch. Umberto sagte ihm nicht, dass sie die Patronen in Robertos Dienstwaffe schon vor Tagen durch leere ersetzt hatten. Es war viel besser, wenn er aus eigenem Willen am Leben bleiben wollte.

»Aber wie soll ich kämpfen? Ich habe nur noch achtundvierzig, nein, sechsundvierzig Stunden Zeit!«

»Wieso?«

»Heute Morgen haben sie mir einen Videofilm geschickt, schaut ihn euch an! Julias Leben gegen meines. Aber ich gehe hinaus, ich ertrage ihn nicht noch einmal!«

»Geh hinüber zu Gina, mein Freund! Sie macht dir sicher einen *caffè*!«

Gina umsorgte ihn mit einer mitleidenden Mütterlichkeit, die ihm gut tat. Ein paar *tramezzini* und ein *caffè lungo* weckten seine Lebensgeister wieder und sie lenkte ihn mit allerlei Geschwätz ab. Nach einer halben Stunde kam Umberto herüber, weiß um die Nase und ziemlich geschockt, und holte seinen Freund zurück in seine Wohnung.

»Wenn ich *Il Quarto* in die Finger kriege«, knirschte Luciano, »vergesse ich, dass ich Polizist bin, den baggere ich eigenhändig ab!«

Umberto schwieg, aber die eiskalte Wut in seinen Augen erstaunte Roberto, sie passte so gar nicht zu ihm.

»Du musst den Film noch einmal anschauen, Roberto! So hart es auch für dich sein mag. Du musst es für Giulietta tun!«

»Wozu? Ich glaube nicht, dass ich das durchhalte.«

»Du kannst es, wenn du willst! Hör zu: Hast du bemerkt, dass sie deutsch und italienisch gesprochen hat? Zumindest glaube ich, dass es deutsch ist.«

»Nein, ich habe den Ton abgeschaltet, ich konnte ihr Stöhnen nicht ertragen.«

»Das verstehe ich. Aber der Ausdruck ihrer Augen, hast du den nicht bemerkt? Wenn du auf ihre Augen geachtet hättest, Roberto, dann müsstest du bemerkt haben, dass sie keine Angst hatte. Obwohl sie wusste, was sie erwartete. Ich glaube sicher, dass sie uns etwas mitteilen wollte! Du musst dir den Film ja nicht anschauen, aber hinhören! Und schreibe auf, was sie sagt!«

Roberto riss sich zusammen, sein Freund konnte recht haben und sie waren nicht zur Untätigkeit verdammt, konnten zumindest versuchen zu handeln. Er nahm Papier und einen Stift.

»Die italienischen Wörter und Sätze sind ohne Hinweise, notiere nur die deutschen Wörter, ja? Es geht los.«

»Wenn ich Stopp sage, schaltet ihr auf Standbild!« Roberto war wieder aktiv dabei.

Den einleitenden Text des Chefideologen mit der Nummer Null auf der Vermummung ließen sie aus.

Nach dem ersten Schlag von *Il Quarto* provozierte Giulia ihn mit dem Ausdruck *imbecille*, um im selben Atemzug auf Deutsch fortzufahren: »Du dämlicher Bruder von Taubers Mörder!«

Angelo Longhi hatte einen deutschen Rauschgiftkurier ermordet, *Il Quarto* war also Andrea Longhi. Dann kamen, in den italienischen Text eingebettet, folgende Wörter: »25. Mai ... Herz am Strand ... Fluss mit Fischerhäusern ... Wehr ... rosa Haus ... neben Holzburg ... ich ... fensterloses Zimmer ... zum Deich hin ... angekettet ... der Dritte auch dabei ... Gartenbauprofessor ... Zweiter und Fünfter ... in eurem Haus ...«

Auf die italienische Aufforderung *Il Quartos* antwortete sie nach einigem Zögern deutlich, dass es den *XXI. Gennaio* tatsächlich gäbe, Roberto solle ihn endlich anerkennen, dann käme sie frei. Um dann auf Deutsch hinzuzufügen: »Tu's bloß nicht! ... Holt mich!«

Gespannt blickten Luciano und Umberto auf Robertos Notizen.

»Ich weiß, wo sie ist und drei Namen ihrer Entführer.«

»Das gibt es doch nicht!«

»Doch, doch! Professor da Santes, Henry Salzmann und Andrea Longhi.«

»Die Frau ist unglaublich!« Lucianos Bewunderung klang durch. »Damit geht es *Il Quarto* und Davids Vetter an den Kragen!«

»Und wo, Roberto?«

Roberto übersetzte den Rest und sie bemerkten sein Zögern, während er eine Landkarte holte.

»Du hältst etwas zurück, Roberto!«

»Giulia sagt ... nein, ich glaube es einfach nicht!«

»Was denn?«

»Il Secondo und *Il Quinto* sind *questorinos.«*

»Nein!« Umberto und Luciano riefen es gleichzeitig.

»Was könnte es sonst bedeuten? ›Zweiter und Fünfter in eurem Haus?‹ Aber das ist im Augenblick nebenrangig. Hier, südlich des Po-Deltas in der Emilia«, er deutete auf einen kleinen Fluss, »da waren wir am 25. Mai während unseres Urlaubs.«

»Die Frau hat Nerven wie Drahtseile.« Luciano konnte sich gar nicht beruhigen vor Bewunderung. »Ob die vom sogenannten *XXI. Gennaio* wissen, dass sie sich mit dem Film die Krawatte selbst vom Hals gesprengt haben?«

»Bestimmt nicht«, auch Umberto war voller Anerkennung, »dann hätten sie ihn nicht abgeschickt.«

»Aber da Santes versteht und spricht Deutsch«, Roberto blickte nachdenklich auf die leere Mattscheibe, »er war bei der Videoaufzeichnung dabei, er hätte das verhindern können.«

»Vielleicht ist er auf unserer Seite?«

»Dann hätte er sie befreit, oder uns benachrichtigt. Aber wie dem auch sei, wir müssen einen Plan für Giulias Befreiung machen.«

Roberto holte die Bilder, die Anca ihm vergrößert hatte, und suchte die wichtigsten heraus: Giuli mit dem Herz aus Muscheln, Giuli am Wehr, Giuli am Deich, Giuli bei den Häusern. Deutlich waren die Holzburg und das rosa angestrichene Haus zu erkennen, in dem sie gefangen gehalten wurde, deutlich auch die Pfahlkonstruktionen, auf denen sie standen.

»Ich begehe jetzt erst einmal Selbstmord! Das gibt uns Zeit und verwirrt die Gruppe«, begann Roberto die Planungsphase und auf das Entsetzen in den Blicken der beiden fügte er hinzu: »Natürlich nur zum Schein! Hier unten im Haus wohnt doch Lily und sie ist Maskenbildnerin, oder?«

Zu der Zeit, als die Medien Robertos angeblichen Selbstmordversuch verbreiteten, lagen Roberto, Umberto und Luciano bereits hinter dem Wehr in Deckung und beobachteten die Ferien- und Fischerhäuschen, die sich in bunter Mischung an beiden Ufern ausbreiteten. Ihr Wagen stand etwa einen Kilometer im Landesinneren in einem Pinienwäldchen.

Es war ein trüber Augusttag gewesen, örtliche Gewitter in den Bergen ließen den kleinen Fluss zu einem reißenden Gewässer anschwellen, und besorgt beobachteten die Freunde, dass die Pfahlkonstruktion auch des rosa angestrichenen Hauses, ihrem Zielobjekt, schon ziemlich hoch unter Wasser standen.

Wegen dieser Wetterlage hatten sie ihren ursprünglichen Plan, von See her zu kommen, aufgeben müssen, gegen den Hochwasser führenden Fluss hätten sie keine Chance gehabt. Außerdem störten die über den Fluss verspannten Drähte für die Riesenkäscher. Das Hochwasser hielt aber auch die Freizeitangler fern und das Gewitter, das jetzt über ihnen hing, vertrieb eventuelle störende Spaziergänger.

Auf der Deichstraße in Höhe ihres Zielobjekts stand ein dunkelfarbener Mercedes, aber von ihrer Position aus konnten sie selbst durch ihr Fernglas die Nummer nicht erkennen.

»Ich seh mich mal um«, flüsterte Luciano in Robertos Ohr.

»Aber keine Toten!«

Urplötzlich war er fort, wie vom Erdboden verschluckt, doch kurz darauf lag er wieder neben ihm – dachte Roberto, aber der Mann neben ihm war deutlich länger als Luciano.

»Ich bin's, Omeo!«, wisperte er.

»Wie hast du uns gefunden?«

»Du bist kein Mann für Selbstmord! Sandro hat mich informiert. Ich bin dem Krankenwagen gefolgt bis zum *ospedale* der Barmherzigen Schwestern, habe am Hinterausgang gewartet und bin euch hinterhergefahren.«

»Warst du allein?«

»Ja, und es ist euch auch sonst keiner gefolgt. Ich bin sozusagen eure Nachhut!«

»Ich vermutete dich in Südamerika. Sagte jedenfalls der *Betrieb*.«

»War ich auch bis gestern. Ich bin zwei Tage eher zurückgekommen.«

»Und wer war das in Bergamo neulich Nacht?« Roberto hatte die Flüsterstimme für Omeos gehalten.

»Ebenfalls Sandro.«

»Was weißt du?«

»So gut wie nichts. Sie hatten mich in Südamerika kaltgestellt.«

Sie schwiegen.

Luciano lag dreißig Minuten später wieder neben ihnen, ebenso lautlos und unvermutet, wie er verschwunden war. Sie wollten die anbrechende Dämmerung abwarten, um unter das Haus zu kommen, in dem sie Julia gefangen wussten.

Luciano zeigte keinerlei Überraschung über die Anwesenheit des Bergamasken, während Roberto voll von tiefem Misstrauen steckte, schließlich gehörte sein Vetter zum *Betrieb* und wer konnte ausschließen, dass der seinen Daumen bei Giulias Entführung nicht in der Suppe gehabt hatte. Doch der Augenblick zum Streiten war der denkbar ungünstigste.

Plötzlich kamen zwei Männer aus dem Haus, sie stiegen in den Mercedes und fuhren ab. Umberto gab es leise per *telefonino* an Vittorio weiter, man würde dem Mercedes zu folgen versuchen. Sie waren die einzigen drei Polizisten aus der *questura*. Nach Giulias

Informationen über *ihr Haus* trauten sie dort niemandem außer dall'Aria, aber der befand sich zwei Tage lang dienstlich in Lucca, und Sandro, und der war an seinem freien Tag nicht auffindbar gewesen.

Selbst Tramontan wollte Roberto nicht eingeweiht wissen, zu willentlich hatte er die Existenz des *XXI. Gennaio* nicht in Abrede stellen wollen. Vittorio und seine *caramba* waren die bessere Wahl und ihnen der Großeinsatz um 22:00 Uhr anvertraut worden. Hoffentlich verdarb Coglione nicht alles, sie mussten ihn mitnehmen, wer weiß, wen er sonst informierte?

Die Ungewissheit, wer mit welcher Bewaffnung noch im Haus war, hatte sie von einem Sturm auf dasselbe abgehalten, nach Giulias Informationen konnten es noch bis zu vier Personen sein. Luciano informierte sie, dass keine Wachen im Umfeld aufgestellt waren, man konnte also sofort mit der Aktion beginnen, in das Haus von unten einzudringen.

Alle außer Coglione steckten in Taucheranzügen, wasserdichte Rucksäcke mit Werkzeug und Waffen auf dem Rücken. Sie seilten sich aneinander und begannen ihren Weg unter den Häusern hindurch. Die Strömung und das schwere Gepäck kosteten einiges an Kraft. Zweimal war der Unterbau seitwärts verschlossen, so dass sie außen herum durch die reißende Strömung ihren Weg suchen mussten.

Nach einer knappen halben Stunde befanden sie sich unter ihrem Zielobjekt. Luciano leuchtete die Bodenplatten an, die sich etwa zwei Meter über ihnen befanden. Das Wasser reichte ihnen je nach Größe bis zum Bauch oder bis zur Brust.

Die Erbauer des Hauses hatten gute Vorsorge getroffen, dicke Asbestplatten waren fest verschraubt, Schrauben und Muttern durch das Seeklima stark verrostet. Zwei von ihnen begannen die Schrauben zu lösen – nur gut, dass Umberto in weiser Bastlervoraussicht auf Rostauflöser bestanden hatte. Omeo Coglione erwies sich als eindeutige Bereicherung, durch seine Größe war er geeigneter als der kleine Luciano, der den Boden des Hauses knapp erreichte.

Trotzdem war es eine Sisyphusarbeit. Wenn sie ihr Handgelenk nicht mehr spürten, lösten sie sich ab, und doch verrann die Zeit viel zu schnell. Als sie vier Bodenplatten, die mit je zwölf Schrauben befestigt gewesen waren, entfernt hatten, zogen sie die Isolierung heraus, aber auch die darüber liegenden Fußbodenbretter waren noch einmal sehr solide befestigt. Die Zeit raste.

Vorsichtig und um Lautlosigkeit bemüht, begannen sie die Bretter zu lockern – zehn Minuten noch, bis der Großeinsatz begann. Luciano rutschte das Stemmeisen weg, es verschwand in den Fluten. Mit Schraubenziehern versuchten sie verbissen, gegen die Zeit zu kämpfen.

Noch acht Minuten! Das erste Brett bewegte sich! Plötzlich hörten sie durch das Rauschen des Flusses das Geräusch eines näher kommenden Hubschraubers. »*Maledizione*!«, fluchte Umberto, sieben Minuten fehlten ihnen, der Hubschrauber kam zu früh!

Sie arbeiteten wie die Wilden, nahmen nun keine Rücksicht mehr auf geräuschloses Handeln und nach weiteren fünf Minuten hatten sie eine sechzig mal sechzig Zentimeter große Öffnung herausgestemmt. Umberto als unterstes Glied der Räuberleiter half Luciano hoch, der seine Pistole zwischen den Zähnen hielt, und dann Roberto. Er selbst sah für seine Körperfülle keine Chance hindurchzukommen und machte sich mit Coglione auf den Weg zur Haustür.

Gleichzeitig kehrte der Hubschrauber zurück. »Achtung! Achtung! Hier spricht die Polizei!« Taghell war die Nacht erleuchtet. »Das Haus ist umstellt! Kommen Sie mit erhobenen Händen heraus!«, hallte es durch die Nacht.

Die von unten eindringenden Männer waren tatsächlich in Giulias Gefängnis herausgekommen, ihre Beschreibung war präzise gewesen. Aber sie befand sich nicht mehr in diesem Raum. Die Tür zum Wohnzimmer stand offen, Andrea Longhi, *Il Quarto*, drehte ihnen den Rücken zu, er sah zur strahlend hell erleuchteten Terrasse hin. Von Giulia und Professor da Santes fehlte dagegen jede Spur.

»Hände hoch, Polizei!« Auf Lucianos Ruf hin gab Andrea sofort auf. Luciano wies ihn auf seine Rechte hin und legte ihm Handschellen an, der Spuk war vorbei.

»Diesmal sind Sie zu spät gekommen, *commissario*!« Andreas Augen funkelten höhnisch.

Nein, mit so einer schnellen, endgültigen Reaktion hatten Roberto und seine Freunde nicht gerechnet, und auch Omeo Cogliones Miene drückte Enttäuschung aus.

Luciano führte Andrea nicht gerade sanft in eines der kleinen

Schlafzimmer und schloss die Tür hinter sich; Roberto war es gleich, was er mit ihm anfing, aber Umberto behielt seinen klaren Kopf und öffnete die Tür wieder.

»Das reicht, Luc! Um Longhi ist es nicht schade, aber du sollst dich morgen im Spiegel noch anschauen können. Raus mit ihm!«

Also brachte Luciano Andrea rasch hinaus zu einem der inzwischen von allen Seiten ankommenden Wagen der *caramba.*

Roberto machte sich auf die Suche nach den Spuren seiner Frau. Andrea galt als Spezialist mit dem Messer, deshalb gab er sich keinen illusionen hin, besonders nicht nach dessen abschließend klingender Bemerkung.

Er betrat den Raum wieder, der während der vergangenen Wochen ihr Gefängnis gewesen war. An der Wand stand ein im Fußboden fest verankertes Bett, am Fußende baumelte an einer langen Kette eine jetzt geöffnete Handschelle. Er konnte noch die eingedrückte Stelle auf dem erstaunlich sauberen Kopfkissen sehen, dort, wo Giulis Kopf bis vor kurzem gelegen hatte. Etwas tiefer, in Höhe ihres Herzens, glänzte ein Blutfleck. Er berührte ihn mit den Fingerspitzen, das Blut war noch nicht getrocknet, sie hatte noch vor ganz kurzer Zeit hier gelegen.

Roberto schaute auf seine Finger, an denen Giulias Herzblut klebte, und eine Woge der Verzweiflung schlug über ihm zusammen. Ein zu früh gestarteter Hubschrauber hatte ihren Tod herbeigeführt, sie waren um sieben Minuten zu spät gekommen.

Eine Sandalette Giulias lag neben dem Bett. Als er sich bückte, um sie aufzuheben, sah er das blutbefleckte Messer unter dem Bett liegen. Umberto, der unbemerkt eingetreten war, hinderte ihn, es aufzuheben, Robertos logisches Denken hatte völlig ausgesetzt.

»Hier sind Schleifspuren.« Umberto legte ihm voller Mitgefühl eine Hand auf die Schulter und gemeinsam sahen sie auf das Blut, das auf eine Zeichnung getropft war.

Ein Teil ihrer hier angefertigten Zeichnungen mit vielen Variationen alter italienischer Gärten lag auf dem Boden, der andere Teil zierte noch die Wände. Das Blut verschmierte das mit Buchsbaum eingefasste Beet eines kunstvollen elisabethanischen Knotenparterres. Andrea hatte ihren Körper wohl hindurchgeschleift.

Die Spuren führten auf die etwa zwei Meter über dem Wasserspiegel liegende Terrasse. Darunter befand sich, knapp über dem wild dahinschäumenden Fluss, ein halb so breiter Anlegesteg.

Umberto leuchtete hinunter und wieder glänzte ein Blutfleck im Licht der Taschenlampe, Giulias zweite Sandalette lag daneben. Andrea hatte ihren Körper über die Terrasse in den Fluss werfen wollen, ihn in der Eile aber auf den Anleger fallen lassen.

Roberto kletterte die Stiege hinunter, wie auch Andrea es wohl getan hatte, um sein grausiges Werk zu vollenden. Er hob die Sandalette auf. Vor mehr als zwei Monaten hatten sie sie in Ravenna gekauft und Giulia hatte sie, wenn sie nicht barfuß gelaufen war, die glücklichen zwei Wochen über getragen.

Umberto kam ihm nach und sagte mit Bedauern in der Stimme: »Es tut mir so leid, Roberto. Aber nun komm, es hat keinen Zweck hier zu stehen und zu warten.«

Roberto wollte erwidern, er solle ihn mit seinem Schmerz allein lassen, als ein *brigadiere* Umberto von oben ein Sprechfunkgerät herunterreichte und sagte, er würde dringend von einem der Hubschrauberpiloten verlangt.

Dieser informierte ihn, dass drei- bis vierhundert Meter südlich des Hauses, am Ende der Bebauung, kurz vor der Flussmündung zwei leblose Körper am Strand lägen. Sie hätten sie mit ihrem Suchscheinwerfer erfasst, könnten aber wegen der Leitungen und Netzverspannungen für die Käscher der Fischer nicht landen.

»Bleib hier!«, sagte Umberto, »ich schau nach, ob Giulietta dabei ist.«

Aber Roberto bestand auf seinem Mitkommen, er brauchte Gewissheit. Schnell zogen sie sich um und fuhren den holperigen Weg hinter den Häusern bis zu den Dünen vor der trichterförmigen Flussmündung. Das Hochwasser hatte seinen Höchststand vor etwa zwei Stunden erreicht, jetzt ging es zentimeterweise zurück.

Der erste Körper lag noch mit dem Beinen im Wasser, es handelte sich eindeutig um da Santes. Er war tot, ein Messer steckte in seiner Brust, das Hochwasser hatte seinen Körper hier abgeladen.

Roberto berührte ihn nicht und ging zu dem zweiten, etwa zwanzig Meter flussab, aber höher am Strand liegenden Körper, der im Kegel des Suchscheinwerfers zu sehen war: Kein Zweifel, das war Giulia.

Roberto richte den Strahl seines starken Handscheinwerfers dorthin und winkte dem Hubschrauber abzudrehen, der höllische Lärm verebbte, als er Richtung Meer flog.

Es sah aus, als schliefe sie. Giulia lag halb auf der Seite, den rechte

Arm unter ihrem Körper, das linke Bein lag angezogen unter dem rechten. Die nassen, mit Tang verflochtenen Haare verdeckten ihr Gesicht; ihre Bluse war in der Höhe des Herzens blutgetränkt und Blut tropfte ganz langsam in den Sand.

Nie wieder würde er sie in den Armen halten können, nie wieder ihre bedingungslose Hingabe spüren, nie wieder würde ihr ansteckendes Lachen ertönen, nie wieder ihr Lächeln ihn anstrahlen, nie wieder würden ihre Töchter ihre liebevolle Umarmung spüren, nie wieder würde sie ihn mit ihrer Lebensfreude anstecken!

Er war sieben Minuten zu spät gekommen und hatte sie allein sterben lassen.

»Vergib mir, *l'anima mia*!«, presste er heraus und ließ sich neben ihr in den Sand fallen.

Dienstagnacht, 20. August 2002

Dass es im Paradies so nass war und dass es so penetrant nach Algen roch, hätte Julia nun nicht geglaubt. Sie hatte es sich licht und hell vorgestellt, so wie in der großen frühchristlichen Basilika in St. Apollinaris in Classe, die von einem reichen griechischen Bankier gestiftet worden war.

»Ich dachte, bei deiner Garten- und Naturliebe würden dir diese Mosaiken besonders gefallen«, erinnerte sie sich an Robertos Stimme und wie sie staunend vor der Apsis gestanden hatten, in deren oberen Halbkugel der heilige Apollinarus zwischen mannigfaltigen Bäumen, Büschen, Blumen und weißen Schäfchen auf einer hellgrünen Mosaikwiese stand. Deutlich konnte Julia Ölbäume, Zypressen und Kiefern unter den Bäumen erkennen, Lilien, Gänseblümchen und Margeriten als Blumen, dazu Vögel und Felsen, und die ganze Apsis strahlte Lebenslust und Freude an der Schöpfung aus.

Ja, so sah das Paradies aus, aber wie war sie nur hierher gekommen in dieses nasskalte Paradies? Sie erinnerte sich noch, wie sie bis zur Erschöpfung gegen das Hochwasser gekämpft hatte, nachdem Andrea sie in der Annahme, sie sei tot, in den Fluss gestoßen hatte. Und wie sie untergegangen und fast ertrunken war, bevor sie Sand unter den Füßen gespürt hatte.

Oder war sie doch ertrunken und nun in der Unterwelt? Ja, so musste es sein, und es war auch egal, wo sie war, denn nun hörte sie Robertos Stimme, und da er tot war, musste auch sie es sein.

»Es muss dir nicht leid tun, mein Herz! Hauptsache, wir sind beieinander!« Ihre Stimme klang ein wenig gepresst, und sie erinnerte sich, dass sie, bevor sie in den Fluss geworfen wurde, schmerzhaft mit ihren Rippen auf dem unteren Anleger aufgeschlagen war.

»Umberto, eine Ambulanz, schnell!«, ertönte Robertos Stimme voller Kraft und Hoffnung.

Wozu brauchte man im Paradies eine Ambulanz, überlegte Julia.

»Bist du sicher, Roberto?«, Umbertos Stimme klang weit entfernt und zweifelnd.

Was macht Umberto hier im Paradies? Julia war verwirrt.

»Und Decken, mehr Licht und den Verbandskasten!« Sie spürte die vorsichtigen Hände, die den nassen Vorhang ihrer Haare beiseite schoben. »Nun musst du doch nicht allein sterben, Giuli! Ich bin bei dir.«

Ganz nahe und liebevoll hörte sich Roberto dicht neben ihrem Ohr an und in diesem Moment entdeckte sie, dass sie sich nicht im Paradies befand, sondern am Flussufer, das sie hinaufgekrochen und wo sie dann vor Erschöpfung zusammengebrochen war. Und Roberto lebte!

»Das habe ich überhaupt nicht vor! Zu sterben, meine ich. Aber wieso lebst du noch, Ro? Sie haben doch Bilder von dir gezeigt, wie du dich erschossen hast.«

»Das war gestellt. Hätte ich gewusst, dass du …?«

»Ihr habt also meine Nachricht verstanden?«

»Ja, *cara*! Und trotzdem waren wir zu spät dran. Hast du große Schmerzen?«

»*Niente*, nur das Atmen tut weh. Hilf mir, mich umzudrehen, ich liege gerade auf meinen angeschlagenen Rippen.«

Umberto kam angeschnauft und Roberto bat ihn um Hilfe.

»Sollten wir sie nicht so liegen lassen, bis die Ambulanz kommt? Wer weiß, wenn der Herzbeutel …?«

»Unsinn! Mir fehlt fast nichts!«

Als Julia von den beiden Männern vorsichtig umgedreht wurde, stöhnte sie ein wenig, aber als sie endlich mit ihrem Kopf auf Robertos Oberschenkel lag und er sich über sie beugte, konnte sie ohne Schmerzen atmen und versuchte ein zaghaftes Lächeln.

Roberto öffnete ihre Bluse, immer noch eine schwere Stichverletzung in Herznähe vermutend, aber seine Erleichterung war grenzenlos, als er nur eine jetzt wieder leicht blutende Fleischwunde an der linken Außenseite ihrer Brust sah. Er presste ein Verbandspäckchen darauf und Umberto deckte sie zu.

»*Misericordia*!«, sein Aufatmen kam aus vollem Herzen. »Jetzt weiß ich auch, warum ihr die Adresse eures Schutzengels so geheim haltet! Diesmal war er wohl mit Onkeln und Tanten, Vettern und Cousinen unterwegs, um dich zu schützen!«

Er kniete sich schwer atmend neben sie. Roberto hielt mit einer Hand das Verbandspäckchen, mit der anderen wischte er ganz vorsichtig die Sandkörner von Julias Gesicht.

»Andrea ist doch sonst ein *specialistà* mit dem Messer. Wollte er dich verschonen, Giulietta?«, wunderte sich Umberto.

»Der bestimmt nicht, am liebsten hätte er mich schon vor Wochen umgebracht. Nein, mein *portafortuna* hat mich gerettet.« Sie suchte mit der rechten Hand in der Brusttasche ihrer zerfetzten Bluse und zog das kupferne Messingherz heraus, das Roberto ihr auf dem Jahrmarkt in Chioggia geschossen hatte. Ein Kratzer zog sich quer über das Metall hin, dort, wo Andreas Messer abgeglitten war.

»Der *angelo custode* hatte wirklich ganze Arbeit geleistet. Ich sag's den anderen!« Umberto erhob sich.

»Jetzt schließt sich der Kreis«, flüsterte Roberto fast unhörbar und dicht über sie gebeugt »Als ich dich verlor, war dein Gesicht auch voller Sand.«

»Du hast mir so leid getan, Roberto!« Julia streichelte sein Gesicht, das dicht über ihres gebeugt war. »Ich habe all deine Interviews und Pressekonferenzen im Fernsehen verfolgt, und ich weiß doch, wie du so etwas hasst!« Und flüsternd fügte sie hinzu: »Du weinst ja!«

Typisch Giuli, dachte er, da liegt sie hier halb ertrunken, mit angeschlagenen Rippen und blutend, und ich tue ihr leid!

»Das habe ich durch deinen Vater gelernt«, flüsterte er zurück. »Es tut gut. Und zu wissen, dass du nicht mehr leiden musst.«

»Gelitten hast du mehr, Roberto!«

»Komm du erst einmal wieder auf die Beine, Giulietta!« Umberto war zurückgekommen und lachte erleichtert. »Dann kannst du ihn bedauern! Hörst du da hinten den Jubel? Eben haben die Kollegen von deinem Überleben erfahren.«

»Ist Coglione bei ihnen?«, wollte Roberto wissen.

»Ich habe ihn nicht mehr gesehen, nachdem wir die Haustür gestürmt hatten.«

Ravenna, Mittwoch, 21. August 2002

Nach nur drei Stunden Schlaf holten sie Roberto aus seinem Hotelbett. Ein Spezialteam des Innenministeriums wollte ihn befragen und danach, wenn sie aufgewacht wäre, auch seine Frau.

»Halt, halt, *signori*«, Roberto reagierte voller Abwehr, »das entscheiden nicht Sie, sondern die Ärzte.«

Wer ihn nicht kannte, legte sein Verhalten als höchst arrogant aus. Zum Glück erschien in diesem Moment dall'Aria, der Roberto umarmte und ihm aus vollem Herzen gratulierte.

»Und ausgerechnet an diesem Tag muss ich in Verona sein! Ich bin sofort nach Bekanntwerden der Geiselbefreiung mit einem Polizeihubschrauber hergekommen, obwohl ich das Beste verpasst habe!«, beschwerte er sich jovial und klopfte Roberto noch einmal auf den Rücken. Dann vermittelte er zwischen seinem *dirigente* und den Spezialisten. Sie sollten noch ein wenig Geduld haben, dann würde man sehen.

Die fünf Herren zogen sich ein wenig verärgert an die Hotelbar zurück.

»Ich bleibe wohl besser bei den Vernehmungen dabei«, dall'Aria begleitete ihn durch die Hotelhalle hinaus in die Sonne, »du fällst schon wieder in alte Verhaltensmuster zurück, mein lieber Roberto! Deine Verärgerung gegenüber Bürokraten steht dir ins Gesicht geschrieben. Sei friedlich!«

Früher war sein Ton Roberto gegenüber ein anderer gewesen, aber in den vergangenen Monaten hatte er dall'Aria schätzen gelernt und so entspannte er sich.

»Wo finde ich dich, Cesare?«

»In der hiesigen *questura*. Und dich finde ich sicher bei deiner Frau.«

»Sicher. Und danke! Für alles!«

»*Niente*!«

Roberto gab ihm ihre Zimmernummer, aber bevor er den nächsten Blumenladen ansteuern konnte, traf er in der Lounge des

Hotels auf den eben eintreffenden *conte* Berini und sofort schrillten in Roberto sämtliche Alarmglocken.

»Herzlichen Glückwunsch, Roberto!« Jovial lächelnd kam er auf ihn zu und schüttelte ihm voller Begeisterung die Hand. »Da haben wir gute Arbeit geleistet, wie? Wie geht es der kleinen Giulia? Sie hat doch nicht zu viel leiden müssen? Ich geh jetzt gleich auf eine Pressekonferenz! Du kommst doch mit, oder?«

Roberto winkte ob so vieler rein rhetorischer Fragen, auf die der *conte* keine Antwort erwartete, ungeduldig ab. Auf dem Weg zum Blumenladen überlegte er, dass der *conte* Berini, Bartolomeo Berini, immer da auftauchte, wo kurz vorher der Syndikatsboss *Colleoni* gewesen war.

Versteckt hinter einem riesigen Strauß gelber Rosen versuchte Roberto sich an den Journalisten vorbei ins *ospedale* zu mogeln. »Gegen elf Uhr wird sie wieder ansprechbar sein«, hatte der Arzt ihm in den frühen Morgenstunden gesagt und hinzugefügt: »Unser *specialistà* im Sticken und Nähen hat hervorragende Arbeit geleistet, die Naht wird kaum zu sehen sein. Und die Rippenprellung klingt bald ab. Sonst ist ihre Frau okay. Sie können sie heute Nachmittag mit nach Hause nehmen.«

Der Rosenstrauß half nicht. Roberto kaufte sich bei den Journalisten mit dem Versprechen frei, dass seine Frau, sobald sie dazu in der Lage sei, ihnen ein Interview geben würde. Allen? Ja, eine Pressekonferenz.

Sie war schmal geworden während der vergangenen zwei Monate und ihre in den zwei Urlaubswochen sonnengebräunte Haut fast wächsernd durchscheinend. Er hatte sich ihr Gesicht von Andreas Schlägen geschwollen und entstellt vorgestellt, aber alles schien verheilt. Sollten sie das Video schon früher gedreht haben?

Als ob sie seine Anwesenheit spürte, öffnete sie die Augen. »Ist es wirklich wahr, alles ist vorbei, Ro?«

Er streichelte über ihr Gesicht und küsste sie vorsichtig.

»Jawohl, meine *nereide*!« »Du meinst, weil ich noch Tang im Haar habe?« Sie küsste ihn weit weniger vorsichtig. »Nur *nereiden* überleben ein solches Hochwasser!« Er setzte sich und hielt ihre Hand.

»Und nun sag mir, was machen die Kinder?«

»Ich habe vorhin mit Jano telefoniert, es geht ihnen prächtig und sie schreien laut nach ihrer Mutter.«

»*Sciochezze*! Erstens können sie noch nicht sprechen und zweitens werden sie mich nicht wiedererkennen!«

»*Sciochezze*!«

»Wann kann ich zu ihnen?«

»Bald.«

»Das ist keine Antwort, das ist Ausweichen!«

»Du bist ja schon wieder ganz schön streitsüchtig! Hast du Schmerzen?«

»Nur schrecklichen Hunger und Durst!«

Dem half eine Schwester ab und beim Essen berichtete Roberto, wie sie ihre Videobotschaft entschlüsselt hatten, aber von der überschnellen Reaktion der Terroristen überrascht worden waren, und dann berichtete sie, wie Andrea sie für tot hielt, sie los schloss und sie sich völlig entspannt hatte, so dass er keinen Verdacht schöpfte. Alles andere war so verlaufen, wie Roberto es anhand der Spuren rekonstruiert hatte.

»Das erste Vernehmungsteam wartet schon auf uns, Giuli. Dall'Aria hat sie nur noch etwas vertröstet, ich muss gleich los. Wie sieht es mit dir aus? Traust du dir eine Befragung schon zu?«

»Je eher, desto besser, aber ich fühle mich noch ziemlich müde.«

Eine verspätete Visite wurde extra für Julia gemacht, die Ärzte waren zufrieden. Sie solle sich noch bis zum Nachmittag ausruhen, dann könne ihr Mann sie abholen.

»Wann kann ich zu meinen Kindern?«

»Befragung, Presseinterview, Heimfahrt. Meinst du, das schaffst du?« Roberto hätte sie am liebsten in Watte gepackt und unter eine Glasglocke gestellt; er konnte sich nicht genug wundern, wie seelisch stabil sie nach zweimonatiger Gefangenschaft war, die Unternehmungslust leuchtete aus ihren Augen.

»Eine Pressekonferenz? Mit diesen Haaren? Niemals!« Julia zog noch einen Tangrest heraus.

»Erst Mittagschlaf!«, ordnete die unnachgiebige Oberschwester an, aber Julia sah, wie eine Lernschwester ihr zuzwinkerte, und schluckte ihren Widerspruch hinunter.

Diese kam nach ein paar Minuten tatsächlich zurück und brachte Shampoo mit. Sie bot an, Julia beim Waschen und der Entwirrung ihrer Haare zu helfen, und damit die eventuell zurückkehrende Oberschwester zufrieden wäre, stopften sie ein paar Kissen ins Bett.

Das Waschbecken lag in einer Zimmerecke, die von der Tür nicht einsehbar war. Die Lernschwester zeigte große Geduld mit Julias verfilzten Locken, wusch die Haare noch einmal und frottierte sie trocken, als plötzlich die Tür aufgerissen wurde und eine Salve aus einer automatischen Waffe das Bett und den Rosenstrauß zerfetzte.

Die beiden jungen Frauen suchten rein instinktiv Schutz unter dem Waschbecken. Julia fiel dabei unglücklich und ein unbeschreiblicher Schmerz zuckte durch ihre linke Schulter, auch ihre Rippen schmerzten und ihr wurde schwarz vor Augen.

Im Flur draußen wurde auch geschossen, dann war der Spuk auch schon vorbei. Das Erste, was wieder in Julias Bewusstsein drang, war Robertos verzweifelte Stimme, der das zerschossene Bett und die über das ganze Zimmer verstreuten Glassplitter der Vase und die Blumenreste sah: »*Dio mio*, das darfst du nicht zulassen!« Aber dann hörte er das Schluchzen in der Zimmerecke und mit zwei großen Schritten war er bei ihr.

Bis hierher hatte Julia die achtwöchige Gefangenschaft, die dramatische Befreiung und ihre Verletzungen mit guter Beherrschung überstanden, aber diese erneute Gewalttätigkeit brachte das Fass zum Überlaufen. Sie hörte ihrem hysterischen Schluchzen wie einer Fremden zu, als Roberto sie unter dem Waschbecken hervorzog und sie sich mit ihrem unverletzten Arm an ihm festkrallte. Sie weinte haltlos.

»Ich will hier raus, Roberto! Bring mich hier weg! Jetzt sofort!« Sie verlor jegliche Kontrolle über sich.

Sie brachten die sich an ihrem Mann festklammernde Julia in ein anderes Behandlungszimmer, und auch da ließ sie ihn nicht los. Ein ganzes Ärzteteam stürzte herein.

»Ich will hier raus! Bring mich hier weg, Roberto! Jetzt sofort!«, wiederholte sie schluchzend. »Nein, ich will keine Beruhigungsspritze! Ich will hier raus!« Sie wusste, dass er ihr hysterisches Verhalten nicht schätzte, aber schließlich bewirkte der Schmerz in ihrer linken Schulter, dass sie sich langsam beruhigte.

»Eine ausgerenkte Schulter«, diagnostizierten die Ärzte. Einer nahm Roberto beiseite und redete mit ihm, während die anderen Julia behandelten.

»Ich darf dich mit ins Hotel nehmen, Giuli«, beruhigend streichelte er über ihr frisch gewaschenes und jetzt trockenes und gelocktes Haar, »aber du musst erst deine Fassung ganz wiedergewonnen haben, denn wir müssen durch eine Meute von Journalisten.«

»Ist schon vorbei! Entschuldige!« Sie lächelte ihn an, fasste Mut und stellte sich mit seiner Hilfe vorsichtig auf die Beine, die linke Schulter bandagiert und der Arm in einer Schlinge.

»Da gibt es nichts zu entschuldigen, *l'anima mia!* Du hast mich gelehrt, nichts in mich hineinzufressen, nun gebe ich dir deinen Rat zurück!«

Roberto versprach den wartenden Journalisten eine Pressekonferenz, aber nicht sofort, denn seine Frau sei noch sehr erschöpft. Ihr Interesse wandte sich in diesem Augenblick einem Sprecher der *caramba* zu, die Schießerei im Krankenhaus schien eine noch bessere Schlagzeile zu werden als die befreite Geisel. Zwei als Krankenpfleger verkleidete Terroristen hatten die beiden vor dem Krankenzimmer wachhabenden Polizisten überwältigt und eine Salve aus ihrer Maschinenpistole ins Krankenzimmer gefeuert, bevor sie von herbeieilenden Sicherheitskräften der *caramba* überwältigt worden waren.

Das dann doch von Julia akzeptierte Beruhigungsmittel wirkte endlich, sie schlief dicht an Roberto gedrängt ein, während er seine Finger sacht an ihren Hals legte, das Pochen ihrer Schlagader ertastend und mit jedem ihrer Herzschläge ein Stückchen mehr ins Leben zurückkehrend.

Morgens gegen drei erwachte sie, verlangte ein Schmerzmittel und begann dann, flüsternd und stockend erst, dann aber immer folgerichtiger und flüssiger, ihrem Mann die Geschichte ihrer achtwöchigen Gefangenschaft zu erzählen.

»Glaubst du mir nun, dass es dir schlechter gegangen ist als mir?«, beendete sie nach fast zwei Stunden ihren Bericht. »Die Ungewissheit muss für dich schrecklich gewesen sein.«

»Du darfst unter keinen Umständen aussagen, dass du die Stimmen der fünf Terroristen …«

»Es gibt keine Terroristen, nur Syndikatsmitglieder. Und Henry Salzmann ist auch einer von ihnen, wenn er auch gleichzeitig für einen Geheimdienst arbeitet.«

»… dass du irgendwen an der Stimme identifizieren kannst!«

»Aber ich habe das alles haarklein auf die Rückseiten meiner

Zeichnungen in dem Haus am Fluss geschrieben. So als Art Tagebuch, falls ich nicht überlebe.«

»Wahnsinn! Mein Gott, wenn das einer liest!« Roberto stand auf und griff zum Telefonhörer. »Vittorio? Du musst mir einen Gefallen tun! Bewacht ihr das Haus am Fluss noch? Was??? Es ist ausgebrannt? Wie konnte das passieren? Nun hängt alles einzig und allein an Giulias Aussage.«

Er lief im Zimmer auf und ab, eine tiefe Sorgenfalte auf der Stirn, und Julia störte ihn nicht in seinen Überlegungen. Schließlich, die Sonne war schon aufgegangen und schickte ihre Strahlen durch das Fenster, setzte er sich zur ihr auf das Bett und gab ihr Instruktionen für ihre Aussage.

»Kannst du das Wesentliche wiederholen, Giuli? Ich weiß, ich mute dir einiges zu, aber ich halte es so für besser.«

Sie war froh, dass er sie leitete, denn die Kraft, alles allein durchzustehen, fehlte ihr noch und sie vertraute Robertos Lebenserfahrung, die er ihr um mehr als zwanzig Jahre voraus hatte.

»Erstens«, wiederholte sie, »ich zeige keine Sympathien für Professor da Santes und erzähle nicht, wie er mich regelrecht verwöhnt hat. Zweitens, ich berichte nur, dass er sich auf unsere Seite geschlagen hat, weil er sich ausgenutzt und verraten gefühlt hat. Drittens, ich erwähne nicht, dass ich Andrea Longhi an der Stimme erkannt habe. Da Santes hat mir seinen Namen genannt. Und von seiner Gesichtsoperation sage ich auch nichts. Viertens, dasselbe gilt für Henry Salzmann, der meines Wissens mit internationalem Haftbefehl gesucht wird, und ich verschweige, dass er sich als noch immer für die *Firma* arbeitenden Agenten geoutet hat.«

»Du begreifst auch warum?«

»Nicht ganz.«

»Es laufen noch vier gefährliche Mitglieder des *Colleoni*-Syndikats frei herum. Ich möchte nicht, dass sie erfahren, was wir alles wissen. Versprich mir, möglichst schweigsam zu sein.«

»Ich verspreche es!«

Roma/Ravenna, Donnerstag, 22. August 2002

Der *conte* Berini schritt in dem Besprechungsraum des Hotels unruhig hin und her. Die Aussagen der befreiten Geisel Giulia Bassner, die ihm und seinen Kollegen eben aus Ravenna übermittelt worden waren, sorgten bei ihnen für ziemliche Aufregung.

Der *deputato* aus der Molise zündete sich eine Zigarette an der anderen an, der *commendatore* aus der Lombardei faltete das Silberpapier einer verspeisten Schokoladentafel immer wieder zusammen, nahm es auseinander, strich es glatt, um es dann wieder zusammenzulegen, das fünfte Mal bereits. Der Geheimdienstgeneral betrachtete angelegentlich seine gut manikürten Fingernägel, und sein amerikanischer Kollege sah zum wiederholten Male auf seine Aufzeichnungen.

»Wenn die Aussagen dieser Frau an die Öffentlichkweit gelangen, können wir einpacken!« Der *conte* sprach aus, was alle dachten.

»Ihre Entführung nichts weiter als die Tat einiger Krimineller, um ihrem Mann zu schaden! Ein Desaster!« Der Amerikaner blickte angriffslustig in die Runde. »Und wer hat Schuld daran? Dieser italienische Dilettantismus!«

Die Parlamentarier fuhren unisono hoch und ein wildes Dementieren, Beschuldigen und Lamentieren füllte den Raum für eine geraume Weile. Doch dann erstarb die Aufgeregtheit und eine unschlüssige Ruhe kehrte ein.

»*Colleoni* hat versagt, *Colleoni* soll's richten!«, forderte der *commendatore* und seine parlamentarischen Kollegen nickten wie diese schrecklichen Plastikhunde auf den Hutablagen der Autos.

»Er hat schon mit der Schadensbegrenzung begonnen«, verteidigte der *conte* Berini ihn, »schließlich sind die Tagebücher von Professor da Santes in dem Haus am Fluss verbrannt. Wir wussten, dass er sie irgendwo im Haus am Fluss versteckt hatte, aber trotz intensiver Suche sind sie uns und auch der Polizei nicht in die Hände gefallen, deshalb die feurige Lösung.«

»Auffälliger ging es wohl nicht«, nörgelte der Amerikaner. »Und was ist mit den Tagebuchaufzeichnungen der Geisel?«

»Mitverbrannt.«

»Unprofessioneller ging es wohl auch nicht!« Der italienische General betrachtete immer noch seine Fingernägel.

»Wir haben ihre Aussage schriftlich herübergefaxt bekommen, Sie alle haben sie vor sich liegen«, verteidigte der *conte* sich.

»Wir haben nur das schriftlich, was der *marchese* sie hat aussagen lassen!« Der Amerikaner wirkte überaus unzufrieden. »Aber wir haben nicht den leisesten Schimmer, was sie wirklich weiß und was da Santes ihr noch alles anvertraut hat, außer der Enthüllung der Identität von Andrea Longhi.«

»Ja, es ist äußerst auffällig, dass sie keine Namen nennt«, bemerkte der Italiener sehr nachdenklich.

»Und was ist mit der Aussage des *marchese*?« Der Amerikaner sah seinen italienischen Kollegen aufmerksam an.

»Bleibt unter Verschluss! Er und der *questore* haben strenge Auflage, der Presse überhaupt nichts zu sagen!« Der Italiener wirkte sicher und zufrieden. »Und eines muss man den beiden lassen: Sie sind erstklassige Beamte mit allen Konsequenzen. Sie werden ihr Aussageverbot ernst nehmen.«

»Sie als Vertreter Ihrer Geheimdienste werden wohl wissen, wie Sie die Lage wieder unter Kontrolle bekommen können«, sagte der kleine Abgeordnete Berini abschließend und blähte seine Brust ordentlich auf, »aber verschonen Sie uns mit den Einzelheiten Ihres Handels!«

Die Parlamentarier standen geschlossen auf, als hätten sie ihr Verhalten vorher festgelegt und als sei der *conte* der von ihnen allen bestimmte Sprecher. So verließ die Gruppe einer nach dem anderen wie eine gut trainierte Gänseherde den Besprechungsraum.

»Wo sind George Hunter und Berlucchio zurzeit?« Der Amerikaner sah seinen Kollegen fast unbeteiligt an.

»Einsatzbereit in der Emilia.«

»Gut, du arrangierst das?«

»Ich denke, ein Verkehrsunfall löst unser Problem.«

»Wenigstens sterben sie zusammen, unser *marchese* und seine Frau …«, der Amerikaner meinte es nicht einmal zynisch.

»*Marchese*! Wie hat Ihre Frau darauf reagiert, als sie erfuhr, dass Sie den *XXI. Gennaio* als neue Terrorgruppe unter keinen Umständen anerkennen wollten und dass Sie damit ihr Leben akut gefährdet haben?«

Roberto, der sich bisher Mühe gegeben hatte, seine unnahbare, wie Arroganz wirkende Haltung zurückzudrängen, igelte sich ein, und wenn Julia nicht demonstrativ ihre Hand auf seine Faust gelegt und ihm ins Ohr geflüstert hätte, er solle es nicht zulassen, dass der Schreiberling ihn mit seiner Frage verletze, worauf Roberto lächeln musste, wäre seine Presse am nächsten Tag wohl wieder denkbar negativ ausgefallen.

Nach den Vernehmungen durch diese sogenannten Spezialisten vom Innenministerium, sowohl Robertos am Mittwochmittag als auch Giulias am Donnerstagmorgen, war sonnenklar, dass die offizielle Linie der Anerkennung einer terroristischen Zelle im Veneto – auch der Name Osama bin Laden war gefallen – aufrechterhalten werden sollte. Besonders Giulias Aussagen wurden so hingedreht. Und ihm war der Mund verboten worden, schließlich war er nur ein kleiner, die Zusammenhänge nicht durchschauender Beamter. Robertos Enttäuschung saß tief.

»Diese vordergründige Frage beantworte wohl besser ich«, sagte Giulia nun und sah den schmalbrüstigen, spitzgesichtigen Journalisten an, der merkte, dass seine provozierende Frage nicht zum gewünschten Erfolg führen würde. »Im Gegensatz zu Ihnen hat mein Mann die Hintergründe trotz aller persönlichen Belastung richtig interpretiert. Er hat mir mit seiner kompromisslos erscheinenden Haltung das Leben gerettet. Meine Entführer hatten nicht vor, mich am Leben zu lassen. Ich zitiere *Il Secondo*: ›Wenn der marchese einknickt, tötet sie!‹ Sie hatten vergessen, die Tür zu meiner Gefängniszelle zu schließen. Und glauben Sie mir, ich habe gebetet, dass mein Mann trotz des psychischen Drucks, der auf ihm lastete, bei seiner Nichtanerkennung des sogenannten *XXI. Gennaios* bleiben würde. Ich bin sehr stolz auf meinen Mann!«

Sie blickte ihn lächelnd an und die bewundernde Wärme seiner Augen umhüllte sie, der spontane Beifall der Journalisten erfreute sie.

»Sogenannter *XXI. Gennaio*? *Marchese*, was meint Ihre Frau damit?« Eine junge rothaarige Frau stellte die Frage.

Dall'Aria schaltete sich ein. »Weder der *dirigente* noch ich haben hierzu eine Aussagegenehmigung des Innenministers. Bitte haben Sie Verständnis dafür. Unsere und die Geheimdienste befreundeter Nationen wollen erst sondieren«, seine Stimme klang kratzig, man musste am Abend vorher wirklich ausgiebig gefeiert haben.

Julia merkte ihrem Mann an, wie unglücklich er darüber war, dass die *strategia della tensione* mit Erfolg weiter eingesetzt werden und zwangsläufig zur gesetzlichen Einschränkung von Bürgerrechten führen würde. Roberto war ein loyaler Beamter und seinem Dienstherrn gegenüber verpflichtet. Julia gab sich einen Ruck. Wenn er nicht sprechen durfte, musste sie sein Sprachrohr sein, die *strategia della tensione* musste an diesem Punkt gestoppt werden.

»Dann lassen Sie mich auch diese Frage beantworten.« Julia setzte sich gerade hin und überblickte die Reihen der gespannt auf ihren Stühlen nach vorn rutschenden Journalisten. Man ahnte, dass irgendetwas Ungewöhnliches passieren würde. »Ich bin Deutsche, aber ich lebe hier in Italien und seiner Demokratie. Es gibt keinen *XXI. Gennaio*. Ein ausländischer Geheimdienstagent und vier Mitglieder des *Colleoni*-Drogensyndikats haben dieses Komplott geschmiedet, sie waren die gesamte Streitmacht des sogenannten *XXI. Gennaio*. Ich haben ihre Gespräche zum Teil verfolgen können, sie waren relativ sorglos mir gegenüber, wahrscheinlich, weil sie mich nicht am Leben lassen wollten.«

Ihre Worte schlugen ein wie eine Bombe. Roberto von der einen und dall'Aria von der anderen Seite ergriffen ihre Arme und beschworen sie zu schweigen, aber sie ignorierte sie einfach. Roberto durfte nicht reden, also musste sie es für ihn tun.

Im Saal herrschte eine aufgeregte Stimmung und Julia wartete geduldig, bis der Lärm verebbte.

»Können Sie Ihre Behauptung belegen, *La Tedesca*?«, fragte ein Journalist in der zweiten Reihe.

»Ich habe Tagebuch geführt. Aber alle meine Notizen sind verbrannt. Mich würden die Namen der Brandstifter schon interessieren. So muss ich Ihnen jetzt berichten, was ich herausgefunden, was Professor da Santes mir erzählt und was ich aufgeschrieben hatte.

Der *XX. Gennaio* wurde im Frühjahr dieses Jahres aufgelöst, der palästinensische Teil ging in die arabischen Staaten zurück. Die Medien, also Sie, haben ausführlich davon berichtet. Den italienischen *XX. Gennaio* hat es nur ganz früher einmal gegeben, als Ableger der *brigate rosse*. Hinter dem italienischen Zweig des *XX. Gennaio* aus 2001 und 2002 steckte das *Colleoni*-Syndikat. Es schickte ein paar verblendete Idealisten vor – die, die jetzt als sogenannte *XX.-Gennaio*-Terroristen in unseren Gefängnissen sitzen und Professor da Santes als ihren geistigen Führer –, um in Ruhe den Drogenhandel zu betreiben, zu dem die arabischen Terroristen ohne ihr Wissen billige Drogen geliefert hatten.«

»Können Sie die fünf Männer identifizieren?«
»Sie waren immer vermummt.«
»Wie das, wenn sie Sie doch umbringen wollten.«
»Professor da Santes war dagegen, außerdem hatten sie Angst vor einer hysterischen Geisel.«
»Sagte wer?«
»Professor da Santes, ihn habe ich erkannt. Wir trafen uns gelegentlich in Padova, er als kunsthistorischer Gartenbauexperte und ich als Designerin alter Gartenpläne.«
»Wenn Sie die Männer nicht identifizieren können, sind das doch nur Spekulationen Ihrerseits.«
»Ich kenne die Stellungen dieser Männer im Syndikat aus ihren Erzählungen.«
»Nämlich?«
»Il Primo ist der Syndikatsboss *Colleoni*, doch wer sich dahinter verbirgt, weiß ich nicht. *Il Secondo* ist sein Stellvertreter, der das Drogen-Verteilersystem kontrolliert, seine Identität konnte ich nicht herausfinden. *Il Terzo,* Henry Salzmann, ist ein Geheimdienstagent von der *Firma*. Seinen Namen hat mir da Santes gesagt. Er arbeitet aber hauptsächlich für das *Colleoni*-Syndikat. *Il Quarto* ist Andrea Longhi, der Bruder des befreiten Angelo Longhi. Die Befreiung wurde inszeniert, die Longhibrüder sind nie Terroristen gewesen, nur Kriminelle. Da Santes hat ihn mir genannt. Der Einzige, der neu in der Mannschaft war und von dem ich nichts Näheres weiß, ist *Il Quinto*, wohl ein enger Freund des Stellvertreters.«
Wieder erfüllte ein Summen von aufgeregten Stimmen den Raum, als Julia erschöpft schwieg. Ihre Hand, die nach einem Wasserglas griff, zitterte so stark, dass Roberto es halten musste.
»Hör um Himmels Willen auf, Giuli!«, beschwor er sie, obwohl sie beide wussten, dass es bereits zu spät war.
»Ich sag jetzt auch nichts mehr, aber nur die Medien sind in der Lage, Licht in diesen Filz zu bringen.«
»Sie hat recht, Roberto! Wir als Beamte werden gezwungen, die Vertuschung zuzulassen! Lass sie!« Dall'Aria hatte ein untrügliches Gespür für die Straße der Gewinner, im Gegensatz zu Roberto machte er einen rundherum zufriedenen Eindruck; aber Julias Fassung bröckelte, sodass sie die Pressekonferenz beendeten.
»*Signora* Bassner braucht jetzt jede Menge Ruhe, um die schreck-

lichen Wochen der Gefangenschaft zu vergessen«, appellierte dall'Aria an die Journalisten, die jetzt scharenweise den Konferenzraum des Hotels verließen.

»Kann ich dich noch einmal allein sprechen?«, wandte er sich an Roberto, dessen versteinerte Miene Julia zu ängstigen begann. »Tamassia, bleiben Sie solange bei der *signora*!«

Julia ließ sich von dem gewichtigen Freund ins Hotelzimmer zurückbringen.

»Ich glaube, jetzt habe ich ganz großen Mist gebaut, Umberto! Wieder habe ich mich in euren Beruf eingemischt. Roberto wird mir das nie verzeihen! Hast du sein enttäuschtes Gesicht gesehen?«

»Na, na, *bimba*! Er wird dich schon nicht fressen!«

»Aber ich hatte ihm versprochen, nichts von den Stimmen zu sagen, die ich erkannt habe, und möglichst schweigsam zu sein!« Julia fühlte Trostlosigkeit in sich aufsteigen.

»Von den Stimmen hast du klugerweise doch auch nichts gesagt, Giulietta! Wenn ich es recht betrachte«, Umberto schenkte sich und Julia Mineralwasser ein und reichte ihr ein Glas, »hast du das einzig Mögliche und Richtige getan. Nun sind die Medien wie Bluthunde auf der Fährte der Terroristen-illusion und sie werden nicht zulassen, was in unserem Land Tradition ist: die Verbindung von Geheimdienst und OK. Ich denke da an die Mafia und den amerikanischen Geheimdienst, die im letzten *Guerra Mondiale* die Landung der Alliierten auf Sizilien vorbereiteten. Und seither haben wir es nicht geschafft, eine saubere Trennung durchzuführen.«

»Trotzdem ich habe mein Versprechen nicht gehalten und sein Vertrauen missbraucht. Nur weil ich mich so wichtig gefühlt habe, am Rad der Geschichte ein kleines bisschen mitzudrehen!«

»Aber du hast die *strategia della tensione* an Robertos Stelle entlarvt, er wird dir letztlich dankbar dafür sein!«

»Dein Wort in Gottes Ohr!«

Als Roberto nach einer knappen halben Stunde ins Zimmer trat, erwähnte er mit keinem Wort die Pressekonferenz, für Julia ein Alarmzeichen. Dall'Aria habe ihm eine Woche Urlaub gegeben.

Die Medien leisteten ganze Arbeit, die Wiederbelebung der *strategia della tensione* war misslungen. Wenigstens an dieser Stelle, in dieser Provinz, zu dieser Zeit.

Zwei Tage später berichteten sie eher nebenbei von einem Unfall auf der SS 309 auf der Höhe des Lido di Spina, bei dem zwei Männer ums Leben gekommen waren, ein älterer Amerikaner und ein Italiener. Die Namen taten nichts zur Sache, Geheimdienstagenten schreibt man keinen Nachruf. Sie hatten versagt, aber das wussten nur ihre Vorgesetzten.

Geschichtssplitter

Colleonis Verhältnis zu den Wissenschaften und der Kriegskunst

Bartolomeo Coglione saß in seinem Studierzimmer in Bergamo *alta* und starrte ins Leere. Ob keiner vom *Betrieb* bemerkt hatte, dass er sich mitten im Geschehen um die Befreiung seiner angeheirateten Cousine befunden hatte? Bestimmt hatte ihn keiner bei der direkten Befreiung aus ihrem Gefängnis gesehen, weil alle vom *Betrieb* sich auf Befehl weit weg von diesem Ort aufgehalten hatten. Und an der legendären Pressekonferenz hatte er auch nicht teilgenommen, laborierte angeblich an seinem Jetlag.

Aber die Dringlichkeit, mit der sie seine Entscheidung für ein südamerikanisches Land anmahnten, zeigten ihr Misstrauen ihm gegenüber.

Nun, für Roberto und Julia schien alle Gefahr vorüber zu sein, Gott sei Dank, und er würde sein Vorbild Bartolomeo Colleoni im Stillen weiter verehren: nicht mehr den Kriegshelden, sondern den Landesvater, den Kunst- und Wissenschaftsmäzen.

Er schlug den letzten Ordner über das Leben seines Helden auf.

Eine stabile Gesundheit bis zu seinem Tode, achtzigjährig, verbunden mit einer bis zuletzt geistigen Frische, bildeten die Grundlage von Colleonis Dominanz im kriegerischen wie im persönlichen Bereich.

Zwar besaß er keine umfassende, gründliche und vielseitige Bildung wie die meisten Renaissancefürsten – dies hatten seine bewegte Jugend und sein vorwiegend kriegerisch geprägtes Kondottiereleben verhindert –, aber mit den in Kriegslagern, an Höfen, in Ratssitzungen wie in Schlachten erworbenen Fähigkeit: scharf zu beobachten, eine sehr guten Menschenkenntnis und -einschätzung, Mut zu blitzschnellen Entscheidungen und eine nie endende Neugier bis hin zu astrologischen und philosophischen Studien, dazu

Anteilnahme an menschlichen Geschicken, machten ihn zu einer weit über das Soldatentum hinaus wirkungsvollen Figur der zweiten Hälfte des 15. Jahrhunderts.

Er hielt vornehmlich Hof auf Schloss Malpaga, das er ebenso wie das Nachbarkastell Carvernago nicht als Lehen erhielt, sondern von der Stadt Bergamo käuflich erwarb. Hier lag das Herzstück des Colleonese, der Pufferzone zwischen Venedig und Mailand. Durch den Ausbau dieser beiden Kastelle und der umliegenden landwirtschaftlichen Flächen war diese von Colleoni beherrschte Pufferzone von den Gebirgstälern nördlich von Bescia und Bergamo bis zum Po bei Crema geschlossen und ein Garant für die folgenden friedlichen Jahre bis zu Colleonis Tod und darüber hinaus.

Auf Schloss Malpaga war er umgeben von seinen gut geschulten Söldnern und hervorragenden Offizieren. Viele der damaligen Fürsten landauf, landab ließen ihre Söhne in Colleonis Offiziersschule auf Malpaga ausbilden, bis hin zu den beiden Söhnen seines Freundes Francesco Sforza, der inzwischen zum Herzog von Mailand aufgestiegen war. Nur den Respekt des älteren Sohnes, Galeazzo Sforza, konnte er nicht erringen. Dieser mochte nach dem Tod seines Vaters fürchten, von Colleoni und seiner Kriegskunst überrannt und vereinnahmt zu werden, was zwar eine Idee Venedigs gewesen war, aber fallengelassen wurde.

Während seiner Ausbildung auf Malpaga bekam Galeazzo sicherlich mit, welche wohl einzige Schwäche des Generalkapitäns bei aller Diskretion immer wieder zu Frotzeleien bei Offizieren und Mannschaften führte: Colleonis Schwäche für das weibliche Geschlecht.

Zurückgekehrt nach Mailand machte Galeazzo sich öffentlich darüber lustig, was seinem Ausbilder zugetragen wurde. Der antwortete ebenso öffentlich mit der Anspielung auf den Vorwurf des versuchten Muttermordes Galeazzos, er wundere sich, warum ein so junger Mensch so viel Hass gegen Frauen hege, dass er nicht einmal der eigenen Mutter das Leben gönne. Der Streit eskalierte. Galeazzo ließ einen Sekretär Colleonis bestechen, der seinen Herrn vergiften sollte. Dies misslang, führte aber zum einzigen Todesurteil, das Colleoni als Gerichtsherr in Friedenszeiten in Romano vollstrecken ließ.

Sonst allerdings fanden auf Malpaga gesellschaftliche Ereigniss allerersten Ranges statt, die noch heute auf vielerlei Fresken im

Schloss Malpaga anzusehen sind. Der Biograf Cornazzaro berichtet von häufigen philosophischen Unterhaltungen, zu denen Colleoni seine gelehrten Gäste anstachelte.

Im Gegensatz hierzu galt Colleoni sowohl in Frankreich als auch in Italien als ein Heerführer, der neue Techniken der Kriegsführung einsetzen und weiterentwickeln ließ. Dem Fußvolk, den »Fanti«, und der Kavallerie, den beherrschenden Truppenteilen der Kondottieri-Kriegsführung während eines ganzen Jahrhunderts, hatte er die Artillerie an die Seite gestellt: Erwähnt sei nur das Feldgeschütz »Spingade«, dessen Einsatz dem Sohn Gattamelatas, Antonio, 1454 als einem der ersten prominenten Opfer das Leben kostete.

Treu und gut bezahlt im Dienst Venedigs wurden Colleoni trotzdem immer wieder neue Angebote gemacht. Der Herzog von Burgund verlieh ihm sein Wappen, konnte ihn aber nicht abwerben. Das wohl ehrenhafteste Ansinnen war das des Papstes, der ihn mit Venedigs Zustimmung zum Generalkapitän einer christlichen Streitmacht gegen die Türken berief. Leider scheiterte das Unternehmen, weil viele christliche Staaten ihre finanzielle Beteiligung zwar zusagten, aber nicht leisteten.

Coglione starrte wieder ins Leere. Dieser Syndikatsboss Colleoni konnte wahrlich nicht die Charaktereigenschaften eines so honorigen Mannes wie die des Bartolomeo Colleoni haben! Die Zweifler, zu denen er jetzt auch gehörte, mutmaßten, er müsse das Gegenteil vom historischen Colleoni sein. Dieser musste so um die einsfünfundachtzig groß gewesen sein, überlegte er, kniff die Augen zusammen, schloss sie dann ganz und ließ die Figuren um sich herum Revue passieren.

Keiner passte! Keiner? Der *conte* Berini war extrem klein, und Roberto hatte einmal gesagt, der *conte* sei immer dann in der Nähe, wenn etwas Unvorhersehbares geschah.

Den sollte er einmal überprüfen, wenn auch nur, um ihn auszuschließen. Die Polizei konnte das nicht, der *conte* war Abgeordneter und seine Immunität unantastbar. Aber in der Grauzone der Geheimdienste, hatten sie ganz andere Möglichkeiten, hier konnte er sich bewegen, wenigstens begrenzt.

Das war ein Ansatz. »Auf geht's, Bartolo!«, machte er sich selbst Mut und räumte den Ordner über Colleoni fort. Aber anstatt sofort etwas zu unternehmen, beschloss er, erst einmal bei nächster Gelegenheit zum Schloss Malpaga zu fahren.

Kapitel 6

Alto Adige/Veneto

Nals, Samstag, 24. August 2002

Julias erste Enttäuschung, dass ihre beiden Töchter auf sie wie auf eine Fremde reagierten, verging bald, nicht aber die darüber, wie die Familie, die sich auf dem alten Bassner-Hof vollständig eingefunden hatte und sie aufs herzlichste willkommen hieß, sich Roberto gegenüber verhielt. Nur zwei Ausnahmen gab es, ihren Vater und seinen Zwillingsbruder, aber die waren noch am selben Tag wieder nach Deutschland zurückgefahren.

Im Schatten der über und über mit fast vollreifen Früchten behängten Apfelbäume spielte Julia mit ihren sie nach kurzer Zeit akzeptierenden Kindern, oder ruhte sich aus. Mit den Kindern und Roberto machte sie kleine und später immer länger werdende Spaziergänge.

Immer häufiger stellte sich die ihr eigene Unbeschwertheit wieder ein und sie begann, Pläne für ihre nun nicht mehr ungewisse Zukunft zu schmieden, in die sie Roberto während der einen Woche Urlaub, die dall'Aria ihm zugestanden hatte, einzubeziehen versuchte. Aber er blieb zugeknöpft bis über beide Ohren, wie sie es bei sich nannte, und sie führte seine Reserviertheit auf die Tatsache zurück, dass sie mit ihren Aussagen damals in Ravenna gegen seinen Willen gehandelt hatte – *damals* als Zeitbezeichnung nehmend, womit sie die Vergänglichkeit der Vergangenheit ausdrücken wollte.

Regelrecht ablehnend dagegen benahm er sich seiner Familie gegenüber und Julia wunderte sich, bis sie am Samstag ungewollt ein Gespräch zwischen Roberto, seiner Mutter, seinem Buder und seiner Schwägerin Maria durch das offene Küchenfenster mithörte. Die Familie vermutete sie beim Mittagsschlaf auf einer Liege im Obstgarten. Aber nach den acht Wochen fast völliger Bewegungslosigkeit kribbelte es sie in den Zehen, ihr Bewegungsdrang wurde immer größer.

»Ich komme überhaupt nicht darüber hinweg«, hörte sie Marias vorwurfsvolle Stimme, »dass du Giulia damals so hast gefährden können.«

»Du hättest doch wissen müssen, dass die Terroristen hinter dir her waren!«, schlug seine Mutter in die gleiche Kerbe.

»Es gab keine Terroristen, Mutter.« Robertos Stimme klang müde.

»Trotzdem, du als Polizist hättest eine Entführung verhindern können!« Maria gab nicht nach. »Ich war als Ehemann mit Giuli im Urlaub, nicht als Polizist«, er hörte sich zunehmend ungeduldig und gereizt an.

»Es war verantwortungslos! Nicht wahr, Jano?«

Adriano befand sich in einer schwierigen Situation, er bezog ungern Stellung zwischen seiner Frau und seinem Bruder, deren Meinungsverschiedenheiten nicht neu waren.

»Ich habe mich nur gewundert, wie leicht es den Terroristen gefallen ist, Julia zu entführen. Aber Roberto kann ja auch nicht vierundzwanzig Stunden am Tag Polizist sein.«

»Es gab keine Terroristen!« Gleich würde Roberto explodieren.

»Sie hat doch nur deinetwegen so leiden müssen«, Francesca schien gern das Messer in der Wunde herumzudrehen, »wenn man den Zeitungen glauben darf. Du hättest wirklich Vorkehrungen zu ihrer Sicherheit treffen müssen!«

Er antwortete nicht, sprach sie doch das aus, was er sich selbst insgeheim vorwarf, was wiederum Julia völlig unbegründet fand. Doch ihm und der lieben Familie dies klarzumachen, würde wohl ihre Aufgabe sein. Sie konnte sich gut seinen verschlossenen Gesichtsausdruck vorstellen, der ihm so leicht als Arroganz ausgelegt wurde.

Julia zog sich auf ihre Liege zurück, die Kinder schliefen, und bald sah sie ihren Mann aus dem Haus kommen und ziellos über den Hof wandern. Als er zu ihr hinüberblickte, winkte sie und er kam sofort, wirkte allerdings äußerst deprimiert, als er sich zu ihr setzte.

»Was ist los, Roberto?«

»Nichts!«, seine klassische Antwort, wenn doch etwas war.

»Was hast du eigentlich deiner Familie getan, dass sie so schrecklich unfair zu dir ist?«

Er zog die Augenbrauen hoch. »Du hast gelauscht?«

»Ja, und das war wohl auch dringend nötig. Denen werde ich was erzählen!«

»Lass, Giuli, sie haben doch recht.«

»Auch nicht im Ansatz, Roberto Alessandro Massimiliano! Du hast die ganze Misere des vergangenen Jahres doch nur mir zu verdanken! Ohne mich wärest du mit dem Terrorismus überhaupt nicht in Berührung gekommen, nicht mit David und Gabrièlla auf der privaten Schiene! Durch mich ist diese unselige Verzahnung von deinem Privatleben und deinem Beruf zustande gekommen! Stimmt's?«

Ein kleines Lächeln erhellte sein trübes Gesicht. »Nun nimm aber nicht wieder alle Schuld einseitig auf dich, Giuli, nur um mein Gewissen zu beruhigen!«

»Nein, aber was wahr ist, muss auch wahr bleiben! Micha und ich haben dich durch unsere Einmischung in Situationen gebracht, die du dann meistern musstest, ohne dass wir dich und deine Kollegen vorher gefragt hätten!«

»Es tut gut, *l'anima mia*, dass wenigstens du mich verrteidigst. Aber recht haben Maria und meine Mutter schon, ich war leichtsinnig damals am Strand des Lido.«

»Hast du eigentlich einmal bedacht, was für eine glückliche Fügung meine Entführung war?«

»Da kann ich deinen verschlungenen Gedankengängen nicht ganz folgen.«

»Stimmst du mir zu, dass meine Entführung, wäre sie am Lido nicht gelungen, zu einem anderen Zeitpunkt erneut versucht worden wäre?«

»Wahrscheinlich. Worauf willst du hinaus?«

»Wäre nach unserer Rückkehr irgendeine Form von Personenschutz für mich vorgesehen gewesen?«

»Nein.«

»Nun überlege einmal, wie leicht es für das *Colleoni*-Syndikat gewesen wäre, unsere Kinder oder mich oder uns alle drei aus dem Ca'Vecchia Brandolin zu entführen.«

Ernst und sehr nachdenklich sah er sie an.

»Weißt du nun, was ich mit glücklicher Fügung meinte?«

Er nickte.

»Und ich glaube kaum, dass unsere beiden Kleinen die Unhygiene in dem Fischerhaus so unbeschadet überstanden hätten. Ich hatte schon Mühe, meine Sachen einigermaßen sauber zu halten.«

»Du meinst also, es hätte noch schlimmer kommen können?«

»*Ma certo*! Und deshalb sei dankbar, dass du mich nicht hast beschützen können und dass trotzdem alles gut ausgegangen ist!«

»Das klingt bizarr, aber eine gewisse Logik liegt darin.« Er schüttelte den Kopf und sein kleines Lächeln weitete sich aus. »Du hast mir wieder einmal eine Last von der Seele geräumt!«

»Du weißt doch, Ro, einer trage des anderen Last. Zu zweit sind wir im Lastentragen unschlagbar! Aber ich fürchte, so wie ich dich kenne, suchst du dir schon bald eine neue.«

Er hob sie hoch. »Diese Last werde ich erst einmal ins Haus tragen, die Kinder schreien!«

»Ich kann ganz gut allein laufen.«

»Ich weiß, aber ich habe dich gern im Arm.«

Aber schon am Abend hatte Julia wieder das Gefühl, er zöge sich immer weiter in sich zurück, seine Gedanken schienen weit, weit weg zu sein. Er hatte mit keinem Wort ihr Engagement bei der Pressekonferenz erwähnt. Julia fürchtete sich, das Thema anzuschneiden, denn sie fühlte, er trug ihr diese unabgesprochene Eigenmächtigkeit nach, sie stand wie eine Wand zwischen ihnen.

Nals, Sonntag, 25. August 2002

Am vierten Tag nach ihrer Ankunft in Südtirol eskalierten die Spannungen, diesmal ausgelöst durch Francesca. Julia wusste, dass Roberto in drei Tagen wieder in der *questura* erwartete wurde, und sie hoffte mit zurückfahren zu können.

So lieb die Familie auch mit ihr umging, sie sehnte sich nach dem Alleinsein mit Roberto und den Kindern im Ca'Vecchia Brandolin und der Rückkehr in ein normales Leben. Hier behandelten alle sie so, als brauche sie nichts als Schonung.

Sie saßen beim Abendessen, als Francesca ihren Angriff auf ihren Sohn ohne Vorankündigung begann.

»Wenn ich Giuliana wäre«, sie nannte Julia immer noch nach ihrer verstorbenen Tochter, »könnte ich dir nie verzeihen. Jedes Mal, wenn ihre Rippen ihr weh tun oder ihr Arm schmerzt, muss doch dein Gewissen schlagen, Roberto.«

Julia verschlug es die Sprache und Robertos Augen verdunkelten sich. Er stand auf.

»Ich gehe packen«, war sein einziger Kommentar, schroff aber beherrscht. »Michèle, kommst du morgen früh mit oder bleibst du noch bei deiner Schwester?«

Er ging, ohne eine Antwort abzuwarten.

Zwei ganze Tage früher! Francesca hat hat mir zwei ganze Tage mit Roberto gestohlen! Julia sprach ihre Enttäuschung nicht laut aus und folgte ihrem Mann.

»Roberto, bitte bleib!«

»Nein, Giulia, die Familie macht mich fertig!«

»Dann nimm mich mit, bitte Roberto!«

»Du musst dich erholen! Hier hast du Pflege und Freunde, alle vergöttern dich und meinen, dich vor mir beschützen zu müssen.« Selten hatte seine Stimme so bitter geklungen. »Ich bin nun mal kein Familienmensch.«

Julia schüttelte störrisch den Kopf, aber als sie bedachte, wie tief man ihn verletzt hatte, gab sie nach. Dieser Familie würde sie ihre Meinung sagen, sobald Roberto fort war.

Er fuhr noch vor dem Frühstück, um keinen mehr sehen zu müssen. Micha begleitete ihn, er sollte in den nächsten Tagen vor Gericht erscheinen, damit die Drogengeschichte mit Gabrièlla zum Abschluss gebracht werden konnte.

»Merkwürdig«, Roberto nahm sie nicht einmal zum Abschied in die Arme, »bei deinem Vater und Jochim hätte ich es verstanden, wenn sie mir Vorwürfe gemacht hätten, aber dein Vater hat mich sogar getröstet und wieder aufgebaut. Und meine Familie? Sie wird mir zu viel!«

Den ganzen Tag über schwelte Julias Zorn auf ihre angeheiratete Familie und am Abend war er immer noch nicht verraucht, sondern brannte nun lichterloh.

»Warum greift ihr Roberto eigentlich dauernd an?«, brach das Feuer des Zorn beim Abendbrot aus ihr heraus. »Euretwegen ist er zwei Tage früher abgereist!«

Erstaunen reihum.

»Bestimmt nicht«, antwortete Francesca, »Roberto kann das vertragen. Das ist sicher nicht der Grund seiner vorzeitigen Abreise. Er hat eben keinen Familiensinn.«

Bis zu diesem Zeitpunkt hatte Julia vermieden, ihrer Schwiegermutter zu widersprechen, aber das war zu viel! Sie holte tief Luft, doch Maria kam ihr zuvor.

»Roberto muss seine Fehler schon deutlich vorgehalten bekommen. Er hält sich doch für unfehlbar! Wenn ich nur an sein arrogantes Verhalten gestern denke, er antwortet seiner Mutter nicht einmal und lässt uns alle einfach sitzen! Und dass er dich in große Gefahr gebracht hat, an deren Folgen du noch sichtbar leidest, ist auch unbestritten und kann ruhig ausgesprochen werden. Aber auch das berührt ihn nicht.«

»Ich will euch einmal etwas sagen!« Julia zwang sich zur Ruhe. »Ihr alle scheint Roberto überhaupt nicht zu kennen oder kennen zu wollen. Von uns allen hier ist er der Verletzlichste. Er fühlt sich für alles verantwortlich und ist ungeheuer empfindlich. Durch meine Entführung und die acht Wochen danach hat er mehr Schaden genommen als ich. Ich habe rein äußerlich eine ausgerenkte Schulter und eine Rippenprellung, und beides ist spätestens in einer Woche vergessen. Aber Robertos Herz und seine Seele sind schwer verletzt, und das ist weder mit Verbänden noch Salben zu lindern. Und ihr? Ihr dreht das Messer in der Wunde herum, streut noch Salz hinein und meint, er könne das vertragen.«

Betretenes Schweigen ringsum.

»Er fühlt sich für meine Sicherheit, für die von Jana und Jette und für die eure sowie die der Demokratie verantwortlich und weiß doch immer, dass er dafür nicht garantieren kann. Tag für Tag trägt er diese Lasten und ihr packt immer noch etwas obendrauf, denn er hat ja breite Schultern und kann das vertragen! Für euch ist er der starke Mann, und wenn er versagt oder versagen muss, macht ihr ihm auch noch Vorwürfe!«

Sie hielt inne und musterte ihre angeheiratete Verwandtschaft.

»Dass du ihn verteidigst, Giulia, ist ganz klar. Aber so ein edler Mensch, wie du ihn schilderst, ist unser Roberto nun auch wieder nicht«, opponierte Maria.

»Er ist ein Mensch mit Stärken und Schwächen wie jeder andere«, fügte Jano irgendwie entschuldigend hinzu.

»O ja, davon kann ich ein Lied singen«, gab Julia unumwunden zu, »er ist ein Muster an Ungeduld mit sich selbst und anderen, er ist manchmal verletzend und gelegentlich schrecklich eifersüchtig, und sein Stolz bis zur Selbstaufgabe ist oft unerträglich, um nur einige seiner Schwächen aufzuzählen. Aber um noch einmal auf das Wort edel zurückzukommen, liebe Maria, es klingt altmodisch und ist es vielleicht auch, altruistisch klingt moderner, aber dieses Adjektiv passt hundertprozentig auf meinen Mann. Genauso wie ein zweites, nämlich loyal. Was wollt ihr eigentlich noch von ihm? Obwohl er der Erbe dieses Hofes war, hat er euch alles überlassen, Maria! Ihr meint, er habe keine Bindung an Grund und Boden? Ihr wisst ja nicht, wie stolz er auf sein kleines Stückchen Land am Ca'Vecchia Brandolin ist! Und trotzdem bürgt er damit für Francescas Kredit, um die Renovierung des Ca'Rosso voranzutreiben. Was soll er denn noch tun, damit ihr menschlich mit ihm umgeht?« Julia merkte, wie Tränen sich hervordrängen wollten, und schwieg.

Ebenso die anderen, und die Gesprächspause dauerte endlos, bis Julias bis jetzt schweigsamer Onkel Carlo vorsichtig meinte, vielleicht sei es Robertos Art, alle, auch die Familie, so von oben herab zu behandeln.

Julia musterte alle der Reihe nach. »Für mich ist Familie etwas, worauf man sich gerade in Krisenzeiten stützen kann. Familiensinn heißt für mich, allen Familienmitgliedern gegenüber loyal zu sein. Aber ihr seid das keinesfalls. Sogar euch gegenüber muss er sich panzern. Und seinen Panzer nennt ihr Arroganz! Ihn zu durchdringen habt ihr euch bisher nicht viel Mühe gegeben! Ihr fordert, er solle dies oder das für euch tun! Habt ihr euch eigentlich schon einmal überlegt, was ihr für ihn tun könnt?«

Das Ticken der alten Standuhr schien immer lauter zu werden, bis Jano endlich das Wort ergriff: »Julia, du kennst Roberto von uns allen wohl am besten, dir öffnet er sich und lässt dich einen Blick in seine Seele werfen, obwohl du ihn im Gegensatz zu uns erst verhältnismäßig kurze Zeit kennst. Uns schließt er aus. Du nennst es wahrscheinlich anders, zum Beispiel, dass er seine Sensibilität gut vor uns versteckt hat. Wir sehen in ihm vielleicht wirklich nur den starken Mann, und es ist immer schön, jemanden zu haben, an den man sich anlehnen kann. – Gut, dass er dich hat.«

Das klang versöhnlich und Julia lächelte ihn dankbar an.

»Du siehst müde aus, Giulia«, auch Maria sah nachdenklich aus, »geh schlafen! Du lässt uns mit viel Stoff zum Nachdenken zurück.«

»Aber dass du seinetwegen leiden musstest, diskutieren wir nicht weg!« Francesca fehlte noch immer die nötige Einsicht.

Julia widersprach und erzählte ihnen von der Theorie der glücklichen Fügung.

»Du machst, dass wir alle uns schuldig fühlen, Giuliana!« Ihre Schwiegermutter gab nur unwesentlich nach und Julia beneidete weder Jano noch Roberto um ihre Kindheit.

»Ich sehe immer noch das schutzbedürftige Mädchen in dir, das du schon lange nicht mehr bist«, lenkte Maria ein. »Ich glaube nun endlich, dass du Roberto nicht unterlegen bist.«

»Du hast uns heute ganz schön zugesetzt, meine liebe Nichte!«, war Carlos Kommentar.

»Wenn Roberto sich seiner Haut gegen Julia so wehren muss wie wir vier heute«, Jano lächelte und nahm so die Schärfe aus seiner Bemerkung, »muss er wirklich ein starker Mann sein!«

Julia lehnte sich zufrieden zurück. Jetzt lag es an den anderen, ihre Beziehung zu Roberto neu zu ordnen, wenn sie denn in der Lage waren, ihre Vorurteile zu begraben.

Ca'Vecchia Brandolin, Mittwoch, 28. August 2002

Zwei Tage später fuhren Francesca und Carlo nach Padova zurück und sie nahmen Julia und die Zwillinge mit, setzten sie am Ca'Vecchia Brandolin ab und zeigten ihr stolz, was sich in ihrer fast dreimonatigen Abwesenheit alles getan hatte.

»Dein Onkel Jochim hat seine Sorge um dich in Arbeit erstickt.« Carlo gab das ganz neidlos zu. Er hatte sich zu einem Renovierungsfreak für italienische Bausubstanz aus dem *Seicento* entwickelt, nicht immer mit dem realen Blick eines Geschäftsmannes, weswegen Francesca einen Kredit für das Ca'Rosso hatte aufnehmen müssen. »Aber er hat sich streng an deine Pläne gehalten.«

Äußerlich sah das Ca'Vecchia Brandolin aus wie eine gut renovierte *Seicento*-Villa, Türen und Fenster in allen Bereichen waren erneuert; die ehemals mit Brettern vernagelte, neue Tür zum *piano nobile*, wie die Fenster aus Pinienholz, fiel besonders auf.

»Toll!« Julia zeigte ihre Begeisterung offen. »Die sieht ja wie neu aus!«

»Die Tür ist aber alt, nur renoviert«, meinte Carlo.

Die große Halle des *piano nobile* hatten Maurer frisch verputzt, nur an einigen Stellen die spärlich erhaltenen Grotesken aus vergangenen Jahrhunderten ausgespart. Ein großer Murano-Kronleuchter zierte die Decke und Jochims Hochzeitsgeschenk, der übergroße Sarouk, bedeckte die Mitte des sorgfältig restaurierten Steinfußbodens.

Eine Treppe führte, genau nach Julias Entwurf, auf eine umlaufende Galerie in das erste Stockwerk, zwei Türen in den Ostflügel, zwei in den westlichen.

»Du darfst aber nur die Türen zu eurem Schlafzimmer und dem Kinderzimmer öffnen, hinter denen zum Westflügel ist noch eine Steinwand. Jochim will dort später eine Einliegerwohnung bauen.« Und ein wenig schadenfroh fügte Carlo hinzu: »Auch ihm ist das Geld ausgegangen, was ich nie für möglich gehalten hätte! Aber er hatte zu viel in Neuen Technologien investiert.«

Julia meinte, Roberto mit ihrer Rückkehr zu überraschen, aber er reagierte merkwürdig ablehnend am Telefon, als sie ihn in der *questura* anrief.

»Das hättest du mir früher sagen sollen!« Seine Stimme klang wie auf dem Rückzug vor ihr und gleichzeitig schroff. »Ist Bianca bei dir? Gut! Dann schicke ich euch Luciano heute Nacht hinaus, ich selbst habe keine Zeit.«

Bevor Julia irgendetwas erwidern konnte, legte er auf und sie brach in Tränen aus. Die Zwillinge schliefen und Julia durchstreifte tränenblind den winkligen Keller, der früher voller Schutt und unbegehbar gewesen war. In den nächsten Tagen sollte die Heizung eingebaut werden.

Julias Gefühl, Roberto zöge sich vor der Familie zurück, bezog sie nun auch auf sie selbst, denn auch während der nächsten beiden Tage erreichte sie ihn nur telefonisch und auch nur dann, wenn sie ihn anrief, von sich aus meldete er sich nicht.

»Die Familie macht mich fertig!«, hatte er in Nals gesagt, und: »Ich bin nun mal kein Familienmensch.«

Sollte das auch auf ihre kleine Familie zutreffen? War er mit der Sorge um sie und die Kinder zu sehr belastet? Julia merkte, wie langsam und schleichend depressive Gedanken sie gefangen nahmen. Sollte doch ein Erbteil ihrer Mutter durchschlagen?

Tagsüber beschäftigten sie mannigfaltige Dinge. Ihr Garten sah zauberhaft aus. Clemente hatte eine automatische, computergesteuerte Bewässerunganlage gelegt und er reagierte mächtig stolz auf ihr Lob. Aber was half ihr der Garten ohne Robertos Anwesenheit?

Des Nachts wälzte sie sich schlaflos in ihrem Bett herum, unter dem die steile Bodentreppe aus dem Untergeschoss eingezogen und versteckt lag, denn jetzt erreichte man über die Treppe zur Galerie das Schlafzimmer. Aber was tat sie hier ohne Roberto?

Grübeln. Bevor sie sich kennen lernten, war er ein überdurchschnittlich erfolgreicher und einsatzbereiter Polizist gewesen. Frauen hatten, wenn man Janos und Umbertos Erzählungen Glauben schenken wollte, nur eine untergeordnete, biologische Funktion in seinem Leben gespielt. Durch Julia war er nun innerhalb kürzester Zeit Ehemann und Familienvater geworden, und die übrige Familie, mit der er bislang sehr distanziert verkehrt hatte, vereinnahmte ihn plötzlich völlig.

Nein, immer stärker wurde in ihr der Gedanke, dass sie ihm mit ihrer Heirat keinen Gefallen getan hatte.

»Die Familie macht mich fertig!« Selbst im Schlaf hörte sie seine Stimme. Mit ihrer Schwangerschaft, und dann auch gleich mit Zwillingen, hatte sie ihn in Zwänge und Verpflichtungen gebracht, die nun in zunehmendem Maße bedrückend für ihn wurden.

»Ich bin nun mal kein Familienmensch!« Wie einen Ohrwurm hörte sie diesen Satz immer wieder, immer lauter, und wachte nachts sogar davon auf.

Fra Ioannis freute sich, sie fast unbeschadet zu sehen. Er untersuchte sie: Die Rippenprellung klang ab, die Fäden der Brustwunde wurden gezogen, die ausgerenkte Schulter bereitete ihr keine Schwierigkeiten mehr. Dann aber brach die Katastrophe über sie herein, als er ihr freudestrahlend verkündete, sie sei im dritten Monat schwanger.

Ihren Weinkrampf deutete er als überschwängliches Glücksgefühl und sie hatte nicht das Herz, ihm zu sagen, dass nun alles über ihr zusammenfiel. Hatte sie Roberto mit der ersten Schwangerschaft, den Wohnungs- und Finanzproblemen nicht schon genug belastet? Konnte sie ihm diese neue Verantwortung auch noch aufbürden? Die Zukunft sah für sie äußerst düster aus. Wie sollte sie ihm dieses Unglück beibringen?

Er kam am Samstagabend nach Hause. Die tiefen Linien, die sich in seinem Gesicht eingegraben hatten, schienen noch tiefer, der weiße Haaransatz noch heller und die Müdigkeit in seinen Augen noch stärker. Und Julia schwieg. Nach einem kurzen Abendessen, das er hinunterschlang, und ein paar nichtssagenden Floskeln sah er kurz ins Kinderzimmer, legte sich ins Bett und schlief wie ein Toter.

Als Julia sich gegen Mitternacht zu ihm legte, drehte er sich im Schlaf von ihr weg und sie weinte lautlos. Am anderen Tag stand er schon im Morgengrauen wieder auf, fuhr ihr zerstreut über die Haare und sah noch einmal kurz zu seinen Töchtern ins Zimmer, die noch schliefen.

»Ich muss ins Büro!« Schon halb im Weggehen konnte sie ihn gerade noch fragen, was mit seinem Geburtstag wäre, ob sie ihm eine Feier ausrichten solle.

»Montagabend? Ja, meinetwegen!« Weg war er.

Wenn die Familie ihn im weiteren und auch im engeren Sinn so belastete, musste Julia ihn von dieser Last befreien. Dieser Gedanke nahm immer konkretere Gestalt an, und sie kam zu dem Schluss, dass es das Einfachste wäre, mit Jana und Jette nach Deutschland zurückzukehren, dann brauchte er keinerlei Sicherheitsbedenken mehr haben und die Bürde der Familie wäre gänzlich von ihm genommen. Sie würde in die Praxis ihres Vaters eintreten, das hatte er sich immer schon gewünscht, und erst einmal konnte sie in dem großen alten Haus wohnen, bevor sie sich neu orientierte. Auch eine Scheidung konnte sie Roberto anbieten, obwohl sie für ihren Teil wusste, dass nie ein anderer Mann in ihrem Leben eine Rolle spielen würde, so unsäglich liebte sie ihn, gerade jetzt.

Die Ausrichtung seines Geburtstags würde ihr Abschiedsfest werden, ihr Geschenk seine Freiheit.

Ca'Vecchia Brandolin, Montag, 2. September 2002

Die Gäste sollten gegen neunzehn Uhr kommen und Roberto kehrte, direkt aus Vicenza, erst kurz vorher zurück. Es war geschafft! Die letzten Tage waren die anstrengendsten gewesen, aber er hatte das Gefühl, sich am Samstag gut verkauft zu haben. Professor Serpente war ausgesprochen zufrieden gewesen, und heute Nachmittag war die Entscheidung zu seinen Gunsten gefallen.

Nun sollte Giulia entscheiden, welches von den zwei Angeboten er annehmen sollte. Er freute sich auf die Überraschung. Sie hatte sicherlich keine Ahnung, er hatte sein Schweigen bewahrt, wollte sie vor jeder Nervenanspannung bewahren, in die er sie gestürzt hätte, wenn er sie vorher informiert hätte.

Giulia hatte wieder eine zauberhafte Tafel gedeckt, diesmal hinter den Säulen des Portikus, denn plötzliche Gewitter waren nicht selten bei dieser Wetterlage, es hatte schon mehrfach leicht gegrummelt.

Der Tisch war für vierzehn Personen gedeckt. Auf dem dunkelroten Damast sahen die weißen Rosen besonders strahlend aus, ebenfalls weiße Kerzen in den antiken Windlichtern auf dem Tisch wirkten festlich, auch die kunstvoll gefalteten dunkelroten Servietten und das weiße Tischband.

Hoffentlich hatte Giuli sich nicht zu viel zugemutet! Er freute sich auf eine Dusche und die Aussicht, sie heute Nacht wieder ohne Stress und Dauermüdigkeit in die Arme nehmen zu können, die Anspannung der vergangenen Woche zu vergessen und sich mit Giulia auf die Zukunft zu freuen.

Doch als er sie suchte und schließlich im Esszimmer neben der Küche aufspürte, in der Bianca und ihre Mutter herumwirbelten, empfand er, dass Giuli wie ein leibhaftiger Vorwurf am Kamin stand. Wohl zu Recht, denn er hatte sie während der vergangenen Tage mit aller Arbeit allein gelassen, obwohl sie wohl doch noch sehr der Schonung bedurft hätte.

»Ich konnte nicht eher, also mach mir keine Vorhaltungen.« Er meinte es nicht so schroff, wie er sich anhörte.

»Tue ich auch nicht!« Ihre Antwort klang ein wenig streitsüchtig. »Herzlichen Glückwunsch, Roberto. Mein Geburtstagsgeschenk ist ein Termin bei Francescas Notar.«

»Wie das?« Irritiert zog er die Augenbrauen hoch. Der häusliche Friede war in höchster Gefahr, das spürte Roberto rein instinktiv.

»Ich will dir das Ca'Vecchia Brandolin überschreiben!«

»Was soll denn das? Das kostet doch nur Geld!«

»Ich möchte dich gleichzeitig von der Last der Familie befreien«, dieser Anfang war nicht der geschickteste, aber Julia rang mit ihrer Fassung. »Ich gehe nach Deutschland zurück, dann bist du wieder frei.«

»Giulia, was soll der Unsinn?«

»Es ist mein voller Ernst. Du willst mich als Frau nicht mehr, das hast du mir Samstagnacht deutlich gezeigt, und ich will dir mit den Kindern keine Last mehr sein!«

»Tag und Nacht schufte ich für uns und unser weiteres Leben, kann vor Müdigkeit kaum auf den Beinen stehen«, explodierte Roberto, »und du willst einfach so mir nichts, dir nichts und ohne stichhaltige Begründung das Weite suchen? Bin ich dir zu alt? Genüge ich deinen Ansprüchen nicht mehr? Trägst du mir deine Entführung nach? Sag es, sag einen Grund für dein Verhalten!«

»Du hast ja nicht einmal gemerkt, dass ich wieder schwanger bin!«

»Du bist ja göttlich! Eben beschwerst du dich, dass ich nicht mehr mit dir schlafe, und zwei Sätze weiter erzählst du mir, dass du schwanger bist! Da stimmt doch irgendetwas nicht. Da kann ich ja wohl nicht der Vater sein!« Er flüchtete sich in beißende Ironie und wandte sich kopfschüttelnd ab. So sah er nicht, wie sie, weiß bis an die Haarwurzeln, zurückwich und seine Antwort für bare Münze nahm.

»Das durftest du nicht sagen!«, flüsterte sie und Tränen erstickten ihre Stimme. Sie stürzte aus dem Haus und rannte in den Wald.

Als er sich umwandte, war der Raum leer, die Tür pendelte hin und her und von draußen ertönte ein lang anhaltendes Donnerrollen. Er erkannte, dass sie seine Ironie ernst genommen hatte, in die er geflüchtet war, weil er mit ihren Informationen nichts anfangen konnte. Er nahm Regenzeug vom Haken und lief ihr nach.

Keine Spur mehr von ihr, dafür kamen Clemente und Nina eben an, wollten ihm gratulieren, aber er winkte ungeduldig ab.

»Warum wollte Giulietta denn so schnell in den Wald?« Ninas Gesicht war ein einziges Fragezeichen.

»Wartet nicht auf uns.« Roberto pfiff nach den Hunden »Ich muss eben das Porzellan kitten, das ich zerschlagen habe.«

Links und rechts von den Hunden Fulmine und Tuono flankiert, verließ auch er den Schauplatz seiner Geburtstagsfeier und verschwand in den Wald, seine Gäste ratlos zurücklassend.

Die Villa Draghi, zu der der kleine Pfad durch den Buschwald führte und den die Hunde zielsicher ansteuerten, hatte für Julia und Roberto schicksalhafte Bedeutung; hierher waren sie gekommen, als sie sich ihrer Liebe bewusst geworden waren; hierher hatten sie ihre Schritte gelenkt, um Missverständnisse zu klären; hierher führte sie ihr Weg, als sie sich entschlossen hatten, ein Paar zu werden, immer verbunden mit nicht undramatischen Vorkommnissen.

Robertos Instinkt sagte ihm, dass Giulia in ihrer Verzweiflung eben diesen Weg eingeschlagen hatte und die Schnüffelnasen der Hunde bestätigten das. Fulmine vor ihm jagte in den Wald hinein, während Tuono dicht bei ihm blieb.

Wieder rollte eine Donnerfront vom Monte Alto bis hin zum Monte Venda und Roberto blickte besorgt zu den Wolkenmassen, die sich immer mehr zusammenballten.

Er machte sich heftige Vorwürfe, Giulia mit seiner Familie im Alto Adige allein gelassen zu haben. Äußerlich hatte sie gefasst gewirkt und so, als habe sie die zweimonatige Gefangenschaft weggesteckt wie andere ihre Brieftasche. Es war vielleicht auch so, aber die erneute Schwangerschaft schien sie emotional total durcheinander gebracht zu haben, und er war nicht da gewesen, um sich mit ihr zu freuen. In ihrem Kopf mussten wirre Gedankenspiele stattgefunden haben, nachdem er es vorgezogen hatte, ohne sie nach Padova zurückzukehren.

In seinem Kopf war es wohl ähnlich wirr zugegangen. Er hätte ihr sagen müssen, dass er am Montag auf alle Fälle hatte nach Padova abreisen müssen, um sich auf das am folgenden Samstag anberaumte Kolloquium in Vicenza vorzubereiten. Mindestens zwei Skripte von juristischen Vorlesungen waren noch durchzuarbeiten und die Vorwürfe seiner Mutter daher nur ein Vorwand gewesen.

Professor Serpente hatte ihn sofort nach Giulias Befreiung angerufen und Druck gemacht. Für ihn war Roberto der erste Wunschkandidat als Nachfolger an der Polizeihochschule, und Montag, der 2. September, sei der Tag der Entscheidung. Er habe geduldig zwei Monate lang gewartet, antwortete er auf Robertos Bitte um mehr Zeit, er könne das Gremium, das seinen Nachfolger bestellen wollte, unmöglich länger hinhalten.

Hätte er Giulia dies gesagt, wären all ihre Fehlinterpretationen seines zugegebenermaßen für sie merkwürdig erscheinenden Verhaltens nicht erfolgt. Aber er war sich sehr unsicher gewesen. Wenn seine beruflichen Hoffnungen auf einen Neubeginn in Forschung und Lehre wie eine Seifenblase zerplatzten, musste keiner das wissen.

Keiner außer Giuli, sagte seine innere Stimme. Sie hatte ein Recht darauf.

»Ja, ja«, antwortete er ihr laut, »natürlich! Aber sie hat mir auch nichts von ihrem Plan, nach Deutschland zu gehen, gesagt.«

Wie denn auch, wenn du nicht bei ihr warst?

»Du hast ja recht!«

Tuono blickte erstaunt zu ihm auf. Mit wem Herrchen wohl redete?

Der Weg führte durch den Buschwald hoch über den Hügel hinter dem Ca'Vecchia Brandolin auf eine wenig befahrene Seitenstraße. Von dort zweigte ein Trampelpfad ab zum Gelände des *parco naturale*, auf dem die Villa Draghi stand, Eigentum der Gemeinde Montegrotto Terme.

Sein wiederholtes Rufen verhallte ungehört und blieb unbeantwortet und er fragte sich, warum sie wieder in ihren alten Fehler verfallen waren, nämlich zu meinen, der andere könne Gedanken lesen. Ein paar Worte am Telefon hätten den heutigen Abend in dieser Form verhindert.

Am Waldrand oberhalb der Villa Draghi fand er sie schließlich, er hörte ihr Schluchzen. Sie hatte ihre Arme um Fulmines Hals gelegt, ihr Gesicht in seinem Fell vergraben und der Hund stand stocksteif da, so etwas lag außerhalb seines Erfahrungsbereichs.

»Giuli?« Seine Stimme klang belegt und fremd, als er auf sie niederblickte. »Kannst du mir zuhören?«

Sie antwortete nicht, aber ihr Schluchzen ließ etwas nach und sie den Hund los, der eilig auf Distanz ging. Roberto setzte sich ein Stückchen von ihr entfernt in das dürre Gras und zögerte mit den ersten Worten; seine Unbeholfenheit, Gefühle zu äußern, behinderte ihn. Aber er wusste, dass er in dieser dramatischen Situation über seinen Schatten springen musste.

»Ich hoffe, dass du mir verzeihen kannst, *l'anima mia*! Meine Worte vorhin waren grob und unbedacht. Ich liebe dich … euch … und natürlich die Giuliettas. Ich war nur so schrecklich enttäuscht.«

Julia hörte auf zu weinen und wandte sich ihm zu. Sie wischte sich über die Augen, und als ein Donnerschlag ziemlich in der Nähe beide zusammenfahren ließ, suchte sie seine Nähe und rückte dicht an ihn heran.

»Immer noch Angst vor Gewitter, *signora-senza-pauro*?!«

Die ersten Tropfen fielen und Roberto deckte die mitgebrachte Regenhaut über sie beide und legte einen Arm um Julia.

»Ich weiß, du bist schrecklich enttäuscht von mir, Roberto!« Hier unter dem Plastikteil fühlten sich beide geborgen wie auf einem eigenen kleinen Planeten und alles konnte gesagt werden. »Ich hätte damals auf der Pressekonferenz nicht gegen deinen Willen reden dürfen. Ich weiß, das verzeihst du mir nie.«

»So ein Unsinn! Wenn ich einen Orden zur Rettung der Demokratie verteilen könnte, würdest du ihn bekommen für deinen Mut und deine Weitsicht. Du hast das ausgesprochen, was ich nicht sagen durfte! Ich war unglaublich stolz auf dich. Hast du das nicht gemerkt?«

»Wirklich? Aber warum bist du dann so schrecklich enttäuscht über mich?«

»Nicht über dich, aber über deine Zukunftsplanung. Ich habe nämlich auch eine gemacht, nein, sogar zwei.«

Sie rückte noch näher an ihn heran. Ein leichter Landregen hatte eingesetzt, aber sie saßen wie in einer winzigen Höhle geborgen und konnten alles bereden.

»Erzähle!«

»Als ich dich kennen lernte, war ich ein Jäger aus Leidenschaft. Doch als ich mein Ziel, den Mord an meiner Schwester zu sühnen, erreicht hatte, stand nur noch Pflichterfüllung auf dem Programm. Dank meiner jahrzehntelangen Erfahrung hat das, außer vielleicht Luciano, der mich manchmal so merkwürdig ansieht, bisher keiner gemerkt. Routine überdeckt die Leidenschaftslosigkeit. Ich frage mich seither bei jedem Mord nicht, warum er geschehen ist, sondern warum er nicht zu verhindern war, Verbrechensprophylaxe war früher nie mein Ding und ist nun mein Hauptgedanke.

Ich bin in einem Alter, in dem ein Mann das Gefühl hat, noch einmal etwas anderes, Neues beginnen zu müssen, zu reflektieren, ob das bisherige Leben alles gewesen sein kann. Ich bin insofern glücklich dran, dass ich in diesem Alter in meinem Privatleben neue Wege beschreiten konnte; mit dir und den Giuliettas haben sich für mich völlig neue Horizonte aufgetan und dafür bin ich sehr dankbar. Und nun möchte ich auch beruflich Neuland betreten.«

Er schwieg und das gleichmäßige Rauschen des Regens beruhigte sie beide. Zunehmend erfüllte Frieden sie, es gab keine Dramatik mehr, nur Klarheit.

»Was wolltest du ursprünglich studieren?«

»Das Jurastudium war schon das Richtige. Ich wollte ein wenig Erfahrung sammeln in der Justiz. Und dann war mein Traum, in die Forschung und Lehre zu gehen, also die Rückkehr an die Uni oder eine Hochschule. Aber der Mord an meiner Schwester veränderte meine Lebensplanung.«

»Und was hast du jetzt vor?«

»Meiner Berufung folgen.«

»Professor Serpente!«

»Du schlussfolgerst klug, *l'anima mia*! Ich war am Samstagmorgen mit drei Mitbewerbern auf einem Kolloquium in Vicenza.«

»Und?«

»Ich kann seine Nachfolge mit dem Beginn des nächsten Jahres antreten, heute Mittag hat man mich in Vicenza informiert. Ich bin ihre erste Wahl.«

»Herzlichen Glückwunsch! Müssen wir dann umziehen?«

»Halt, halt, Giuli! Du hast unsere Zukunft geplant und ich auch. Für welche Planung entscheidest du dich? Deine oder meine?«

»Wenn wir keine Belastung für dich sind, gibt es keinen Grund wegzugehen!«

Sein Kuss bestärkte sie, dass ihr Grund keiner war.

»Eines musst du mir versprechen, meine *nereide*«, langsam wurde es feucht von unten und von oben, »wenn du dich je von mir trennen willst, muss es dein Wunsch sein. Nicht, weil du denkst, ich möchte es gern. Deine Liebe darf nicht bis zur Selbstaufgabe gehen, versprochen?«

»Ich versuche es!«

»*Andiamo, signora*, ich glaube, wir haben Gäste!«

»Ach du lieber Himmel, die habe ich völlig vergessen!«

Das Gewitter entfernte sich, die Wolken türmten sich nur noch hinter dem Monte Venda und über ihnen erschien ein Stück blauer Himmel. Es dämmerte.

Man hatte gerade mit den *antipasti* begonnen, als sie die Terrasse betraten. Alle taten so, als sei es das Natürlichste von der Welt, dass die Gastgeber über eine Stunde zu spät zum Essen kamen, aber insgeheim lauerten alle auf eine Erklärung. Die beiden nahmen Platz und Julia wurde rot, als Roberto ihr ein paar Grashalme aus dem Haar zog. Er erhob sein Glas mit dem samtigen Rotwein der Colli Euganei und blickte in die Runde, Coglione und Vilma als einzige unerwartete Gäste registrierend, dann brachte er einen Toast aus.

»Auf die Familie, auf unsere Freunde! Ich habe euch allen etwas bekannt zu geben!«

Erwartungsvolle Stille. Julia sah ihn gespannt an, sie freute sich mit ihm auf die Bekanntgabe seiner beruflichen Neuorientierung. Wie würden es die anderen aufnehmen?

»Meine Frau hat mir ein wunderschönes Geburtstagsgeschenk gemacht. Ich werde wieder Vater! Wann, Giuli?«

»Anfang März!« Sie hatte erwartet, dass er seine beruflichen Pläne erwähnen würde. Bisher hatte er ihre neue Schwangerschaft nur indirekt erwähnt, und vor Glück erstarb ihre Stimme.

Man verließ die Plätze, umringte Roberto und allgemeine Glückwünsche setzten ein. In diesem Moment hätte er die ganze Welt umarmen können. Die Geburtstagsgeschenke wurden überreicht, Julia nacheinander von allen umarmt und Vilma wollte sie gar nicht wieder loslassen, Tränen der Freude vergießend.

In der allgemeinen Unruhe sprachen Roberto und sein Vetter kurz miteinander.

»Du warst schnell verschwunden nach Giulias Befreiung.«

»Nicht ganz freiwillig. Ich war ohne Wissen meiner Behörde dort, Roberto.«

»Und?«

»Seither bin ich suspendiert. Deshalb konnte ich ohne Skrupel heute herkommen. Ich hoffe, wir stören nicht. Es war Vilmas Idee.«

»Ihr seid willkommen!« Roberto war so glücklich, dass er an diesem Abend selbst Beelzebub an seine Tafel gebeten hätte.

»*A tavola*!« *Mamma* Zanellas Stimme brachte alle wieder an ihre Plätze und man gab sich den Köstlichkeiten der italienischen Küche hin.

Ca'Vecchia Brandolin, Dienstag, 3. September 2002

Dank seines Sonntagsdienstes freute sich Roberto auf einen freien Tag, an dem Luciano ihn vertrat. Die Mordrate unter den Studenten war seit Sommerbeginn stark zurückgegangen, ein Folge der Auflösung des *XX. Gennaio.*

Doch die Zeit blieb nicht stehen, die Zahl der »normalen« Drogentoten nahm wieder zu. Umberto führte das auf den allgemeinen Preisverfall auf dem Drogenmarkt zurück, im Vergleich zu vor zehn Jahren kostete ein Gramm Heroin bester Qualität nur noch die Hälfte. Die internationalen Erfolge der weltweiten Drogenfahndung beruhigten nur die Politiker, Umberto dagegen sprach von der Spitze eines Eisberges.

»Ich glaube nicht, dass wir im Verhältnis mehr Drogen beschlagnahmen als früher«, prognostizierte er düster. »Die Menge der in Umlauf gebrachten Drogen hat sich unglaublich vervielfacht.«

Doch an diesem Dienstag verscheuchte Roberto alle trüben Gedanken. Den ganzen Nachmittag schmiedete er Zukunftspläne mit Giulia und widmete sich seinen Töchtern, nachdem er zwölf Stunden ohne Pause geschlafen hatte.

Bei einem stark verspäteten Schlemmerfrühstück sah er immer wieder auf seine Frau, die weder bedrückt noch verschlossen, sondern uneingeschränkt glücklich wirkte. Sie saßen in der Mittagssonne unter einem Schirm am Ende des Gartens, und Giulia sprudelte über vor Plänen, bis sie plötzlich innehielt.

»Du hast mir deine zweite Zukunftsplanung vorenthalten!«

»Ich wusste, du würdest darauf zurückkommen!«

»Und?«

»Ich habe noch ein zweites Angebot bekommen, aus Deutschland.« Er schwieg und sah versonnen über die exakt geschnittenen Buchsbaumeinfassungen. Jetzt im dritten Jahr ihrer Anlage war der Formschnitt schon deutlich sichtbar. Würde er das alles hier missen wollen? Seine Heimat? Seine Wurzeln in dieser Landschaft und bei den Menschen hier? Dieses Ca'Vecchia Brandolin? Er sah seiner ihn gespannt musternden Frau in die Augen. Ja, er würde es können, wenn sie es sich wünschte. Ihrer Sicherheit diente es allemal.

»Aus *Hamburgo*, sie suchen einen wissenschaftlichen Mitarbeiter für ihr Kriminologisches Institut.« Er gab sich einen Ruck, für Giulia würde er alles aufgeben, uneingeschränkt, »ich möchte dich gern an der Entscheidung beteiligen. Wenn du aus Sicherheits- oder anderen Gründen lieber in Deutschland leben möchtest, nehme ich das Angebot an, das Gehalt macht keinen Unterschied, und ich komme mit nach Deutschland. Denn wir müssen ja auch die Frage noch besprechen, wo du lieber als Ärztin arbeiten möchtest, in Italien oder in Deutschland.«

Er beteiligte sie wirklich, und erst in diesem Augenblick sah sie die Zukunft mit ihm in einem ganz ungetrübten Licht, billigte er doch sogar ihre Berufstätigkeit!

»Du weißt …?«, sie biss sich auf die Lippen. »Beinhaltet das Angebot in Hamburg auch Forschung und Lehre?«

»Nein, nur Forschung.«

»Was ziehst du vor, Roberto?«

»Das war nicht die Frage! Die Frage ist, wo du mit mir und den Kindern leben und arbeiten möchtest?«

»Im Ca'Vecchia Brandolin!« Ihre Antwort kam wie aus der Pistole geschossen.

»Weil du denkst, ich ziehe den Posten in Vicenza vor? Deine Rücksichtnahme wäre jetzt eher belastend für mich, Giuli.«

»Nein«, ihr warmes Lächeln umfing ihn, die herumkrabbelnden Giuliettas, das Ca'Vecchia und den Garten, »ich habe eben begonnen, hier Wurzeln zu schlagen. Reiße sie nicht heraus!«

»Meinst du nicht, dass die Giuliettas jetzt dringend Mittagschlaf machen müssen?« Der Hunger nach ihr loderte in seinen Augen und ließ sie augenblicklich lichterloh entflammen.

»Aber sicher! *Subito*! Hilfst du mir, sie nach oben zu bringen?«

Als Julia ihre älteste Tochter neu wickelte, zog Roberto sich aus und während sie Jette fertig machte, kam er, legte seine Arme von hinten um sie und öffnete die Knöpfe ihrer Bluse, den Reißverschluss ihres Rockes und beide wussten, dass sie einen Teil des Paradieses zurückerobern wollten.

Die Mädchen lagen kaum in ihren Betten, als es auch ihre Eltern schon taten. Aber ganz so einfach wie während ihres *luna di miele* ging es nicht, die Gedanken an den Strand des Litorale di Lido ließen Roberto den Gewehrlauf und Julia den Sand im Rücken spüren.

»*Mi dispiace, cara*«, er war von sich selbst und für Giulia enttäuscht, »ich kann den 26. Juni nicht vergessen, immer sehe ich dein Gesicht voller Sand und wie sie dich wegführen.« Schwer atmend sah er an die Decke, der Ventilator drehte sich und er fühlte die kühle Luft über seinen Körper streichen.

Sie hatte es gewusst: Auch wenn er äußerlich wieder ganz als der ruhige, überlegene *dirigente* erschien, den alle zu kennen meinten, hatte er an Herz und Seele schweren Schaden genommen. Sacht streichelte sie seine Schulter. Ihr musste etwas einfallen, etwas, was ihn aus seiner Depression erlöste.

»Und ich spüre noch den Sand in meinem Rücken!« Sie beugte sich über sein Gesicht und zeichnete die tiefen Linien in seinem Gesicht nach. »Als du damals dein verletztes Bein hattest, haben wir doch auch die Position gewechselt. Dann fühle ich nicht mehr den Sand und du nicht mehr den Gewehrlauf.«

»Meine kleine, pragmatische *nereide*«, sie spürte sein Lächeln, »ohne dich wäre ich verloren.«

Und tatsächlich gelang es ihnen, die Gedanken an den 26. Juni, den Litorale di Lido mit seinem Sand und den Gewehrlauf weit hinter sich zu lassen.

Roberto schlief noch. Julia setzte sich zu ihren Töchtern in den Garten, wo sie in einem Laufställchen spielten, und versuchte ein paar ihrer im Haus am Fluss vernichteten Gartenideen wiederzubeleben, als Fulmine und Tuono anschlugen. Mit ihnen fühlte sie sich hier gut und sicher aufgehoben, nachdem dall'Aria ihr durch Roberto hatte ausrichten lassen, es seien keinerlei Aktivitäten der Geheimdienste zu erwarten, er habe das in Gesprächen mit Bonluca, dem hochrangigen Vertreter des *Betriebs,* und Jeff L. King von der *Firma* klären können. Und das *Colleoni*-Syndikat sei ganz von der Bildfläche verschwunden.

Bartolomeo Coglione und Vilma winkten vom Parkplatz herüber, sie kamen eine halbe Stunde früher als gestern Abend vereinbart. Robertos Begeisterung hatte sich in Grenzen gehalten. Julia nahm die leicht quengelnde Jana aus dem Laufstall und ging den beiden entgegen, aber nun fühlte sich Jette vereinsamt, begann lauthals zu schreien und beruhigte sich erst, als auch sie sich im Arm ihrer Mutter befand.

»Das pralle Leben!«, lachte sie und Vilma nahm ihr ein Kind ab.

Als Roberto schließlich erschien, verspürte Julia Erleichterung; seine schon beinahe sprichwörtliche Ablehnung seinem Vetter gegenüber und seine oft als Arroganz angesehene Verschlossenheit hatte er im Haus gelassen und dafür erfrischende Getränke mitgebracht. Der Abend schien gerettet.

Vilma leistete ihrer angeheiraten Cousine Gesellschaft bei der Zubereitung des Abendessens; allzu oft gab es keine Gelegenheit mehr für Julia, ihre Kochleidenschaft auszuleben, denn Bianca ersetzte sie perfekt und ihr fehlte oft die Zeit.

»Ihr seht glücklich zusammen aus, du und Omeo.« Julia schnippelte Zwiebeln, Kräuter und Knoblauch, während Vilma Pilze putzte.

»Sind wir auch! Wir haben ganz viel miteinander geredet in den vergangenen drei Monaten, oft auch über dich. Denn ohne deine Hilfe gäbe es mich nicht mehr. Aber ihr seht auch glücklich aus, du und Roberto!«

»Sind wir auch. Er freut sich auf einen S... unser drittes Kind, und wenn er dann nicht mehr in die *questura* muss und regelmäßige Arbeitszeiten hat, wird sich unser Familienleben in ruhigeren Bahnen abspielen.«

»Er hört auf? Da wird Omeo traurig sein! Er möchte so gradlinig wie Roberto arbeiten und hat eine Vereinbarung mit dem *Betrieb* getroffen. Er geht in den Polizeidienst, und dafür bin ich dankbar. Diese Geheimdiensttätigkeit war mir sehr unheimlich!«

»Vielleicht hätten die beiden miteinander reden sollen!«, Julia fühlte sich bei diesen Ratschlag ein klein wenig heuchlerisch.

»Meinst du, die Entführung hat deiner Schwangerschaft geschadet?«, lenkte Vilma ab.

»Eher nicht, denn da Santes hat mich nach Strich und Faden verwöhnt, Vier-Gänge-Menüs waren keine Seltenheit, Fisch, Obst und frische Salate gab es überreichlich! Oh!«

»Was ist, Giulia?«

»Ich hatte Roberto versprochen, darüber zu schweigen!«

»Von mir erfährt er es nicht. Und wer ist da Santes?«

Vilmas Unwissenheit über die angeblichen Terroristen beruhigte Julia und nun änderte sie das Thema.

Draußen im Garten ging es nicht ganz so harmonisch zu. Robertos Misstrauen seinem Vetter gegenüber saß tief.

»Bist du ganz privat hier?«, erkundigte er sich vorsorglich.

»Total«, Omeo gab sich friedlich, »auch wenn meine Suspendierung seit gestern Abend aufgehoben ist. Ich fand die Nachricht nach unserer Rückkehr im Ca'Rosso.«

»So?« Robertos Kommentar hörte sich neutral an. »Und weswegen hatte der *Betrieb* dich suspendiert? Und weshalb haben sie dich nach Südamerika geschickt?«

»Wegen meiner Nähe zu dir. Der erste Grund war mein Eingreifen Anfang des Jahres in den Colli Euganei.«

»Und der zweite? Meine Lebensrettung auf Zypern?«

»Nein, die konnten sie mir nicht nachweisen. Ich hatte mein

Handy nicht benutzt, sondern eines aus der Asservatenkammer geklaut. Nein, weil ich dir zum Haus am Fluss gegen einen ausdrücklichen Befehl meines Vorgesetzten gefolgt bin; und irgendwer hat mich verpetzt.«

»Und du wirst mir sicher auch erzählen, warum sie aufgehoben wurde, deine Suspendierung?« Robertos Misstrauen wuchs eher durch die so plötzliche völlige Offenheit des anderen.

»Ich hatte einen Kompromiss angeboten: Ich würde keinem von der Nähe des *Betriebs* zum *Colleoni*-Syndikat erzählen, und sie lassen mich gehen und in den Polizeidienst eintreten. Deine Art der Arbeit sagt mir mehr zu.«

»Und diese ... Nötigung haben sie so geschluckt?«

»Bonluca und ich hatten ein sehr grundsätzliches Gespräch gestern Morgen. Er hat mir die Zusammenhänge erklärt, weil er weiß, dass ich kein Mann nur zum Gehorchen bin. Der sogenannte Filz der Geheimdienste mit dem *Colleoni*-Syndikat war nur eine Verquickung einzelner Agenten mit der OK.«

»Ach, ist das jetzt die offizielle Lesart? Georgio Hunter und Leo Balladesci haben ohne Wissen ihrer Geheimdienste Giulias Entführung und die *strategia della tensione* geplant? Meine Hochachtung!« Roberto klang reichlich sarkastisch.

»Es wird schon so gewesen sein, Hunter war ein ganz übler Vertreter unserer Zunft und Leo sein getreuer Bluthund.«

»Bauernopfer, Omeo, wenn du meine ehrliche Meinung hören willst. Und da die beiden ... verunglückt sind, wird es wohl keine Aufhellung der wirklichen Zusammenhänge geben.«

»Bonluca ist integer; wenn er sagt, die Geheimdienste haben mit der Entführung nichts zu tun, glaube ich ihm.« Aber an Robertos zweifelnder Miene sah er, dass er an der schlechten Meinung seines Vetters über den *Betrieb* nichts würde ändern können. »Wie steckt deine Frau das weg? Hat sie noch Angst?« Coglione versuchte das Thema von einer anderen Seite anzugehen.

»Ich glaube dall'Arias Zusicherung, dass sie jetzt sicher ist, und sie glaubt mir.«

»Beim Pokern würdest du verlieren, Roberto. Sowie man die Sicherheit Giulias anspricht, erstarrst du zu einem Eiszapfen. Und dall'Aria kann sich so sicher auch nicht sein, wenn er einen Polizeiwagen unten vor eurer Einfahrt auffahren lässt ...«

»... und einen auf der Nebenstraße oberhalb des Ca'Vecchia

Brandolin. Ich habe ihn gestern gesehen, als ich nach meiner Frau suchte. Er will nichts riskieren, hat er am Telefon gesagt.«

»Traust du ihm?«

»Er hat sich als sehr hilfreich und kompetent gezeigt. Ja, ihm traue ich. Er ist in den vergangenen Monaten an seiner Aufgabe gewachsen, vor einem Jahr noch war er eine Katastrophe. Aber du hast gestern Abend angedeutet, dass du etwas mit mir besprechen wolltest. Was, Omeo?«

»Könntest du dir vorstellen, dass wir als Kollegen zusammenarbeiten?«

»Schickt Bonluca dich? Ich habe ihm schon einmal einen Korb gegeben. Ich bin nicht geeignet für den Geheimdienst.«

»Als Kollegen bei der Polizei. Ich wechsle die Fronten.«

»Das hat dein historischer Namensvetter zweimal gemacht, vom Veneto in die Lombardei.«

»Ich gehe den umgekehrten Weg, aus *Lombardia* nach Padova.«

»Und aus welchem Grund?« Robertos latentes Misstrauen wollte nicht einschlafen.

»Aus dem gleichen Grund wie seinerzeit der *capitano generale*. Sie haben ihn zweimal in seiner Ehre verletzt, genau wie mich; im letzten Jahr durch einen ungerechtfertigten Beförderungsstopp, nur weil ich meinen Posten in Genova verlassen hatte, um meine Tochter aus der Bolzaneto-Kaserne abzuholen, und in diesem Jahr durch die Suspendierung. Und glaub es oder glaub es nicht, Roberto, du und deine Arbeit imponieren mir! Du bewegst dich nie im Grau der Nacht, sondern immer im durchschaubaren Tageslicht. Vielleicht lehrst du es mich.«

»Du hast also einen Deal mit der *questura* und dem *Betrieb* gemacht?« Bartolomeo Cogliones grenzenlose Offenheit machte Roberto noch vorsichtiger.

»*Si, dirigente*! Ich schweige über meine Vergangenheit, der *Betrieb* vergisst sie auch, und ich versuche, mit deiner Hilfe wieder ein guter Polizeioffizier zu werden. Unsere Frauen verstehen sich doch auch sehr gut.«

»Das wird nicht gehen!« Roberto beugte sich zum Laufstall hinunter und hob einen Kuschelbären auf, den Jette zum zwanzigsten Mal hinausgeworfen hatte.

»Du verweigerst mir deine Hilfe?«

»Nein, wie könnte ich«, unterschwellig fühlte Roberto, dass der andere eine Gegenleistung für seine Lebensrettungen erwartete, »aber ich verlasse die *questura* zum Jahresende und gehe an die Polizeihochschule. Ich werde versuchen, junge Menschen zu guten Polizisten zu machen. Mein Traum von Forschung und Lehre wird wahr!«

Man sah Bartolomeo die Enttäuschung an. Er hatte sich einen so schönen Lebensplan gemacht und nun sah er seine Felle davonschwimmen, doch dann zuckte er, als er die Frauen aus dem Haus kommen sah, mit den Schultern und beendete das Gespräch.

»Schade!«, schickte er dann doch noch einen kleinen Pfeil hinterher. »Merkwürdig, dass die Jagd auf *Colleoni* dich plötzlich nicht mehr interessiert. Du gibst auf?«

Roberto holte Luft, um ihm zu antworten, schluckte seine Erwiderung dann aber hinunter, denn die Frauen waren schon in Hörweite. Sie entschieden sich, im Garten zu essen, und die Männer schleppten Tische, Kinder- und große Stühle in die Nähe des Springbrunnens und bald war man in familiären Betrachtungen gefangen, die wie der Wasserstrahl in die Auffangschale des Brunnens in die hereinbrechende Dämmerung plätscherten.

Später brachten Vilma und Julia die Kinder ins Haus und Roberto holte innerlich seufzend einen alten Rotwein. Die zu erwartende Diskussion gestaltete sich mit einem guten Tropfen bestimmt angenehmer.

Italienern ist die Kultur des abendlichen Weintrinkens nach der Mahlzeit nicht so eigen wie den Deutschen, aber Roberto hatte diese deutsche Sitte für sich eingeführt. Er entkorkte einen nicht zu schweren Valpolicella Superiore und verkostete ihn.

»Nein, ich habe die Jagd nicht eingestellt, aber mir ein Zeitlimit gesetzt«, nahm er den abgebrochenen Gesprächsfaden wieder auf. Er erhob das Glas und die Windlichter spiegelten sich darin. »Bis zum Jahresende arbeite ich zusammen mit dall'Aria an dem Fall *Colleoni,* obwohl er eher Umbertos ist. Übrigens ein ausgezeichneter Polizeioffizier, mit dem du bestimmt gut arbeiten kannst.«

»Werde ich dann wohl müssen. Hast du eine Idee, wo wir *Colleoni* finden könnten?«

»Er ist *Il Primo* des *XX. Gennaio* gewesen. Manchmal in der Vergangenheit habe ich gedacht …«, Roberto drehte nachdenklich das Glas in der Hand.

»… ich könnte *Colleoni* sein? Wegen der Namensgleichheit Coglione – Colleoni?«

»Aber die Größe kommt nicht hin und die Stimme auch nicht!« Julias Stimme ertönte hinter ihnen. Die beiden Frauen waren unbemerkt zurückgekommen und Roberto wusste nicht, wie viel sie mitgehört hatten.

Er zog ärgerlich die Brauen zusammen, und Julia merkte sofort, dass er mit ihren Äußerungen nicht einverstanden war, doch im Gegensatz zu Roberto teilte sie sein Misstrauen Omeo gegenüber nicht gänzlich. Er schien seine ganze faschistische Vergangenheit wirklich über Bord geworfen zu haben.

»Ich hab dich schon lange keine Weisheiten mehr von deinem Freund Benito verbreiten hören, Omeo«, zog sie ihn auf und die Ablenkung gelang, vorübergehend zumindest.

»Ach, weißt du, Cousinchen, ich habe einen Schwur getan, ihn nie mehr zu zitieren, wenn du heil aus der Entführungsgeschichte herauskommst. Und nun sind mir die Lippen versiegelt!«

»Du Armer!«

»Ich werde es überleben! Aber sag mal, was meintest du mit *Colleonis* Stimme? Könntest du ihn daran identifizieren?«

Weder Roberto noch Julia antworteten – sie ärgerte sich über ihren Versprecher und er dachte, dass sein Vetter ein ziemlich intensives Interesse an dem Syndikatsboss zeigte. Die Pause wurde immer länger, das Schweigen ein feindseliges. Die lockere Stimmung bröckelte und Bartolomeo Coglione brachte sie zum Einsturz.

»Sag ihm, Vilma«, seine Stimme klang fast so schroff wie die von Roberto manchmal, »was wir am Tag von Giulias Entführung gemacht haben. Er gibt sonst doch keine Ruhe. Und Gott sei Dank haben wir ein Alibi!«

»Wir waren zusammen im Kloster der Barmherzigen Schwestern im Val Pantena. Omeo hat dort übernachtet. Warum? Und wieso Alibi?«

»Komm, Vilma! Wir sind hier nicht gelitten!« Er stand auf und sah seine Frau auffordernd an.

»Roberto!« Julia hörte sich ein klein wenig zurechtweisend an. »Omeos Stimme gleicht keiner von denen. Da schwör ich jeden Eid.«

»*Mi dispiace*!« Roberto wachte wie aus einem Traum auf. »*Mi dispiace*, Omeo! Der Schrecken sitzt mir noch zu tief in den Knochen, auch wenn äußerlich alles wieder normal scheint. Nichts ist wie früher.« Seine Stimme klang so deprimiert, dass der andere sich wieder setzte.

»Danke für deine Offenheit. Ich biete dir meine Hilfe noch einmal an, Roberto. Ich konnte dir bei der Entführung deiner Frau nicht helfen, sie haben mich kaltgestellt. Ich wünschte, du könntest mir vertrauen!«

»Manchmal glaube ich, *Colleoni* ist das genaue Gegenteil von dem historischen *condottiere*, die Namensgleichheit purer Zufall. Du passt allein schon wegen deiner Größe nicht ins Bild. Ich verdächtige auch jemanden ganz anderen.«

»Und dieser Jemand wäre?« Dissonanzen schienen nie bestanden zu haben, Omeo war ganz Aufmerksamkeit.

»Der *conte* Berini!« Robertos Worte fielen in eine tiefe Stille. »Oder kannst du ihn auch entlasten, Giulia?«

Sie schloss die Augen und ließ alle Begegnungen mit dem *conte* an ihrem inneren Auge und Ohr vorbeiziehen. Allzu viele gab es nicht.

»Er war eigentlich immer ziemlich angetrunken, wenn ich mit ihm zusammengetroffen bin, zuletzt hier im Garten, und seine Stimme klang undeutlich und unsicher.« Julia öffnete die Augen nicht. »Und *Colleoni*, also *Il Primo*, machte immer einen hundertprozentig nüchternen Eindruck. Allein, die Sprachmelodie ist dieselbe wie die *Colleonis*! Ich müsste ihn noch einmal sprechen hören.«

»Sein Angetrunkensein seine Tarnung?«, mutmaßte Coglione.

»Vielleicht. Ich müsste Berinis Stimme noch einmal in ganz nüchternem Zustand hören.«

»Warum verdächtigst du ihn?« Coglione sah aus wie ein Jagdhund, ähnlich wie Roberto noch vor zwei Jahren.

»Komm morgen in die *questura*, Omeo. Die Damen langweilen sich sonst.«

»Entschuldigt! Natürlich! Dann können wir auch über den Fall Salzmann reden.«

Wenn Omeos Alibi stimmte, konnte er nicht *Il Secondo* sein, denn als man Roberto den Gewehrlauf in den Rücken drückte und *Il Secondo* hinter dem Feuer stand, befand Coglione sich mit seiner Frau im Val Pantena. Wie gesagt, wenn!

Padova, Donnerstag, 5. September 2002

»Ohne sie!« Roberto wandte sich brüsk ab und starrte aus dem Fenster.

»Aber deine Frau wird dabei doch nicht gefährdet! Sie soll sich die Stimmen unserer Mitarbeiter anhören, sonst nichts.« Dall'Aria versuchte Sachlickeit in die mit viel Emotion geführte Diskussion zu bringen.

»Nein!« Robertos Antwort klang endgültig.

»Was haben wir denn bis jetzt ermittelt?« Umberto sah fragend in die kleine Runde der Polizisten, die er und sein Freund für verlässlich hielten. »Fangen wir mit *Il Primo* an, *Colleoni*. Roberto meint, er sei von bemerkenswert kleiner Statur. Das passt auf unseren Hauptverdächtigen, den *conte* Bartolomeo Luigi Berini.«

»Das reicht zur Identifizierung aber nicht«, dall'Aria schüttelte den Kopf, »dann bin ich genauso verdächtig, denn ich bin auch nicht viel größer! Deine Frau könnte ihn an der Stimme erkennen, Roberto?«

»Ohne sie!« Dessen dreisilbige Wiederholung blieb sein einziger Kommentar.

»Quilla«, Dall'Aria wandte sich an Luciano und zwinkerte ihm zu: »Sie haben zwar gegen meinen ausdrücklichen Befehl gegen den Abgeordneten ermittelt, dessen Immunität ihn schützt, doch in diesem Kreis sagen Sie, was Sie herausgefunden haben. Es bleibt aber unter uns, meine Herren!«

Sandro und Coglione nickten, ebenso die drei anderen.

»Am 26. Juni, dem Tag der Entführung, hielt der *conte* sich weder in Roma noch in Padova und auch nicht in seiner Familienvilla bei Castellfranco auf, sondern …«, er blickte erwartungsvoll in die Runde, »… in Ravenna Marina, nur ein paar Kilometer von dem Haus am Fluss entfernt, bei der Künstlerin Polimondi.«

»Meiner Cousine«, warf Roberto ein.

»Er verließ sie gegen 18 Uhr. Um 20:45 Uhr nahm er ein *motoscafi* vom Flughafenanleger Marco Polo und fuhr zur Piazza San Marco. Da verliert sich seine Spur.«

»Aber von da fahren die *vaporetti* direkt zum Lido.« Umberto wirkte nachdenklich.

»Eben!«, war dall'Arias Kommentar. Nur Sandro blieb schweigsam. »Und wie sah es am Dienstag, dem 20. August aus, dem Befreiungstag von Robertos Frau?«

Luciano sah auf seine Notizen. »Bis 14 Uhr hielt er sich in der *questura* auf, danach verliert sich seine Spur. Aber um 20 Uhr traf er in Ravenna Marina ein und blieb bei Polimondi und ihrem Mann bis circa 23:30 Uhr. Da erreichte ihn die Nachricht von *La Tedescas* Befreiung. Er sei den ganzen Abend sehr nervös gewesen, beschreibt Polimondi seinen Zustand.« Luciano blickte seinen Chef stolz an.

»Gesicherte Erkenntnisse?«, schaltete dall'Aria sich ein.

»Polimondi hat ein Faible für gut gebaute Endzwanzigjährige, und sie plappert gern.« Luciano gab sich als Märtyrer. Roberto stellte sich Lucianos Situation vor und konnte ein Lächeln nicht unterdrücken, langsam fand er seinen Humor wieder. »Sie redet pausenlos und ich weiß jetzt, wie sich jemand fühlt, der zur Schlachtbank geführt wird.«

Alle lachten, nur Sandro schien gar nicht zugehört zu haben, er schreckte hoch.

»Was für einen Wagen fährt er?« Roberto dachte an den dunklen Mercedes, der gegen 19:45 Uhr das Haus am Fluss verlassen hatte.

»Einen dunkelgrauen Mercedes, neuestes Modell. Der dunkle Mercedes, der am 20. August um 19:45 Uhr das Haus am Fluss verlassen hat, trug gefälschte Nummerschilder und seine Spur verlor sich in Ravenna.« Luciano schien Robertos Gedanken lesen zu können. »Zu viele Zufälle, Chef?«

»Zu viele! Ist der Präfekt heute verhindert?« Roberto wandte sich an dall'Aria, der betont gleichgültig zu Boden blickte, tief seufzte, seine Augen dann hob und alle der Reihe nach anschaute.

»Es bleibt alles unter uns, meine Herren? *Parola d'onore*?« Er sah besonders den bisher ganz unüblich schweigsamen Bartolomeo Coglione scharf an.

»*Parola d'onore*!«, bestätigten alle und Robertos Vetter fügte hinzu: »Betrachten Sie mich als Kollegen. Ich habe mein Entlassungsgesuch beim *Betrieb* eingereicht.«

»Du verdächtigst ihn, Cesare?« Roberto zeigte sich nicht völlig überrascht, ihm waren auch schon einige Unstimmigkeiten durch den Sinn gegangen, besonders die immer noch nicht restlos geklärte Rolle, die er bei der Aufdeckung des Skandals um den vorigen *vicequestore* Deganello als Syndikatsboss *Gattamelata* gespielt hatte.

»Sandro hat ganz vorsichtig ermittelt!« Dall'Aria sagte es fast ein wenig entschuldigend und blickte Umberto, dessen Mann Sandro war, um Nachsicht bittend an.

»Okay, okay«, der Dicke, wie sie ihn allgemein, aber nicht abwertend, nannten, war nicht nachtragend. »Also, Sandro?«

Der Angesprochene blickte trübsinnig in die Runde und der Anfang fiel ihm offensichtlich schwer; ganz ungewohnt für den sonst so selbstbewussten und manchmal auch sich selbst überschätzenden jungen Mann. Im vergangenen Jahr hatte er eng mit Tramontan, als der noch *questore* war, zusammengearbeitet und dessen Loyalität bewundert. Und nun hatte er gegen sein Idol ermittelt. Keine leichte Aufgabe, die ihm offensichtlich auf die Stimmung drückte.

»Lassen Sie sich doch nicht alle Würmer aus der Nase ziehen.« Der jetzige *questore* blickte ein wenig ungeduldig auf die Uhr und Roberto überlegte, dass dall'Aria alle Untergebenen im vergangenen Jahr noch in der Du-Form angesprochen hatte, während er selbst aber gesiezt werden wollte. Nun zeigte er seine Wertschätzung, indem er auch deutlich Untergebene siezte, wahrscheinlich, weil er seine große Unsicherheit überwunden hatte, Teamarbeit schätzte und seine wie einen Panzer angelegte Einhaltung von Vorschriften nicht nur abgelegt hatte, nein, sie sogar bewusst und gewollt umging, wenn es der Sache diente.

»Tramontan hat sich nach dem 26. Juni mindestens dreimal mit George Hunter getroffen, zweimal war auch Leo Balladesci dabei, und zwar in seiner Villa in Noventa Padovano. Die Haushälterin führt Tagebuch.« Sandro kontrollierte mit Blicken die Sauberkeit seiner Fingernägel und fuhr dann leidenschaftslos fort: »Tramontan hat eine großräumige Absperrung von Alberoni an der Adriaseite am späten Abend des 26. Juni in die Wege geleitet. Informationsquelle: die *questura* in Mestre.«

Roberto konnte es nicht glauben: Julias Onkel hatte zusammen mit den Geheimdienstagenten an der Entführung seiner eigenen Nichte mitgewirkt. Ob er selbst beteiligt war? Als *Il Secondo*? Er hatte die gleiche Statur wie Coglione.

»Wissen Sie, ob Tramontan am Abend des 26. Juni zu Hause oder in der *questura* war, Sandro?« Roberto wollte es genau wissen.

»Weder noch. Nach Aussagen seiner Haushälterin hatte er eine Verabredung in Venezia, aber sie wusste nicht wo und mit wem.«

»Wo sich zu der Zeit auch der *conte* Berini aufhielt!« Die Feststellung dall'Arias hörte sich wie eine Anklage an.

»Tramontan und Berini? Beide im Drogengeschäft des *Colleoni*-Syndikats als Führungsspitze? Eine beklemmende Idee!« Roberto sprach aus, was jeder im Raum dachte. »Dann hat Tramontan im vergangenen Jahr seine Identität als *Gattamelata* einfach auf den am Schlaganfall verstorbenen Freund projiziert und ist als Führungsspitze ins *Colleoni*-Syndikat gewechselt. Die Strukturen des neuen Drogensyndikats waren die des alten – genial und schrecklich zugleich. Tramontan als *Gattamelata* und Berini als *Colleoni*. Das ergibt auch Sinn, ihre historischen Vorbilder sind mehr als ein Jahrzehnt zusammen für die *Serenissima* geritten.«

»Tramontan und Berini haben sich häufig getroffen, entweder in seinem Haus bei Cittadella oder beim *questore* in Noventa Padovana, sie sind enge Schachpartner.« Sandro blickte Roberto bedauernd an; er wusste, dass Tramontan sein Patenonkel war.

Sorgenvoll gingen die sechs nach einer weiteren Stunde auseinander. Eine brauchbare Strategie für ihre weitere Vorgehensweise hatten sie noch nicht entwickelt, nach dem Wochenende wollte man sich wieder treffen und erneut zusammen überlegen.

»Was ist mit Sandro?«, wollte Roberto von Luciano auf dem Weg in sein Büro wissen.

»Ich glaube, er hat eklatanten Liebeskummer. Es muss ihn sehr erwischt haben, denn früher hätten wir uns zusammen vollaufen lassen und auf die Weiber geschimpft. Aber jetzt verkriecht er sich förmlich.«

Gedankenschwer fuhr Roberto hinaus in die Colli Euganei. Er fühlte sich denkbar unwohl. Irgendetwas hatten sie übersehen, irgendetwas vielleicht falsch gewichtet, irgendetwas stimmte nicht, dessen war er sich sicher.

Cittadella, Samstag, 7. September 2002

Ein wenig zum Ärger von Julia hatte Clemente sich als der perfekte Vermarkter ihrer Gartenideen erwiesen und besonders mit der Koppelung ihrer Entführung einen enormen PR-Erfolg und Aufschwung ihres gemeinsamen Betriebes bewirkt.

»Du profitierst doch auch davon!« Clemente verstand die Welt nicht mehr, er war so stolz auf seine Idee. »Und wenn du dich nur ein klitzekleinwenig auf den Gartenbaustellen sehen lässt, klingelt es vermehrt in der Kasse. Und die Kosten für die Renovierung des Ca'Vecchia Brandolin würden dir sonst die Haare vom Kopfe fressen, oder?«

Sie hatte lachen müssen. »Also wann und wo?«

»Samstagvormittag? Piazzola sul Brenta!«

»Perfekt. Ich habe danach in der Nähe von Cittadella zu tun.«

Als Roberto ihr ein arbeitsfreies Wochenende ankündigte – er habe nur einige Akten von einem nicht aufgeklärten Mord an einem jungen Mädchen im Juni dieses Jahres mitgebracht, die er auch im Ca'Vecchia Brandolin durcharbeiten könne –, wollte Julia ihre Samstagstermine mit Clemente absagen.

»*Niente*! Nimm mich mit! Meine Akten können warten. Dann lerne ich wenigstens ein bisschen von dem kennen, was dein Konto so füllt!«

Sie errötete und er fand sie wieder einmal zauberhaft.

»Wenn es dir nicht recht ist …?«

»Das Geldverdienen? Ein schöner Nebeneffekt für etwas, das dir Spaß macht? Wieso sollte mir das nicht recht sein? Würde das Ca'Vecchia Brandolin sonst so schön dastehen? Und überhaupt, du tust, was du für richtig hältst!«

So packten sie denn am frühen Samstagmorgen die Giuliettas in die Kindersitze und den Zwillingsbuggy sowie drei von Julias Architektenrollen mit den Gartenplänen nach hinten. Sie nahmen den Pajero, der kein Automatikgetriebe besaß und deshalb von Roberto nicht gefahren werden konnte – dagegen von Julia ziemlich temperamentvoll. Durchgezogene weiße Linien ignorierend, Überholverbote missachtend und auf Robertos Vorhaltungen nur die Schultern zuckend, meinte sie, die Straße sei doch frei. Er kannte sie bisher hauptsächlich als Beifahrein und zeigte sich leicht überrascht. Sie fahre, gelinde gesagt, sehr italienisch, er meinte es nicht als Kompliment, aber sie nahm es als solches.

In Piazzola sul Brenta parkten sie in der Nähe der Villa Contarini ora Simes und freuten sich an dem klaren Morgenlicht, in dem die Villa jungfräulich schön aussah. Sie trafen wie verabredet auf Clemente und Roberto schob seine Töchter, fühlte sich frei und ohne jede Verantwortung als beobachtendes Anhängsel seiner Frau, die mit viel Überredungskünsten einem Ehepaar einen nicht zum Stil ihres Hauses passenden Gartenentwurf ausredete, dafür aber einen neuen ausbreitete, den die beiden potentiellen Käufer begeistert annahmen, sehr zur Erleichterung Clementes, der seine Felle schon hatte davonschwimmen sehen.

Jenseits der Brenta begutachteten sie in einem kleinen Ort einen bereits im Bau befindlichen Garten und auch hier setzte Julia diplomatisch einige kleine Änderungen durch, während Clemente mit seinen Gärtnern, den Steinmetzen und dem Brunnenbauer sprach.

Man verabschiedete sich und Roberto freute sich auf ihren Garten am Ca'Vecchia, den schönsten weit und breit, wie er meinte.

»Ich habe noch eine dritte Rolle mit einem Entwurf dabei«, sie druckste etwas herum, »auch wenn du es mir nicht glaubst, Roberto ...«

Sie verstummte.

Und niemand konnte so bestimmt wie er mit einem Wort die Wahrheit abfordern.

»Der Termin steht schon seit letzter Woche ...«

»Ja?«, niemand konnte so inquisitorisch die Augenbrauen zusammenziehen wie er.

»Ich will mich bestimmt nicht in deinen Beruf einmischen, aber der Termin steht wirklich schon seit letzten Sonntag fest ...«

»Ja?« Niemand konnte so unnachgiebig auf eine Antwort warten wie er.

»Er hat mich angerufen. Und weil er dir doch in Rom bei den Parlamentariern Tür und Tor geöffnet hat ...«

»Du sprichst nicht etwa vom *conte* Berini?«

»Doch!«, fast unhörbar kam dieses eine Wort.

»Das kommt überhaupt nicht in Frage! Und von wegen Tür und Tor geöffnet!«

»Ich könnte dabei seine Stimme ...«

»Nein, Julia!« Wenn er ihren Namen deutsch aussprach, war das ein untrügliches Warnzeichen. »Ich möchte nicht, dass du in seine Nähe kommst.«

»Ich hatte schon eine grobe Skizze seines Gartens gezeichnet und in der Rolle abgelegt, in die David sein Vermächtnis gesteckt hatte. Damals fiel mir zu Berinis Haus nichts ein, aber nun fühle ich mich ihm irgendwie verpflichtet und habe den Entwurf ein wenig ausgearbeitet. Und wenn ich jetzt plötzlich absage, würde ihn das nicht erst recht misstrauisch machen?«

Zu ihrer Erleichterung überzeugte ihn ihr Argument und er gab schweren Herzens nach. Und ganz hinten in seinem Gehirn versteckt saß auch eine nicht unerhebliche Portion Neugier.

Die Villa des *conte* lag in der Nähe von Cittadella, nicht weit von der hier durch die Ebene mäandrierenden Brenta, ein wahrlich uneinheitlicher, immer wieder in neuen Baustilen erweiterter Komplex, ein Gebäudekonglomerat, dem jede palladianische Berechnungsgrundlage und jede Harmonie fehlte.

Durch ein protziges Tor fuhren sie eine von Zypressen gesäumte Auffahrt entlang, die in einem Halbrund vor dem mit tuskischer Säulenanordnung, korinthischen Kapitellen und barocken Putten verunstalteten Portikus endete.

Roberto setzte eben seine Töchter in den Buggy, als die schwere Eingangstür sich öffnete und der *conte* mit einem Mann heraustrat, den Roberto hier nun nicht vermutet hätte: Tommi Gentile aus der *questura*.

»Welch ein Zufall«, sagte er und winkte Roberto zu.

Sie begrüßten den *conte*, und da Julia den *questorino* noch nicht kannte, wurde er ihr vorgestellt.

»*Piacere,* es ist mir eine Ehre, Sie kennen zu lernen, *signora!*« Ein angedeuteter Handkuss begleitete seine Worte. Julia blickte die beiden Männer an und Roberto empfand das Lächeln seiner Frau als starr und gefroren.

Sie schob ihren Arm unter den ihres Mannes. Ihre Handflächen waren feucht, etwas, was er gar nicht an ihr kannte. Selbst bei großer Hitze fühlte sich ihre Haut meist trocken an. Roberto war sicher, sie hatte den *conte* als *Il Primo* und *Colleoni* an der Stimme erkannt. Er drückte die Hand seiner Frau, um ihr zu verstehen zu geben, dass sie keine Angst zu haben brauchte und er auf der Hut war.

»Was machst du denn hier, Roberto?« Gentiles weiche und singende Stimme und seine alle Kollegen duzende Art entspannte die Lage nicht, Julia ließ Robertos Hand nicht los.

»Ich bin nichts weiter als Babysitter und begleite meine Frau als ein absoluter Appendix.« Gentile lachte über Robertos Antwort.

»Und *signora* Bassner gestaltet meinen Garten«, erklärte der *conte* leicht nuschelnd die Anwesenheit der Bassners, »aber ich bin nicht nur wegen meines Gartens froh, dass sie die Entführung gut überstanden hat.«

»Na dann, viel Spaß!«, wünschte Gentile. »Ich muss weiter.«

Etwas hölzern und weitaus weniger souverän als bei den beiden vorhergehenden Gartenprojekten entrollte Julia ihren Plan.

»Ich wusste gar nicht, dass ihr euch kennt, Gentile und du.« Robert setzte auf der familiären Schiene an, obwohl es ihn Überwindung kostete, diesen Mann zu duzen und freundlich zu behandeln, der aller Wahrscheinlichkeit nach für Giulias Martyrium verantwortlich zeichnete.

»Flüchtig«, der *conte* hatte schon wieder getrunken und sein leicht glasiger Blick irrlichterte ziemlich unstet herum, »wir sind Parteifreunde.«

So flüchtig konnte die Bekanntschaft also nicht sein, und Roberto hatte genug Muße, über diese neue Konstellation nachzudenken, während Julia den seit dem vergangenen Herbst ergänzten Plan für den Garten dem *conte* vorstellte und erläuterte.

Roberto fand, dass sie das nur halb so locker und selbstbewusst machte wie bei den vorhergehenden Besuchen, sie schien angespannt und längst nicht mehr so frei und unbeschwert wie am Beginn dieses Morgens. Kein Wunder allerdings, denn mit dem Wissen um den Verdacht gegen ihren Klienten hatten sie sie ziemlich stark belastet.

Roberto schob den Buggy durch den hinter der Villa liegenden Garten, der fast nur aus Rasen bestand. Vor der das ganze Grundstück umschließenden Mauer zog sich innen im Abstand von fünf Metern ein breiter Drahtzaun hin, hinter dem mehrere Dobermänner hin und her patroullierten. Ein nicht sehr anheimelndes Ambiente, für das auch die, überall leer herumstehenden Pflanzschalen und Töpfe sorgten; dafür aber ein sicheres, zumindest für den *conte*.

Der und Julia beugten sich immer wieder über den Plan, schritten imaginäre Beete ab und diskutierten ernsthaft, trotzdem machte Roberto sich Sorgen um seine Frau.

Als sie sich schließlich verabschiedet hatten, die inzwischen müden Kinder gut angeschnallt auf den Rücksitzen untergebracht, wo sie fast sofort einschliefen, wollte Julia den Pajero starten, aber ihre Hand zitterte so stark, dass sie das Zündschloss verfehlte.

»Giuli, geht es dir nicht gut? Hast du dir heute Morgen zu viel zugemutet?«

Sie antwortete nicht sofort.

»Wer war der Mann?«, fragte sie schließlich und mit fast tonloser Stimme.

»Welcher Mann? Ach, du meinst Tommi Gentile? Er ist ein *questurino* wie ich. *Commissario* bei der Sitte und gleichzeitig unser Sprengstoffexperte.«

»Nein«, flüsterte sie, »er ist *Il Secondo.* Seine Stimme werde ich bis an mein Lebensende nicht vergessen.«

»Giulia! Giuli! Bist du sicher?«

»Ja! Hat man mir angemerkt, dass ich ihn erkannt habe?«

»Nein, das glaube ich mit Sicherheit nicht. Du hast ihn kaum beachtet, nur den *conte* angestarrt. Und was ist mit dessen Stimme? Ist sie *Colleonis*?«

»Wie? Was? Darauf habe ich überhaupt nicht geachtet, außerdem hatte er wieder getrunken. Aber ich glaube schon.«

»Kannst du fahren, Giulia? Oder soll ich lieber ein Taxi rufen?«

»Ja … nein … was sollen wir tun, Ro?«

»Erst einmal hier wegfahren, dann sehen wir weiter.«

Sie raffte all ihre Kraft zusammen, fing sich langsam wieder und ohne Zwischenfall erreichten sie ihr Ca'Vecchia Brandolin.

»Der *questore* Stefano Tramontan als *Gattamelata*, der *conte* Berini als Colleoni und Tommi Gentile als *Il Secondo* im *Colleoni*-Syndikat – ein beklemmenderes Szenario kann ich mir nicht vorstellen«, sagte Umberto.

Er, Luciano und der Hausherr saßen seit den späten Nachmittagsstunden an dem langen Esstisch im Ca'Vecchia Brandolin und beratschlagten. Dall'Aria und Sandro waren nicht erreichbar gewesen und Coglione wollte Roberto nicht dabei haben. Noch immer traute er ihm nicht hundertprozentig. Der Mann hinter dem Feuer am Lido di Venezia hatte seine Gestalt gehabt. Tommi Gentile hatte zwar die gleiche Größe, aber nicht die Breitschultrigkeit, oder trog ihn seine Erinnerung?

Sie drehten sich im Kreis, einig waren sie sich nur in den Personen.

»Wir müssen dieses Führungstrio zur Strecke bringen!« Luciano sah die beiden anderen an: »Und das geht ganz schnell, wenn *Il Primo* und *Il Secondo* von *La Tedesca* an ihren Stimmen identifiziert werden.«

»Kommt überhaupt nicht in Frage!« Roberto stellte sich stur.

»Und damit hätten wir immer noch nicht Tramontan überführt«, gab Umberto zu bedenken, »außerdem müssen wir relativ schnell handeln, sonst verwischen sie alle Spuren und bauen die Strukturen des Syndikats weiter aus.«

»Denken wir denn auch noch an *Il Terzo* und *Il Quinto*?« Luciano brachte noch mehr Unsicherheit in die Diskussion. »Für mich ist *Il Quinto* der Gefährlichste, weil wir nicht den Schimmer einer Ahnung haben, wer er ist, außer *La Tedescas* Aussage, er sei ein *questorino*. Aber sie hat ihn nie sprechen gehört, kann ihn also nicht identifizieren.«

»Roberto«, versuchte es nun Umberto, »ich verstehe deine persönliche Betroffenheit vollkommen. Nichts liegt uns allen ferner, als Giulietta in Gefahr zu bringen, aber sie ist die Einzige, die uns helfen kann.«

»Meine Frau wird mit dem Fortgang unserer Ermittlungen nichts mehr zu tun haben!« Robertos Stimme hörte sich genauso unnachgiebig an, wie seine Miene die Entschlossenheit ausdrückte, auf keinen Fall einzulenken. »Und mit dem Ausgang dieser Sache auch nicht.«

»Denk an deinen Eid, den du zum Wohl unseres Staates abgelegt hast!«

»Ich habe nirgendwo geschworen, meine Frau notfalls in Gefahr zu bringen! Sie hat genug für unseren Staat getan, der nicht einmal der ihre ist, indem sie die *strategia della tensione* als Komplott gegen die Demokratie entlarvt hat, und ich habe meinen Teil dazu auch getan. Irgendwo ist Schluss, und das ist eben jetzt.«

»Denk an das Gemeinwohl, Roberto!« Umberto gab nicht auf und Luciano beobachtete die beiden Männer interessiert.

»Dieses eine Mal nicht! Eher ziehe ich mit ihr zum Nordpol!«

Keiner wusste mehr etwas zu sagen, das Schweigen lastete im Raum und jetzt erst bemerkten die drei Männer Julia, die in der Tür zur Halle stand. Wie lange schon?

»Soll ich euch ein paar *tramezzini* machen?«

Frauen haben es einfach. Notfalls bringen sie immer Essen oder Trinken ins Gespräch, dachte Roberto und sagte laut: »Später vielleicht.«

»Ich habe euer Gespräch gehört«, unterbrach Julia die Stille, die wieder Besitz vom Raum zu ergreifen drohte, und ein wenig entschuldigend fügte sie hinzu: »Ihr wart schließlich laut genug.«

»Und was meinst du, Giulietta?«, wollte Umberto wissen.

»Giulia ...!«

Umberto unterbrach seinen Freund. »Ich möchte Giuliettas Ansicht hören.«

»Ich glaube, es gibt mindestens zwei Möglichkeiten«, antwortete sie ruhig, ihre Nerven vibrierten wenigstens nach außen hin nicht mehr. »Eine davon wäre, dass ich *Il Secondo* und *Colleoni* für euch an den Stimmen identifiziere.« Aber da Henry Salzmann alias *Il Terzo* noch frei herumläuft und *Il Quinto* der große Geheimnisvolle ist, reicht es nicht aus, um nicht fortwährend in Angst leben zu müssen, auch wenn Roberto aus der *questura* ausscheidet. Die Fachhochschule ist nicht weit genug weg, der Nordpol vielleicht ein wenig zu ungastlich. Die Alternative wäre also, nach Deutschland zu emigrieren und den Job in Hamburg anzunehmen. Hier wird die Bedrohung nie enden.«

Alle schwiegen. Luciano und Umberto sahen sich resigniert an, als Julia sich zu ihnen an den Tisch setzte.

»Du hast recht, *La Tedesca.* Die Polizeihochschule ist noch zu nah. Also wählen wir die Alternative.« Wann hatte Roberto sie das letzte Mal so genannt? Lichtjahre schien es her zu sein.

»Ist das dein Ernst, *dirigente*?« Ihre hellgrauen Augen und die eine hochgezogene Augenbraue ließen ihr Gesicht wie ein Fragezeichen wirken.

»Mein voller!«

»Ich glaube aber nicht, dass das die geeignete Alternative für uns ist.« Sie lächelte leicht und überraschte alle: »Selbst, wenn wir in Deutschland lebten, müssten wir gelegentlich nach Italien reisen, jedes Mal mit der Angst im Bauch, erwischen sie uns diesmal? Und du, Roberto, würdest das Gefühl nie los, weggelaufen zu sein, was ja auch zuträfe. Das will ich nicht!« Sie stand wieder auf, trat hinter ihren Mann und legte ihm die Hände auf die Schultern. »So wie ich dich kenne, Roberto Alessandro Massimiliano Bassner, wirst du das nicht ertragen; wirst morgens, mittags und abends in den Spiegel schauen und sagen: ›Ich habe aufgegeben, ich bin meinen Weg nicht zu Ende gegangen, ich habe meine Pflicht nicht getan!‹ Wie lange, meinst du, hältst du das durch? Wann wirst du beginnen, mir Vorwürfe zu machen, es sei meinetwegen geschehen? Nein, diese Alternative ist untauglich!« Er ergriff ihre Hände und seufzte. »Ich fürchte, ich kenne die andere!«

»Der liebe Gott hat euch aus dem gleichen Klumpen Ton gemacht!« Umberto klang zufrieden.

Die Nacht verging mit Planungsgesprächen, und als der Morgen graute, meinten sie, eine Falle erdacht zu haben, in der sich der *conte* Berini als *Colleoni* und Gentile als *Il Secondo* mit Sicherheit verfangen mussten, und mit ein klein wenig Glück auch *Il Quinto* und Tramontan. Die Jagd nach Henry Salzmann wollte man erst einmal ausgliedern.

Es war eine perfekte Falle, fanden alle drei; Julia war schon kurz nach Mitternacht ins Bett gegangen. Aber im Nachhinein sollten sie feststellen, dass sie eine kleine Unachtsamkeit begangen hatten, nämlich trotz aller Maßnahmen *Colleoni* unterschätzt zu haben, ein für einen von ihnen tödlicher Fehler.

Colli Euganei, Samstag, 14. September 2002

In der Nacht zum Samstag verließ Julia all der Mut, den sie sich bis dahin eingeredet hatte. Sie wachte kurz nach Mitternacht auf und merkte, dass ihr Kopfkissen von Tränen durchweicht war, die sie in einem schrecklichen Traum geweint haben musste.

Alles hätte sie jetzt dafür gegeben, wenn sie die morgige Veranstaltung hier im Ca'Vecchia Brandolin noch absagen könnte. Sie wusste, ein einziges Wort von ihr in diese Richtung würde Roberto zur sofortigen Aufgabe seines Plans bringen; aber dann finge alles wieder von vorne an.

Sie unterdrückte ein Schluchzen, um ihn nicht zu wecken, und als sie merkte, dass es nicht ging, drehte sie sich vorsichtig aus dem Überschlaglaken und schlich ins Bad. Sie saß wie ein Häufchen Elend auf dem Toilettendeckel, presste sich ein Handtuch vor das Gesicht und heulte hinein.

Ob Roberto sie gehört oder einfach nur im Schlaf gespürt hatte, dass sie fort war, jedenfalls kam er ins Bad, zog sie hoch und in seine Arme.

»Als die Angst dich aufzufressen drohte, *l'anima mia,* hättest du mich wecken sollen, dann hätten wir uns gegenseitig Mut zusprechen können! Angst haben darf jeder, ich habe sie auch. Aber wir beide können sie dank unseres Geistes überwinden. Komm zurück ins Bett, wir hören uns einen schönen Boccherini an und halten uns aneinander fest.«

Beim dritten Cellokonzert schlief sie an ihn geklammert ein und er überlegte wieder und wieder, ob sie nicht etwas Schwerwiegendes übersehen hatten.

Die Dämmerung strich mit Sammetfingern über den Garten, die Flammen der Windlichter schienen an Intensität zu gewinnen und der Duft der in letzter Septemberhochblüte stehenden Rosen hing schwer in der Luft.

Alle waren sie gekommen, die an Julias Befreiung aus der Geiselhaft teilgenommen hatten oder meinten, es getan zu haben: der *conte* mit seiner Nichte, die es tatsächlich auf Robertos Bitte hin geschafft hatte, ihren Onkel stocknüchtern mitzubringen; der *questore* Stefano Tramontan mit seiner etwas schwierigen Frau, die vor einiger Zeit aus Amalfi angereist gekommen war, wo sie zwei Drittel des Jahres verbrachte, um nicht mit ihrem Schwiegervater zusammen in einem Haus leben zu müssen, und nun, da er vor einigen Wochen in die Berge auf sein Weingut zurückgekehrt war, allein mit ihrem Mann war; Robertos *squadra* mitsamt den Ehefrauen; Umberto mit Gina und Sandro als Vertreter des Drogendezernats; Tommi Gentile, der ein wenig halbherzig gemeint hatte, er habe doch kaum etwas zur Befreiung beigetragen, aber bevor Roberto antworten konnte, sein Kommen zugesagt hatte. Nur Bartolomeo Coglione hatte merkwürdigerweise ohne Grund abgesagt und Vittorio hatte Dienst.

Sie warteten nur noch auf dall'Aria mit seiner Frau, von der Julia wusste, dass *La Leonessa* zu gesellschaftlichen Ereignissen gern spät erschien, um auch von allen bemerkt zu werden. Der pünktliche dall'Aria hatte sich in dieser Frage wohl nicht durchsetzen können.

Alle hielten Gläser in den Händen, mit Cocktails oder Prosecco gefüllt, man schlenderte durch den Garten, der nun langsam in der Dunkelheit versunken wäre, wenn nicht die Windlichter und am Ende der Terrasse Fackeln ein geheimnisvoll romantisches Licht verbreitet hätten.

Julias Onkel Jochim hatte dafür gesorgt, dass runde Lichtstrahler in die Terrassenplatten eingelassen wurden, die die Säulen des Portikus von unten anstrahlten, und das alte Haus machte einen zu neuem Leben erwachten Eindruck, durchaus ein wenig an die prächtige Villa Badoer in der Polèsine erinnernd.

Als der *questore* und seine Frau schließlich erschienen, sie in einem halblangen, hautengen karmesinroten Seidenkleid, dazu eine doppelreihige, überlange Kette aus großen, schimmernden Perlen, die ein Vermögen wert sein mochten, genoss sie ihren Auftritt und dall'Aria konnte einen gewissen Besitzerstolz nicht verbergen.

La Leonessa umarmte Julia herzlich und gab ihrer unbändigen Freude wortreich Ausdruck, wie sehr sie sich freue, *La Tedesca* heil und gesund hier an diesem wunderschönen Platz wiedersehen zu dürfen, so dass ihr Mann überhaupt nicht zu Wort kam und sich darauf beschränken musste, Julia mit einem Handkuss zu begrüßen und sich milde lächelnd Roberto zuzuwenden.

Angela hakte die Gastgeberin unter und überschüttete sie weiterhin mit Freudenkundgebungen, die auf Julia eher peinlich, aber vor allem stark übertrieben wirkten, während Umberto ihnen nicht von der Seite wich. Sie hatten ihre Aufgaben gut verteilt.

Luciano klebte wie ein dunkler Schatten an Tramontans Rücken, Roberto hielt sich in der unmittelbaren Nähe des *conte* Berini auf, nachdem Julia ihm ins Ohr geflüstert hatte, dass sie die Stimme des *conte* als die *Colleonis* bestätigen könne, jedenfalls zu neunundneunzig Prozent, und Sandro hatte die Bewachung Tommi Gentiles übernommen. Sie hofften, so alles unter Kontrolle und als einzige Unwägbarkeit *Il Quinto* zu haben, der einer der anwesenden *questorinos* sein konnte.

In ihrer Wohnküche gab es ein reichliches Buffet, dem die Gäste nach Robertos Eröffnungsworten und einer Dankadresse an alle, die in der schweren Zeit geholfen hatten, gut zusprachen. Die Atmosphäre wirkte für einen unbeteiligten Zuschauer harmonisch entspannt. Allgemeine Anerkennung für die gelungene Restaurierung des *piano nobile* klang auf, den Garten hatte man vor Ort schon über alle Maßen gelobt. Julia fühlte sich auf heimischem Terrain ziemlich sicher und erzählte viel über die Philosophie der Renaissancegärten.

Gegen neun Uhr bat Roberto alle Gäste in die große Halle der Villa, der *questore* wollte offensichtlich eine Rede halten, eine besondere Ehre, denn alle wussten, dass er Reden nicht liebte. Zum Kamin im hinteren Teil der Halle führten zwei Stufen hinauf, auf die sich der von Gestalt kleine dall'Aria stellte, Roberto einen Schritt entfernt und eine Stufe tiefer, so dass Cesare nicht zu ihm aufblicken musste. Der *conte* Berini stand auf Robertos anderen Seite, ebenfalls eine Stufe höher und sorgsam von ihm im Blickfeld gehalten, Berinis Enttarnung sollte nach der Rede stattfinden, so war es mit dall'Aria abgesprochen.

Julia stand vor der Festgesellschaft am Rande des prächtigen Sarouks, der an diesem Tag bei der festlichen Beleuchtung in seinen wärmsten Rottönen strahlte, *La Leonessa* neben sich und Umberto wie ein Bollwerk hinter sich. Gentile lehnte lässig an der Tür zur Wohnküche. Julia meinte, ihn ziemlich unbefangen begrüßt zu haben. Sandro befand sich dicht neben ihm.

Alle hielten ein gefülltes Glas in den Händen und warteten auf dall'Arias Rede. Er hatte, wie seinerzeit der kleine Korse, die rechte Hand unter seinem Jackett auf sein Herz gelegt, Reden lagen ihm eben nicht. Er blickte suchend in die Runde, leichte Unruhe machte sich schon breit, als er Julia schließlich entdeckte und ihr zunickte, und die letzten murmelnden Stimmen verebbten, als er begann.

»Sehr verehrte gnädige Frau ...«

Julias Proseccoglas zersplitterte auf dem Boden, sie blickte ihn wie hypnotisiert an.

»*Colleoni!*«, entfuhr es ihr.

Wie hingezaubert lag plötzlich eine Pistole in seiner Hand, die er nicht auf dem Herzen, sondern an der Waffe gehabt hatte, und presste sie Roberto in die Seite. Der hob automatisch die Hände und Julia bemerkte den Zorn in seinen Augen, den Zorn auf sich selbst, dass er in die Falle getappt war, die er aufzustellen gemeint hatte.

»Hände hoch! Alle!« Tommi Gentiles Stimme klang weich und geschmeidig und eben deshalb gänsehautfördernd. Auch er hielt eine Waffe in der Hand, ebenso Sandro neben ihm. Aber sie richtete sich nicht auf *Il Secondo*, sondern auf die verängstigte Festgesellschaft.

»Ja, *Colleoni*, der bin ich. Wenn einer zur Waffe greift, ist der *marchese* hinüber. Ich habe hässliche Geschosse in der Waffe, die zerreißen seine Nieren und Eingeweide.« Cesare dall'Aria alias *Colleoni* sprach glashart und er nahm Roberto die Waffe aus dem Halfter.

»Sammle die Waffen ein, *Il Quinto*!«, befahl Tommi Gentile und wandte sich an Sandro, seine Stimme klang wie Musik, aber in Roberto und auch in Umberto zerbrach jede Hoffnung. »Und ihre Handys!«

Sie hatten völlig daneben gelegen, in nahezu allem, aber darauf, dass Sandro als *Il Quinto* zum *Colleoni*-Syndikat gehörte, darauf waren sie im Traum nicht gekommen.

Außer Luciano und Umberto trug keiner der anwesenden Polizisten Waffen, sie waren schließlich zu einem gesellschaftlichen Ereignis gekommen. Sandro gehorchte sofort, aber er mied den Blick seines Chefs und den seines Freundes, als er die Dienstwaffen und Handys der beiden einsammelte, in einem Match-Sack verstaute und dann bei den Gästen weitermachte.

Umberto platzte fast vor Abscheu über den Verräter und keiner hatte Luciano je mit einer so versteinerten Miene gesehen, wohingegen der *conte* Berini in Zeitlupentempo die beiden Stufen hinabschritt, wie ein Schlafwandler zum Tisch mit den Getränken ging, eine Cognacflasche an den Mund setzte und zu einem Drittel austrank.

»Tut mit leid, Bruderherz«, hörte man *Colleoni* sagen, »tut mir leid, dass du bei diesem Terroranschlag des *XXI. Gennaio* mit ums Leben kommst. Zeit deines Lebens warst du der ideale Blitzableiter für mich. Aber außer unserer Stimme haben wir nichts gemeinsam.«

Wortlos setzte der *conte* die Cognacflasche erneut an.

»Und Sie«, murmelte Luciano neben Tramontan, der die Augen nicht hob und die Fransen des Teppichs zählte, »gehören Sie auch zu denen?«

»Nein, sie waren ohne Skrupel«, antwortete der ebenso leise, »euch trifft keine Schuld, nur mich und Sandro.«

»Ruhe dahinten! In die Wohnküche!«, befahl *Colleoni*, und sie gehorchten alle, außer Julia, die stocksteif an ihrem Platz stand, Umberto, der neben ihr stehen blieb, und *La Leonessa*, die sich neben ihren Mann stellte. Auf ein Nicken seines Chefs zurrte *Il Secondo* Robertos Hände mit einem Kabelbinder auf dem Rücken zusammen und trieb anschließend mit *Il Quinto* den Rest der verängstigten Gästeschar hinaus in die Küche.

In Robertos Gesicht zuckte kein Muskel. Er überlegte fieberhaft, was von ihrer Falle noch stand, aber je länger er nachdachte, desto hoffnungsloser fühlte er sich. Bei ihrer gemeinsamen Planung war entweder dall'Aria oder aber Sandro zugegen gewesen, die Gegenseite hatte also immer ganz genau gewusst, was sie vorhatten.

Das *Colleoni*-Syndikat hatte den Präfekten und den *conte* perfekt als Verdächtige aufgebaut und die Abwesenheit Cogliones heute konnte nur bedeuten, dass auch er dazugehörte und jetzt außerhalb als Rückendeckung agierte, wahrscheinlich zusammen mit *Il Terzo*, Henry Salzmann. Roberto hätte stärker auf sein Gefühl, etwas Entscheidendes übersehen zu haben, achten müssen: Nicht sie waren die Handelnden, eine Falle Aufbauenden gewesen; sie hatten gedacht, mit dem Aufschlag den Angriff zu starten, aber der Return der Gegenseite war besser gewesen.

Und dann der Sprengstoff im Keller! Sandro wusste, dass Vittorio und ein Spezialist der *caramba* die von Tommi Gentile vergangene Woche angebrachte Bombe entschärft hatte, so dass *Il Secondo* in aller Ruhe den Zünder wieder hatte scharf machen können. Dass er das getan hatte, davon war Roberto hundertprozentig überzeugt.

Der Sicherheitskordon aus regulären Polizeieinheiten und einer Sondereinheit der *carabinieri* war aller Wahrscheinlichkeit nach nur in dall'Arias Fantasie angeordnet worden, und wenn er doch da war, hörten alle auf sein Kommando. Oder Cogliones. Verfahrener und hoffnungsloser konnte die Situation nicht sein!

Die letzten Festbesucher verschwanden in der Küche und plötzlich herrschte Totenstille im *piano nobile.*

Geschichtssplitter

Colleoni und sein Hof, 1467 bis 1474

Bartolomeo Coglione ärgerte sich tierisch. Erstens hatte er mit seinem Hin und Her – einmal Polizist, einmal Sicherheitsberater italienischer Konsulate mit Geheimdienstfunktion , dann doch nicht oder umgekehrt – bei seinem Vetter wieder Misstrauen gesät. Zum anderen hatte er sich von Sandro verschaukeln lassen, der sich ihm gegenüber als Undercoveragent im *Colleoni*-Syndikat geoutet hatte, was überhaupt nicht stimmte.

Er sagte nicht einmal Vilma Bescheid, sondern setzte sich in seinen Mercedes und fuhr in südlicher Richtung aus Bergamo hinaus, nahm die Straße nach Urgnano und befand sich mitten im Colleonese.

Damals, nachdem Colleoni sich 1467 hier bevorzugt aufgehalten hatte – auch Urgnano hatte zu seinen Lehen gehört –, hatte er nicht nur sein Schloss Malpaga ausgebaut, sondern war auch seinen Pächtern ein guter Lehnsherr gewesen.

Coglione bog in Urgnano links in Richtung Ghisalba ab und querte den Fluss Serio, um dann wieder nach links in Richtung Malpaga abzubiegen.

Hier zwischen den Flüssen Serio und Oglio kann man noch heute Kanäle und Bewässerungsanlagen entdecken, die bis jetzt funktionieren und auf Befehl Colleonis angelegt worden waren, dachte er. Dann bemerkte er auf zwei Straßenschildern die Namen von Orsina und Catarina, den ältesten Töchtern Colleonis, die auf ehemalige Meierhöfe hinwiesen: Spuren des condottiero nach über fünfhundert Jahren!

Das Glück war ihm hold, die Außentore des Schlosses standen offen, die Öffnungszeiten, die er vage in Erinnerung hatte, stimmten also noch. Bisher war er der einzige Tourist und die Kustodin verkaufte ihm nicht nur eine Eintrittskarte, sondern auf die Frage, ob es irgendwo im Schloss ein Bildnis der Ehefrau Colleonis, Tisbe da Martinengo della Motella, gebe, nahm sie ihn mit in den ersten Stock und wies in einem kleinen Zimmer in der Nähe der Loggia auf einen bemalten Deckenbalken, auf dem ein kleines Porträt zu sehen war, ein kleines rundes Gesicht, umkränzt von dunklen Haaren und mit ausdrucksvollen Augen.

»Man nimmt an«, sagte die Kustodin mit einem geheimnisvollen Lächeln, »das heißt, ich nehme an, dass es sich hier um Tisbe handelt. Sie hat sehr viel Ähnlichkeit mit den Gesichtern der Figuren in einem der anderen Säle. Kommen Sie mit.«

Sie führte ihn in ein größeres Zimmer, das reich ausgemalt war. Sieben fast lebensgroße Figuren, in warmen Farben gemalt, schmückten zwei der Wände.

»Allegorien«, erklärte die Kustodin, »hier die Mäßigung, dort die Hoffnung. Und dort die zwei Greisengestalten, die die Endlichkeit symbolisieren. Aber was ich Ihnen eigentlich vorführen möchte, ist die Ähnlichkeit der Frauenköpfe mit dem Porträt der Tisbe. Ob das hier nicht die Töchter Colleonis sein könnten? Vergleichen Sie die Tafelszenen im Piano nobile mit den dort abgebildeten Damen. Wer diese Damen gemalt hat, weiß man nicht. Ich muss wieder an meine Kasse!« Sie verließ ihn.

Er ging ins *piano nobile* und stellte sich vor das Gastmahl.

Wer die Fresken vom Besuch des Königs Christian I. von Dänemark auf Malpaga gemalt hatte, wusste sogar er: Hier hatte die Lieblingstochter Orsina nach dem Tod ihres Vaters als Alleinerbin des Schlosses durch den Brescianer Maler Romanino ein Sittengemälde malen lassen, das einmalig für die damalige italienische Lebensart das Leben an diesem ganz besonderen, wenn auch nicht hochherrschaftlichen Hof darstellte. Prunkvoll und doch extrem lebensnah, und zeitgeschichtlich das fesselndste Bild.

Im Hintergrund eine Kapelle mit den typischen Blasinstrumenten der zweiten Hälfte des 15. Jahrhunderts vor wertvollen Tapisserien, die die gesamte Rückwand bedeckten. Im Vordergrund der lange Bankettisch, der König am linken Kopfende; Colleoni mit der roten Kondottieremütze mit dem Rücken zum Betrachter; ihm gegenüber wohl Orsina als Gastgeberin (Tisbe war vier Jahre zuvor verstorben), neben ihr Gherardo Martinengo, ihr Gatte; vier weitere prächtig gekleidete Damen, wie Orsina mit den typisch runden Martinengofrauengesichtern, darunter wohl Isotta und Catarina; ein kleiner Junge, wohl Colleonis ältester Enkel Ales-

sandro, dem Colleoni mangels männlicher Nachkommen ebenso wie dessen Bruder Estorre sein Wappen und den Namen Colleoni vermacht hatte und der nach Orsinas Tod das Schloss Malpaga erbte; ganz rechts der Haushofmeister und vier ebenfalls rote Kondottieremützen tragende Uniformierte mit Platten köstlich gebratenen Wildes, erlegt bei der großen Jagd am Vortage; alles in allem gemalter erhöhter Lebensgenuss, den Colleoni in Malpaga mit berühmten Gästen und auch mit seinen Offizieren pflegte.

Coligione wandte sich ab. Die Schlachtenbilder im Hof interessierten ihn heute nicht, aber er fühlte sich bestärkt: Der Sydikatsboss Colleoni musste das Gegenteil von dem das Leben auskostenden Renaissancekondottiere sein.

Wie war das mit der Familie des *conte* Berini? Außer der angeheirateten Nichte Elena hatte er weder Frau noch Kinder und wenn man seine alles andere als schöne Villa betrachtete, auch keinen Kunstsinn.

Kapitel 7

Valpolicella / Dantes Inferno

Colli Euganei, Samstag, 14. September 2002

Es ist Zeit zu gehen, Angela!«, unterbrach *Colleoni* die Stille. »Wir nehmen den *marchese* und seine Frau mit. Falls doch noch etwas schiefgeht.«

»Lassen Sie meine Frau aus dem Spiel, *Colleoni*, bitte! Sie hat genug durch Sie gelitten«, Robertos erste Worte klangen bittend und Julia dachte, wie schwer es ihm fallen musste und welche Überwindung seines Stolzes es ihn kostete, den Syndikatsboss um ihr Leben zu bitten.

»Ah, man siezt sich wieder? Der kleine uneheliche Sohn einer Lehrerin und eines Bootsmannes ist natürlich kein Umgang für einen *marchese*, wie konnte ich das vergessen!« Sarkasmus pur klang aus Colleonis Stimme und Roberto begann in Gedanken die Außenränder des Puzzles zusammenzusetzen, die das Gesamtbild Cesare dall'Arias strukturieren würden. Wenn der ihn lange genug am Leben ließ.

»Ich will großzügig sein und deinen letzten Wunsch erfüllen, *marchese*. Ist ja auch schließlich egal, ob sie mit dir oder hier mit den anderen stirbt! Komm, Angela!« Er schob Roberto mit der Pistole im Rücken vor sich her.

Sie alle hatten Julia nicht beachtet, die geschockt von den Ereignissen jetzt erst begann, die Tragödie in ihrem vollen Umfang zu begreifen, aber sofort und im selben Moment den Kampf begann.

»Das würde ich nicht tun, *La Leonessa*!«, sagte sie laut und mit glasklarer Stimme, der keine Angst anzuhören war, und alle sahen erstaunt zu ihr hin. »Dall'Aria hat Schuld am Tod Ihrer Tochter. Sie werden doch nicht mit ihrem Mörder gehen?«

Grabesstille

»Erschießt sie!«, befahl *Colleoni* kurz und Julia sah, wie Roberto alle Muskeln anspannte.

»Halt! Nein!« Angela stellte sich zwischen Julia und *Il Secondo*, der die Waffe schon gehoben hatte. »Das würde ich gern näher von *La Tedesca* hören!«

Von der anderen Seite schob sich Umbertos breiter Körper vor Julia und sie hoffte, dass sie ihr Ziel erreichen würde, nämlich Zwietracht zu säen im Lager des Feindes.

»Seine Stimme hat bei der Verurteilung Gabrièllas den Ausschlag gegeben. Seine Stimme war ihr Tod.« Sie bewunderte sich selbst für ihren Mut und sah Anerkennung in Robertos Blick, allerdings gepaart mit Hoffnungslosigkeit.

»Das ist doch Schnee von vorgestern«, antwortete Colleoni abwertend.

»Du wusstest damals schon, dass sie meine Tochter ist?«

»Nein! Aber du hast sie doch auch nicht geliebt.«

»Aber sie war meine Tochter!« Angela überlegte nicht lange. »Ich bleibe hier!« Offensichtlich wusste sie nichts von der Bombe im Keller.

»Wie du willst! Bring die drei zu den anderen!«

Damit verschwand er mit Roberto durch die Terrassentür und *Il Secondo* eskortierte sie zur Küchentür. Dort mussten sie sich zu den von Sandro bewachten anderen Festteilnehmern auf den Boden setzen und die Hände über dem Kopf falten.

»Die Fenster sind alle von außen mit schmiedeeisernen Gittern versehen«, erläuterte *Il Secondo* mit seiner weichen, angenehmen Stimme. Robertos letzte Sicherheitsmaßnahme, die sich jetzt ins Gegenteil verkehrte. »Ich stelle eben den Wecker an unserer Überraschung im Keller ein, mein Freund hier bewacht euch solange. Keine Ausbruchsversuche bitte, alle Türen sind von der Außenseite mit Sprengstoff gesichert.«

Nach kurzer Zeit kehrte er mit zufriedenem Gesichtsausdruck aus dem Keller zurück und ohne eine weiteres Wort verließ er die Wohnküche durch die einzige noch nicht mit Sprengstoff gesicherte Tür zur Halle.

Man hörte, wie sich der Schlüssel draußen im Schloss drehte und am Griff hantiert wurde. *Il Secondo* brachte auch hier Sprengstoff an, ein Leichtes für einen Spezialisten wie ihn.

»Sandro, mach nicht länger mit!« Lucianos Stimme schnitt laut in die im Raum herrschende angstvolle Stimmung.

Doch der schüttelte verbissen den Kopf. In der nun wieder einsetzenden Stille hörte man, wie draußen ein Motor angelassen wurde und der Wagen sich vom Ca'Vecchia Brandolin entfernte.

In die Stille hinein ertönte plötzlich das schrille, unmelodiöse Klingeln eines Handys. Nur einer besaß noch eines: Sandro Piemmo, *Il Quinto* des *Colleoni*-Syndikats.

Valpolicella, Sonntag, 15. September 2002

Mitternacht. Die bescheidene Hütte, weit entfernt vom nächsten Dorf, war wie alle alten Häuser in dieser Gegend mit riesigen, wie Schindeln übereinander gelegten Platten aus *pietra di Prun* gedeckt. Sie lag an einem steilen Hang, von dem man in das obere Val Pantena blickte, das Dante mit seiner *ponte di veja* als Vorbild zum Tor der Hölle in seiner Göttlichen Komödie gedient hatte.

Die dicken Wände bestanden aus Bruchsteinen, genauso gut Wärme isolierend im Sommer wie die Kälte im Winter. Ein großer Schornstein führte vom offenen Kamin nach oben durchs Dach und die Einrichtung dieser Wohnküche war denkbar armselig.

Roberto saß festgebunden auf einem soliden Sessel aus Eiche, Hände und Unterarme gleich zweifach mit Kupferdraht festgezurrt und auch die Beine doppelt angebunden; seit gestern Abend schon, gleich nachdem sie hier angekommen waren.

Dieser Sessel und ein zweiter in gleicher stabiler Ausführung, schon recht alt und mit altertümlichen Holznägeln nach Großvaterart gefertigt, bildeten das einzige solide Inventar dieser Hütte. Ein wackeliger Tisch und drei ebensolche Stühle, ein alter Schrank, fast am Zusammenbrechen, zwei mit Pappe vernagelte Fenster und ein an vielen Stellen verrotteter Dielenfußboden zeigten an, dass diese Hütte schon lange nicht mehr bewohnt wurde.

Eine alte Petroleumlampe spendete nur wenig Licht, ließ aber trotzdem den Staub und die Spinnweben sichtbar werden.

Der Draht schnitt in sein Fleisch, aber viel mehr schmerzte ihn, dass er sich und seine Freunde – an Giulia mochte er gar nicht denken – in diese ausweglose Lage gebracht hatte. Dall'Aria hatten sie zu keinem Zeitpunkt verdächtigt. Sicher, zu Anfang war er ihnen denkbar unsympathisch gewesen, hatte es in der Folgezeit aber brilliant geschafft, sich in ihr Vertrauen zu schleichen, bis sie ihn rückhaltslos als einen der Ihren angesehen hatten.

Ebenso schlimm wog der Verrat durch Sandro Piemmo. Wie lange wohl schon war er der Arm des Drogensyndikats in der *questura*? Als engster Mitarbeiter Umbertos im Drogendezernat war er es dann in den vergangenen Jahren gewesen, der Razzien verraten, konfiszierte Drogen gestohlen und Umberto immer wieder in Verdacht gebracht hatte.

Wo war ihre Menschenkenntnis geblieben, wo ihr gesundes Misstrauen! Sandro hatte die ganze Zeit gewusst, wo Giuli festgehalten wurde. Was für ein Glück nur, dass er zum Zeitpunkt von Giulias Befreiung nicht greifbar gewesen war, sonst hätte er auch diesen Plan an *Colleoni* verraten.

Roberto versuchte, nach innen zu blicken, um den diabolisch grinsenden Henry Salzmann nicht ansehen zu müssen, der in dem zweiten Sessel nur zwei Meter von ihm entfernt mit seiner Pistole spielte, dem Modell, das Ari ihm zur erfolgreichen Beendigung seiner Ausbildung geschenkt hatte und mit dem *Il Terzo* seinen Vetter David hinterrücks erschossen hatte.

»Kannst mich ruhig ansehen, *marchese*«, sagte er mit seiner optimistisch-fröhlichen Stimme, die ihn so anziehend gemacht hatte – sie und seine strahlenden ehrlichen Augen; aber dies war auch das Einzige, was von dem Gesicht des alten Henry übrig geblieben war. Eine wohl durch eine Infektion verunstaltete Narbe zog sich vom linken äußeren Augen- bis hin zum linken Mundwinkel, der schlaff nach unten hing. Ein unkontrollierbarer Nerv ließ seinen rechten Mundwinkel im Zwei-Sekunden-Abstand zucken und er wirkte wie ein aus der Hölle aufgefahrener Luzifer.

»Der *chirurgo*, der beim zweiten Mal so gepfuscht hat, bereut zutiefst, das heißt, er bereute …« Henry schraubte den Schalldämpfer wieder ab und zielte auf Roberto, aber der reagierte auf die Bedrohung ebenso wenig wie auf Henrys Aussage, sondern hob nur eine Augenbraue, was ihm sein stadtbekanntes herablassendes Aussehen verlieh.

»Der arrogante *marchese*!« Henry grinste und nun verzog sich sein Gesicht zu der Fratze eines Teufels, der er innerlich schon längst war, aber seine Stimme klang unverändert fröhlich. »Wenn es nach mir geht, sollten sie dich mir überlassen. Du würdest um dein Leben winseln oder doch eher darum, dass ich es schnellstens beende. Ich habe da so meine Erfahrungen.«

Robertos Schweigen provozierte ihn und er führte seine Gräueltat an dem Gesichtschirurgen detailliert aus.

»Weißt du, *marchese*, wie es ist, wenn man sieht, wie man Stück für Stück aufgefressen wird? Sein Hobby ist dem *chirurgo* zum Verhängnis geworden! Er züchtete Piranhas, diese niedlichen kleinen Fische, ein großes Aquarium hatte er in seinem Behandlungszimmer, schön beleuchtet. Zuerst haben sie seine Finger gefressen, einen nach dem anderen, und er schaute zu. Jetzt allerdings liegt nur noch sein weißer, abgenagter Schädel auf dem Grund des Bassins.«

Robertos Nackenhaare sträubten sich und sein Magen drehte sich um. Was für ein Teufelsgewächs war Davids Vetter nur! Er konnte dessen Verachtung für dieses Wesen aus der Hölle nachvollziehen. Doch er schwieg beharrlich und reizte damit den Luzifer des *Colleoni*-Syndikats auf das Äußerste. Dieser kam drohend auf ihn zu und zog Robertos Krawattenknoten langsam, aber unaufhaltsam millimeterweise zu. Er merkte, wie der Sauerstoffzustrom langsam abgedrosselt wurde und ihm tanzten rote Sterne vor den Augen.

»Hör auf, Luzifer!« *Il Secondos* singende Stimme drang in Robertos schwindendes Bewusstsein und er rang keuchend nach Luft, als die Krawatte gelockert, abgezogen und der oberste Hemdenknopf von Tommi Gentile geöffnet wurde.

»Rühr ihn nicht mehr an! Versprochen?«

Der mit *Luzifer* Angesprochene nickte folgsam und *Il Secondo* verließ den Raum. Irgendwo weit entfernt schlug es von einer Kirchturmuhr halb eins.

»Aber reden darf ich!« Henry setzte sich wieder zwei Meter entfernt in den Sessel. »Und du hörst mir zu! Bleibt dir ja auch gar nichts anderes übrig. Onkel Ari wollte es nie und mein Vater hatte auch nie Zeit. David war ihr Ein und Alles, ihm hörten sie zu und dabei hätte ich ihnen so einiges über ihren Liebling erzählen können!«

Roberto beschloss, seine Verweigerungstaktik aufzugeben, und das erste Mal, seit sie ihn unter einer Decke auf dem Rücksitz erst von dall'Arias Mercedes und dann nach dem Wechsel hinter der Ausfahrt Padova Ovest in einem BMW-Geländewagen versteckt hierher gebracht hatten, öffnete er seinen Mund und hoffte, kein überhebliches Gesicht zu machen. Wenn er auch keine große Hoffnung für sein Überleben sah, wollte der wissbegierige Polizist in ihm die Hintergründe kennen lernen, die zu diesem Desaster geführt hatten.

»Warum haben Sie David erschossen? Eifersucht, weil Yitzak und Ari ihn vorzogen? Kain und Abel?«

»Pah! Eifersucht, dass ich nicht lache! Und dieser biblische Kram ist *schmattes*! Dave hätte mich nicht so verachten dürfen! Ich habe die Drecksarbeit gemacht für ihn, und er hat mich dafür offen verachtet! Ich habe ihn geliebt, alles für ihn getan, und er hat sich angeekelt von mir abgewandt, wenn ich wieder eine dieser Präventivtötungen für ihn ausgeführt hatte!« Die Flut brach wie durch eine zerstörte Staudamm-Mauer aus Henry heraus.

»Ach!« Roberto legte Häme in seine Stimme. »Unerfüllte Liebe?«

Henry stand abrupt auf, beugte sich über Roberto, legte seine beiden Daumen auf dessen Kehlkopf und drückte leicht zu. »Du bist in einer Sekunde tot, wenn ich es will!«

»Luzifer!« *Il Secondos* mahnende Stimme rettete ihn auch diesmal und Roberto beschloss, weniger aggressiv zu fragen.

Henry schob sich einen Stuhl unter die Füße und lehnte sich in seinem Sessel zurück.

»Ja, ich habe Dave geliebt«, fuhr er nach einer Pause fort, in der sein Mundwinkel wohl zwanzigmal unkontrolliert gezuckt hatte, »schon als ganz kleiner Junge im *kibbuz*. Er hat mich nie beachtet, Yochana'an hier und Saul da! Du glaubst nicht, *marchese*, was es für eine Genugtuung für mich war, die zu töten, die er liebte!«

»Ist es das, was David Ihnen vorwarf, dass Sie Spaß am Töten hatten?«

Obwohl Roberto schmerzhaft fest angebunden auf dem Sessel saß, war er es, der die Befragung hier führte, und Henry der, der sich erklärte, verteidigte, gestand.

»Genau, *marchese*! Dave machte die Logistik, ich musste nur ausführen. Und obwohl ich die Drecksarbeit für ihn machte, überall auf der Welt, habe ich nie, nie auch nur ein Wort der Anerkennung gehört! Für mich ist das Auslöschen eines Lebens, besonders das langsam ersterbende, wie eine Wiederbelebung, wie eine Wiederauferstehung. Er hat das nie verstanden. Und als er sich wieder Yochana'an und seinen friedlichen Ideen zuwandte, schüttelte er mich ab wie ein lästiges Insekt. Luzifer, er hat diesen Namen für mich erfunden, der Erzengel, der Gottes Liebe verspielte und fortan das Böse verkörperte.«

»Und das reichte, um Davids Leben auszulöschen?«

»Nein!« Sein Schrei klang wie der eines zutiefst verwundeten Menschen und Roberto begann zu ahnen, dass diese kranke Kreatur unsäglich litt. »Er hat mir mein Mädchen genommen!«

»Gabrièlla?«

»Ja«, jetzt flüstere er und Roberto hatte Mühe ihn zu verstehen, »ich lernte sie bei einer Fortbildung in den USA kennen, ich von der *Firma* und sie von der DEA. Eigentlich liebe ich Männer; sie war die einzige Frau, mit der ich je geschlafen habe, und sie hat meinen Sohn abgetrieben. Und drei Jahre später, hier in Italien, treffe ich sie wieder als Daves Mädchen. Und das Erste, was sie mir erzählt, ist, dass sie jetzt den Mann gefunden habe, von dem sie ein Kind will!«

»Und so vermengen sich persönliche Schicksale mit Zielen der Geheimdienste?«

»Ja. Ich hätte nie geglaubt, dass ausgerechnet Sie das verstehen, *marchese*.«

Ein kalter Luftzug streifte Roberto. Dall'Aria stand in der offenen Tür.

»Irgendetwas ist schiefgelaufen.« *Colleoni* furchte sorgenvoll die Stirn und sah auf die Uhr, sie zeigte 0:45 an. »Es laufen noch keine Katastrophenmeldungen ein.«

In diesem Augenblick klingelte *Il Secondos* Handy, der hinter dall'Aria ins Zimmer getreten war.

»*Pronto*!« Er lauschte einen Moment.

»Hey, nicht so aufgeregt, *Il Quinto*! Ich kann ja verstehen, dass du sauer bist, es noch nicht hinter dir zu haben! Der Zeitzünder war auf 0:00 Uhr gestellt. Bleib, wo du bist, ich komme vorbei. Gib mir eine Stunde.«

Er lauschte und antwortete dann mit seiner einschmeichelndsten Stimme: »Es geht ihnen gut, sicher. Ihnen wird kein Haar gekrümmt, *va bene*?« Damit trennte er die Verbindung.

»Aber wir haben unserer *lancia* doch schon vor zwei Stunden eine SMS geschickt, die drei Geiseln zu liquidieren«, wunderte Henry sich.

Sie schienen Robertos Anwesenheit vergessen zu haben oder sie waren sich so sicher, dass sie keine Vorsichtsmaßnahmen mehr ergriffen.

»*Ma certo*, aber meinst du, ich binde ihm das auf die Nase?«

»Was ist los?« *Colleonis* Stimme klang ungeduldig.

»Die Bombe ist noch nicht hochgegangen. Ich fahre hinüber und schaue nach.« Der Sprengstoffexperte klang weniger selbstbewusst als vorher.

»Du hattest mir doch versichert ...«, *Colleoni* hörte sich äußerst gereizt an.

»Kann immer mal passieren ...« Tommi Gentile schien trotz seiner Körpergröße vor *Colleoni* immer mehr zusammenzuschrumpfen. »Meinst du, *Il Quinto* bleibt bei der Stange?«

»Solange er glaubt, dass wir seine Schwester Caro genauso behandeln wie *La Zingara*, und seine Mutter quälen, ja.« *Colleoni* klang unbeirrt sicher. »Und die Vollzugsmeldung aus Asolo, ist die endlich da?«

»*Niente.*« Gentile kroch noch mehr in sich zusammen. »Ich fahre los.«

»Du bleibst!« *Colleonis* Stimme nagelte ihn an seinem Platz fest. »Wir trennen uns jetzt nicht mehr! Es wäre auch zu schön gewesen, die gesamte Polizeispitze auszulöschen! Gut, dass *Il Quinto* nicht weiß, wohin wir wollten! Noch fünfeinhalb Stunden, bis der Hubschrauber landet. Seht ihr nun, wie weitsichtig es von mir war, den *marchese* als Geisel am Leben zu lassen? Er wird erst dann exekutiert, wenn wir sicher im Helikopter sind!«

»Sind wir hier sicher?« Tommi Gentiles prachtvolle Selbstbeherrschung existierte nicht mehr, ein zitternder Unterton in seiner sonst so melodiösen Stimme ließ *Colleoni* sich voller Verachtung umdrehen.

»Keiner kennt mein Geburtshaus! Ihr zwei haltet draußen die Umgebung im Auge. Punkt 5:45 Uhr fahren wir ab!«

Irgendwie gab es Roberto Sicherheit zu wissen, was ihn wann erwartete, und er beschäftigte sich damit, alle neuen Puzzleteile zusammenzusetzen. Die Bombe war also nicht detoniert.

Drei Geiseln in Asolo? Sandros Schwester und seine Mutter. Er wurde mit dem Leben seiner Schwester erpresst, die eine Freundin von *La Zingara* gewesen war, jener Dreizehnjährigen, die man vergewaltigt und verblutet in einer alten Fabrikhalle gefunden hatte. Roberto hatte die Akte mit ins Ca'Vecchia Brandolin genommen, um sie durchzusehen.

Wer war die dritte Geisel? In Asolo besaß Stefano Tramontan senior ein Weingut. Drei Geiseln! Sandros Mutter, seine Schwester, der alte Tramontan? Wahrscheinlich wurde der Präfekt mit seinem Vater als Geisel erpresst. Teuflisch, dieser *Colleoni*, nichts hatte er gemein mit dem historischen *capitano generale*, der in Friedenszeiten nur ein einziges Todesurteil ausgesprochen und hatte vollstrecken lassen: An seinem Sekretär, der ihn nachweislich auf Mailänder Betreiben hin hatte vergiften sollen.

Und dieser hier, der seinen Namen missbrauchte? Ein größenwahnsinniger Krimineller! Roberto hatte schon recht gehabt, der Syndikatsboss war in allem das genaue Gegenteil des historischen *condottiero*.

»Dann sind Frauen, Kinder und alte Männer Ihre Kriegsziele? Alle Achtung!« Roberto konnte sich Ironie nicht verkneifen. »Aber *Dio mio laudate*, meine und Ihre Frau scheinen noch einmal davonkommen zu sollen!«

Colleoni stand vor dem Kamin und knetete seine Hände, antwortete aber nicht und schien in Gedanken versunken. Plötzlich ertönten von draußen Rufe, gleich darauf schleiften *Il Secondo* und *Il Terzo* eine aus einer Kopfwunde blutende Gestalt durch die Tür und ließen sie roh zu Boden fallen: Bartolomeo Coglione. Er blieb bewusstlos liegen.

»Ich denke, keiner kennt dieses Haus?« Henrys Mundwinkel zuckte wild und Tommi sah *Colleoni* aus zusammengekniffenen Augen fragend an.

»Er muss uns gefolgt sein! Bindet ihn an den anderen Stuhl und stellt fest, ob er allein war!« *Colleonis* Befehl klang längst nicht so souverän wie sonst. »Ich passe vor der Tür auf.«

Roberto war mit seinem jetzt stöhnend aus der Bewusstlosigkeit erwachenden Vetter allein. Noch hing sein Kopf nach vorn und Blut tropfte aus einer Schramme an der Stirn auf den Boden. Ein neues Puzzleteil: Hatte er seinen Vetter falsch eingestuft? Gehörte er doch auf ihre Seite?

»*Mi dispiace*«, murmelte der langsam das Bewusstsein wieder Erlangende, stöhnte und legte seinen Kopf in den Nacken, »ich wollte dich befreien und hab's versaut!«

»Nimm's nicht so schwer, Omeo! Wir alle haben alles versaut! Oder wusstest du, dass dall'Aria *Colleoni* ist?«

»Nein!«

»Und du bist ganz sicher auf unserer Seite?«

»Du wirst mir wohl nie glauben!«

»Seit neun Monaten warte ich auf die Beantwortung meiner Frage. Aber du scheinst sie mir nicht geben zu wollen! Bis 5:45 Uhr kannst du es noch tun, dann ist unsere Zeit abgelaufen.«

Coglione atmete schwer und dachte nach. »Du meinst deine Frage damals in dem Steinbruch in den Colli Euganei? Mit David?«

»*Esatto*! Wenn du deine faschistische Gesinnung wirklich abgelegt hast, nenne mir nur einen stichhaltigen Grund, warum?«

»Nichts leichter als das! Meine Tochter Isa in der Kaserne Bolzaneto! Damals habe ich begriffen, dass ein Staat, der faschistische Polizeikräfte auf Jugendliche aus dem In- und Ausland hetzt, auf dem absolut falschen Weg ist! Und plötzlich habe ich gewusst, dass der Stolz meines Vaters auf *Gladio* und all die faschistischen Gruppierungen in unserem Land ein völlig falscher war. Da hab ich begonnen, das Leben meines immer schon großen Vorbilds *Colleoni* zu kopieren, es war so eine schöne Flucht aus der Wirklichkeit.«

»Du meinst, du hast wie er immer einen Weiberrock in der Nähe gehabt?«

»Du bist unfair, Roberto! Ich hab umzudenken versucht, mit seiner Hilfe! Denn deine hast du mir ja versagt!« Bartolomeo Coglione klang äußerst bitter und Roberto bereute seine Worte.

»*Mi dispiace*, Omeo! Ich glaube dir. Aber der alte *Colleoni* hatte andere Voraussetzungen als du. Als Vorbild mag er taugen, aber man kann das Leben eines Mannes aus dem *cinquecento* nicht nachleben.«

»Das habe ich spätestens heute gemerkt. Ich wollte als Ein-Mann-Streitmacht eure Rückendeckung sein, denn er war sehr tapfer und todesmutig, mein Bartolomeo *Colleoni*! Und?«

»Ob ich dir jetzt glaube? Auch wenn meine Einsicht zu spät kommt, ja, ich glaube dir. Aber warum dann immer noch diese faschistischen Zitate während des vergangenen Jahres und diese Rutenbündel auf deinem Schreibtisch, sowohl in der *questura* als auch bei dir zu Hause in Bergamo?«

»Bonluca zuliebe! Ich sollte diesen faschistischen Hintergrund weiter als Tarnung nehmen, um, wie ich dir damals sagte, Zugang zu den verschiedensten ultrarechten Gruppierungen zu behalten. Er wollte mich erst gehen lassen, wenn ich ihm einen gleichwertigen Ersatz präsentierte. Aber du wolltest ja nicht!«

»Ich war ziemlich mit Vorurteilen gegen dich vergenagelt«,

Roberto wunderte sich über sich selbst, dass er diesen Mann, dem er zutiefst misstraut hatte, sein Fehlverhalten eingestand. Es mochte an ihrem nahen Ende liegen.

»Ich habe mich ja auch nicht eindeutig verhalten! Ja, diese Rutenbündel mussten dich verwirren! Das in Bergamo habe ich von meinem Vater geerbt, es ist ein wirklich in der Mussolinizeit hergestelltes! Erst habe ich es als Erbschaft empfunden, getreu dem Goethe-Sprichwort ›Was du ererbst von deinen Ahnen, erwirb es, um es zu besitzen.‹ Aber nach der Geschichte mit Isa habe ich es als Mahnmal genommen, das mir immer vor Augen führte, welchen Irrweg ich gegangen war. Das hätte ich dir vielleicht einmal sagen sollen.« Coglione übertraf ihn noch an Selbstkritik.

»Und das in der *questura*?«

»Hat man mir heimlich hingestellt, als du begannst, meine faschistische Grundhaltung, die ja nur noch Tarnung war, in Frage zu stellen. Im Nachhinein traue ich das sogar dall'Aria zu.« Nun wurde Omeo aber aktuell: »Irgendeine Chance, hier herauszukommen?«

»Die Hoffnung stirbt zuletzt. Wie bist du eigentlich hierhergekommen, Omeo?«

»Jeff von der *Firma*, du kennst ihn, hat mir einen Tipp gegeben, ich solle dich und Tommi im Auge behalten! Da habe ich mich gegenüber eurer Ausfahrt im Gebüsch versteckt und als der Wagen mit Gentile am Steuer auf die Straße bog, bin ich ihm gefolgt. Als ihr das Auto an der *stazione Padova Est* gewechselt habt, wollte ich dich befreien, aber ich war zwei Wagen hinter euch und der Wechsel ging zu schnell. Die *Firma* scheint sich von *Colleoni* distanzieren zu wollen, sonst hätte der Amerikaner mir das nie gesagt.

Und um deine nächste Frage zu beantworten: Nein, ich habe keinen informiert. Der Polizeifunk war tabu und wen hätte ich informieren sollen? Vittorio hatte einen Einsatz und ich kenne sonst keinen von der *caramba* hier.«

»Danke für diesen lückenlosen Lagebericht!« *Colleonis* Stimme von der Tür her klang erleichtert. »Dann könnten die beiden ihre Suche draußen einstellen, aber es hält sie beschäftigt und von falschen Gedanken ab.«

Er zog sich einen wackligen Stuhl heran und setzte sich vor die beiden festgebundenen Männer.

»Was haben wir Ihnen getan, *Colleoni*?« Coglione hob fragend eine Augenbraue. Die Schramme über der Stirn blutete nicht länger, aber mit seinem blutverschmierten Gesicht sah er schrecklich aus.

»Sie gar nichts.« *Colleoni* inhalierte tief und sah nur Roberto an. »Sie sind zum falschen Zeitpunkt am falschen Ort, *colonnello*. Mir geht es nur um den *marchese*!«

Er inhalierte noch einmal und drückte den Zigarillo nach nur zwei Zügen aus und blickte auf den Boden. Er hat einem nie in die Augen gesehen, überlegte Roberto. Aber was habe ich ihm nur getan?

»Weißt du noch, Roberto, 1986 in Bologna? Du hieltest flammende Protestreden als *marchese rosso*, nie hast du ein Manuskript gebraucht! Und ich? Ich saß zu deinen Füßen und du hast mich nicht einmal bemerkt! Immer hast du dich von mir abgewandt. Ich reichte dir Getränke, du nahmst mir die Cola ohne Dank aus der Hand und blicktest über mich hinweg auf die Zuhörer! In deiner Gegenwart brachte ich keinen Ton heraus, wie eine dicke heiße Kartoffel lag meine Zunge in meinem Mund und nichts kam heraus. Ich habe mich vor dich gestellt, als sie faule Tomaten und Eier auf dich warfen, damals bei dem Kongress in Bologna, aber du hast weder Notiz von mir genommen noch von den Eiern, die an mir herunterliefen! Du hast dich umgedreht und bist mit Angela in eine Bar gegangen und ich durfte euch den *caffè* von der Theke holen!«

Es klang, als lese *Colleoni* den Text von einem Manuskript ab, und nun zog er tatsächlich eng beschriebene Seiten aus seiner Jackentasche. Den ersten Teil seiner Rede musste er auswendig gelernt haben und nun las er, nachdem er die richtige Stelle gefunden hatte, weiter: »Nicht einmal bedankt hast dich, sondern mit deinem Freund Erasmo Saccardo diskutiert, und Angelas Augen wischten mich zur Seite!« Er sah von seinem Text auf und zwischen den beiden Zuhörer hindurch und ergänzte: »Aber ich war natürlich kein standesgemäßer Umgang für den *marchese*!«

Roberto konnte es nicht fassen, denn genau das Gegenteil war der Fall gewesen, und er wollte zumindest einen Versuch startenn, um den kleinen, von Minderwertigkeitsgefühlen zerfressenen Mann zu überzeugen.

»Nein, *Colleoni*, da liegen Sie völlig falsch! Ich habe damals die

Solidarität der Studenten mit den Arbeitern gegen das herrschende Klassensystem bewusst gelebt! Das hatte in unserer Familie Tradition, denn mein Großvater, im Gegensatz zu mir ein echter *marchese*, hat während der großen Landreform nicht auf Seiten der Großgrundbesitzer mitgemischt, obwohl er dazugehörte! Er hat den größten Teil unseres Landes damals unter den Landarbeitern aufgeteilt!« Aber Roberto merkte, dass er den anderen nicht erreichte.

Wieder wandte sich *Colleoni* seinem Text zu und Roberto überlegte, dass dies alles doch nicht rechtfertigte, mehrere Mordversuche, Giulias Entführung und nun die vorerst missglückte Eliminierung der padovanischen Polizeispitze zu organisieren. Sicher hatte er in der Euphorie der studentischen Protestbewegung den körperlich kleinen und sprachungewandten dall'Aria übersehen, im Überschwang der Diskussionen nicht alle seine Bewunderer gewürdigt, aber das konnte doch nicht der Grund für einen dermaßen überzogenen Rachefeldzug sein?

»Als ich 2000 nach Padova kam, freute ich mich, als ich deinen Namen hörte«, las *Colleoni* weiter, »aber du hast mich nicht erkannt, wieder über mich hinweggesehen! Immer war ich zweite Wahl! Der *questore* hat mich zwar nach Padova geholt, aber seine Nachfolge solltest du antreten! Auch Deganello als *Gattamelata* hat dich ebenso als seinen Nachfolger haben wollen, alle wollten immer nur dich!

›Der *marchese* hätte so etwas nie getan!‹, höre ich ihn noch sagen, ewig hielt er dich mir als Vorbild hin, obwohl ich mich nahtlos in das *Tre-Condottieri*-Syndikat eingepasst hatte. Angela hat mich wiedererkannt und sie war es, die mir den Weg ebnete und die Nachfolge der *Tre-Condottieri* auf mich übertrug. Wir zahlten die beiden anderen *Serenissima*-Damen aus und teilten uns fortan die Leitung der alten Strukturen unter neuem Namen: *Colleoni*-Syndikat.

Aber Angela hat dich geliebt! Und ich war nur ihre zweite Wahl, nichts als ihr Arm der Rache an dir! Deshalb habe ich sie heute auch ohne Bedauern zurückgelassen. Bis hierher war sie nützlich, jetzt ist sie entbehrlich.«

»Vierte Wahl!«, konnte Roberto sich nicht enthalten zu sagen. »Sie vergessen ihre beiden ermordeten Ehemänner!«

»Zwei?« Dall'Arias Kopf schnellte hoch und sein Manuskript segelte zu Boden.

»Abu Samur und Saccardo!«

»Abu Samur?«

»Alias El-Atasoy.«

»Hätte ich das früher gewusst! Der Fehler mit Gabrièlla wäre mir nicht passiert!«

»Das alles ist doch nur vorgeschoben, *Colleoni*! Was habe ich getan, außer Sie nicht beachtet und damit Ihren Stolz gekränkt zu haben? Und ich schwöre, wenn es Ihnen hilft: Ich habe Angela nie geliebt!«

Colleoni antwortete nicht und sammelte sein Manuskript wieder auf, suchte die Stelle, an der Roberto ihn aus dem Konzept gebracht hatte und fuhr fort: »Du bist der gewesen, der ich immer hätte sein wollen!«, las er wieder ab und Roberto suchte nicht länger nach einem wirklichen Grund. »Du bist groß, wie ich es immer habe sein wollen, aber sowohl der *conte* Berini als auch ich haben den Kleinwuchs unseres Erzeugers geerbt, der Bootsmann von dem Leichten Kreuzer *Bartolomeo Colleoni.«*

Die Minderwertigkeitskomplexe mussten diesem Mann das Leben zur Hölle gemacht haben, er war krank und Roberto schwieg ein wenig entmutigt, dagegen versagte jede rationale Argumentation. *Colleoni* sah wieder zwischen den beiden Männern hindurch ins Leere.

»El-Atasoy«, murmelte er, »ich kannte ihn nur als Abu Samur. Wir haben am 20. Januar 1980 *die Anarchistische Front zur Befreiung des italienischen und des palästinensischen Volkes vom eigenen Imperialismus* gegründet, den *XX. Gennaio*. Und den hast du zerstört, *marchese*! Und dafür zerstöre ich dich!«

Er faltete die Blätter zusammen und steckte sie weg. Bartolomeo Coglione versuchte sein Glück, nicht mit Erklärungen, sondern mit dem Direktangriff. »Wir haben immer nach Parallelen zwischen dem *condottiero* Bartolomeo *Colleoni* und Ihnen gesucht.« Coglione fuhr fort, als der Angesprochene schwieg: »Der *capitano generale* liebte die Kunst, Sie interessiert sie nicht. Ihr Namensvetter war tapfer und hat nie Frauen und Kinder gequält! Sie lassen *La Tedesca* entführen! Und eine Dreizehnjährige ermorden, um Sandro Piemmo gefügig zu machen«, schob Omeo nach und informierte damit gleichzeitig seinen Vetter.

»O wie tapfer! Der *condottiero* war ein zutiefst gläubiger Christ und gab ein Vermögen für die Wohlfahrt aus!«, hakte Roberto nach.

»Von wem reden Sie eigentlich? Nicht der *Bartolomeo Colleoni,* sondern die *Bartolomeo Colleoni* war …«, er suchte nach Worten, »… Inspiration für meinen Namen. Was weiß ich, wer der *condottiero* Bartolomeo Colleoni war! Ich kenne nur die *Condottieri*-Klasse der Leichten Zerstörer. Wenn es noch einen anderen mit diesem Namens gibt, ist der mir völlig egal! In meiner Geburtsurkunde steht als Erzeuger *Colleoni.* Der Bootsmann. Alles andere ist … Humbug!«

»Steht das auch in Bartolomeo Berinis Geburtsurkunde? Ja? Warum haben Sie Ihre Tarnung gerade heute aufgegeben? Wir haben nie Sie verdächtigt, nur Ihren – wie ich heute zu meinem Erstaunen erfahren habe – Halbbruder, den *conte* Berini«, wollte Roberto wissen, aber *Colleoni* antwortete nicht mehr, sondern lauschte nach draußen. *Il Secondo* erschien und winkte seinen Chef hinaus.

»Steht nicht gut um uns, *giusto*?«, erkundigte Coglione sich.

»Die Frage, die ich ihm eben gestellt habe, kann ich mir auch selbst beantworten«, sagte Roberto, ohne zunächst auf die Frage seines Vetters einzugehen. »Irgendwann hätte Giulia seine Stimme gehört und identifiziert, beim *conte* Berini war sie sich nur zu neunundneunzig Prozent sicher. Nein, Omeo, es steht nicht gut um uns, im Gegenteil ziemlich hoffnungslos. Der Peilsender hängt an dem Auto, das wir an der Autobahntankstelle verlassen haben, wir sind mit Gentiles Geländewagen weitergefahren, den sie dort abgestellt hatten.«

»Na, dann gute Nacht! Das Einzige, was mich tröstet, ist, dass wir beide unseren Frieden miteinander gemacht haben, Roberto!«

»Zugegeben, ja. Aber das hilft uns nicht, unseren Frauen nicht und den Kindern erst recht nicht!«

Auf den Tag genau neun Monate war es her, dass Roberto den *questore* auf eine einwöchige Tagung nach Verona hatte begleiten müssen, Luciano spielte den Fahrer.

An einem Mittag – eine Veranstaltung fiel aus und Roberto wäre nur zu gern die kurze Strecke nach Padova zu seinen einen Monat alten Zwillingen und seiner Frau gefahren, aber dall'Aria bestand auf seiner Anwesenheit – fuhren sie drei und ein hochrangiger Polizeioffizier aus Lucca ins Val Pantena.

Er und dall'Aria waren Studienfreunde und Roberto wurde die

große Ehre zuteil, an dieser Exkursion teilnehmen zu dürfen, der neue *questore* aus Padova hatte gerade mit seinem Schmusekurs ihm gegenüber begonnen. Er kokettierte mit seiner einfachen Herkunft und demonstrierte gleichzeitig, wie weit er es gebracht hatte, so weit, dass er einen *marchese* befehligen und sich einen *bimbo* als Fahrer leisten konnte.

Zuerst besuchten sie ein Weingut, das von einer *Seicento*-Villa aus verwaltet wurde und wo sie im Gewölbe des daneben liegenden Wirtschaftsgebäudes vom Besitzer des 130 Hektar großen Anwesens und einem guten Bekannten dall'Arias empfangen wurden. In dem darüber liegenden stilvollen Saal kredenzte er ihnen bei einer Weinprobe den vorjährigen *Valpolicella classico*, dann gingen sie zum drei Jahre alten, in Eichenfässern aus Burgund gelagerten *superiore* über, bevor sie sich einem 1997er *Amarone della Valpolicella* widmeten.

Zum Abschluss, dall'Aria war schon recht angeheitert und sprach mehr und flüssiger, als Roberto ihn je zuvor hatte reden hören, tranken sie nach schwarzen Johannisbeeren schmeckenden, superschweren *Recioto*. Roberto, der sich nach seiner immer noch nachwirkenden Grippe nicht besonders wohl fühlte, nippte von all den guten Tropfen nur.

Luciano, der draußen hatte warten müssen, saß fast erfroren in dall'Arias Dienstwagen und fuhr sie nun im *Val Pantena*, einem der fünf langen, von Nord nach Süd sich erstreckenden Täler des Valpolicella, dessen östlichstes sich nach Soave hin öffnete, in umgekehrte Richtung nach Bellori.

Die Hütte oben am Berg, in der er geboren worden war als – wie er damals noch behauptete – ältester Sohn des Steinbrucharbeiters Rudolfo dall'Aria, zeigte er ihnen nur von Weitem im Vorbeifahren, aber dann wies er Luciano den Weg zu einem stillgelegten Steinbruch, zu dem sie auf einer schmalen, sich den Berg hochwindenden Straße gelangt waren.

Im Januar sah diese Gegend unwirtlich und trostlos aus und der Steinbruch erinnerte Roberto an Dantes Tor zur Hölle. Das Herrschergeschlecht der Scaliger in Verona, sonst eher durch Brudermord und unnatürliche Todesfälle berühmt, hatte sich zumindest in der Literaturgeschichte einen weißen Fuß gemacht, indem sie Dante an ihren Hof holten, der hier im Val Pantena Inspiration suchte.

»Diese total abgewrackte Geologie ist genau richtig, um jemanden umzuhusten und einzukoffern«, hörte Roberto seinen Assistenten murmeln, der dall'Aria einen bitterbösen Blick hinterherwarf, »der ideale Ort, um eine Leiche verschwinden zu lassen.«

Oben auf dem Plateau, wo sie ihr Auto abstellten, befand sich nichts außer dem Schrotthaufen eines funktionsuntüchtigen Baggers, der in seinen besten Zeiten Riesenmengen von Abraum einen Abhang hinuntergeschoben hatte. Selbst jetzt noch besaß er gigantische Ausmaße, in seine Schaufel hätte locker ihr Wagen gepasst.

»Hier wurde bis vor ein paar Jahren der *Rosso di Verona* abgebaut«, erläuterte dall'Aria seinem Freund. »Mein Vater war zuletzt Sprengmeister, aber als er fünfzig war, entließen sie ihn, bevor seine Marmorstaublunge als Berufskrankheit anerkannt werden konnte.«

»Ich dachte immer, du stammst aus Collonata bei Carrara«, wunderte sich der Luccheser und Roberto staunte, wie der sonst sehr redeungewandte *questore* hier auf heimischem Boden durchaus sicher wirkte.

»Nach seiner Entlassung hier ist er mit uns da hinübergezogen. Sie haben ihn bei der jährlichen *lizzatura* eingesetzt und dabei ist er dann eines Tages ums Leben gekommen.«

»*Lizzatura*?«

»Früher wurden die tonnenschweren Marmorblöcke auf Holzschlitten zu Tale gebracht, eine gefährliche Aufgabe für Spezialisten, denn wenn ein Block ins Rutschen kam, konnte er die Männer platt quetschen. Heute machen sie das nur noch einmal im Jahr für Touristen. Und dabei ist mein Vater unter einem Block umgekommen. *Il Statuario* nannten sie den reinweißen Marmor.«

Noch nie hatte Roberto dall'Aria so viel und so zusammenhängend reden hören, normalerweise bellte er kurze Sätze heraus. Es mochte an dem reichlich genossenen Alkohol liegen, den er bei der Weinprobe in sich hineingeschüttet hatte.

Roberto und Luciano wurden mit dem Wagen zurückbeordert, während der wichtigtuerische dall'Aria auf einen Polizeihubschrauber wies, der eben auf dem gegenüberliegenden Plateau landete.

»Lass uns einen Spaziergang dort den Fahrweg zur Talsohle hinunter machen«, schlug er seinem Freund vor, »da unten ist noch ein Förderkorb in Betrieb, mit dem wir zum Hubschrauber hinauffahren können.«

»Du kennst dich gut aus!«

»Sollte ich wohl, ich habe hier das Geld für mein Studium verdient.«

Nun, neun Monate später, erinnerte Roberto sich an jene Situation im Steinbruch und er meinte zu wissen, dass sein und seines Vetters Leben in eben diesem ein Ende finden sollten.

Seit zwei Stunden saßen sie beide mit Klebestreifen vor dem Mund und konnten keinerlei Gedanken oder gar Pläne austauschen. Die letzten Stunden ihres Lebens saßen sie dicht nebeneinander und jeder hing seinen Gedanken nach.

Roberto ließ sein Leben an sich vorüberziehen und Coglione tat das Gleiche, und jeder für sich kam zu dem Schluss, kein unnützes geführt zu haben. In ihren Töchtern würden sie weiterleben.

Da die Identität ihrer Mörder bekannt war, würden sie gnadenlos gejagt werden, dessen waren sie sich sicher, auch wenn es ihnen persönlich nicht half.

Il Secondo band ihre Füße los. Cogliones Hände wurden mit seinen eigenen Handschellen gefesselt, während er Robertos roh mit Kupferdraht zusammenband, so dass er schon nach ein paar Augenblicken kein Gefühl mehr in seinen Händen verspürte.

»Nachdem *Il Terzo* und *Colleoni* euch ihre ganze schlimme Lebensgeschichte erzählt haben, wartet ihr sicher nun auf meine!«, feixte er. »Aber da muss ich euch enttäuschen! Ich tu alles nur für Geld, und *Colleoni* zahlt am besten. So einfach ist das!«

5:30 Uhr: Sie wurden auf dem Rücksitz von *Il Secondos* Geländewagen mit Henry zwischen sich verstaut und es gab keine Chance zu entkommen. Die Fahrt dauerte nicht lange, kurz vor sechs erreichten sie den stillgelegten Steinbruch und im Licht ihrer Scheinwerfer sah der verrostete Baggerkoloss noch gewaltiger aus. Der Sand in der Sanduhr ihres Lebens rann unermüdlich und wurde immer weniger.

Sie mussten aussteigen, man nahm ihnen jetzt die Klebestreifen ab und hieß sie, sich neben der Abraumhalde an den Rand des Marmorsteinbruchs zu stellen. Dreißig Meter geht es senkrecht in die Tiefe, hatte dall'Aria damals gesagt.

Im Osten kroch ein wolkenverhangener Tag über den Horizont der Lessinischen Berge. *Unser letzter,* dachte Roberto traurig.

David hat wenigstens den Sonnenaufgang noch sehen dürfen, aber wir werden vorher dort unten zerschmettert liegen.

Doch dann richtete er seine Gedanken nur noch nach innen und erinnerte sich an Giulia und seine Kinder. Gott sei Dank war die Bombe nicht explodiert, sie war am Leben und würde es schaffen ohne ihn, leichter jedenfalls als Vilma, denn seine Giuli war eine starke Frau, *Dio mio laudate.* Erstaunlich, wie oft er in den vergangenen Monaten mit Gott Zwiesprache gehalten hatte, mehr als in seinem ganzen bisherigen Leben zuvor. Er starrte in die Tiefe, von hinten angeleuchtet durch die Autoscheinwerfer, Coglione dicht neben ihm.

»Umdrehen, alle beide!« Luzifers alias Henrys Stimme klang zufrieden, alles klappte wie am Schnürchen.

»Und bis zehn zählen, umdrehen und schießen? Ein Duell wäre angemessener als diese feige Exekution!« Cogliones Stimme klang spöttisch. »Roberto du bist falsch gekleidet!«

Kein Zeichen der Schwäche zeigen, signalisierte sein Vetter ihm, wir winseln nicht um unser Leben!

»Du auch! Wo sind dein Frack und Zylinder, Omeo?« Aber dann enschloss sich Roberto, die letzten Momente seines Lebens nicht zu vertändeln und befahl seine Seele Gott.

»Eure Arroganz muss man extra erschießen.« Colleoni horchte in die anbrechende Dämmerung, schon konnte man die Konturen der Berge ringsum ahnen. Das leise Geräusch eines weit entfernten Hubschraubers klang auf. »Nun kann nichts mehr schiefgehen! Erschieß sie, Luzifer!«

Ca'Vecchia Brandolin, Samstag, 14. September 2002

Sandro nahm sein *telefonino* aus der Tasche seiner Lederjacke und lauschte wortlos, die Pistole entsichert weiter auf die auf dem Fußboden wie festgenagelt sitzende Gesellschaft gerichtet. Er saß hier mitgefangen, ob ihm das wohl bewusst war?

Julia überlegte, wie oft sie *Il Quinto* begegnet war und ob sie jemals seine Stimme gehört hatte. Nein, er war während ihrer zweimonatigen Gefangenschaft immer der große Schweiger gewesen, klar, denn er wusste um ihre Fähigkeit, Stimmen zu erkennen.

Und dall'Aria? Seine Stimme ähnelte der seines Halbbruders

sehr, und Julia dachte nach, warum sie seine nicht früher erkannt hatte. Damals, bei der ersten Einladung hier im Ca'Vecchia, hatte eine angebliche Stimmbandentzündung seine natürliche Stimme entstellt.

Ob er wohl da schon Vorkehrungen getroffen hatte, eine eventuelle Identifizierung durch sie durch Mord zu verhindern? *Il Secondo* und *Il Quinto* konnten hinter dem Haus gewartet haben. Jetzt verstand sie auch, warum der Fernseher in ihrem Gefängnis immer dann von außen ausgestellt worden war, wenn der *questore* in einem Interview zu hören gewesen war!

Nach ihrer Befreiung hatte er in der Pressekonferenz neben ihr gesessen, aber seine Stimme hatte – angeblich durch die Feierei am Vorabend – rau und kratzig geklungen.

»Angela«, flüsterte sie der neben ihr Hockenden ins Ohr, *Il Quinto* telefonierte immer noch, »wohin wolltet ihr?«

Julia musste Informationen von ihr bekommen, solange ihr Hass auf den Mörder ihrer Tochter größer war als der auf Roberto.

»Er hatte drei Alternativen«, flüsterte *La Leonessa*, noch immer wie abwesend vor sich hinstarrend, »auf die Yacht in Marghera oder Porto Ravenna.«

»Und die dritte?«

»Zu seinem Hubschrauber in den Bergen. Er hat einen als Polizeihubschrauber getarnten, der uns abholen sollte.«

»Wo? In welchen Bergen?« Julia ließ nicht locker.

»Bei seinem Geburtsort, genau weiß ich es auch nicht!«

Bevor Julia jedoch weiter nachfragen konnte, ereignete sich vieles gleichzeitig. Sandro hob den Daumen in Richtung Luciano. »Sie sind frei!« Und mit einem Blick zum Präfekten: »Alle drei.«

Luciano ging zu der alten, nun nicht mehr benutzten Verbindung vom Unter- ins Obergeschoss und winkte den völlig überraschten Umberto als Räuberleiter heran. Oben im Schlafzimmer war die ausziehbare Bodentreppe unter dem breiten Ehebett versteckt. Das *Colleoni*-Syndikat war eben nicht unfehlbar.

Große Unruhe machte sich unter den Gefangenen breit, die jetzt überhaupt nichts mehr verstanden, zum Teil aufsprangen und Erklärungen forderten.

Als einer zur Außentür wollte, donnerte Umberto mit gewaltiger Stimme: »Hinsetzen, sofort! Wenn einer an eine der Türen geht, gibt es eine Katastrophe und wir fliegen alle in die Luft! Im

Keller befindet sich eine entschärfte Bombe! Präfekt, übernehmen Sie die Leute hier? Wir versuchen, den *marchese* zu befreien! Wenn wir abgezogen sind, evakuieren Sie bitte die Leute durch das Obergeschoss.«

Dieser als Bitte geäußerte Befehl wurde von Tramontan ebenso wie noch ein paar weitere Weisungen akzeptiert, und wenn auch Julia in dem allgemeinen Durcheinander nicht viel verstand, wusste sie doch, dass sie ihre Informationen sofort an Umberto weitergeben musste.

Sandro kramte in ihrem Schreibtisch und holte die mit Klebestreifen befestigten Waffen heraus, Luciano ihre in der Besteckschublade untergebrachten und eilig verließen die beiden den Raum über die Treppe.

»Nimm mich mit Umberto!«, bat Julia den nun zur Treppe eilenden Umberto. »Ich mache mir schreckliche Sorgen um Roberto!«

»Auf gar keinen Fall! Du bleibst da!«

»Du musst mich mitnehmen! Ich weiß, wohin sie mit Roberto wollen, von *La Leonessa!*«

»Rede, *ragazza*, schnell!«

»Nein, ich komme mit!«

»Wo bleibst du denn, Umberto?«, erscholl Lucianos Stimme von oben.

»*La Tedesca* weiß, wohin sie wollen!«

»Dann bring sie mit!«

Zähneknirschend schob er sie die Treppe hoch.

»Reinste Erpressung!«, murmelte er.

»Nötigung«, verbesserte Julia ihn und eilte mit ihm durch das Schlafzimmer die Treppe hinunter in die Halle.

Luciano schaute von außen durch die Terrassentür. »Sandro holt sein Auto. Bei unseren sind die Reifen durchstochen!«

»Mit Sandro, das musst du mir aber noch erklären, Luc!« Umberto folgte Julia und dem vorauseilenden Luciano. »*Ma certo*! Aber nun los!«

Sie sprangen in den eben vorfahrenden Alfa, Luciano nach vorn und Umberto und Julia auf die Rücksitze, und Sandro fuhr rasant an, während sein Freund den Peilsender anstellte.

»Ich hab sie drin! Sie sind auf dem Weg zur Autobahn!«

»Das ist ja noch mal gutgegangen!«, seufzte Umberto tief auf. »Als *Colleoni* sich zu erkennen gab, kam ich mir wie auf den

Punkt getroffen vor! Und als Sandro sich als *Il Quinto* outete, kam noch ein stehender K.o. dazu! Wohin wollen sie, Giulietta? Rede endlich!«

Sie berichtete, was Angela dall'Aria in ihrem Schockzustand von sich gegeben hatte.

Umberto entfaltete eine Karte. »Roberto dreht mir den Hals um, wenn er erfährt, dass ich dich mitgenommen habe! Ihr seid alle meine Zeugen, dass sie mich erpresst, ja, ja, genötigt hat. Welchen Weg nehmen sie, Luc?«

»Richtung Padova oder Bologna! Nein, sie biegen nach Norden ab, nach Ravenna Marina wollen sie also nicht.«

Als sie auf die Tangentiale abbogen, erkundigte Umberto sich bei Luciano, ob er für Sandros Integrität bürge.

»Er wurde mit dem Leben seiner Mutter und Schwester erpresst und der Präfekt mit dem seines Vaters. Ja, ich bürge!« Luciano starrte gebannt auf den Peilsender.

»Wie weit sind wir hinter ihnen?«, wollte Julia wissen.

»Circa zwei Kilometer, und das ist auch schon fast an der Grenze zur Reichweite des Senders.« Luciano schien ihn hypnotisieren zu wollen. »Jetzt biegen sie auf die *autostrada Serenissima* ein, Richtung Milano. Wir kommen näher.«

Vor der Mautstelle der Abfahrt Padova Ovest staute sich der Verkehr, wegen Bauarbeiten war nur ein Durchlass geöffnet.

»Und?« Umberto wirkte beunruhigt.

»Sie warten hinter der Ausfahrt!« Luciano schien in das Gerät hineinkriechen zu wollen.

»Bestimmt nicht auf uns!« Umberto war skeptisch, und tatsächlich, als sie endlich die Mautstation hinter sich hatten, sahen sie den grauen Mercedes dall'Arias stehen, allerdings leer.

»*Che cavolo*!«, fluchte Luciano, »sie müssen hier einen Ersatzwagen geparkt haben!«

»Von hier aus haben sie alle Möglichkeiten.« Umberto blieb äußerlich die Ruhe selbst, Panik konnten sie jetzt nicht gebrauchen. »Die Yacht in Venezia oder der Hubschrauber in den Bergen. Polizeifunk geht nicht, den hat dall'Aria uns blockiert. Wer hat noch ein *telefonino*? Sandro? Gut. Vittorio soll mit der *caramba* den Hafen von Maghera überwachen und seine Leute in Ravenna Marina instruieren, theoretisch können sie auch da noch hin.«

»Und wir?« Julia war äußerst beunruhigt.

»Uns bleiben der Hubschrauber und die Berge« Luciano klang zuversichtlich.

Sandro telefonierte.

»Der *capitano* ist informiert, gerade noch. Der Saft in meiner Batterie geht zu Ende.« Sandro hob sein *telefonino* und schüttelte es.

»Fahr erst mal auf der Serenissima nach Westen«, meinte Luciano.

»Sie können ebenso gut die SS 47 nach Cittadella oder die 307 nach Castellfranco genommen haben, oder, oder, oder!«, widersprach Sandro.

»Nein! Fahr auf der *autostrada* weiter! Ich habe da so eine Ahnung.« Luciano schaltete den unnützen Peilsender aus. »*La Tedesca,* wiederhole ganz genau, was Angela dall'Aria gesagt hat.«

Julia nahm sich zusammen, schloss die Augen und rekonstruierte die Szene in ihrer Erinnerung.

»Zu seinem Hubschrauber in den Bergen. Er hat einen als Polizeihubschrauber getarnten, der sie abholen sollte, hat sie gesagt.«

»Wo? In welchen Bergen?«

»Bei seinem Geburtsort, genau weiß ich es auch nicht, hat sie gesagt«, wiederholte sie ihre Erinnerungen laut.

»Bingo, *La Tedesca!* Ich weiß, wohin er will, wir sind auf dem richtigen Weg.« Luciano pfiff vor lauter Genugtuung durch die Zähne und erzählte dann von ihrer Besichtigungstour mit dem Chef im Januar. Sie hatten eben die Ausfahrt von Soave hinter sich gelassen.

»Ich weiß zwar nicht genau, wo das Haus liegt, aber die abgewrackte Geologie finde ich wieder.«

Er dirigierte Sandro zur Ausfahrt Verona Sud und von da westlich auf der Schnellstraße an Verona vorbei bis zu deren Ende, während sie versuchten, alle Eventualitäten zu bespechen. Julia verhielt sich mucksmäuschenstill. Wenn sie ihre Anwesenheit vergaßen, setzten sie sie vielleicht nicht irgendwo ab.

Umberto machte ihre geringe Bewaffnung Sorgen, aber Sandro beschwichtigte ihn, es sei genug für alle im Kofferraum. Er machte einen betont zuversichtlichen Eindruck, aber Umberto kannte ihn lange genug, um zu wissen, dass irgendetwas an Sandro fraß.

»Alles okay, Sandro?«, vergewisserte er sich.

»*Certo*!«, erwiderte der und starrte auf das Licht der Scheinwerfer, die sich in die Dunkelheit der Straße von San Pietro in Cariano nach Negrar fraßen. »Ach, *merda*, nichts ist okay. Ich bin so und so erledigt nach diesem Einsatz, so viel Mist wie ich gebaut habe, gibt's gar nicht.«

»Na, na«, Umberto wiegelte ab, »seit wann bist du denn wieder mit an Bord?«

»Seit Donnerstagabend«, antwortete Luciano für seinen Freund, »da hat er sich mir offenbart.«

»Und warum wussten Roberto und ich nichts davon?«

»Ihr hättet wohl kaum mit einem Mörder und Entführer *La Tedescas* zusammengearbeitet.« Sandro klang mutlos.

»Darüber reden wir später. Hier, weiter nach Norden in Richtung Sant'Anna d'Alfredo!« Luciano gab weitere Anweisungen und sie kurbelten sich langsam durch die Dunkelheit im Valpolicella hoch. Sie bogen ab in eine enge, sich den Berg hochwindende Seitenstraße. Luciano musste die Augen einer Katze haben, denn allein wäre Sandro an der verfallenen, von einer zerbrochenen Schranke gesperrten Einfahrt des stillgelegten Steinbruchs vorbeigefahren.

Das Ungetüm eines schrottreifen Baggers türmte sich im Scheinwerferlicht vor ihnen auf und sie suchten sich eine Stelle dahinter, an der sie ihren Wagen so abstellten, dass er von der Einfahrt her nicht gesehen wurde.

Sie stiegen aus und nachdem das Motorengeräusch verstummt war, herrschte hier eine fast unnatürliche Stille. Luciano und Sandro öffneten den Kofferraum und verteilten die Waffen, Letzterer versuchte noch einmal vergebens, mit seinem *telefonino* Kontakt zu Vittorio aufzunehmen, aber die Batterie war restlos leer, das Ladegerät in Padova und der Polizeifunk nicht nutzbar.

Die beiden jungen Männer erkundeten vorsichtig den in rabenschwarzer Finsternis liegenden Steinbruch. An der ungesicherten Abbruchkante richteten sie den Strahl ihrer Taschenlampen nach unten, aber er erreichte den Boden nicht. Die einzige Zufahrt zur Talsohle befand sich daneben, eine abschüssige Fahrspur, die ebenfalls irgendwo in der Dunkelheit verschwand.

Sie kehrten zum Wagen zurück, sicher, dass sie die einzigen Lebewesen weit und breit waren, und von der Hoffnung beseelt, dass *Colleoni* seinen Hubschrauber hierher bestellt hatte.

»Der Hubschrauber kann nur auf dem gegenüberliegenden Felsplateau gefahrlos landen«, erläuterte Luciano und versuchte, auch noch die kleinste Erinnerung an ihren Januarausflug zu aktivieren, »sie müssen ins Tal und an der anderen Seite mit einem altersschwachen Förderkorb nach oben zum Hubschrauber. Der ideale Platz, ihnen aufzulauern, ist hier oben und wir überraschen sie und befreien den Chef!«

»Und wenn sie ihn schon …«, Julia schluckte, »wenn er nun nicht mehr lebt?«

»So etwas darfst du nicht einmal denken, Giulietta! Ich gehe davon aus, dass sie ihn so lange wie möglich als Geisel behalten«, Umbertos in tiefsten Brustton der Überzeugung geäußerte Meinung klang optimistischer, als er sich fühlte, »und der Hubschrauber wird nicht vor der Morgendämmerung kommen! Ich befürchte, wir haben eine lange Wartezeit vor uns.«

»Ich passe hier draußen auf. Das geringste Autogeräusch ist von Weitem gut zu hören.« Luciano wandte sich an Sandro: »Jetzt ist eine gute Gelegenheit, dem *dirigente* deine Geschichte zu erzählen. Setzt euch ins Auto.«

Julia machte auch Anstalten einzusteigen, aber Luciano hielt sie am Arm zurück. »Bleib du bei mir, *La Tedesca*!«

Die Autotüren klappten zu.

»Ist er wirklich ein Mörder?«

»In meinen Augen nicht! Aber du musst dir nicht die ganze blutige Geschichte anhören!«

»Dann erzähl du mir doch, warum er sich zu meinen Entführern zählt! Ich habe ihm uneingeschränkt vertraut.« Julia fröstelte, und das lag nicht nur an ihrem dünnen Hosenanzug.

Er ließ sich nicht länger bitten, sondern berichtete in der ihm eigenen Sprache, aber auch in gebotener Kürze, was Sandro zwei Tage vor Julias Entführung passiert war.

Henry Salzmann alias *Il Terzo* und Andrea Longhi alias *Il Quarto* hatten Sandro eine anonyme Nachricht zukommen lassen, wenn das Leben seiner Mutter und seiner Schwester ihm lieb sei, solle er in eine stillgelegte Fabrikhalle bei Mandriola kommen. Dort wurde er Zeuge der Ermordung von *La Zingara* und sie präparierten den Tatort so, dass, wenn man eine DNA-Analyse gemacht hätte, Sandro als der Schuldige dagestanden hätte.

Seine Schwester und Mutter meldeten sich bei ihm aus Asolo, wo sie auf dem Weingut mit dem Vater des *questore* gefangen gehalten wurden, dies aber nicht bemerkten, weil die drei Bewacher sich als Polizisten ausgaben und sie angeblich vor angekündigten Anschlägen beschützen sollten. Tramontan und Sandro durften jederzeit zu Besuch kommen, blieben aber nie mit ihren Verwandten allein, so dass die nicht aufgeklärt werden konnten.

Beide wurden in Julias Entführung eingebunden, der *questore* arrangierte eine Absperrung auf dem Lido und Sandro nahm aktiv an der Entführung Julias teil.

»Und das funktionierte über mehrere Monate?« Aus Julias Stimme klang Erstaunen.

»Sie hatten Sandro in der Hand, den *questore* allerdings weniger, und das verstehe ich irgendwie nicht. Als wir die Falle für das *Colleoni*-Syndikat aufbauten, war Sandro dabei. Bis dahin war er wie paralysiert. Und das Teuflische für ihn war, dass er seine Befehle durch *Il Quarto* und *Il Terzo* bekam, also von Gentiles und dall'Arias Funktion nichts ahnte, die beiden hat er nur vermummt gesehen.«

Luciano erzählte weiter, wie sie in der Kantine – der *conte* Berini war ebenso am Tisch wie Gentile und der *questore* mit seinem Stellvertreter – von der Einladung ins Ca'Vecchia Brandolin sprachen und Umberto die flapsige Bemerkung machte, wenn der *XXI. Gennaio* noch bestünde, könnte der die gesamte Padovaner Polizeispitze auf einmal ins Jenseits befördern, wo Gott vor sei.

Das *Colleoni*-Syndikat biss an. Sandro bekam die Aufgabe, Luciano Tag und Nacht zu beschatten, angeblicher Liebeskummer sollte seine Anhänglichkeit erklären, aber nun erwachte Sandro aus seiner Lethargie.

Als sie beide am späten Donnerstagnachmittag das Ca'Vecchia Brandolin beobachteten, in dem *Il Secondo* den Sprengstoff im Keller einbaute und Luciano schöne Bilder von ihm geschossen hatte, als er eine Kiste mit Material ins Haus schleppte, hatte er seinen Ärger darüber geäußert, dass *Il Quinto* sich nicht in ihrer Falle gefangen hatte, wie sie es eigentlich geplant hatten.

»Ich hätte geschworen, dass *Il Quinto* Gentile assistiert!«, hatte Luciano enttäuscht gesagt.

»Tut er doch!«

»Verstehe ich nicht! Du sprichst in letzter Zeit oft in Rätseln, Sandro! Ist irgendwas?«

»*Il Quinto* liegt neben dir.« Sandro hatte mit seiner Dienstpistole gespielt und sie in diesem Moment auf den völlig überraschten Luciano gerichtet. »Mein Auftrag ist, dich nicht aus den Augen zu lassen und dich, wenn du zu viel erfährst, auszuschalten.«

Aber dann hatte er die Waffe eingesteckt und den Kopf abgewandt.

»Ich schaff es nicht mehr!« Seine Stimme klang tränenerstickt und er hatte sich seinem Freund offenbart; und als der nicht sofort voller Entrüstung seine Dienststelle informieren wollte, fasste er Hoffnung und zu zweit entwickelten sie einen Plan.

»Den Dicken und den *marchese* haben wir nicht informiert«, Lucianos Stimme klang, als wolle er sich rechtfertigen, »wir waren uns nicht sicher, ob sie Sandro akzeptieren würden. Also haben wir Vittorio ins Vertrauen gezogen. Seine *caramba* hat die drei Geiseln heute Abend befreit. Unblutig.«

»Das war der Telefonanruf, den Sandro abwarten wollte?«

»*Esatto*! Und die Entschärfung der Bombe hat er natürlich auch nicht an *Il Secondo* weitergegeben.«

»Wird der arme Kerl vor Gericht kommen?«

»*Non lo so*. Aber du hast ein großes Herz, *La Tedesca*, wenn gerade du Mitleid für ihn zeigst, er hat dich schließlich mit entführt. Wir wussten nicht, ob der Chef auch so denkt.«

»Der müsste ihn eigentlich am besten verstehen, so sehr, wie er gelitten hat, als er mit meinem Leben erpresst wurde.«

Es wurde bitterkalt, Wind kam auf und die Wolken jagten über den Himmel und gaben den Mond und die Sterne immer weniger frei.

Was Luciano bei seiner Schilderung verschwiegen hatte, erzählte Sandro seinem Chef uneingeschränkt in aller Brutalität.

Als er zu Hause die beiden nicht vorfand und Koffer und ihre Kleidung ebenfalls vermisste, folgte er der Aufforderung. Er hätte Luciano zu diesem Zeitpunkt einbezogen, wäre der nicht mit Bianca und den Bassnerschen Zwillingen im Alto Adige gewesen.

In der Fabrikhalle überwältigten die beiden ihn, banden ihn an einer Metallsäule fest und ließen ihn die Vergewaltigung von *La Zingara*, der Freundin seiner dreizehnjährigen Schwester Caro, mit ansehen. Henry vollzog sie mit Sandros Polizeistock, wie damals bei Gabriėlla, aber das Mädchen hatte weniger Glück und verblutete. Und an dem Tatwerkzeug befanden sich nur Sandros Fingerabdrücke. Um ganz sicher zu gehen, nahmen sie sein Schweizer Offiziersmesser, natürlich auch mit seinen Fingerabdrücken, und schnitten dem Mädchen die Kehle durch.

Er hatte dann wie gelähmt in allem gehorcht, alles ausgeführt, bis zum vergangenen Donnerstag, als er dem Druck nicht mehr standhielt und Luciano einweihte.

»Was wird nun mit mir?« Sandro ergab sich in sein Schicksal, es lag nicht mehr in seiner Hand. »Ich, weiß, ich hätte …«

»Hätte ist tot!« Umberto schluckte seine Enttäuschung, nicht ins Vertrauen gezogen worden zu sein, hinunter. »Bringen wir dies erst einmal hinter uns, da kannst du dich bewähren. Wir sind zu dritt, die sind zu dritt, und wir haben die Überraschung auf unserer Seite. Nur tu mir einen Gefallen!«

»Jeden!«

»Schluck deine Rachegefühle hinunter, sie sind nur hinderlich. Heute musst du beweisen, dass du ein guter Polizist bist! Denke bei jeder deiner Handlungen daran!«

»Danke für die Chance.«

»Löse Luciano draußen ab und schick *La Tedesca* herein, sie erfriert mir sonst.«

Valpolicella, Sonntag 15. September 2002

Umberto hörte erst auf zu rauchen, als Julia einen Hustenanfall bekam. Drückende Stille umgab sie, draußen wie drinnen, und das Warten auf das Morgengrauen zerrte an ihren Nerven, denn immer noch konnten sie sich nicht sicher sein, dass *Colleoni* wirklich diesen Ort als Treffpunkt mit dem Hubschrauber gemeint hatte.

Die Ungewissheit blieb, ob er nicht doch mit seinen beiden ihm verbliebenen Getreuen in einen der Häfen gefahren war. Umberto kam sich ohne sein *telefonino* genauso amputiert vor wie seine beiden draußen die Gegend sichernden jungen Kollegen; und solange Roberto nicht befreit war, durften sie den Polizeifunk nicht nutzen, ihre Strategie der Überraschung wäre sonst gefährdet.

Nach einer weiteren Stunde setzte sich Sandro wieder auf den Rücksitz, um sich kurz aufzuwärmen. Umberto schnachte leise vor sich hin, als plötzlich die Hand des unglücklichen jungen Polizisten auf Julias Schulter lag und sie seinen warmen Atem dicht neben ihrem Ohr spürte.

»Ich wollte dich zu befreien versuchen, damals in da Santes Haus«, sein Flüstern klang flehend, so als wolle er sie beschwören ihm zu glauben, »aber sie haben mir nicht getraut! Nie haben sie mich allein gelassen. Immer haben sie mir die Augen verbunden und ich hätte deinem Mann nicht helfen können! Ich wusste nicht, an welchem Fluss das Haus lag. Glaubst du mir das, *La Tedesca*?«

Sie nickte, um Umberto nicht zu wecken.

»Ich hätte nie zugelassen, dass sie dich töten, *La Tedesca,* ich schwöre es beim Leben meiner Mutter und Schwester! Aber an dem Tag deiner Befreiung haben sie mich nicht mitgenommen. Glaubst du mir?«

Sie nickte wieder und er verstärkte den Griff seiner Hand. Julia spürte förmlich seine Verzweiflung über das, was er nicht hatte verhindern können.

»Ich glaube dir, Sandro. Hauptsache, du bist jetzt auf unserer Seite«, flüsterte auch sie und legte ihre Hand auf seine. Diese Berührung brachte ihn zum Weinen und sie fühlte seine heißen Tränen auf ihre Hand tropfen.

»Vergibst du mir, *La Tedesca?*«

»Ganz sicher, Sandro! Du warst in einer schrecklichen Zwangslage.«

»Danke. Wenn mir etwas zustößt, kümmert ihr euch um meine Familie?«

»Ich verspreche es!«

Noch einmal verstärkte sich sein Griff, dann öffnete er die Tür und ließ Luciano ins warme Auto.

Stunde um Stunde verstrich und Julias Mut sank von Minute zu Minute, die quälende Ungewissheit um das Schicksal ihres Mannes ließ sie immer mehr verzweifeln. Obwohl Umberto ihr eine Decke umgelegt hatte, fröstelte sie vor Angst. Was hatten diese Bestien mit ihm vor? Bisher hatten sie nie Gnade walten lassen, und warum sollten sie es jetzt tun? Der Tod Robertos war ihr Ziel gewesen. Hatten sie es schon erreicht?

4:30 Uhr: Umberto schien ihre Hoffnungslosigkeit zu spüren und legte seinen Arm um ihre Schultern. »Kopf hoch, *ragazza*! Vielleicht tröstet mein Wahlspruch dich: Gott hat dir nicht den Geist der Verzagtheit gegeben, sondern den der Kraft, der Liebe und der Besonnenheit. Damals, als du verschleppt warst, hat er mir geholfen.«

An seine Schulter gelehnt, fiel sie in einen unruhigen Schlaf und er dachte an seinen Freund und wie er die zwei Monate über gelitten hatte. Warum nur musste Giulietta das Gleiche durchmachen?

5:55 Uhr: Luciano klopfte an die Scheibe. »Ein Auto kommt näher! Wir gehen auf Position.«

»Giulietta! Hinter die Rückbank! Und du rührst dich nicht von der Stelle!«

Umberto verließ den Wagen und schloss ihn ab, dann verschwand auch er in der Dunkelheit, die nur am Horizont in ein leichtes Grau übergegangen war.

Scheinwerfer erleuchteten den Baggerschrotthaufen von der anderen Seite, strichen über große schwarze Buchstaben auf gelbem Grund hin, erfassten den Alfa aber nicht, und Julia beschäftigte sich mit dem unsinnigen Gedanken, wie wohl dieser Bagger vor Jahrzehnten von Hannover ins Valpolicella gekommen war, doch sie würde es wohl nie erfahren, denn die Firma *Hanomag* bestand nicht mehr.

Ein ganz klein wenig kurbelte sie das hintere Seitenfenster hinunter, hörte Stimmen von jenseits des Baggers, konnte aber keine erkennen und schon gar nichts verstehen. Julia betete leise vor sich hin. »Lass ihm nichts geschehen, beschütze ihn, lass ihm nichts geschehen, bitte beschütze ihn …«, und dann hörte sie Schüsse.

Luciano und Sandro trafen die Autoscheinwerfer des Geländewagens. Instinkt ließ Roberto sich zur Seite werfen. Mit den gefesselten Händen konnte er sich nicht abstützen, schrammte mit dem Kopf über einen Marmorrest und blieb benommen liegen, doch die Schüsse aus Henrys Schnellfeuergewehr gingen ins Leere.

Auf der anderen Seite hatte sich Coglione durch einen ebensolchen Sprung in Sicherheit gebracht, während sich die Gegenseite blitzschnell sammelte und, als hätten sie es abgesprochen, die Flucht in Richtung Talsohle antrat, das einzig Sinnvolle, wenn sie den Hubschrauber erreichen wollten.

»Sie hauen ab!«, hörte Roberto Lucianos Stimme.

»Alles okay, Roberto?«

Umbertos Stimme klang wie Engelsgeläut in Robertos Ohren, dem erst in diesem Augenblick bewusst wurde, dass sie ihrer Exekution entkommen waren, wenn auch um weniger als Haaresbreite. Blut lief ihm über die Stirn, aber ein Stückchen Kopfhaut als Preis für sein Leben war ein geringer. Er rappelte sich hoch und zu seiner Erleichterung bemerkte er seinen Vetter nicht weit von ihm das Gleiche tun.

In der aufkeimenden Dämmerung sah Roberto Giulia auf sich zurennen, ihre Arzttasche fallen lassen, um dann abrupt zwei Schritte vor ihm abzubremsen und ihn anzusehen.

»Es tut mir leid«, drang ihre schuldbewusste Stimme an sein Ohr, »ich habe mich wieder ...« in deinen Beruf eingemischt, wollte sie sagen, aber er überbrückte die beiden Schritte mit einem großen und legte seine zusammengebundenen Hände um ihren Hals.

»Das tut gut, dich zu sehen, *l'anima mia*, und dein Haar zu riechen!« Er vergrub sein Gesicht in ihren Locken und fühlte große Dankbarkeit. »Das ist das Paradies!«

Während Umberto Cogliones Handschellen öffnete, tauchte sie unter Robertos Armen weg und bemühte sich nach einer ersten Schrecksekunde über den Zustand seiner Handgelenke, den tief ins Fleisch einschneidenden Kupferdraht aufzudrehen. Gefühl hatte er keins mehr in seinen Händen.

»Alles okay, Coglione?«

Aber der schien Umberto gar nicht zu hören. In den morgendlich ziehenden Nebelschwaden stand er hochaufgerichtet da, und für einen Moment dachte Julia, der *capitano generale Bartolomeo Colleoni* stünde da und sammele seine Truppen und er schien sich sicher, dass sie ihr Bestes für ihn geben würden.

»Sandro und Luciano! Folgt den Dreien! Habt ihr genug Munition? Gut!« Seine Stimme klang zweifelsohne wie die eines Mannes, der erwartete, dass man seine Befehle unwidersprochen und sofort befolgte, und die beiden verschwanden augenblicklich in Richtung Talsohle.

»Umberto und ich folgen in Kürze! Hast du noch Waffen für mich?«

Umberto nickte und winkte dem *colonnello*, ihm zum Auto zu folgen. Roberto und Julia folgten ihnen ebenfalls und sie sammelte die fallen gelassene Arzttasche auf.

»Ich komme nach, wenn ich wieder ein Gewehr halten kann«, bemerkte Roberto.

»Wirst du nicht!« Coglione gab das Kommando nicht wieder ab. »Wir brauchen dich hier, und in dem unwegsamen Gelände dort unten ...!« Er sah auf Robertos Bein und der fügte sich, in diesem Moment brauchten sie kein Kompetenzgerangel, und außerdem hatte sein Vetter auch noch recht.

Die beiden Männer beugten sich über den Kofferraum und verschwanden kurz darauf den Fahrweg hinunter. Roberto war mit der Aufgabe betraut worden, den Fahrweg zu sichern, wenn er verarztet worden war.

»Das war Rettung in letzter Sekunde!« Roberto hielt seine beiden Hände auf Julias Weisung hoch, die die ringsum laufenden Wunden desinfizierte.

»Bist du mir wirklich nicht böse, dass ich hier bin, Roberto?«

»Doch, und wie! Du kannst dich auf eine gewaltige Moralpredigt gefasst machen, aber im Augenblick kann ich dir gar nicht oft genug sagen, wie froh ich bin, dich zu sehen, Giuli!«

Sie lachte erleichtert und berichtete kurz, wie *La Leonessa* sie auf die richtige Spur gebracht hatte, während sie seine Wunden verband. Er versuchte, das Funktelefon zu bedienen, aber seine Hände gehorchten ihm noch immer nicht. Das Blut strömte jetzt zurück und er litt ziemliche Schmerzen.

Julia, die bei weit geöffneter Tür auf dem Fahrersitz saß, wischte ihm das Blut aus dem Gesicht, und gerade, als sie ihm ein großes Pflaster auf die Stirn klebte, ertönte vom Bagger her die Stimme *Il Secondos*.

»Ich hab dich direkt im Visier, *marchese*! Aussteigen und Hände oben lassen!«

Die Wechselbäder von Hoffnung und Todesangst in der letzten Stunde waren so rapide aufeinander gefolgt, dass Roberto ohne große Emotionen dachte: Schade! Dumm nur, dass Giuli dabei ist!

Il Secondo kam näher. Er musste über das zwar verrostete, aber sonst noch intakte Leitersystem unbemerkt heraufgeklettert sein, und Roberto blickte nun in das kleine schwarze Mündungsloch seiner Pistole. Er würde erst ihn und dann Giuli niederschießen.

»Aussteigen!«, befahl er und hob seine Stimme. »Und *La Tedesca* ebenfalls! Komm her, hier neben deinen Mann!«

Roberto gehorchte, doch sie erschien nicht und er wandte leicht den Kopf. Auf dem Fahrersitz befand sie sich auch nicht mehr.

»Ich zähle bis drei, *La Tedesca*, dann ist die Kniescheibe deines Mannes dran! Eins ... zwei ...«

Bevor er *drei* sagen konnte, fiel vom Heck des Autos ein Schuss und *Il Secondo,* in die linke Schulter getroffen, wurde herumgewirbelt, drehte sich um die eigene Achse und verlor seine Pistole, bevor er vor Robertos Füßen zusammenbrach. Der kickte die Pistole weg und sah sich nach Julia um.

Die Dämmerung ging in einen trüben Morgen über. Julia erhob sich hinter dem Heck des Autos und kam langsam näher, in den zitternden Händen ihre Glock 17 haltend, die sie weiterhin auf *Il Secondo* richtete. Er rührte sich nicht.

»Ist er ... tot?« Langsam ließ sie die Waffe sinken und reichte sie Roberto, der sie aber mit einem Kopfschütteln ablehnte.

»Ich kann sie nicht halten, die Kraft fehlt noch. Nein, er lebt, aber dass du mir nun auch noch Konkurrenz mit deinen Schießkünsten machst! Ich schau nach, ob in Sandros Auto irgendwo Handschellen sind.«

Er fand zwei Paar im Handschuhfach, während Julia – wild entschlossen, sich nicht wieder überrumpeln zu lassen – die Waffe auf den nun stöhnenden und wimmernden *Il Secondo* richtete.

»Hilfe! Ich verblute! Ich brauche einen Arzt!«

Andere Menschen zu verletzen oder durch feige Bomben zu töten, war eine Sache, selbst Schmerzen zu erleiden eine ganz andere. Trotzdem fühlte Julia, wie sich ihr Gewissen regte, schließlich bestand ihr Job darin, Leben zu erhalten, und nicht, es zu löschen.

Roberto brachte es jetzt tatsächlich fertig, dem Verletzten Handschellen anzulegen und seinen Fuß mit dem zweiten Paar an eine noch solide wirkende Stange des Baggers zu ketten. Dann durchsuchte er ihn nach weiteren Waffen – ein Messer, eine zweite kleine Pistole und eine Handgranate waren die Ausbeute, die im Kofferraum verschwand – und nun erst nahm er Julia die Pistole aus der Hand und ließ sie Erste Hilfe leisten.

Die Wunde entpuppte sich als keine besonders schwere Fleischwunde und Julia stoppte die Blutung, nicht aber das Wimmern und Flehen und Stöhnen *Il Secondos.*

Währenddessen versuchte Roberto über das Funktelefon Hilfe herbeizuholen, aber es dauerte eine geraume Weile, bis er Kontakt zur *questura* in Padova aufnehmen konnte. Dall'Aria und seine Mannen hatten die Fronten ziemlich desorientiert, die Funkzentralen schienen verwirrt.

Die Wolken hingen ziemlich tief und ob ein Polizeihubschrauber sie überhaupt finden würde, blieb fraglich. Polizeiwagen aus

Sant'Anna, Negrar oder gar Verona würden ziemlich lange bis hier heroben brauchen. So blieb Roberto als Koordinator auf dem Plateau und hoffte, dass die Streitmacht des Guten, zahlenmäßig überlegen, die Flucht des Bösen, das nur noch aus *Colleoni* und *Il Terzo* bestand, verhindern konnte. Den großen Vorteil des Bösen jedoch, sich unten im Steinbruch bestens auszukennen, konnte die kräftemäßig überlegene Streitmacht des Guten immer noch gefährden.

Sie mussten auf jeden Fall verhindern, dass *Colleoni* den als Polizeihubschrauber getarnten Helikopter erreichte, der eben – gut sichtbar durch eine Wolkenlücke – auf dem gegenüberliegenden Felsen landete, von Roberto getrennt durch einen mehr als dreißig Meter tiefen und an dieser Stelle nur fünfzig Meter breiten stillgelegten Steinbruch.

Geschichtssplitter

Colleoni und die Kunst: seine Grabkapelle

Colleoni dachte nicht an seinen Tod. Er war körperlich in bester Verfassung, begann jeden Morgen in aller Frühe mit einem Gewaltmarsch, oft mit seinen Soldaten, aber zwei Ereignisse brachten ihn dazu, sich mit der Endlichkeit des Lebens zu befassen.

Das Erste war 1470 der Tod seiner Lieblingstochter Medea, die vierzehnjährig von einem Fieber dahingerafft wurde.

Das Zweite, was ihn sehr traf, war der Tod Tisbes 1471.

Gattamelata lag in einer Kapelle im Dom zu Padova, in der auch sein Sohn ein Grabmal erhielt. Wo aber würden Colleoni und seine Familie beigesetzt werden, im renaissance üblichen Ruhmessinn? Erst einmal wurden beide Frauen in Basella bestattet – vorübergehend, denn Colleoni hatte ganz konkrete Pläne, nicht nur für eine Kapelle in Santa Maria Maggiore. Nein, eine Ruhmeshalle sollte es werden, die an die Kirche angebaut werden sollte.

Dumm nur, dass da schon ein Kapellchen stand, das die Stadtväter von Bergamo nicht abreißen lassen wollten. Auch nicht, als Colleoni ein offizielles Gesuch schrieb, da das alte Tauf-Kapellchen durch den Bau eines Baptisteriums überflüssig geworden war.

Colleoni schuf Tatsachen: Eine Gruppe seiner Soldaten rückte in die Stadt Bergamo alta ein und schuf Platz, indem sie das alte Gebäude abriss. Eigentlich nicht Colleonis Art, aber die Endlichkeit des Lebens war dem alten Kondottiere mit Medeas Tod schmerzlich bewusst geworden und ihm lief die Zeit davon.

Auf Antonio Amadeo fiel die Wahl des Kondottiere. Er – der Erbauer der Certosa von Pavia – sollte das Kleinod der Colleoni-Familie bauen, und 1473 bekam er den Auftrag, dazu die Hälfte des Fassadenschmucks der Certosa als Schmuck für die Colleonikapelle zu übernehmen.

Unzählige Wappen, Säulen und Figuren aus der Zeit des mächtigen Römischen Reichs schmücken innen wie außen die Kapelle, die heute ein Hauptanziehungspunkt für Touristen bildet, wenn auch Colleoni ihre Fertigstellung nicht mehr erlebte.

Das Reiterstandbild in der Kapelle über den zwei Särgen wurde von deutschen Holzschnitzern nach Colleonis Tod 1475 gefertigt, das prächtige Grabmal der Medea von Antonio Amadeo höchstpersönlich gefertigt und signiert. Ihr Leichnam wurde erst viel später von Basella in die Colleoni-Kapelle in Bergamo überführt. Einheimische behaupten, Tisbe Colleoni, die 1471 verstorbene Frau des Kondottiere, sei später – wahrscheinlich mit Medeas Leichnam – von Basella in die Colleoni-Kapelle überführt und in dem kleinen Sarg über dem Colleonis bestattet worden. Hierfür aber fehlen nach wie vor Beweise.

Die Kapelle wurde in den vergangenen Jahrhunderten verschiedentlich renoviert und umdekoriert; zum Glück ist der Charakter der Renaissancekapelle bis heute erhalten geblieben.

Ein bedeutendes Kunstwerk, zweifellos, das die Erinnerung an den Kondottiere bis heute wachhält. Und wer tiefer in das Leben Colleonis eintauchen will, sollte nicht vergessen, nach Malpaga und der Colleoni-Kapelle den Palazzo des Pio Luogo zu besuchen, die Freskenzyklen dort zu betrachten und das schönste Porträt des alte Kondottiere zu betrachten: barhäuptig, den Kondottiere-Hut in der Hand, knieend vor dem gekreuzigten Jesus Christus.

Coglione schlug seine Aufzeichnungen zu und nahm sich vor, sobald er wieder in Bergamo Zeit fand, einen Termin mit dem Pio Luogo zu machen, der in Colleonis ehemaligem Palast, vormals den Suardis gehörend, seine Verwaltung hatte.

Kapitel 8

Veneto, 15. September 2002

Valpolicella, Sonntagmorgen, Menschen hatten die vor Jahrmillionen gewachsenen Marmorberge abgetragen, aufgeschnitten, ausgehöhlt. Vom Mittelalter an hatte man sich hier in den Bergen des Valpolicella darauf spezialisiert, aus dem *Rosso di Verona* den venezianischen Löwen in Serienproduktion für Kirchenportale und Stadttore herzustellen und auch Statuen und Weihwasserbecken gab es massenweise – bis hin nach Venedig auf der einen und Mailand auf der anderen Seite. Aber auch heute war er mit seinen warmen, unregelmäßigen Rottönen begehrt und wurde in alle Welt exportiert.

Die spektakulärsten Höhlenformationen in den ausgebeuteten Marmorbrüchen gab es bei Prun, und auch in diesem stillgelegten Steinbruch existierten Höhlen wie Dome: lange Gänge und Galerien, in denen sich *Colleoni* auskennen mochte, Umberto und Coglione taten es nicht.

Luciano und Sandro hatten die Flüchtigen nicht einholen können und suchten Deckung am Fuße der wie in Riesenstufen aufsteigenden Marmorwände, die es nicht mehr gelohnt hatte abzubauen, denn zu viel wertloses Gestein, zu viel Erosion und zu wenig zusammenhängende Marmorflächen rentierten sich nicht. Überall gab es verrostete Leitern, die ein Stück weit nach oben führten und dann plötzlich im Nichts endeten. Vertrauenerweckend sahen sie auch nicht aus, wer wusste schon, wie lange der Rost an ihnen gefressen hatte.

Sie suchten Deckung hinter jedem Steinhaufen und bewegten sich langsam und sich gegenseitig sichernd bis zu dem Punkt, an dem sie den Förderkorb im Auge behalten konnten.

Mehrmals waren sie unter Beschuss geraten, aus einer in halber Höhe sichtbaren Galerie waren mehrere Feuerstöße auf sie abgegeben worden, die aber ungefährlich für sie im Gestein verprasselten. Die bogenartigen Öffnungen sahen aus wie die Fenster einer romanischen Kirche, aber in Wirklichkeit hatte die Geologie Pate gestanden. Von Menschenhand waren recht dünne Marmorschichten als Platten im Tagebau abgebaut worden und die wie Fenster wirkenden Öffnungen zufällig entstanden, wie bei den berühmten Höhlen von Prun.

»Ob der Förderkorb der einzige Zugang zum Plateau ist?«, wollte Sandro wissen, aber Luciano konnte es ihm nicht beantworten.

»Hast du den Trampelpfad in halber Höhe gesehen, der rechts von der Fahrspur abging?« Sandro ließ nicht locker. »Von dort müssten sie in die Galerie da oben gelangt sein.«

Auf der gegenüberliegenden Seite der Talsohle kamen Umberto und Coglione an. Sie konnten von der Galerie her nicht gesehen werden und Luciano machte ihnen ein Zeichen, dass sie beide zurück und dann nach oben wollten. Umberto hob den Daumen als Zustimmung.

Es ging schneller als erwartet, denn Luciano und Sandro wussten nun, wo sie am besten Deckung finden konnten und hatten bald den Einstieg zur Galerie gefunden. Nun hatten sie *Colleoni* und *Il Terzo* in der Zwickmühle – dachten sie und waren schon recht siegessicher, als sie den kleinen Mann in einem der domartigen, nur in der Mitte von einer gewachsenen Steinsäule gestützten Marmorgewölbe stellten.

»Dall'Aria, Sie sind verhaftet! Nehmen Sie die Hände hoch!« Sandro betete sein Sprüchlein herunter und dachte an das Versprechen, das er seinem *dirigente* gegeben hatte, obwohl er den Syndikatsboss am liebsten niedergeschossen hätte.

Luciano sicherte den Weg seines Freundes, der mit Handschellen in der rechten und der Pistole in der linken Hand auf *Colleoni* zuging, aber in diesem Moment wurden sie von *Il Terzo* beschossen, der hinter einer Säule versteckt gewesen war, und beide brachten sich mit einem Hechtsprung hinter einem Steinhaufen in Sicherheit. Sie hörten sich in den hinteren Teil der Höhle entfernende Schritte und nahmen die Verfolgung auf, überpudert mit rotem Marmorstaub, der sich hier in der Höhle gehalten hatte.

Je weiter sie sich von den lichtspendenden Rundbogen entfernten, desto schummriger wurde es und plötzlich standen sie vor einer verrosteten Wendeltreppe, die sowohl nach oben als auch nach unten führte, ebenso wie die sich entfernenden Schritte.

Lucinano entschied blitzschnell, er würde *Colleoni* nach oben und Sandro dem nach unten entfliehenden *Il Terzo* folgen. Sein Freund bekreuzigte sich und verschwand in die Tiefe.

Wie Luciano richtig vermutet hatte, führte die Wendeltreppe direkt auf das Plateau, auf dem, etwa hundert Meter entfernt, der Hubschrauber einschwebte. Aber nicht *Colleoni* sprintete zu seiner Überraschung auf diesen zu, sondern Henry Salzmann. Luzifer wird sich nicht in den Himmel erheben, dachte er voller Wut und sie verhalf ihm zu noch größerer Geschwindigkeit.

Der Hubschrauberpilot verlor die Nerven, als er statt *Colleoni* die beiden auf ihn zurasenden jungen Männer sah, und hob wieder ab, aber in eben diesem Moment erreichte Henry ihn und klammerte sich an eine Kufe des Helikopters. Fast zeitgleich kam auch Luciano an und mit einem gewaltigen Satz ergriff er die andere Kufe. Das Vehikel kam ganz schön ins Schaukeln, gewann aber kurzfristig an Höhe, als Gewehrschüsse von dem gegenüberliegenden Plateau auf den Hubschrauber abgefeuert wurden.

Roberto, der nur die Rotorblätter und den kleineren Heckrotor des Hubschraubers von seiner Position aus sehen konnte, hätte nie und nimmer versucht, ihn zu zerstören, wenn er geahnt hätte, dass sein Assistent sich an einer der Kufen festhielt. Er traf den Steuermechanismus des Heckrotors und erst, als der Hubschrauber noch ein wenig an Höhe gewann und ins Trudeln geriet, erkannte er Luciano, der sich ebenso wie Henry verzweifelt an den Kufen des außer Kontrolle geratenen Gefährts festklammerte.

Der Hubschrauber taumelte nach Norden, zog eine leichte Rauchfahne hinter sich her und geriet bald außer Sicht- und Hörweite, kehrte aber bald darauf wieder zurück. Roberto konnte die Kanzel noch erkennen, doch dann verlor der Hubschrauber plötzlich an Höhe und prallte an der Rückseite des Plateaus, von dem er gestartet war, gegen die Felswand und explodierte in einem riesigen Feuerball.

Roberto fühlte Schuld in sich aufsteigen. Den Tod Lucianos hatte er zu verantworten! Wenn seine Hände nur ein klein wenig länger gefühllos gewesen wären, hätte er diese unglückseligen Schüsse nicht abgeben können.

Er wandte sich der vor Entsetzen wie versteinert dastehenden Giulia zu, die Zeugin des ganzen Dramas geworden war. Das einzig nicht Bedauernswerte blieb der Tod Henry Salzmanns: Luzifer war wieder zur Hölle gefahren.

»Roberto … berto … erto … o?« Drängend klang Omeo Cogliones Stimme von der Talsohle herauf, ein einsetzendes Echo vervielfältigte den Klang. »Komm mit dem Wagen herunter, ein Querschläger hat ihn erwischt … wischt … wischt!«

»Wen?«

»Umberto … berto … erto … o!«

»Mein Gott! Ich komme! Julia, du bleibst hier, versteck dich zwischen Bagger und Schaufel!«

»Ich könnte Erste Hilfe … !«

»Nein! *Colleoni* ist noch dort unten!«

»Der Wagen hat kein Automatikgetriebe!«

»Fahr ihn mir an die Fahrspur, ich lass ihn im Leerlauf hinunterrollen!«

Sie widersprach nicht länger und gehorchte. Roberto war nun die Ruhe selbst, orderte zuerst eine Ambulanz, bevor er die Fahrspur zur Talsohle hinunterrollte.

Eingewickelt in eine Decke, zwischen dem Bagger und seiner Schaufel versteckt, hätte Julia nie geglaubt, dass der kühle Stahl der Glock 17, die Roberto ihr samt eines Reservemagazins wieder in die Hand gedrückt hatte, ihr Selbstvertrauen stärken und ihr Sicherheit geben könnte. Aber sie tat es; auch um Roberto machte sie sich keine allzu großen Sorgen, er war nun bewaffnet, kannte die Gefahr und zusammen mit Sandro und Coglione sollte er *Colleoni* zur Strecke bringen können. Sorgen bereitete ihr eigentlich nur Umberto, hoffentlich waren seine Verletzungen nicht allzu schwer.

So registrierte sie die Schüsse unten aus dem Talkessel, aber sie ängstigten sie nicht weiter. An ihren Nerven kratzte nur das Stöhnen *Il Secondos*, ein wenig fühlte sie sich für seinen Zustand verantwortlich, aber Roberto hatte ihr jede weitere Anteilnahme nach seiner Erstversorgung untersagt.

Eine Viertelstunde mochte seit Robertos Abfahrt vergangen sein, als sie plötzlich *Colleonis* Stimme ganz in der Nähe rufen hörte: »*Il Secondo*, wo bist du?«

»Hierher … Cesare, ich bin angeschossen!«

In Julia erstarrte alles, ihre Zähne schlugen aufeinander und das Geräusch schien das ganze Tal zu füllen. Kaltes Grauen packte sie. Wie war er nur hierher gekommen? Über eines der verrosteten Leitersysteme?

Der Verwundete würde *Colleoni* von ihrem Hiersein berichten und dann würde er sie erneut als Geisel nehmen oder sie kaltblütig erschießen. Angst lähmte ihr Denken, bis sie Robertos Worte in sich hörte: Angst haben darf jeder, Giuli, aber wir können sie kraft unseres Geistes überwinden.

Da konnte sie wieder klar denken. Wenn sie sich geräuschlos verhielt, würde er sie so schnell nicht finden, und wenn doch, hatte sie immer noch eine Pistole. Unter ihrer Decke entsicherte sie diese. Das Ganze hatte nur Sekunden gedauert.

»Hier hinter dem Bagger. Der *marchese* hat mich überrumpelt und *La Tedesca* … Nein, das kannst du doch nicht tun!« Und dann in höchster Todeangst: »Nein, nein! Ich …«

Zwei Schüsse, Todesstille, sich entfernende Schritte, das Aufheulen des BMW-Motors. Vorsichtig lugte Julia um die Ecke. Der Wagen bog wild schleudernd nach links in die Berge ab. Dann nur noch das abschwellende Motorengeräusch, Stille. Das Plateau war leer, nur noch sie, der ohne Mitleid erschossene *Il Secondo* und der Bagger-Schrotthaufen befanden sich darauf.

In diesem Augenblick erschien Sandros Alfa mit Roberto und Coglione. Sie hatten voller Entsetzen *Colleoni* erst gesehen, als er über den Rand des Plateaus kletterte, dort oben, wo Julia sich allein mit *Il Secondo* befand. Er hatte ein im hinteren Teil des Steinbruchs befindliches Leitersystem genutzt.

Die beiden Männer, das Schlimmste erwartend, zeigten sich erleichtert, als sie Julia unversehrt vorfanden. Sie hielten kurz, sie tauschte ihre Arzttasche gegen die Information, wohin sich *Colleoni* gewandt hatte und versprach, sich um Umberto zu kümmern.

»Ich hol dich ab!«, war das Letzte, was sie von ihrem Mann hörte. In den ersten Strahlen der Sonne, die den Wolkenvorhang beiseite schob, machte sie sich auf den Weg zur Talsohle.

»So ein gottverdammter Mist!«, empfing Umberto sie. »Bei der Hauptsache liege ich hier nutzlos zwischen den Marmortrümmern!«

Julia meinte, wenn er noch so kraftvoll fluchen könne, müsse sie wohl nicht um sein Leben fürchten.

»So ein gottverdammter Querschläger!«

»Sei froh, dass er dein Schienbein getroffen hat, etwas höher hätte es aus sein können mit dir! Hast du starke Schmerzen?«

»Es geht! Aber statt den Kollegen zu helfen … liege ich hier rum!«

»Quatsch! Sie schaffen es jetzt auch ohne dich! Nun lass dich versorgen!«

Aber viel konnte sie nicht für ihn tun. Sie stabilisierte den Bruch, der Knochen war durchschlagen, Schmerzmittel wollte er keines. Sie legte ihm die mitgebrachte Decke um und ansonsten konnte sie ihm nur Gesellschaft leisten und mit ihm auf die Ambulanz warten, die Roberto zu bestellen versprochen hatte.

Luzifer fuhr nicht so zur Hölle, wie Roberto es zu sehen gemeint hatte. Was er nicht hatte beobachten können, war der Taumelflug des Hubschraubers über den nächsten Hügel hinweg. Der Pilot konnte ihn gerade noch ein wenig hochziehen, aber zu steuern war er nicht mehr. Er legte sich in eine weite Rechtskurve und ließ sich noch ein weiteres Mal eben über die nächste Hügelkuppe bringen, doch dann taumelte er in das Tal der Ponte di Veja und auf den gewaltigen Kalksteinbogen zu, der sich über das Tal spannte.

Jetzt ist Schluss, Big Boss, zuckte es durch Lucianos Hirn, aber der meinte es gut mit ihm. Es mochten nur ein bis zwei Meter sein, die der Hubschrauber über den höchsten Punkt des Brückenbogens hinweg in Richtung Val Pantena schrappte, und Luciano und Henry hatten instinktiv den gleichen Gedanken: jetzt oder nie! Sie ließen die Kufen los, bevor der Hubschrauber wieder leicht und ruckartig an Höhe gewann und in die Richtung drehte, aus der sie gekommen waren.

Luciano rollte sich wie eine Pantherkatze ab, trotzdem war der Aufschlag hart und presste ihm die Luft aus den Lungen. Auch Henry kugelte über die Kalkfelsen und blieb einen Moment benommen auf der Brücke zum Eingang der Hölle liegen, wie Dante es beschrieben hatte, aber Henry wie Luciano hätten Dante sicher für einen Fußballspieler gehalten.

Schwer atmend standen sie sich gegenüber. Blutige Abschürfungen verunstalteten beide, ihre Waffen waren irgendwann während dieses Höllenfluges verloren gegangen und so gingen sie mit den blanken Fäusten aufeinander los, Henry mit der Lust am Töten im Blick und Luciano mit dem Willen, Gabriellas und Davids Mörder zur Strecke zu bringen, sei es tot oder lebendig.

Es war ein grausamer Kampf und sie schenkten sich nichts, gingen sich an die Kehle und mehrmals sah es so aus, als ob Luzifer die Oberhand gewinnen würde, aber das wilde Blut seiner Vorfahren ließ Luciano sich aus jeder noch so aussichtslosen Lage herauswinden, und schließlich gewann er den Kampf.

Er kniete auf Luzifers Rücken, hatte ihn unentrinnbar in einem festen Polizeigriff, und das Blut dröhnte in seinen Ohren: Rache für Gabrièlla! Es rauschte in seinem Kopf, drückte auf seine Augäpfel: Rache für David! Es pulste wild in seinen Adern: Rache für die Garfinkels! Rache für alle Garfinkels dieser Welt!

Er war drauf und dran, ihm den Arm zu brechen und ihn dann über die Steinbrüstung in die Tiefe zu stoßen, als ein winziger Lichtpunkt in seinem Herzen ihn einhalten ließ: Du bist Polizist und willst es bleiben?

Und schwer atmend sprach er die Worte, die ihn in die Rechtsstaatlichkeit zurückführten und für Henry ewige Gefangenschaft bedeuten würden. Wie durch ein Wunder hingen die Handschellen noch an seinem Hosenbund und das Geräusch, als sie einrasteten, brachte Luciano vollends in den Polizeialltag zurück.

Beim Durchsuchen seines Gefangenen fand er dessen *telefonino*, wunderbarerweise noch betriebsbereit, und er versuchte Verbindung aufzunehmen mit der *questura* in Padova.

Nach erfolgreicher Evakuierung des Ca'Vecchia Brandolin war Tramontan umgehend nach Padova zurückgekehrt und hatte begonnen, eine neue Allianz gegen die Verwirrungstaktik dall'Arias zu schmieden. Und nun, gegen sieben Uhr morgens, waren die Funkfrequenzen wieder frei und jedermann wusste, dass Jagd auf den *questore* aus Padova gemacht wurde, landesweit. *Colleoni* hatte eigentlich keine Chance mehr, aber er befand sich noch auf freiem Fuß und keiner kannte seine Pläne.

La Leonessa konnte man auch nicht befragen, sie hatte die allgemeine Verwirrung bei der Evakuierung zum Verschwinden genutzt, eine der Pannen, die man später Stefano Tramontan ankreiden würde.

Während Luciano mit dem *questore* telefonierte, selbst einen knappen Lagebericht gab und dringend Verstärkung für seinen *dirigente* anforderte, gelang es *Il Terzo* auf die Füße zu kommen, und als der allzu konzentriert telefonierende Luciano abgelenkt schien, wagte er die Flucht. Dort wo er Büsche und Bäume sah, meinte er die Freiheit gewinnen zu können.

Die Handschellen behinderten nur seine Arme. Er sprang über die niedrig gespannten Drahtseile, die den Weg markierten, verlor jedoch das Gleichgewicht und ehe Luciano zuspringen und es verhindern konnte, stürzte Luzifer und rollte auf den Abgrund zu, versuchte sich verzweifelt im nackten Fels und dem trockenen Gras festzukrallen, aber es half nichts.

Luciano setzte hinterher, wollte nach dem Abstürzenden greifen, kam aber zu spät, konnte sich selbst nur knapp vor dem Absturz bewahren und sah ihn wie in Zeitlupe über die verwitterten Kalksteinplatten rutschen und über den Rand rollen. Ein verwehender Todesschrei drang an sein Ohr, bevor der Aufschlag auf das bröckelige Gestein tief unter ihm das Leben Henry Hirschfelds beendete, dort wo Dante Aligheri seine Inspiration zum Eingang der Hölle in seiner *Göttlichen Komödie* gefunden hatte.

Luzifer kehrte dorthin zurück, wohin ihn Gott verbannt hatte.

Val Pantena, Sonntagvormittag

»Wo führt die Straße hin?«, erkundigte sich Omeo.

Roberto studierte mit Schwierigkeiten bei Cogliones rasanter Fahrweise die Karte und meinte, es sei eine relativ kleine Nebenstraße und in wenigen Kilometern sei ein noch funktionierender Steinbruch eingezeichnet.

Omeo blutete aus einer Wunde am rechten Oberarm, wann es ihn getroffen hatte, wusste er nicht. »Gut, dass ich Linkshänder bin!«, grinste er schief.

»Wir können die Jagd jetzt auch den regulären Polizeikräften überlassen«, schlug Ro vor, aber Omeo schüttelte verbissen den Kopf.

»Das ist nicht dein Ernst!« Er durchraste ein Waldstück, nahm eine scharfe Kehre und blickte eher zufällig in den Rückspiegel. »Er hat uns wieder ausgetrickst! Er ist hinter uns! Er muss uns irgendwo im Wald vorbeigelassen haben.«

»Und wir sind wieder die Verfolgten! Er hat den stärkeren Wagen!« Robertos Feststellung klang sachlich und keineswegs wie ein Vorwurf.

Bartolomeo antwortete nicht, konzentriert versuchte er die Absichten des Gegners im Rückspiegel zu erahnen.

Colleoni versuchte ein Überholmanöver und touchierte den Alfa, wollte ihn rechts von der von keiner Leitplanke gesicherten Straße abdrängen, doch Coglione gelang es, Gas zu geben und den

Wagen unter Kontrolle zu halten. Aber ihr Verfolger würde es sicher noch einmal versuchen.

Die Straße stieg steil an. Auf der nächsten geraden Strecke versuchte es Colleoni wieder, erst rammt er den Alfa von hinten, dann überholte er und Roberto sah sie schon die steil abfallende Böschung hinunterstürzen, aber Coglione schaffte es bis zur nächsten Kehre. Roberto bewunderte seinen entschlossenen Fahrstil. Nach der Kehre stieg die Straße weiter steil an, diesmal in mehreren Kurven. Noch einmal schaffte Colleoni es, seinen Wagen auf gleiche Höhe mit ihrem zu bringen, ein Bremsmanöver des Alfas schien er geahnt zu haben und machte es mit, um gleich darauf wieder links neben ihnen zu erscheinen.

Langsam würde er jetzt seinen schweren BMW-Geländewagen nach rechts ziehen und sie unweigerlich in die Tiefe drücken, aber Coglione hielt eisern das Lenkrad umklammert. Blech dröhnte gegen Blech und er fing den schleudernden Wagen noch einmal ab.

Nun lag eine steil ansteigende, lang gestreckte Linkskurve vor ihnen, in der ihnen ein fünfachsiger Marmortransporter entgegenkam. Colleoni auf der linken Spur neben ihnen konnte ihn noch nicht wahrnehmen.

Den LKW-Fahrer hatte am Vortag ein Motorschaden an seinem schon beladenen Transporter am Berg festgehalten. Erst nach Einbruch der Dunkelheit war die Reparatur erst erfolgreich abgeschlossen gewesen und er hatte mit seiner schweren Last nichts riskieren wollen und bis zum anderen Morgen gewartet. Der dreißig Tonnen schwere Marmorblock in schönstem Veroneser Rot lag nur auf zwei Balken und wurde von seinem Eigengewicht gehalten.

Als der unerfahrene junge Fahrer den Geländewagen auf seiner Spur sah, versuchte er eine Vollbremsung.

Eine Felswand auf der linken Seite ließ kein Ausweichmanöver Colleonis zu, rechts blockierte der Alfa die Spur und so nahm das Unglück seinen Lauf. Der Fahrer schien zu spüren, dass der tonnenschwere Steinkoloss hinter ihm ins Rutschen kam, er sprang ab, Sekundenbruchteile bevor der riesige Marmorblock die Fahrerkabine förmlich abrasierte. Durch die Gewichtsverlagerung hob sich der hintere Teil des Lasters und der Steinblock stürzte auf den BMW und faltete ihn zusammen wie eine Papierschachtel, der Laster kippte zur Seite über den Rand der Straße und verschwand mit Donnergetöse in der Tiefe.

Gerade in dem Augenblick, als der Steinblock ins Rutschen gekommen war, war der Alfa an dem Transporter vorbeigeschossen und kam hundert Meter hinter der Unglücksstelle zum Stehen. Roberto und sein Vetter Omeo stiegen aus und sahen wie gebannt auf den gewaltigen Marmorblock. Die Sonnenstrahlen tauchten ihn in ein warmes Veroneser Rot, auch wenn er noch nicht poliert war.

Il Statuario, wie Michelangelo ihn sich gewünscht hätte, hatte dall'Arias Stiefvater erschlagen, *Il Rosso di Verona* ihn selbst, den unehelichen Sohn des Bootsmanns von der *Bartolomeo Colleoni*, dem Schiff mit dem Namen, den er sich für seine ungeheuerlichen Taten geborgt hatte.

Lessinische Berge, Sonntagnachmittag

Roberto traf Luciano in der kleinen *trattoria* Ponte di Veja, die zu Sant'Anna d'Alfredo gehörte und am Abstieg zum prähistorischen Teil unter der Ponte di Veja lag, während Coglione bei dem verunglückten Wagen von *Colleoni* geblieben war, und Roberto verhehlte seine Freude darüber nicht, dass sein Assistent mit dem Leben davongekommen war.

Luciano stocherte in der leckeren *pasta* herum, die die fürsorgliche Wirtstochter ihm hingestellt hatte, und schien alles andere als glücklich zu sein. Die Spurensicherung aus Verona war wieder abgefahren und der Leichnam vor einigen Minuten abtransportiert worden. Der Wirt hatte es gut gemeint und ihm die *pasta* servieren lassen, aber Appetit verspürte Luciano keinen.

»Wer wird mir glauben, dass ich ihn nicht die dreißig Meter dort hinuntergestoßen habe?«

»Ich! Du wärst nicht so dumm gewesen, ihm erst Handschellen anzulegen und ihn dann hinabzubefördern! Denk doch mal logisch!«

Auf seinem zerschundenen Gesicht erschien ein schiefes Grinsen. »Okay, Chef! Und ich hätte ihn gern in einem unserer Gefängnisse schmoren lassen, bevor er dann im Fegefeuer gar gekocht würde!«

»Mir geht es mit *Colleoni* ähnlich. Sein historischer Namensvetter ist achtzigjährig friedlich im Bett gestorben, also in allem das Gegenteil von dall'Aria«, und er erzählte seinem Assistenten den Verlauf der Ereignisse.

Der Wirt erschien, doch Roberto lehnte die freundlich gemeinte *pasta* ab. Der Hunger würde sich später melden.

»Und was wird nun mit Sandro?«

»Der ist verschwunden, hat sich wahrscheinlich abgesetzt. Nicht sehr klug von ihm.« Roberto trank einen *caffè* und seine Lebensgeister erwachten wenigstens vorübergehend. Seit zweiundvierzig Stunden war er auf den Beinen. »Ich werde Umberto anrufen. Er hat Glück gehabt, ein ziemlich glatter Durchschuss.«

Nach einigem Hin und Her erreichte er seinen Freund, der in einem Veroneser *ospedale* lag und nach einem späten Mittagessen ziemlich munter schien.

»Langweilig ist es jetzt schon«, seufzte er, »aber die Veroneser Küche ist auch nicht zu verachten.«

»Du hast Sorgen!«, freute sich Roberto. »Gibst du mir meine Frau, die ist doch sicher noch bei dir?«

»Giulietta? Aber die wolltest du doch abholen? Hat sie mir jedenfalls gesagt und ist nicht mit der Ambulanz mitgefahren.«

»*Maledetto*! Dann sitzt sie seit heute Morgen allein im Steinbruch? Aber vielleicht haben die Kollegen sie mitgenommen, die *Il Secondos* Leiche abtransportiert haben.«

»Nein, die sind gleichzeitig mit der Ambulanz abgefahren und die Spurensicherung will erst morgen dorthin. Sie haben zu viele Tatorte, meinten sie.«

Ohne ein weiteres Wort trennte Roberto die Verbindung und informierte Luciano.

»Wir brauchen ein Auto, schnell, Luc!«

Der organisierte einen Polizeiwagen und sie machten sich schnellstens auf den Weg in Richtung Prun. Die Einfahrt zum stillgelegten Steinbruch und der Tatort waren mit blauweißem Flatterband abgesperrt, aber Luciano kümmerte sich nicht darum. Die Fahrspur zur Talsohle des Steinbruchs lag schon im Schatten und sie hielten dort, wo Umberto angeschossen worden war.

Keine Spur von Julia.

»Giulia … ulia … a!«, hallte Robertos Ruf durch das Tal.

»Hier … ier!« Ein schwaches Echo führte sie weiter ins Tal hinein.

Und schließlich fanden sie sie, wie ein Häufchen Elend frierend an der Felswand hockend, in die alte Wolldecke eingewickelt und den Kopf auf den Knien, den sie hob, als die beiden auf sie zukamen. Ihre Bluse war blutig und ihr Gesicht von einer Schicht weiß-rosa Marmorstaubs überpudert, in den sich ihre Tränen verschiedene Wege gegraben hatten.

»Mein Gott, Giuli! Was ist mit dir?« Roberto zog sie erschrocken hoch und nahm sie in die Arme. »Es tut mir leid, dass wir dich erst jetzt holen. Bist du verletzt? Nein, Gott sei Dank! Es war alles ein Missverständnis, wir dachten …«

»Nicht so wichtig! Aber es ist so ungerecht!«

»Es tut mir wirklich leid!«

»Er hat so gern gelebt! Und seine Schwester und seine Mutter waren sein Ein und Alles! Er hatte immer ein Bild von den beiden in der Brieftasche.«

»Von wem sprichst du?«

»Sandro«, sie machte eine Kopfbewegung hin zu dem glatt abgesägten roten Steinquader, hinter dem Luciano verschwand, um nachzusehen. Roberto folgte ihm.

Unter Julias schwarzer Jacke fanden sie Sandro, mit dem Kopf im Staub am Fuße der Wendeltreppe liegend, auf der er *Colleoni* nach unten verfolgt hatte. Mit weit ausgebreiten Armen lag er da, links die Handschellen umklammernd und rechts die Dienstpistole.

»Ich weiß, ich hätte ihn liegen lassen sollen, aber ich habe seine Augen geschlossen.« Julia war den beiden nachgegangen.

»War er schon tot, als du ihn fandest?« Diesmal stellte Luciano die Frage und Julia schüttelte den Kopf.

»Er hat noch ganz kurze Zeit gelebt, aber war nicht mehr zu retten.« Wie ein Hauch klang ihre Antwort und Roberto nahm sie erneut in den Arm. »Er war noch nicht einmal dreißig!«

Er wartete geduldig und Julia löste sich von ihm.

»Als Umberto abtransportiert wurde, blieb ich allein zurück, auf meinen Wunsch«, berichtete sie schließlich, »weil ich auf dich warten wollte.«

»Und die Spurensicherung?«

»Hier unten ist niemand gewesen, *Il Secondos* Leiche lag ja dort oben.« Julia deutete mit dem Kopf auf die gegenüberliegende rote Wand, in die ein Leitersystem eingelassen war, auf dem *Il Secondo* nach oben gestiegen war und Roberto und sie beinahe überwältigt hatte. »Und dann hörte ich Sandros leisen Hilferuf und er hat mir noch sagen können, dass er *Colleoni* gerufen und ihn auf seine

Rechte hingewiesen hat, bevor der einfach abgedrückt hatte. Das schien ihm ungeheuer wichtig.«

»Der Dicke hat heute Nacht zu ihm gesagt: ›Heute musst du beweisen, dass du ein guter Polizist bist! Denke bei jeder deiner Handlungen daran!‹ Das hat er getan und es hat ihn das Leben gekostet.« Luciano kniete neben seinem Freund und weinte.

Auch Roberto fiel es schwer, seine Fassung zu behalten, einen Augenblick lag sah Julia den Schmerz seiner Seele. Er machte drei Schritte zur Talmitte hin, legte müde die Hand über die Augen und starrte auf die von Menschenhand rechtwinklig herausgebrochene Marmorwand, ohne sie wirklich zu sehen. Die untergehende Sonne färbte diese Seite des Tales mit ihrem Licht, das sich in den Resten des *Rosso di Verona* brach und ihn blutrot aufleuchten ließ.

Luciano erhob sich, trat neben ihn und sah ebenso intensiv ins Nichts und Julia trat auf Robertos andere Seite und verflocht ihre Finger mit seinen.

»Sie müssen sich keine Vorwürfe machen, Chef«, sagte Luciano mit einem für ihn ungewöhnlichen Ernst. »Umberto, Sandro und ich wollten diesen Kampf, Sie nicht.«

»Trotzdem bin ich verantwortlich!«

»Wenn Sie es dienstgradmäßig sehen, vielleicht. Aber moralisch nicht, und darauf kommt es an, Chef! Vielleicht ist es besser so für ihn.«

»Ich danke dir, Luciano«, er legte ihm die Hand auf die Schulter, »mit einem Freund wie dir und einer Frau wie Giulia …«

»… und einem Vetter als Schutzengel …«, sagte der überraschend neben ihnen auftauchende Bartolomeo.

»… und einem Vetter als Schutzengel wie Omeo Coglione nehme ich es gegen den Rest der Welt auf.«

»Brauchst du zurzeit nicht«, sagte Julia. »Lass uns heimfahren. Für heute haben wir genug gesiegt gegen das Böse.«

»Ein Sieg auf Zeit«, Roberto konnte es nicht unwidersprochen lassen, »aber die *dall'Arias* und *La Leonessas* und *Luzifers* sterben nicht aus auf dieser Welt.«

»Aber die *Cogliones* und *marchesi* auch nicht!« Julia wollte unbedingt das letzte Wort haben.

Das Testament Colleonis vom 27. Oktober 1475 und sein Denkmal in Venedig

Roberto war in die *questura* gefahren, um die Akten des verunglückten *questore* zu sichern. Bartolomeo Coglione nahm sich die Zeit, nach Venedig zu fahren um am Denkmal Colleonis vor der Scuola San Marco über sich und sein Leben nachzudenken. Die Diagnose Knochenkrebs im rechten Oberarm, hatte ihn mit Macht getroffen. Er war Julias Rat gefolgt, sich untersuchen zu lassen, allerdings hier in Venedig, aber über das Ergebnis hatte er keinem Menschen etwas gesagt, auch seiner Frau nicht.

Er setzte sich in das Café dem Denkmal Colleonis gegenüber und ließ seine Gedanken zu dessen Lebensende wandern.

Zwei Senatoren aus Venedig, die kurz vor Colleonis Tod am 3. November 1475 an sein Krankenlager nach Malpaga kamen, gab er den Rat, der Signoria auszurichten, sie solle einem General Venedigs nie wieder so viel Macht und Einfluss einräumen, wie sie es bei ihm getan hatte. Er fügte nicht laut hinzu, dass er die Machtfülle nie missbraucht und großzügigst der Serenissima gedient habe.

Hätte er tun sollen, denn die Signoria lohnte es ihm nicht. Das letzte Lebensjahrzehnt vor seinem Tod hatte er eine ungeheure Machtfülle und großen Reichtum errungen, beides genutzt u. a. für Wohltätigkeit, Religion und Kanalbau; und er war eher einem Territorialherrscher vergleichbar, von dessen gutem Willen es abhing, der Signoria Verlegenheiten zu bereiten oder zu ersparen.

Kaum waren die mit großem Pomp zelebrierten Trauerfeierlichkeiten vorüber, begann eine unglaubliche Leichenfledderei. Drei Senatoren erschienen auf Malpaga, um den Besitz Colleonis aufzulisten, und was nun geschah, war eine ungeheure Rechtsbeugung. Die der Serenissima dienlichen Passagen des Testaments – 100.000 Dukaten für die Finanzierung des Türkenkriegs und den

Erlass von rückständigem Sold von ebenfalls 100.000 Dukaten zum Beispiel nahm Venedig ohne Murren an, aber die Schenkungen wie Romano, Martinengo, Urgnano, Basella, Cologno und weitere Orte wurden im Nachhinein zu Lehen des Großkondottiere deklariert, die an seine Person gebunden waren, und fielen zurück an Venedig.

Dem Enkel Alessandro Martinengo-Colleoni und seinen Tanten wurden »großzügig« die von Colleoni käuflich erworbenen Schlösser Malpaga und Cavernago überlassen. Und ja, das Geld für das Denkmal in ihrer Stadt nahmen sie gern, aber den von Colleoni gewünschten Standort vor San Marco verlegten sie vor die Scuola San Marco, da wo es jetzt stand. Die Serenissima besaß darüber hinaus die Dreistigkeit, sich zu brüsten, dass der ganze Erdkreis von Venedigs Treue, Gerechtigkeit und Liebe gegen den Generalkapitän erfahren müsse. Und ja, das Denkmal wurde gebaut.

Der nicht untalentierte Bildhauer Verrocchio begann mit dem Bau auf einem imposanten Sockel, aber in seinem Testament vom 25. Juni 1488 setzte er Lorenzo di Credi zum Vollender des Denkmals ein, was den Schluss zulässt, dass auch dreizehn Jahre nach dem Tode Colleonis das Denkmal noch nicht fertig war.

Alessandro Leopardi wurde dann aber berufen und endlich wurde das Denkmal fertig. Bis heute strahlt es, Colleoni auf einem seiner geliebten, wertvollen Pferde sitzend und befehlend über Platz und Stadt blickend, die Tüchtigkeit und Tapferkeit eines Renaissanceherrschers aus.

Coglione stand auf. Ihm würde kein Denkmal nach Jahrhunderten Erinnerung schaffen, aber er hatte einen Entschluss gefasst: Heim nach Bergamo zu seiner Frau, und zusammen konnten sie beschließen, wie es mit ihm weitergehen würde.

Aber da kam sie plötzlich hinter dem Sockel mit seinen schlanken korinthischen Säulen auf ihn zu. Woher wusste sie …?

Bartolomeo Coglione rückte der Dame den Stuhl zurecht. »Lass mich einen Augenblick mit ihm allein«, bat er, »ich will Abschied von ihm nehmen.«

»Warum das?« Vilma sah lächelnd zu ihm hoch. »Ich bin nicht eifersüchtig auf ihn, habe nur immer vermutet, wenn du wieder einmal für Stunden, Tage oder gar Wochenenden verschwandest, dass du eine neue Liebschaft hattest.«

»*Niente, cara*! Ich bin nur seinem Leben nachgereist. Hättest du mir geglaubt, wenn ich dir das gesagt hätte?«

Sie lächelte nachsichtig: »Mein Bartolo! Geh zu deinem *condottiero!*«

Epilog

Der leichte Kreuzer Bartolomeo Colleoni

Versenkt: bei Kap Spada, Kreta

Gegen 8:20 Uhr am 19. Juli 1940 lag Kap Spada etwa dreißig Seemeilen querab und der Kurs der beiden italienischen Kreuzer blieb bei Ostnordost, als sie Rauch in Fahrtrichtung am Horizont sahen.

Die *HMAS*[2] *Sydney*, ein Leichter Kreuzer der Leander-Klasse, war am 18. Juli 1940 zusammen mit dem Zerstörer der Royal Navy *HMS Havock* aus Alexandria in Richtung Kreta ausgelaufen. Ihr Befehl lautete, die Zerstörer *Hyperion, ilex, Hero* und *Hasty* zu unterstützen, die Jagd auf U-Boote machen und feindliche Schiffe im Golf von Athen zerstören sollten. Die beiden Schiffe erreichten Kreta bei Sonnenuntergang und passierten die Straße von Kaso kurz vor Mitternacht.

Früh am Morgen des 19. Juli lagen die *HMAS Sidney* und die *HMS Havock* ungefähr vierzig Meilen nördlich von Kap Spada. Um 7:33 Uhr erhielt die *Sydney* die Nachricht, dass zehn Meilen von ihnen in südwestlicher Richtung zwei feindliche Schiffe in Richtung Norden gesichtet worden seien.

Captain J.A. Collins von der Royal Australian Navy befahl eine sofortige Kursänderung und maximale Geschwindigkeit und zusammen mit dem ebenfalls drehenden Zerstörer *Havock* fuhren sie in Richtung der feindlichen Schiffe.

Um 8:20 Uhr sahen sie Rauch am Horizont, und ein paar Minuten später die beiden italienischen Kreuzer *Bartolomeo Colleoni* und *Giovanni della Bande Nere* an Steuerbord, 23.000 Yards entfernt, Kurs Ostnordost.

Um 8:29 Uhr eröffnete die *Sydney* das Feuer auf die vorauslaufende *Giovanni della Bande Nere*, um 8:32 Uhr erwiderten beide

2 * *HMAS* = Her Majesty Australian Ship

italienischen Schiffe das Feuer. Keine der Parteien traf zu diesem Zeitpunkt.

Um 8:35 Uhr schien die *Sydney* die *Giovanni della Bande Nere* getroffen zu haben, aber nicht schwer, und der Australier konzentrierte sich auf dieses Schiff. Drei Minuten später kamen im Südosten die *Hyperion*, die *Hasty*, die *Hero* und die *ilex* in Sicht und die beiden Italiener versuchten um 8:46 Uhr nach Südwest zu entkommen, verfolgt von der *Sidney*.

Um 8:48 Uhr nebelte sich die *Giovanni della bande Nere* ein und die *Sidney* konzentrierte ihr Feuer auf den zweiten italienischen Kreuzer, der zu diesem Zeitpunkt 18.000 Yards entfernt war. Um 8:51 Uhr änderten die Italiener plötzlich ihren Kurs, offensichtlich wollten sie ihren früheren südwestlichen Kurs wieder aufnehmen.

Da die Italiener schneller waren als die Schiffe der Royal Navy, schienen sie entkommen zu können. Die führende *Giovanni della Bande Nero* nebelte sich wieder ein und die Sydney feuerte aus allen Rohren auf die *Bartolomeo Colleoni*.

Um 9:19 Uhr zeigten die Einschläge auf der *Bartolomeo Colleoni* Wirkung, während ihr eigenes Feuer zu ungenau war, um Schaden anzurichten. Um 9:21 Uhr wurde der erste Geschützturm des italienischen Kreuzers schwer getroffen. Die Entfernung zwischen den beiden feindlichen Schiffen verringerte sich zusehends, das weniger werdende Feuer der *Bartolomeo Colleoni* war weiterhin unplaziert. Um 9:23 Uhr wurde die Brücke getroffen und der Kreuzer war manövrierunfähig, fünf Meilen von Kap Spada entfernt.

Während der zweite italienische Kreuzer die Insel Agria Grabus umrundete und sich mit voller Geschwindigkeit nach Südwesten entfernte und Bengazi zu erreichen suchte, verfolgt von der *Sydney*, die er aber abhängen konnte, wussten auf dem manövrierunfähigen italienischen Kreuzer alle, was nun zwangsläufig passieren musste. Zehn Minuten Galgenfrist, die *Sydney* drehte bei und um 9:33 Uhr gab Captain Collins den Befehl an die Zerstörer, die *Bartolomeo Colleoni* mit Torpedos zu versenken.

Die *ilex* und die *Hyperion* feuerten ihre Torpedos ab, und die *Bartolomeo Colleoni* sank schließlich um 9:59 Uhr. Die *Havock* blieb in der Nähe und fischte die Überlebenden auf, unter ihnen auch den schwer verletzten *capitano da vascello* Umberto Novaro. Für 121 italienische Seeoffiziere und Marinesoldaten der *Bartolomeo Colleoni* gab es jedoch keine Rettung.

Die britischen Schiffe erreichten trotz heftiger italienischer Luftattacken unbeschadet Alexandria. Dort starb einige Tage später *capitano da vascello* Umberto Novaro im britischen Marinelazarett an seinen schweren Verletzungen. Man setzte ihn mit allen militärischen Ehren auf dem Soldatenfriedhof von El-Alamein bei.

Keiner der anderen Leichten Kreuzer der *Condottiero*-Klasse erlebte das Ende des Krieges, die *Giovanni della Bande Nere* wurde am 1. April 1942 durch das britische U-Boot *Urge* vor der Insel Stromboli versenkt. Die beiden anderen Leichten Kreuzer, die *Alberico da Barbariano* und die *Giussano* waren schon am 10. Dezember 1941 in der Schlacht bei Cap Bon in der Großen Syrte vor Tunesien versenkt worden.

Aber auch den bei Kap Spada beteiligten Schiffen der Alliierten war bis auf eine Ausnahme kein Glück beschieden. Die 1936 zu Wasser gelassene *HMS Hyperion H 97* ging schon am 22. Dezember 1940 verloren. Sie lief bei der Insel Pantellaria, südwestlich von Sizilien, auf eine Mine und sank.

Auch die *HMAS Sydney* kam nicht davon. Am 11. November 1941, 150 Meilen westlich von Geraldton an der westaustralischen Küste, trafen die deutsche *Kormoran* und die *HMAS Sydney* aufeinander und versenkten sich gegenseitig. Captain Collins und 645 Marinesoldaten starben, kein Crewmitglied überlebte. 292 Überlebende der *Kormoran* wurden geborgen.

Der *HMS Havock H 43* erging es nicht besser. Der 1936 in Schottland in Dienst gestellte Zerstörer der Royal Navy war am 6. April 1942 vor der tunesischen Küste auf Grund gelaufen und wurde von einem Torpedo des italienischen U-Boots *Aradam* vernichtet.

Die *HMS Hasty H 24* ereilte das Schicksal am 15. Juni 1942. Der am 11. November 1936 in Dienst gestellte Zerstörer wurde durch einen Torpedo der deutschen *S-55* so schwer beschädigt, dass er am anderen Tag von britischen Marineeinheiten versenkt werden musste.

Nur die 1935 in Clydebank, Schottland, in Auftrag gegebene *HMS ilex D 61* mit ihren 138 Mann Besatzung erlebte das Ende des Krieges, eines von ursprünglich elf Schiffen der I-Klasse, von denen drei unzerstört blieben.

Anhang und Literaturverzeichnis

Die Texte zu den historischen *condottieri* Colleoni, Carmagnola und Gattamelata haben biographischen Charakter. Authentisch sind auch die historischen Villenbeschreibungen.

Viel Wissen verdanke ich folgenden Autoren:

Block, Willibald: Die Condottieri (Studien über die sogenannten unblutigen Schlachten). 1913 Berlin

Browning, Oscar: The Life of Bartolomeo Colleoni of Anjou and Burgundy. 1891 Arundel Society

Burckhardt, Jacob: Die Kultur der Renaissance in Italien. Rev. Ausg. 1958 Stuttgart

D'Annunzio, Gabriele: Elettra. 1939 Rom

Gay & Gay: The Cruiser Bartolomeo Colleoni. 1987 London

von Graevenitz, G.: Gattamelata und Colleoni und ihre Beziehungen zur Kunst. 1906 Leipzig

Hrsg. Civica Biblioteca Bergamo: La figura e l'opera die Bartolomeo Colleoni. 2000 Bergamo

Köster, Baldur: Palladio in Amerika. 1990 München

Machiavelli, Niccolò: Der Fürst. 2001 Frankfurt

Mussolini, Benito: Doktrin des Faschismus. 1934 Zürich

Operti, Piero: Bartolomeo Colleoni. 1935 Torino

Palladio, Andrea: Die vier Bücher zur Architektur. 1983 Zürich und München

Schelle, Klaus: Die Sforza. Bauern – Condottieri – Herzöge. o. J. (ca. 1980) Essen

Semerau, Alfred: Die Condottieri. 1909 Jena

Trease, Geoffrey: Die Condottieri. Söldnerführer, Glücksritter und Fürsten der Renaissance. 1974 München

Wittkower, Rudolf: Palladio and English Palladianism. 1983 New York

www.condottieridiventura.it

Bartolomeo Colleoni
*1395 †1475

Orsina	**Caterina**	**Isotta**	**Doratina**
*1434	* ?	* ?	*1455
∞ 1451 Gherardo Martinengo	∞ 1456 Gaspare Martinengo	∞ Giacomo della Motella †1484	∞ Benedetto Barozzo
4 Enkel: Alessandro Estorre Giulio Barbara (11 Urenkel)	4 Enkel: Lodovico (6 Urenkel) Cecilia Scipione Chiara	1 Enkel: Taddeo (1 Urenkel)	

Tisbe da Martinengo della Motella

*zwischen 1414/18 †1471

Ricardonna	**Medea**	**Cassandra**	**Polissena**
*1456	*1456 †1470	*1459	* ?
∞ P. Barozzo		∞ 1473 Conte Nicolo da Coreggio	∞ 1. Conte di Lodrone ∞ 2. Ludovico Martinengo
			<u>3 Enkel:</u> Marc Antonio Medea Barbara

Die weiblichen Enkel und Urenkel sind nicht vollständig, weil nur die männlichen Erben wirklich dokumentiert wurden, die weiblichen nur manchmal.
Die beste Partie machte Colleonis Enkel Alessandro Martinengo Colleoni, er heiratete 1476, ein Jahr nach dem Tode seines Großvaters, Bianca Mocenigo, die Tochter eines Dogen; Cassandra heiratete noch zu Colleonis Lebzeiten den Conte Nicolo da Coreggio, ein Kondottiero, Diplomat und Dichter. Die mütterliche Herkunft der letzten fünf Colleoni-Töchter liegen im Dunkeln der Geschichte.

∞ bedeutet Heirat

Schlusswort der Autorin

Personen, Orte und Dienstgrade der Romanhandlung sind frei erfunden, Übereinstimmungen mit der Wirklichkeit wären rein zufällig. Die Geschichte hätte auch in jeder anderen norditalienischen Stadt angesiedelt sein können, soweit sie über eine Universität verfügt.

Dem Internet verdanke ich viele interessante Einsichten über faschistische Gruppierungen, Ustica, Gladio und Genua; wenn ich auch dem Rat meiner Söhne gefolgt bin, bestimmte Seiten nicht allzu oft aufzurufen, da ich sonst den Verfassungsschutz im Haus hätte!

Posthum danke ich meiner Mutter, dass sie mich zur Veröffentlichung gedrängt hat. Sie konnte diesen dritten Teil von »Bartolomeo Colleoni« noch kurz vor ihrem Tod in der Rohfassung lesen und hat mich bestärkt, weiter zu fabulieren.

Wiebke Lübbers im Januar 2017